U0458663

高等学校"十二五"教师教育专业规划教材

中学综合实践活动

主　　编　张建平

副主编　李　伟　　恽陪红

参编人员　吕莉敏　　王俊英　　严丽萍

南京大学出版社

前　言

我国基础教育课程设置要求初中实行分科课程与综合课程相结合，并规定：从小学三年级开始一直到高中开设综合实践活动课程。综合实践活动课程的设立是基于学生的生活和经验，深化以培养学生创新精神和实践能力为重点的素质教育的需要，是我国新一轮基础教育改革的亮点，它的创生标志着我国基础教育课程结构的新突破和课程形态的新建构，也是我国基础教育创新的重要标志之一。

综合实践活动课程是一门全新的课程，它有着新的理念、目标，内容和价值追求，同时也有着新的实施方略；综合实践活动课程也是一门处在探索中的课程，它需要我们不断学习、不断实践，使这门年轻的课程不断发展、不断完善。随着基础教育改革的不断深入，综合实践活动课程也在新的时代起点上常态化实施与多样化发展。

本书顺应基础教育课程改革和新教师培养的现实需要，以高等院校中学教育专业培养目标和教学特点为依据，较为系统地介绍了综合实践活动课程的基础知识以及实施方略。本教材主要面向以中学师资培养为目标的综合性大学和师范院校的师范专业学生，可供高等院校中学教育专业的本专业学生使用，也可供其他相关专业人员学习参考。

本书作为学习综合实践活动课程的入门教材，注意采用深入浅出的语言、循序渐进的结构讲清基本理念、基本原理和基本方法；注意联系中学生生活与学习的实际，阐述综合实践活动的基本知识在教育实践中的应用；注意运用大量的活动案例及素材提高中学生分析问题、解决问题以及创造性地设计、实施综合活动的能力；注意通过练习题、实践题使学生在理解、反思、探究与实践的过程中内化和深化对综合实践活动课程基础知识的认识和基本方法的掌握;文中精选的阅读材料和章末的信息链接则给学生展示了拓展学习和个性化发展的广阔天地。

全书沿着基础理论、内容设计、课程实施三个维度,共十二章。第一、二、三、四章主要阐述综合实践活动课程的设置背景、特性、价值与理念以及内容、目标、方案设计,为进一步学习综合实践活动课程奠定基础;第五、六、七、八章为活动设计篇,主要叙述综合实践活动课程中研究性学习、社区服务与社会实践、劳动技术教育和信息技术教育的设计;第九、十、十一、十二章主要着眼于对综合实践活动课程的实施、指导老师、课程资源的开发与利用以及评价等内容的阐述。

本书由部分综合性大学、综合性大学师范学院、教育学院的具有多年综合实践活动课程教学或教师培训经历的专家进行编写。主编为张建平教授,具体分工如下:第一、十二章由张建平(南通大学)执笔;第二、三章由李伟(晓庄学院)执笔;第四、五章由恽陪红(江苏理工学院)执笔;第六、七章由吕莉敏(江苏理工学院)执笔;第八、九章由王俊英(南通大学)执笔;第十、十一章由严丽萍(常熟理工学院)。王俊英协助主编进行了资料搜集和统稿工作。

本书在编写过程中引用了教育部综合实践活动课程项目研究组诸多专家,如华东师范大学张华博士、华中师范大学郭元祥博士、首都师范大学石鸥教授、上海师范大学杨庆余博士等的研究成果,参考了国内外同行和广大实践工作者的诸多资料与文献,并引用了部分材料与成果,在此谨致以最诚挚的谢意。同时,还要特别感谢南京大学出版社王抗战编辑对本书的策划、指导以及以其特有的耐心、细致所做的辛勤工作。

由于编者水平有限,加之时间仓促,本教材难免存在不足之处,恳请批评指正。

编者

2014 年 8 月

目　录

第一章　综合实践活动课程概述

学习目标

1. 了解综合实践活动课程的产生过程
2. 认识综合实践活动课程产生的理论基础和社会现实基础
3. 理解综合实践活动课程的特性、价值和理念

案例：在综合实践活动的世界里放飞学生

这是一个"跳蚤"和"爬蚤"的故事。科学家曾把跳蚤放在桌上,一拍桌子,跳蚤迅速跳起,其高度一般都在身高的 100 倍以上,堪称世界上与其身高相比跳得最高的动物。后来,他们又在跳蚤头上罩一个玻璃罩,再让它跳,这一次跳蚤碰到了玻璃罩,连续多次后,跳蚤改变了起跳的高度以适应环境的变化。接下来,科学家逐渐降低玻璃罩的高度,跳蚤都在碰壁后主动改变自己的高度。最后,玻璃罩接近桌面,跳蚤已无法再跳了。此时,科学家又把玻璃罩打开,再拍桌子,跳蚤已不再跳跃,"跳蚤"变成"爬蚤"了。"跳蚤"变成"爬蚤",并非它已失去跳跃的能力,而是由于受到了一次次的束缚而被动学乖了。最可悲的是,当玻璃罩被拿走后,"跳蚤"的跳跃空间非常广阔,不再有任何束缚,而此时的"跳蚤"却连"再试一次"的勇气也没有了。

综合实践活动课程是由国家统一制定课程标准和指导纲要,地方教育管理部门根据地方差异加以指导,学校根据相应的课程资源,进行校本开发和实施的一门新型课程,是国家规定的必修课程,平均每周 3 课时。"国家规定——地方指导——校本开发与实施",这是综合实践活动课程"三级课程管理制度"的特征表现。综合实践活动是在教师引导下,基于学生的经验,密切联系学生自身生活和社会实际,体现对知识的综合应用,学生自主进行的综合性学习活动,它包括研究性学习、社区服务与社会实践、劳动与技术教育、信息技术教育等领域。综合实践活动课程的提出是我国新一轮基础教育课程改革的亮点,它的创生标志

着我国基础教育课程结构的新突破和我国基础教育课程形态的新建构。也正因如此,综合实践活动课程的设计与实施成为新一轮基础教育课程改革的难点。

第一节 综合实践活动课程的产生

一、综合实践活动课程的由来

新中国成立后,教育部对原有的课程标准进行了改革,将原来的活动课程改称为课外活动。20 世纪 80 年代,随着我国教育改革的不断深入和国际学术交流的增加,为了加强课外活动,改革以课堂教学为中心的局面,教育理论界展开了对课外活动的概念、价值及形式的探索。有人提出把课外活动称作"第二课堂",1992 年原国家教委颁布《全日制九年义务教育课程计划》(试行),指出:"根据九年义务教育小学阶段、初中阶段的培养目标和儿童、少年身心发育的规律设置课程。课程包括学科、活动两部分,主要由国家统一安排,也有一部分由地方安排。学科以文化基础教育为主,在适当年级,因地制宜地渗透职业技术教育;以分科课为主,适当设置综合课;以必修课为主,初中阶段适当设置选修课;以按学年、学期安排的课为主,适当设置课时较少的短期课。活动在实施全面发展教育中同学科相辅相成。学校在教育、教学工作中,要充分发挥学科和活动的整体功能,对学生进行德育、智育、体育、美育和劳动教育,为学生的全面发展打好基础。"《全日制九年义务教育课程计划》(试行)的颁布,是中小学生的课外活动具有"课程意义"的开始。

《全日制九年义务教育课程计划》打破了原来学科化的单一课程体系,将活动课程正式纳入基础课程体系中来,并将活动课程规定为:晨会(夕会)、班团队活动、体育锻炼、科技文体活动、社会实践活动和学校传统活动等,对活动设置的基本要求进行了明确的规定。紧接着,《九年义务教育活动课程指导纲要(讨论稿)》明确指出:"活动课程是指在学科课程以外,由学校有目的、有计划、有组织地通过多种活动项目和活动方式,综合运用所学知识,开展以学生为主体,以实践性、创造性、趣味性以及非学科性为主要特征的多种活动内容的课程",并将活动课程的内容集中在社会教育活动、科学技术活动、文艺学术活动、体育卫生活动上。1996 年,教育部颁发的《关于印发〈全日制普通高级中学课程计划(试验)〉的通知》再次强调,活动课程包括校会和班会、社会实践、体育锻炼、科技、艺术等活动。

重视学生的课外活动，鼓励在中小学开展丰富多彩、特点各异的活动课程是我国基础教育的优良传统。但是，在活动课程的具体实施过程中，大多数学校只是将课表上的课外活动更名为活动课程，而教学模式、活动方式及评价方法都没有发生根本的变化。这种将课外活动简单、机械地纳入课表的做法不但没有将开设活动课程的规定真正落到实处，还抹杀了课外活动的本质属性、异化了原来的课外活动。①

2001 年 6 月，教育部颁布《基础教育课程改革纲要（试行）》，明确提出"改变课程结构过于强调学科本位、科目过多和缺乏整合的现状，整体设置九年一贯的课程门类和课时比例，并设置综合课程，以适应不同地区和学生发展的需求，体现课程结构的均衡性、综合性和选择性"、"从小学至高中设置综合实践活动并作为必修课程"。

其实，20 世纪 90 年代以来，世界课程改革已呈现出追求课程综合化的趋势，美国、英国、法国、澳大利亚、日本等国以及我国台湾地区在基础教育课程改革的过程中都非常重视综合实践活动课程。

我国的综合实践活动课程正是在立足新一轮基础教育课程改革的重要精神、顺应国际课程改革综合化的趋势、吸取我国活动课程研究和实践的经验及教训的基础上应时而生的。

综合实践活动课程是基础教育新课程改革中一门全新的课程，近十年来全国各地区、各学校诸多老师和专业工作者在不同岗位以不同方式进行了可贵的探索和丰富的实践，积累了难得的经验，当然同时也有不少教训。无论是经验也好，教训也好，归结其核心的一点就是要深刻认识"什么样的课程才是综合实践活动课程"，具体如下：

首先，综合实践活动课程是基于直接经验的经验性课程。综合实践活动课程是一门强调以学生的经验、社会实际和社会需要和问题为核心，以主题的形式对课程资源进行整合的课程，以有效地培养和发展学生解决问题的能力、探究精神和综合实践能力为目的的课程。

其次，综合实践活动课程是以实践为核心的实践性课程。综合实践活动课程注重学生多样化的实践性学习方式，转变学生那种单一的以知识传授为基本方式、以知识结果的获得为直接目的的学习活动，强调多样化的实践性学习，如探究、调查、访问、考察、操作、服务、劳动实践和技术实践等。因而，综合实践活动课程比其他任何课程都更强调学生对实际的活动过程的亲历和体验。

---

① 李臣之.综合实践活动课程开发[M].北京：人民教育出版社，2003：42 - 45

再次,综合实践活动课程是一种超越学科课程局限的综合性课程。综合实践活动课程强调超越教材、课堂和学校的局限,在活动时空上向自然环境、学生的生活领域和社会活动领域延伸,密切学生与自然、社会、生活的联系。

最后,综合实践活动课程是具有高度开放性和自主性的三级管理的课程。在新一轮基础教育课程改革中,综合实践活动课程是由国家统一制定课程标准和指导纲要,地方教育管理部门根据地方差异加以指导,学校根据相应的课程资源,进行校本开发和实施。"国家规定—地方指导—校本开发与实施",这是综合实践活动课程"三级课程管理制度"的特征表现。综合实践活动课程集中体现了新的课程管理和发展制度。

阅读材料

随着我国新课程的不断深入,"综合实践活动课程"逐步成为新一轮基础教育课程改革的公共议题或中心话题,研究与探讨综合实践活动课程的理论问题和实施问题,已经成为新课程的热点。大家普遍认为:综合实践活动课程是新课程的亮点,也是新课程的难点。下面一组数字值得我们思考:

1. 全国各地几乎每天都有全国性、省级、地区和校际综合实践活动课程的研讨会。2001 年以来,教育部综合实践活动项目组已连续组织了五届全国课程改革实验区综合实践活动专题研讨会,与会代表十分踊跃。

2. 全国各地建立起综合实践活动的专题网站 148 个;其中,"新思考·综合实践活动网"、"都乐网"、"嘉兴综合实践活动网"等综合实践活动专题网站每周的点击率超过 30 万人次;网络检索发现,各类网站中建立的"综合实践群组"超过 600 多个。

3. 全国有 18 个省市成立了"综合实践活动课程专业委员会"学术研究组织。

4.《教育研究》、《课程教材教法》、《全球教育展望》、《教育发展研究》等中文教育核心期刊以及各级教育刊物十分重视发表综合实践活动课程的研究论文,综合实践活动的研究论文无以计数;全国出版了《综合实践活动》专刊杂志 3 份。

5. 全国有超过 100 个地、市将初中生的综合实践能力纳入中考和普通高中招生指标予以全面考核。

6. 普通教育综合实践活动课程、研究性学习的实施,提高了学生的综合素质。国际著名大学录取我国普通高中学生的人数 2000 年不足 100 人,2005 年增长到 2 000 多人。

(郭元祥,沈旎. 小学综合实践活动[M]. 上海:华东师范大学出版社,2008:20-21)

二、综合实践活动课程产生的基础

综合实践活动课程作为一门崭新的课程,其产生具有其深刻的理论基础,同时也是现实社会发展的需要。

(一) 理论基础

1. 教育观的变化

教育观是指人们对教育这一事物以及它与其他事物关系的看法,具体地说就是人们对教育者、教育对象、教育内容、教育方法等教育要素及其属性和相互关系的认识,还有人们对教育与其他事物相互关系的看法,以及由此派生出的对教育的作用、功能、目的等各方面的看法。

对"教育"一词原始含义的理解,是教育观形成的基础。在我国,"教育"一词最早见于《孟子·尽心上》中的"得天下英才而教育之,三乐也"一句。许慎《说文解字》中对"教育"的解释是:"教,上所施,下所效也","育,养子使作善也"。基于这一理解,"老师台上讲学生台下听,老师示范学生模仿"的教育模式似乎顺理成章,这也许是几千年来以"传道、授业、解惑"为基本使命的传统教育思想根深蒂固的原因之一。

西方"教育"一词英文为 education,法文为 éducation,德文为 Erziehung,均由拉丁语 educare 而来。拉丁文 ducare 为"引",e 为"出",合之则为"引出"之意,意为教育是一种对人的本性、对人内存的潜能进行"导引"的活动,这种对教育的理解具有内发论的特点,也就是教育更多地要从教育对象出发,使其作为一个人所具有的一切内在的要素,内存的各种发展可能性都在教师的导引下像汩汩流水一样自然地流淌出来。基于这种教育观的认识,西方提出了"自然主义"的思想。以卢梭为代表的自然教育理论在批判传统封建教育制度弊端的基础上,强调教育"顺应自然"的原则,主张教育要遵循儿童的自然本性,培养身心和谐发展的人,实施自然教育。卢梭的教育思想对后世的影响至深,从卢梭开始,教育理论开始进入重视研究儿童的新时期。

关于教育的理解,我们可以从一些教育家的话语中得到启发:

教育是为了以后的生活所进行的训练,它能使人变善,从而高尚的行动。我们可以断言教育不是像有些人所说的,他们可以把知识装进空无所有的心灵里,仿佛他们可以把视觉装进盲者的眼里,教育乃是"心灵的转向"。(柏拉图)

知识、德行与虔信的种子是天生在我们身上的,但是实际的知识、德行与虔信却没有这样给我们。这是应该从祈祷、从教育、从行动中取得的。……实际上,只有受过恰当教育之后,人才能成为一个人。(夸美纽斯)

人的教育就是激发和教导作为一种自我觉醒中的、具有思想和理智的生物

的人有意识地和自觉地、完美无缺地表现内在的法则,即上帝精神,并指明达到这一目的的途径和手段。(福禄贝尔)

人的全部教育就是促进自然天性遵循它固有的方式发展的艺术。教育意味着完整的人的发展。(裴斯泰洛齐)

"教育即生活","教育即生长","教育即经验的改造","从做中学"。(杜威)

2. 课程观的变化

过去,我们更多地把课程理解为"学科"、"科目"或"知识",认为课程的价值主要在于通过以知识为中心的学习活动引发对知识价值的追求,并为学生未来生活提供充足的理性准备。现在,课程理论发展迅速,形成了许多流派的课程理论。

学科中心主义课程论认为:知识是课程的核心;学校课程应以学科分类为基础;学校教学以分科教学为核心;以学科基本结构的掌握为目标;学科专家在课程开发中起重要作用。学科中心主义看到了学科知识的发展价值,看到了社会知识增长的无限性与个体知识增长的有限性之间的矛盾,试图通过学科结构的掌握来解决这一问题,有其积极意义。

经验主义课程论认为:学生是课程的核心;学校课程应以学生的兴趣或生活为基础;学校教学应以活动和问题反思为核心;学生在课程开发中起重要作用。经验主义课程看到了学科中心主义的不足,以及学生在学习中的作用,对于现代课程的改造起到了重要的理论指导作用。

社会改造主义课程论认为:社会改造是课程的核心;学校课程应以建造新的社会秩序为方向;应该把学生看作社会的一员;课程知识应该有助于学生的社会反思;课程的价值既不能根据学科知识本身的逻辑来判断,也不能根据学生的兴趣、需要来判断,而应该有助于学生的社会反思,唤醒学生的社会意识、社会责任和社会使命;社会问题而非知识问题才是课程的核心问题;吸收不同社会群体参与到课程开发中来。社会改造主义树立了一种新的课程观念,开辟了课程研究的新方向。

存在主义课程论认为:课程最终要由学生的需要决定。教材是学生自我实现和自我发展的手段;人文学科应该成为课程的重点。存在主义者认为,知识离不开人的主观性,它仅仅是作为人的意识和感情才存在的。如果知识不能引起学习者的感情,那么对于他来说,就不可能是明确的知识。

后现代主义课程论认为:后现代主义课程论提出了后现代课程的标准(4R):① 丰富性(Richness)。每门学科都会以自己的方式解释丰富性,这种丰富性能创造各种领域进行合作的、对话性质的探索。② 循环性(Recursion)。循环性是旨在发展能力,其框架是开放式的。③ 关联性(Relation)。一是教育上的关联;二是文化方面的关系。④ 严密性(Rigor)。意味着一种有意识的企图,去查找自己或别人重视的假设,并且协调讨论这些假设中的有关细节,这样进行对话才会有意义,才会有改造价值。

现在普遍认为:课程是儿童以经验为基础的理解、体验、探究、反思和创造性实践而建构的活动;儿童是课程的主体,教师和学生是课程的创生者;课程应该是开放的和舒展的。

3. 教学观的变化

教学是教师的教和学生的学所组成的一种人类特有的人才培养活动。通过这种活动,教师有目的、有计划、有组织地引导学生积极自觉地学习和加速掌握文化科学基础知识和基本技能,促进学生多方面素质全面提高,使他们成为社会所需要的人。

新的教学观主要有以下教学理念:

(1)教学是师生互动的交往活动。长期以来,教学被看作"教师教,学生学",是一种单向的甚至具有决定性的活动,学生既受教师教学的内容、方式所决定,又受教材的目标和内容所决定,同时还受到教学活动的时空和环境所决定。学生往往在规定的时间内、既定的位置上、用规定的教材接受规定的老师具有规定性的讲授。单向度、统一性、标准化、认知主义是传统教学的主要特征。随着当代教育学、教育社会学、教育心理学等学科的发展,教学活动不仅是教育主客体完成双边活动的教育学过程,也是师生交往、互动的社会学过程。这种交往和互动是学生社会性发展和个性化发展的必要基础,也是学生认知发展的重要表现形式。从交往的观点看,教育是发生在主体与主体之间而非主体对客体的实践活动,学生并不能如同物一般成为教师的改造对象。教育本质上是一种交往的实践活动,知识、真理是在人与人交往沟通的过程中形成的共识,因此,学生学习的过程并不仅仅是个体认识发生和发展的过程,而是不断地与教师、与同学、与人类历史不断进行精神交往沟通而达成共识的过程。

(2)教学是以理解为基础,并采用多元方式建构生活的过程。教学不是游离于生活世界之外的社会存在,而是与生活融为一体的社会现象。学生学习的历程与教师教学的历程同样都是个体生命中的一个组成部分,是人的经验世界的基础,是一定时期特定个体的存在方式。而且,这种历程是一种采取自主学习、合作学习、探究学习、网络学习等方式学习的过程。

4. 知识观的变化

知识有两种:一种是改造客观世界的知识,也就是改造作为主体人的外部世界(自然世界)的知识;一种为改造主观世界(社会世界)的知识,也就是改造作为对象的主体个人世界的知识。改造自然世界主要以科学发明创造为主要手段或表现形式,改造社会世界主要以改造人为主要对象,就是以教育人、引导人、启发人、塑造人为主要目的。改造主观世界运用的工具有哲学、心理学、管理学、教育学等,这种工具知识不表现出来,却作为一种思维观念存在于思维者的头脑思维中,是一种潜知识、知识核。

20世纪中叶以来,人类对知识的研究取得了富有突破性的成果。迈克尔·布莱尼在其著作《个人知识》中曾说过,"我们所认识的多于我们所能告诉的"。他认为,在知识领域中,有一部分知识是不可以通过语言、文字或符号的方式清晰地表达出来的。这些知识具有不可言传性,就如学会骑自行车的人不知道自己为何骑在车上不致摔倒,游泳的人难以说出自己游泳时四肢与人体的头、躯干为何协调。这些知识具有默会的成分,是一种"缄默"的知识,是一种"个人知识",而这些知识对一个人的发展和未来生活来说同样是不可缺少的。因此,在教育中,我们不仅要关注那些通过语言、文字和符号等方式可以清晰表达的"显性知识",还要关注那些不可言传的、具有不可传递性的"缄默知识";不仅要关注范围广泛、具有共通意义的"共通知识",也要关注那些具有地理、情境局限、富有乡土或个人特征的"乡土知识"或"个人知识";不仅要关注学生通过记忆、理解所接受的以"间接经验"为主的知识,也要关注学生通过体验、探究、建构而获得的以"直接经验"为主的知识。

(二) 社会现实基础

1. 综合实践活动课程的提出是适应现代社会发展的需要

当今社会迅猛发展,产生了一系列新的问题,如环境问题、道德问题、国际理解问题、信息科技问题等,这些问题都具有跨学科的性质,综合实践活动为学生参与、探究、理解这些新的社会问题提供了机会。综合实践活动继承了我国基础教育的优秀传统,体现了当前素质教育的内在要求,这次课程改革设立的综合实践活动是对活动课程的继承、发展与规范。当前,举国上下积极推进以创新精神和实践能力为重点的素质教育,基础教育的课程体系亟待改革与创新,设置综合实践活动是应对这一需求的重要举措。

2. 综合实践活动课程的提出是全面实施素质教育的需要

青少年是祖国未来的建设者,是我国社会主义事业的建设者和接班人。他们的综合素质如何,直接关系到国家的前途和民族的命运。高度关注青少年思想道德建设,深化以发展学生的创新精神和实践能力为重点的素质教育,成为我国当前基础教育改革与发展的重要使命。引导学生学会处理人与自然、人与人、人与社会等基本关系,发展他们的科学精神与创新意识、信息意识与技术意识、劳动观念与动手能力,培养他们的社会责任感和参与社会实践的能力,是素质教育的重要任务。为实现素质教育的宏伟目标,基础教育的课程体系亟待改革与创新,设计与实施综合实践活动是适应这一需求的重要举措。

3. 综合实践活动课程的提出是促进学生个性发展的需要

每一个学生的个性发展都具有独特性、具体性,每一个学生都有自己的需要、兴趣和特长,都有自己的认知方式和学习方式,他们的发展不仅仅是通过书本知识的学习而获得的。综合实践活动的设计与实施,有利于克服书本知识和课堂教学的时空局限,引导学生在社会生活中学习,在实践中发展。综合实践活动课程基于学生的个性,面向全体学生,反映学生个性发展的内在需要,为每一个学生个性的充分发展创造了空间。

第二节 综合实践活动课程的特性

综合实践活动课程是一门走出课本、走出教室、走出传统知识授受方式的课程。它不是其他课程的辅助和附庸,而是具有自己的独特功能和价值的独立课程。与其他课程相比,综合实践活动课程具有如下特性:

一、综合性

加德纳的多元智能理论认为,每个孩子的身上都存在至少语言智能、数理逻辑智能、音乐智能、肢体动作智能、人际交往智能、视觉空间智能、自我认知智能及智力等八种以上的智能,孩子在进行学习活动时,绝不是某种智能的单一展示,而是多种智能的综合运用。因而,在课程设置及教学活动中,不能再像传统那样单纯地发展学生的语言、数理逻辑智能或其他单方面的智能,而应当使多种智能平衡全面地发展。这就要求注重跨学科的学习,利用不同学科的智能优势加以整合。

综合性是综合实践活动课程的基本特性,是由综合实践活动中学生所面对的完整的生活世界决定的。学生的生活世界由个人、社会、自然等基本要素构成,这些基本要素是彼此交融的有机整体。其中,学生与自然、学生与他人或社会、学生与自我的关系是最普遍的。学生处理这些关系的过程,就是对学生的发展具有教育价值的活动过程。因而,学生个性发展不是不同学科知识杂汇的结果,而是通过对知识的综合运用而不断探究世界与自我的结果。

综合实践活动具有超越严密的知识体系的学科界限,着眼于学生的整体发展的综合性特点。作为综合实践活动课程的"综合性",其内涵非常丰富。

首先,作为综合性课程,它不同于学科课程。不仅仅是对学科知识的综合,也不仅仅是跨学科的学习,而是对学习生活领域和生活经验的综合。这种综合性表现为设计的问题的综合性、活动情景的综合性和活动方式的综合性以及解决问题所采用的知识运用的综合性。

其次,作为综合性课程,综合实践活动课程的设计与实施突出课程整合的理念。课程整合是指把各课程年级学习活动紧密联系,构成具有整体效应的课程结构。在课程设计上,强调终身学习的愿望和能力、创新精神和实践能力;在课程实施上,强调学生发现问题、解决问题的能力以及团队合作的精神和良好的精神特征。

再次,作为综合性课程,综合实践活动课程强调多种学习方式的整合。综合实践活动倡导转变学生的学习活动方式,主张多元的学习活动,通过探究性、体验性、交往性等方式,开展探究、调查、访问、资料收集、操作、实验、反思等学习活动,使学习方式和学习活动体现整体性和综合性。学习方式的整合必然带领学生生活方式的变革和生活空间的拓展和延伸。

最后,综合实践活动课程的"综合"是有层次的,有简单的跨学科问题,有复杂的多学科问题,有简单的生活问题,也有复杂的生活问题,教师要基于学生不同的年龄阶段、身心特点、生活阅历等,从自然、社会与自我,从科学、艺术与道德等选择研究课题,如社会生活中的环境问题、交通问题、污染问题等,要准确把握"综合性"的内涵。

二、实践性

实践性已经成为当今课程改革的趋势之一。在西方课程发展史上,以施瓦布为代表的实践课程模式是重要的课程流派。他基于对传统的课程模式的批判,提出了实践性课程观。他认为,过去的课程研究注重"理论的",不切实际,太抽象,概括化,只根据学生的学习目标衡量课程的成败,关注学生学习的结果,他强调课程理论应当是实践的取向,解决实践中出现的问题;课程应是一个动态过程,应关注学生的学习过程,关注对课程实践过程的评价。施瓦布认为只有关注过程,关注实践,才有利于因材施教,有利于学生个性化和创造性的培养。

施瓦布的实践课程理论包括五个方面:把能力德性的提高视为"实践兴趣"的课程目的观;以教师和学生作为课程创造者的课程主体观;以课程过程和结果相统一的课程价值观;以教师作为研究者的课程行动研究方法论;以课程理论与实践相结合为主要特征的实践艺术观。综合实践活动课程集中体现了实践的课程观。实践的课程观强调:

(1)课程不仅仅是以文本形式来设计和组织,而是以系列活动为基础的,以活动为中心的。

（2）课程实施的实践情景是可悉的，是现实的，可以触摸和知觉的，而不是抽象的，可以包括课堂活动情景和开放的社会活动情景。

（3）实践活动强调的实践是以学习和自我发展为目的的实践，这种实践是一种学习方式，是以已有的知识和能力为基础的学习过程。

（4）实践的课程观注重的实践不仅仅是实践的实际产品，它更注重的是通过实践体验，获得感悟、能力发展和情感升华，形成良好的态度和价值观。

实践并不仅仅意味着参观、调查、访问，更重要的是为学生创设实践的环境，通过引导，让学生自己发现问题、提出问题、解决问题。综合实践活动包含不同活动情景的实践，强调学生通过探究性学习、社会参与性学习、体验性学习和操作性学习等多种实践性学习活动，改变学生传统的学习方式和生活方式，把学生的探究发现、大胆质疑、调查研究、实验论证、合作交流、社会参与、社区服务以及劳动实践和技术实践等作为重要的活动方式。可以说，综合实践活动中的"实践"具有尝试、经历、亲历、做中学等特性。

总之，综合实践活动以学生的现实生活和社会实践为基础来开发与利用课程资源，而不是在学科知识的逻辑体系中构建课程和实施课程。综合实践活动课程是以学生的已有知识和经验为基础，以主题为活动组织形式，以"活动"为主要形式，以任务为取向，强调学生的亲身经历，要求学生积极参与到各项活动中去，在"做"、"考察"、"调查"、"实验"、"探究"、"服务"、"劳动"等一系列的活动中发现和解决问题、体验和感受生活，培养实践能力和创新精神。

三、开放性

建构主义学习理论认为，知识是学习者在一定的情境即社会文化背景下，借助其他人（包括教师和学习伙伴）的帮助，利用必要的学习资料，通过建构意义的方式而获得的，"情境"、"协作"、"会话"和"意义建构"是学习环境中的四大要素或四大属性。这就要求课程内容具有开放性，要面向学生的整个生活世界，并随学生生活的变化而变化；课程实施过程与结果要具有开放性，关注学生在活动过程中所产生的丰富多彩的学习经验和个性化的创造性表现。

综合实践活动课程是一个具有高度开放性的课程，它注重把学生从课堂引向广阔的社会，从书本知识的学习引向社会实践，极大地调动学习的自主性，以扩展他们的视野，让他们拥有自己的学习空间和思维天地，进而开发他们的创新潜能，拥有自己的创新成果。综合实践活动课程面向每一个学生的个性发展，尊重每一个学生发展的特殊需要，其课程目标、课程内容、过程、结果等方面都具有开放性的特性。具体表现为以下几个方面：

1. 课程目标的开放性

综合实践活动的目标不是僵化的,而是开放的。综合实践活动面向每一个学生的个性发展,尊重每一个学生发展的特殊需要,正是由于这一点,决定了综合实践活动目标的开放性。作为活动设计与组织者的教师,在确定综合实践活动目标时,就应该注意这一特性,让不同的学生在活动中得到不同的发展。

2. 课程内容的开放性

综合实践活动的内容不是封闭的,而是开放的。综合实践活动面向学生的整个生活世界,它随着学生生活的变化而变化,这就使得综合实践活动的内容具备了开放性。就目前来说,综合实践活动的内容主要表现在学生的研究性学习、社区的服务与实践、信息技术教育以及劳动技术教育等四个方面。这些方面的内容,不像书本知识那样受规定内容的限制,学生可以自主地去选择、探索和研究。

3. 活动过程的开放性

综合实践活动关注学生在活动过程中所产生的丰富多彩的学习体验和个性化的创造性表现,这又决定了其活动过程的开放性。同时,由于综合实践活动的内容的开放性,必然导致其活动过程的开放性。无论是让学生去搞社会调查还是去进行社区服务,它都必须由学生去参与活动的整个过程,老师不可能包办代替。而且学生在综合实践活动的过程中,会因为其创造性的表现,采用不同的方式与途径。

4. 活动结果的开放性

每一次综合实践活动的结果总是会因人而异。不同的学生在活动中的感悟不同,再加上对综合实践活动的评价标准的多元性,使得综合实践活动的结果具备了开放性。作为教师,对每次活动不要强求每一位学生都要达到同样的目的,让每一位学生都有自己独特的收获,这就是综合实践活动结果开放性的体现。

总之,综合实践活动是一门新兴的课程。由于综合实践活动开放性的特性,学生的个性差异得到尊重,其评价标准具有多元性。学生的全员参与有了可能,学生的个性发展有了良好的课程载体。

阅读材料

盐城市伍佑中学《关于学生开展社会实践及社区服务的实施方案》社会实践内容分为三大类型:

1. 行业体验活动

(1) 列车乘务实践活动;

（2）赴素质教育基地参加农业劳动；

（3）赴商场体验售货员活动；

（4）其他实践活动。

2. 校园实践活动

（1）"实验学子修身行动"；

（2）值周班活动；

（3）香樟园文学社、学生电视台等学生社团活动；

（4）运动会；

（5）艺术节；

（6）成人仪式主题教育活动；

（7）举办"校园论坛"；

（8）编辑《香樟园》杂志；

（9）学生会活动；

（10）学生公寓管理委员会活动；

（11）校内其他义务劳动。

3. 外出参观、考察、访问等

（1）"重点高校"参观考察活动、

（2）革命传统教育活动；

（3）"暑期夏令营"活动；

（4）参观新四军纪念馆；

（5）祭扫革命烈士墓活动；

（6）与友好学校学生互访；

（7）访问知名学者等成功人士。

社区服务内容：

1. 公益活动

（1）献爱心活动；

（2）义务植树活动；

（3）社区卫生保洁活动；

（4）"废品分类回收"活动；

（5）学雷锋活动；

（6）青年志愿者活动。

2. 宣传教育活动

（1）"传承雷锋精神"主题宣传活动；

（2）"共有一个蓝天"环保宣传活动；

（3）"节水护绿"主题宣传活动；

（4）"牢记八荣八耻，凝聚民族精神"主题宣传活动；

（5）系列社会调查。

（http：//www. yce. cn/ArticleShow. asp？ArticleID＝7975）

四、生成性

《综合实践活动课程指导纲要·总则》指出：综合实践活动是由师生双方在其活动展开过程中逐步建构生成的课程，而不是根据预设程序一成不变的。目标可以固定指向，而内容和形式必然是动态的开放的。儿童的发展本身就是不断生成、连续与非连续相互交织的过程。综合实践活动考虑到学生的现实生活需要和社会需要，立足于时代对学生素质发展的挑战和需要，以促进学生个性发展为总目标。它针对学生的现实生活需要，让学生在活动过程中不断地形成良好的行为意识、情感、态度和价值观，并不断地建构自我、发展实践能力。

综合实践活动具有生成性，是由于综合实践活动的过程取向和该课程的开发决定的。从活动的主题、活动方式，特别是学生的收获都具有强烈的生成性，它们不是事先完全预设好的，而是在活动的实际过程中，学生会时刻遇到新的问题、产生新的想法、找到解决问题的新方式。因此，综合实践活动课程的价值就在于学生在活动中形成良好的情感、态度、价值观，并不断建构自我的整个精神世界，发展实践能力。活动中要正确处理预设与生成的关系。

综合实践活动课程的生成性包括活动主题的生成、活动过程中生成新的问题，特别是教师要充分利用好活动中生成的问题自主探索、自己寻找解决问题的思路和方案。教师的设计要"留白"，给学生以自主生成的空间；教师要创设情境、引导学生发现问题，并利用生成的问题促进学生思维能力和创新水平的发展。

综合实践活动课程实施过程中处理预设与生成的关系时要注意：

1. 加强活动的计划性

每一所学校、每一个班级都有对综合实践活动的整体规划，每一个活动开始之前都有对活动的周密设计，这是综合实践活动计划性的一面。但是，综合实践活动的本质特性却是生成性，这意味着每一个活动都是一个有机整体，而非根据预定模式机械地装配的过程。

2. 利用活动的生成性

综合实践活动由于其很强的实践性，决定了它的生成性。因为随着活动过程的展开，学生在与教育情境的交互作用过程中，不会总是按照老师活动前的安排有条理地进行，难免会产生一些新的目标、新的问题、新的价值观和新的对结为综合实践活动的丰富多彩,为综合实践活动充分展示学生的个性、主体性和创造性提供了良好的条件。

（五）注重问题探究,增强创新性

对于问题的产生,不外乎三种情形:一是人类生存和发展中必然遇到的问题;二是由别人给出的问题;三是由自己主动发现的问题。第三种情形是寻求问题、发现问题的最高境界。但无论哪一种情况,注重发现问题并试图解决问题,这是推进个人成长、促进社会进步必不可少的内容,是人类文明进步的内在机制,也是人类个体获得高层次精神体验的重要载体。创造始于问题,有了问题才有了思考的开始,才有了解决问题的方法,才有了创造发明的可能。

杜威认为,儿童有四类兴趣(本能、冲动):第一类是"社会本能",指儿童在谈话、交际和交往中所表现出来的兴趣,语言本能是表现儿童社会本能的最简单的形式。第二类是"制作本能",指儿童在游戏、运动、制作材料等方面表现出来的兴趣,又称"建造性冲动"。第三类是"探究本能",指儿童探究或发现事物的兴趣,儿童并没有多少抽象的探究本能,探究本能似乎是导源于建造性本能与交谈本能的结合。第四类是"艺术性本能",亦可称为"表现性冲动",它也产生于交往本能和建造性本能,是交往本能和建造性本能的精致化与完满表现。杜威认为,这四类兴趣是儿童的自然资源,儿童后天的经验是在这四类兴趣的基础上发展起来的,儿童心智的积极生长依赖于对这四类兴趣的运用。因而,课程设计需要建立在这四类兴趣及相应经验的基础之上。①

综合实践活动的重要目的在于改变学生单一的知识接受性的学习方式和简单的技艺训练性的活动方式,使学生通过调查、访问、考察、测量、实验、劳动等多样化的探究活动展开学习。在该过程中发现问题、产生疑惑、运用信息、进行试验研究,这一追求不仅能拓展学生的学习时空,还能赋予学生综合运用知识、培养创新精神和创造能力的机会,使之不仅仅囿于对材料的记忆和推理,而且能够从社会的、文化的、政治的观点出发对现象发表个人创见,展现个体智慧。更值得一提的是,学生的自主探究能够"化信息为知识,化知识为智慧,化智慧为德性"。

阅读材料

海口市第九中学:

[吴亮]:现在的小偷技术越来越高超,工具也日新月异,普通防盗门已经无

---

① 张华.经验课程论[M].上海:上海教育出版社,2000:83

法将他们拒之门外。因此我产生一个想法,发明出一种既可以抓贼又可以防盗的锁——抓贼防盗锁。

[朱锐、侯晓君]:由于阳光的反射,使坐在教室两侧的同学看不清黑板上的字。这该怎么办呢?黑板是老师上课的必备品,老师的板书都在黑板上,若是在课堂上老师的内容比较多时,仅仅一块黑板是不能满足同学们和老师们的需要的。这又该怎么办呢?针对以上问题我们想到了设计"可移动式黑板"。

[王政康、曾晓雯]:一次与班主任交谈,说到下雨天戴摩托车帽骑摩托车有一些不便,没有帽檐的帽,雨会喷到脸上,而有帽檐的帽,一些雨水又会顺帽流下,造成视线不清。由此我们想到了设计一种下雨时既不会被雨喷到脸,也不会影响视线,能用在摩托车帽上的物品——摩托车帽刷雨器。

(http://www. hkjiuzhong. com/SQLXXTWEB/WebTemplates/MSBC/ArticleInfo/ArticleShow. aspx? ChannelID＝N1pqblFGRndKUFk9&NewID＝YzlBZStsN0UvV2M9)

本章小结

综合实践活动课程是基础教育新课程体系中的重要组成部分,是一门与传统学科课程完全不同的,具有自己独特功能和价值的独立的课程形态。综合实践活动承载了最能体现现代教育理念的课程改革的精髓与理念。我国综合实践活动课程的孕育和发展,经过了课外活动、第二课堂、活动课程等形成阶段,展现课程重点培养学生的创新精神和实践能力的价值追求和课程改革的历史进程,这个进程与世界课程改革大潮的趋势息息相通。综合实践活动课程具有综合性、实践性、开放性、生成性、自主性等特征。综合实践活动课程是基于学生的直接经验,密切联系学生自身生活和社会生活,注重对知识技能的综合运用,体现经验和生活对学生发展价值的实践性课程。综合实践活动课程实施对于满足学生成长的需要和社会发展的需要,发展学生终身学习的愿望、创新精神和综合实践能力具有极其重要的意义。

思考·探究·实践

1. 简要阐述综合实践活动课程提出的背景。

2. 结合某一综合实践活动的案例,分析它是否真正体现综合实践活动课程的基本理念。

3. 就近到一所中学进行调研,考察并阐述综合实践活动课程给师生关系带来了哪些变化。

拓展阅读：

1. 郭元祥,伍香平. 综合实践活动课程的理念[M]. 北京：高等教育出版社,2003.

2. 顾建军,张建平等. 综合实践活动课程指导法[M]. 北京：开明出版社,2003.

3. 李臣之. 综合实践活动课程开发[M]. 北京：人民教育出版社,2003.

4. 郭元祥,沈旎. 小学综合实践活动[M]. 上海：华东师范大学出版社,2008.

5. 张华. 让儿童自由探究生活——兼论综合实践活动课程的本质[J]. 全球教育展望,2007(4).

6. 石鸥. 从课程改革的目标看综合实践活动的独特价值[J]. 中国教育学刊,2005(9).

第二章 中学综合实践活动课程的目标及设计

学习目标

1. 明确综合实践活动课程的总体目标
2. 了解中学综合实践活动课程目标设计的基本原则
3. 能够根据综合实践活动课程的总体目标设计具体的教学目标

案例：探究小麦黏虫活动的规律

上海郊县某中学一组学生在教师指导下针对小麦遭受黏虫侵害而减产的现象，自制诱捕器，定点安放，每天早上统计捕捉到的成虫数量，再根据成虫高峰日和产卵高峰日，推测幼虫孵化高峰日，发现当地黏虫活动时间比资料记载的提前2～3周。该研究结果被当地植保站采纳，使虫害大大减少。综合实践活动课程总目标："获得亲身参与实践的积极体验和丰富经验；形成对自然、社会、自我之内在联系的整体认识，发展对自我的关爱和对社会的责任感；形成从自己的周遭生活中主动发现问题并独立的解决问题的态度和能力；发展实践能力，发展对知识的综合运用和创新能力；养成合作、分享、积极进取等良好的个性品质。"因此，探究小麦黏虫活动规律的实践活动达到了发展学生的实践能力、探究能力、社会责任感，丰富学生对自然、社会、自我的现实体验和经验的课程目标。

课程目标是国家教育方针和教育目的在本课程中的具体体现，是指导课程编制和课程实施的准则，是教师确定每一节课教学目标的依据。与学科课程相比较，综合实践活动的课程的具体目标则不是与体系化的课程内容相伴随，因为综合实践活动课程的内容具有独特性，它没有体系化的课程内容，综合实践活动真实的课程内容是学生活动的主题。综合实践活动课程内容特点决定了在开发与实施综合实践活动的过程中，课程目标的类型、层次及其整体性的设计是极为重要的问题。

第一节 **中学综合实践活动课程目标**

综合实践活动作为基础教育中国家规定的必修课程,是引导学生从自身生活和社会生活中发现问题、开展多样化的实践学习、注重知识和技能综合运用的实践性课程。综合实践活动课程的基本任务之一,是引导学生形成对自然、对社会、对自我的整体认识,发展学生良好的情感、态度、价值观,养成学生良好的个性品质。综合实践活动课程的总目标是,通过研究性学习、社会实践与社区服务等活动,培养学生独立的、持续探究的兴趣;获得丰富的参与研究、社会实践与社区服务的体验;进一步提高学生发现问题、提出问题和分析问题的能力;使学生掌握基本的实践与服务技能;培养分享、尊重与合作的精神;养成实事求是的科学态度;培养服务意识与奉献精神、社会责任心与使命感。

一、三位一体的课程目标

《综合实践活动课程指导纲要(实验稿)》对综合实践活动课程的总目标进行了设计,综合实践活动的课程目标包括知识与技能、过程与方法(能力)、情感态度价值观三个维度(见图2-1),三个维度的课程目标是相互关联、相互促进、相互依赖的。三维目标较好地协调了知识技能学习与学生发展、社会需求之间的关系,能力和情感态度价值观必须在学生的学习过程中形成和发展,探究活动、讨论交

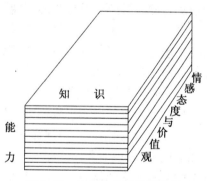

图2-1 三位一体的课程目标

流、将知识和技术应用于解决实际问题的活动等是促使学生能力得到充分发展、形成正确的情感态度价值观的最佳途径。三位一体的课程目标从教育科学的角度,审阅和描述了教学目标的合成与区分、作用与地位、达成与效力,有利于教学过程中课程目标的贯彻和落实。与学科课程的目标相比较,综合实践活动课程更强调过程与方法、情感态度与价值观等维度的目标,其目的是引导学生在活动过程中实现综合实践活动课程的发展价值。

（一）综合实践活动课程的能力目标

综合实践活动课程能力目标主要体现在认知与思维能力、操作与问题解决能力、交往与社会活动能力等维度，从总体上说，综合实践活动课程的能力目标是多维度的，多维度的能力目标是综合实践活动课程价值多样性的内在要求。综合实践活动课程能力目标的清晰设计和有效达成，直接体现了综合实践活动课程的有效性。

1. 认知与思维能力目标

综合实践活动课程的认知与问题解决领域的目标，直接指向发展学生的认知能力、思维品质的能力，可分为以下具体层面的能力。

（1）收集处理信息的能力

在开放的学习情境中，搜集处理信息是问题解决的基本途径、基本方式。综合实践活动的课程实施和学生学习过程，要注重引导学生形成搜集处理信息的能力。收集处理信息的能力具体包括：搜集第一手资料的能力；整理和利用各种信息或资料的能力；呈现、表达各种信息的能力等。

（2）自主获取知识的能力

获取知识是学习的基本任务和目标之一。尽管综合实践活动课程的实施不以获得系统的书本知识为目的，但引导学生在实践学习的过程中自主获取知识，形成对自然、对社会、对自我的正确认识，是综合实践活动认知目标的一个方面。

自主获取知识的能力具体包括：提炼观点，形成见解的能力；整合知识，形成新的知识结构的能力；区分自己的观点和他人的观点的能力；运用概念表述自己见解的能力等。

（3）创造性的思维能力

创造性思维品质和思维能力目标具体包括：基本的逻辑思维能力，如分析能力与综合能力、归纳能力与演绎能力、系统化与综合化能力等；发现问题与提出问题的能力、合理地表述问题与分解问题的能力，如把握问题实质的能力、分解问题的基本要素的能力、建立问题的分析框架的能力、将问题表述为可操作的研究课题的能力等。良好思维品质和思维能力的发展是综合实践活动课程的重要目标，是发展学生的创新精神与实践能力的基石。在综合实践活动课程的实施过程中，要将创新精神和创新能力目标具体分解和落实到主题活动的操作过程之中。

2. 操作与解决问题的能力目标

综合实践活动作为一种实践性学习活动，发展学生在实际情境中利用工具和已有的知识解决问题的能力是本课程的核心目标之一。

（1）操作能力

操作能力是指在实际情境中解决问题的能力,包括安排和组织资源的能力;使用工具和技术的能力;设计与制作的能力,如设计与生产一个系统的能力;发明创造的能力等。

（2）解决问题的能力

解决问题的能力是一种综合能力,其核心目标要素是创造性思维的能力,具体包括以下几个方面:运用问题解决的基本科学方法的能力,如调查研究与访问的能力、实验研究与观察的能力、参与服务的能力等;运用数学思想和技巧的能力,如数理统计的能力;发现问题解决策略的能力,如策略选择的能力等。

3. 交往与社会活动的能力目标

交往与社会活动的能力目标涉及人际交往技能目标、参与社会活动的能力等目标范畴。具体可分为:

（1）规划能力:在综合实践活动实施的准备阶段,要注重发展学生的规划能力,引导学生学会制订活动方案、制订可行性强的实践性学习活动方案或计划。在制订活动方案的过程中,培养学生的规划能力。

（2）协调能力:在活动实施的过程中,引导学生处理好同学之间、活动场景中不同部门的人员之间的关系,培养学生协调人际关系、和解冲突的能力。

（3）交往能力:学会与他人共同生活和共同工作的能力,即学会交往、学会合作,是综合实践活动课程的重要目标。综合实践活动的实施要有目的地发展学生的交往能力、合作意识和能力,认知自我以及与他人有效沟通的能力等。

（4）管理能力:在实践活动以及参与社会活动的过程中,要引导学生学会管理与自我管理,发展学生的组织能力、管理能力等。美国应用学习标准中就明确地提出了管理与自我服务的能力这一维度的课程目标。

学生在综合实践活动的实施过程中需要处理好多种关系,参与多样性的社会活动过程,在这一过程中,引导学生了解社会关系、社会活动的结构,学会参与社会生活,学会与他人共同生活和共同工作,发展学生的社会实践能力,是综合实践活动课程应达成的重要实践能力目标。

综合实践活动作为一种体验性的、实践性的、综合性的课程,更加强调发展学生的创新精神与实践能力,在课程目标上,具有比较突出的能力目标的取向。

阅读材料

7～9年级综合实践活动的课程目标

（一）增进学生对自然的了解与认识,逐步形成关爱自然、保护环境的思想意识和能力。

走进自然,增进对自然的了解与认识,理解人与自然的内在联系

关心自然环境,自主探究自然问题,具有环保意识

参与环境保护的活动,形成初步的环境保护能力

(二)主动积极地参与社会和服务社会,增进对社会的了解与认识,增强社会实践能力,并形成社会责任感和义务感。

走入社会,增进对社会的了解与认识,理解个体与社会的关系

关心社会现实,主动探究社会问题,积极参与力所能及的社区活动,服务社会,发展社会实践能力

遵守社会行为规范,养成社会交往能力,学会与他人共同生活、工作

养成关心他人、关心社会,具有服务社会的意识和对社会负责的态度。

(三)逐步掌握基本的生活技能和劳动技术,具有自我认识能力,养成负责任的生活态度。

反省自我,增进自我认识,确立自信,树立人生理想,积极进取

掌握基本生活技能,学会适应社会生活,养成负责任的生活态度

了解与认识现代生产和劳动技术,端正劳动态度,形成良好的劳动习惯。

(四)发展主动获得知识和信息的能力,养成主动地获得信息的学习习惯和主动探究的态度,发展信息素养、探究能力和创造精神。

学会自主提出问题、制订活动方案,并组织实施活动方案

形成自主收集信息和处理信息的能力

开展问题探究,体验探究过程,对感兴趣的自然问题、社会问题和自我问题进行深度探究

养成主动探究的习惯,形成问题意识,发展探究能力和创新精神。

(http://www.shaheedu.net/jys/Article_Show.asp? ArticleID＝1263)

(二)情感态度与价值观目标

发展学生良好的个性心理品质是综合实践活动课程的核心目标。情感态度与价值观作为课程的目标之一是其他要求所不能替代的,情感态度与价值观不仅是课程的一个必要目标,而且是课程追求的一个终极目标。当一个学生掌握的知识与技能、经历的过程、形成的方法,最终都升华为情感态度与价值观,升华为意识、观念、责任、习惯,将使其终身发展受益无穷。学生个性心理品质是学生人格特征的集中体现,它集中体现在动机、兴趣、爱好、需要,以及态度、理想、信念、世界观等方面。情感态度和价值观,是知识和能力在学习者头脑中的客观反映和主观判定与取舍,具有行为意志的倾向性。

1. 情感

情感是人对客观事物是否满足自己需要而产生的心理体验。心理学研究表明,学习过程总是伴随着一定的情感体验,学习过程中的情感体验总是影响着学习者的态度,从而产生不同的学习效果。学习效果的不同反过来又会使学习者产生不同的情感体验,进而影响学习过程。情感不仅指学习兴趣、学习热情、学习动机,也是指内心体验、情操陶冶。情感不是人与生俱来的,它是随着年龄的增长、交往的扩大和经验的增加,在教育和生活的影响下逐步发展起来的。人的情感会随着知识的丰富、认知的不断深化而发展变化,两者呈正比关系,学生的高尚情感如理智感、道德感和美感,是随着学生的学习过程而产生并不断丰富起来的。

理智感是通过思维过程,克服困难,分析与解决问题,满足认知领域需要所获得的一种高级情感体验,是激发学生参与综合实践活动过程的主动性、积极性的重要因素。通过引导学生运用问题解决的方法,在真实的问题情境中经历问题解决的全过程,体验并获得解决问题的成就感,培养实事求是的科学精神,战胜困难的勇气,形成开放多元的思维方式,勇于发现问题和解决问题。

道德感是通过行动所获得的满足道德需要的一种高级情感体验。道德感的体验往往与处理各种道德关系有关。只有识别各种道德关系,正确处理道德关系,通过道德行为和道德意志努力,才能获得道德感的体验。教师要引导学生认识与处理各种具有道德意义的关系,获得道德感的体验。有意识地引导学生理解人与环境、人与他人或社会、人与自我的道德关系和道德意义,形成环境道德、社会道德,提升学生的自我意识和自我教育能力,形成尊重自然、热爱大自然、保护环境的道德品质;尊重人格,关心社会,承担责任,具有社会责任感;认识自我,确立自信,完善个性。

美感是人的审美需要得到满足的一种高级情感体验。形成正确的审美观念,提高审美能力,才能获得审美体验。应引导学生辨别美丑,形成正确的审美观;使学生养成积极向上的生活方式和生活习惯,提高社会生活能力;引导学生感受自然美、社会美和人性美,提高学审美情趣和审美能力,热爱自然、热爱生命,热爱社会。

2. 态度价值观

态度是人们在认识和行为上相对固定的倾向,包括人对事物和社会认知的倾向、情感的倾向和意图的倾向。态度不仅指学习态度、学习责任,也是指科学、求实的态度。

价值观是指导人的行为的一种倾向性,是人们作出正确判断、采取正确行为的思想基础,是行为的先导因素。价值观不仅强调个人的价值、人类的价值,更强调个人价值与社会价值的统一、人类价值与自然价值的统一。综合实践活动课程的价值观目标要引导学生注重形成正确的价值观,形成良好的思想意识,如环保意识、资源意识;合作意识、参与意识、民主意识、法律意识;开放意识、国家意识、全球意识;人本意识、生命意识、发展意识;质量意识、责任意识、服务意识,等等。

综合实践活动课程的实施,应努力引导学生形成良好的学习动机和发展动力,培养勤于动手、乐于探究的兴趣,形成终身学习的愿望,树立与时代发展需要相适应的积极理想和正确信念,并在确立正确价值观的基础上,努力树立正确的世界观和方法论。

(三) 综合实践活动课程的知识目标

综合实践课程知识包含自然学科、人文学科、社会学科等方面的知识,综合实践课程所涉及的知识不仅包括科学,还包括艺术与道德,所涵盖的内容不仅包括自然,还包括社会与自我等方面的内容。比较综合实践课程的能力目标和情感态度价值观目标,知识目标有相对的显现性。学生所学的知识可以分为事实、原理、概念等知识。对结构等事实知识,可以凭借观察和实验或日常生活现象直接进行表征;对概念、原理、规律等,是凭借对现象进行抽象思维而概括得出的知识;学生的学习,通常都要从直观和抽象的结合上进行学习和思考,完成有意义的建构。综合实践活动课程的知识目标包括具体的知识、处理具体事物的方式方法的知识、学科领域中的普遍原理和抽象概念的知识等方面。

1. 具体的知识

具体的知识是指对具体的、孤立的片断信息的回忆。它包括:术语的知识,即具体符号的指称事物的知识,如熟悉的大量词汇的一般意义;具体事实的知识,指日期、事件、人物、地点等方面的知识,如对某些特定文化中的主要事实的回忆。

2. 处理事物的方式方法的知识

处理事物的方式方法的知识,是指有关组织、研究、判断和批评的方式方法的知识。实施综合实践活动,要求学生立足于解决现实生活中的问题,学生在解决问题的过程中要掌握各种方法。掌握方法性知识也是综合实践活动的知识性目标,如信息处理的方法、访问调查的方法、测量统计的方法、观察实验的方法等。

3. 综合性知识

学科领域中的普遍原理和抽象概念的知识,可称为综合性知识。综合运用学科知识是综合实践活动课程目标之一。综合实践活动一般是通过主题活动的方式培养学生掌握、运用跨学科的综合性的知识。随着科学技术的发展,科学作为一个系统,不仅仅存在于某个单一的学科。

随着人类对科学本质认识的逐渐加深,人们意识到科学并不仅仅是由知识体系构成的,其更为本质的东西是人类探索自然、认识自然、解释自然的一种特殊的途径和方法,即科学探究。科学的知识是通过千百年来科学家不懈的探究得到的。科学探究的核心特征是用实验、调查、观察、计算所得到的证据回答问题、揭示事物的本质;同时需要科学的理性思维指导探究,将探究的结果转化为科学知识和技术。知识体系是探究过程的结果。完整的科学体系既要包括探究的结果,又要包括获取结果的过程与方法。

综合实践课程的总体目标是原则性、综合性的,从层次上看属于高标准的。它给不同的地方、学校和学生提出共同的努力方向和奋斗目标,应该说不论什么地方、什么学校、什么学生原则上都应该达到这个目标。但是,由于地方、学校和学生的情况各有不同,因此在对总体目标的实际达成上可以有不同的衡量标准,这样就必须根据综合实践活动的类型制订出课程的具体目标。

阅读材料

教育目标分类

（一）认知领域的目标分类

美国著名心理学家、教育家布卢姆把认知领域的目标分为六个层次,即知识、领会、运用、分析、综合和评价。

1. 知识目标要求学生在学习情境中把某种信息储存在大脑中,属于认知目标的记忆层次。

2. 领会是用来表明理解交流内容中所含的文字信息的各种目标、行为或者反应,是认知目标的理解层次。

3. 运用指在某些特定的和具体的情境里使用概念、原理的水平。

4. 分析指将交流分解成各种组成要素或组成部分,以便弄清各种观念的有关层次,或者弄清所表达的各种观念之间的关系。

5. 综合是指把各种要素和组成部分组合成一个整体。

6. 评价指为了特定目的,对材料和方法的价值作出判断,是认知领域最高的目标层次。

（二）情感领域的目标分类

情感领域目标分为接受（注意）、反应、价值评价、组织、由价值或价值复合体形成的性格化等层次。

1. 接受（注意）指学习者感受到某些现象和刺激的存在,愿意接受或注意这些现象和刺激。

2. 反应是指学习者对出现在他面前的刺激已经不只是愿意注意而是上升到积极的注意。

3. 价值评价是指学习者确认某种事物、现象或行为是有价值的,即学习者将外在价值变为他自己的价值标准,形成了某种价值观、信念,并以此来指引他的行为。

4. 组织是在学习者连续地将价值加以内化的过程中遇到各种不同的价值情境时,把各种价值组织成一个体系,确定价值之间的相互关系,确立占主导地位的和普遍性的价值的活动。

5. 由价值或价值复合体形成的性格化是指各种价值已经在个体内在的价值层次结构中固定下来,已经被组织成为一种内在一致的体系,长期控制个体的行为,使个体长期地以某种方式去行动,即成为他的稳定的性格特征,而不再是一种表面性的或暂时性的情绪反应。

（三）动作技能领域的目标分类

辛普森将技能领域目标分为七个层次:

1. 感知:指运用感官获得信息以指导动作,主要了解某动作技能的有关知识、性质、功用等。

2. 准备:指对固定动作的准备,包括心理定向、生理定向和情绪准备(愿意活动)。

3. 有指导的反应:指复杂动作技能学习的早期阶段,包括模仿和尝试错误。

4. 机械动作:指学习者的反应已成习惯,能以某种熟练和自信水平完成动作。

5. 复杂的外显反应:指包含复杂动作模式的熟练操作。操作的熟练性以精确、迅速、连贯协调和轻松稳定为指标。

6. 适应:指技能的高度发展水平,学习者能修正自己的动作模式以适应特殊的设施或满足具体情境的需要。

7. 创新:指创造新的动作模式以适合具体情境。

（http://www. pep. com. cn/xgjy/xlyj/xlgj/zhuaiti/yw/201102/t20110225_1024686. htm）

二、不同活动类型的课程目标

综合实践活课程目标还可根据活动类型的特点,按学段进行分类设计。

(一) 义务教育阶段综合实践活动目标的分类设计

义务教育阶段综合实践活动的总目标是密切学生与生活的联系,推进学生对自我、社会和自然之间内在联系的整体认识与体验,发展学生的创新能力、综合实践能力,以及良好的个性品质。具体目标可根据学习领域分为以下几个:

1. 社区服务与社会实践目标

社区服务与社会实践在服从于综合实践活动课程的总目标的基础上,更为注重发展学生的社会实践能力,培养学生的社会服务意识和公民责任感。社区服务与社会实践的阶段目标如下:

(1)知识目标

学生通过社区服务和社会实践的活动,能够熟悉社区在地理环境、人文景观、物产特色、民间风俗等方面的特点;通过进入社会情境、接触社会现实、参与各种社会活动等途径,能够理解社会基本运作方式、人类生活的基本活动,积累社会生活经验;通过和他人的接触、交流,学会理解他人的生活习惯、个性特点、职业情况,理解社会规范的意义。

(2)能力目标

学生在社区服务和社会实践的活动中,能够对社区中人们关注、谈论的问题引起注意,并能学会综合而灵活地运用学过的知识加以解决,从而掌握基本的服务社区的本领;通过保护环境的活动,懂得人们的生产、生活对环境的各种影响,熟悉环境保护的常识,掌握环境保护的基本技能,并能综合运用所学的知识解决环保中的一些问题;自觉地从身边小事开始,在实践中发展社会参与能力;通过各种锻炼活动,掌握安全生活的常识,能够在危难中自救与求救;能够了解自己的情绪,并学会用适当方法控制和调节自己的情绪,进一步适应各种社会角色,正确理解个人价值。

(3)情感态度价值观目标

学生在服务社会的过程中学会交往、合作,懂得理解和尊重,形成团结意识和归属感,增强服务意识和责任感,并能自觉遵守、维护社会规范与公德;在社会实践活动中形成并增进法制观念、民主意识,形成参与意识和较强的公民意识;通过参观、考察和探究,懂得科学技术与日常生活、社会发展的关系,形成正确的科学观;通过和自然的接触,领悟自然的神奇与博大,懂得欣赏自然的美,对自然充满热爱之情;通过观察、考察身边的环境,领悟到自己的生活与环境息息相关,加深珍惜环境的情感,并养成保护环境的意识和习惯。

在与人相处过程中,懂得尊重人、体谅人。通过体验个人与群体的互动关系,懂得他人和社会群体在个人生存与发展方面的重要性,体验关怀的温暖,对他人的帮助心存感激。通过与人交往、合作,形成团结、合作的精神。能够留意身边需要帮助的人,自觉而乐意地为大家服务,掌握志愿服务的有关知识和技能,对他人富有爱心。在与那些由于他们的帮助而从中获益的人的接触中,获得深刻体验、感受成功和满足。通过各种活动感悟生命的奥妙、意义与价值,养成对自己生命高度负责的态度。懂得自己的权利与义务,能够学会用法律保护自己。在活动中养成良好的生活习惯、健康乐观的生活态度,愿意为创造更美好的生活而不懈努力。

社区服务和社会实践的最大追求是培养学生不断地领悟世界的意义和人生的意义。因此,要特别注意促使学生在实践中、在服务社会和帮助他人的体验中寻求学习的动力,注重实践教育、体验教育,贴近实际、贴近生活,把学习场所从教室拓展到社区乃至整个社会。改变单一的学习方式,使课堂知识学习和社会体验学习结合起来,加强学校与社会、教学与生活的联系,发掘蕴藏于邻里、社区乃至整个社会的有利于学生学习和成长的教育资源,充实学生的学习生活,全面提升学习质量。

2. 劳动与技术教育目标

劳动与技术教育是以学生获得积极劳动体验、形成良好技术素养为主的多方面发展为目标,且以操作性学习为特征的学习领域。它强调学生通过人与物的作用、人与人的互动来从事操作性学习,强调学生动手与动脑相结合。

(1)知识目标

初步掌握一些现代生产通用的技术基础知识,获得相应的工具应用、材料认识、简易设计、作品制作等多方面的基础知识;了解作物生长和农副产品的生产与销售的一般规律,了解一些现代农业技术,并进行技术实践;在使用和改良技术作品、进行技术实践的过程中,作出多方面的有一定根据的评价;通过体验和探究,掌握基本的技术学习方法,学会自我的生活管理。

(2)能力目标

学会使用简单的工具和设施,并对常见材料进行简易加工;初步掌握简易设计与制作的一般过程与方法,并根据自己的设计进行简单工艺品和技术作品的制作,主动进行技术实践;具有初步的技术探究、解决日常生活中的简单技术问题的能力和终身学习能力;具有一定的提高家庭生活质量所必备的基本技能。

(3)情感态度价值观目标

认识劳动世界,形成正确的劳动观念和热爱劳动的思想感情;通过技术实践活动,深化自己的劳动体验,形成正确的劳动价值观;养成勤俭、负责、守纪的劳动品质,形成良好的劳动习惯;增强生活中的主体意识,形成积极的生活态度;发展技术学习兴趣,初步形成从事技术活动和进行技术学习的基本态度与能力。关注日常生活和周围环境中的技术问题,形成持续而稳定的技术学习兴趣,具有较强的技术意识;理解从事技术活动必须具备的品格与态度,能够安全而负责任地参加技术活动,具有初步的与他人进行技术合作、技术交流的态度与能力;形成一定的科学精神、科学态度以及技术创新意识,形成一定的与技术相联系的经济意识、质量意识、环保意识、安全意识、伦理意识、审美意识,以及推动当地经济建设的意识;关注职业领域,增进职业认识,形成初步的职业选择意向和初步的创业意识,知道创业过程的艰辛和乐趣;了解从事职业活动必须具备的劳动保护知识和相应的职业道德,关注本地区的经济发展和人才需求,能够进行学习或就业的初步选择。

(二)高中阶段综合实践活动目标的分类

1. 研究性学习目标

研究性学习是指学生基于自身兴趣,在教师指导下,从自然、社会和学生自身生活中选择和确定研究专题,主动地获取知识、应用知识、解决问题的学习活动。研究性学习强调对所学知识、技能的实际运用,注重学习的过程和学生的实践与体验。具体目标可以设计为以下几个:

(1)知识目标

经验性知识:是指通过直接经验产生的主观感受和意识,通过日常经验而获得。研究性学习课程属于经验课程的范畴,它基于学生的直接经验,面向学生自身的生活和社会生活实践,强调操作与体验,强调综合运用学生的所有知识。

综合性知识:随着当代科学的发展,人们越来越认识到,科学作为一个系统,不仅仅存在于某个单一的学科。因此,综合运用学科知识成为综合实践活动课程的目标之一,综合实践活动通过主题活动方式来使学生掌握、运用跨学科知识,这些知识都是综合性的知识。

方法性知识:综合实践活动实施过程中,立足于现实生活纷繁复杂的生活问题,使学生在解决问题的过程中掌握各种方法,如信息处理的方法、访问调查的方法、测量统计的方法、观察实验的方法等。因此,掌握方法性知识也是综合实践活动的知识性目标。

(2)能力目标

发现问题和解决问题的能力:研究性学习通常围绕一个需要解决的实际问题展开。在学习的过程中,通过引导和鼓励学生自主地发现和提出问题、设计解决问题的方案、收集和分析资料、调查研究、得出结论并进行成果交流活动,引导学生应用已有的知识与经验,学习和掌握一些科学的研究方法,培养发现问题和解决问题的能力。

收集、分析和利用信息的能力:研究性学习是一个开放的学习过程。在学习中,培养学生围绕研究主题主动收集、加工处理和利用信息的能力是非常重要的。通过研究性学习,要帮助学生学会利用多种有效手段、通过多种途径获取信息,学会整理与归纳信息,学会判断和识别信息的价值,并恰当地利用信息,以培养收集、分析和利用信息的能力。

（3）情感态度价值观目标

获得亲身参与研究探索的体验：研究性学习强调学生通过自主参与类似于科学研究的学习活动，获得亲身体验，逐步形成善于质疑、乐于探究、勤于动手、努力求知的积极态度，产生积极情感，激发探索、创新的欲望。

学会分享与合作：合作的意识和能力，是现代人所应具备的基本素质。研究性学习的开展将努力创设有利于人际沟通与合作的教育环境，使学生学会交流和分享研究的信息、创意及成果，发展乐于合作的团队精神。

培养科学态度和科学道德：在研究性学习的过程中，学生要认真、踏实地探究，实事求是地获得结论，尊重他人的想法和成果，养成严谨、求实的科学态度和不断追求的进取精神，磨炼不怕吃苦、勇于克服困难的意志品质。

培养对社会的责任心和使命感：在研究性学习的过程中，通过社会实践和调查研究，学生要深入了解科学对于自然、社会与人类的意义与价值，学会关心国家和社会的进步，学会关注人类与环境和谐发展，形成积极的人生态度。

2. 社区服务与社会实践的目标

社会实践与社区服务是指学生在教师的指导下，参与社区和社会实践活动，以获得直接经验、发展实践能力、培养社会服务意识、增强公民责任感为主旨的学习领域。综合实践活动课程的实施，旨在引导学生形成良好的学习动机和发展动力，培养勤于动手、乐于探究的兴趣，形成终身学习的愿望，树立与时代发展需要相适应的积极理想和正确信念，并在确立正确价值观的基础上，努力树立正确的世界观和方法论。

（1）知识目标

方法性知识：运用基本工具、设备、材料、产品以及相关的程序与方法。

经验性知识：社会公益活动、服务活动、劳动技术活动、商业经济活动、政策宣传活动的规划、管理、组织、协调方法。

综合性知识：主要涉及生活常识与交往中的知识两个方面。

（2）能力目标

走进社区，理解社会，获得直接经验，能留意、捕捉社区中人们关注的问题，并能综合而灵活运用学过知识解决问题；掌握生活服务、家政服务、社区管理服务的基本技能，适应社会生活，提高社会实践能力；熟悉简单的手工劳动、田间劳动，掌握简单的手工技术操作与田间劳动技术，并将观察、调查、探究活动结合开展；发展学生的社会交往能力、社会活动组织能力、自我管理能力与自我教育能力。

（3）情感态度价值观目标

参与社区活动,践行社会服务,形成对社会的正确认识和社会服务意识,增强公民社会责任感;通过体验个人与群体的互动关系,懂得他人与社会群体在个人生存发展方面的重要性,体验被关怀的温暖,学会理解他人的生活习惯、个性特点、职业情况,懂得尊重人、理解人;能留意身边需要关怀的人,对他人富有爱心,并从关心、帮助他人的过程中获得有意义的体验与满足,形成积极进取的生活态度。

　　教师根据综合实践课程类型确定知识、能力和情感态度与价值观的三维目标,在教学目标表述的时候,不能仅仅局限在对学生外显的、可观察、可测量的行为的关注上,而应该在关注学生外显行为表现的时候结合其内在的体验、感受,在关注学生行为结果达到的程度、水平的时候结合学生在整个行为当中的表现,将行为结果与行为过程协调起来。综合实践活动领域的每一个具体活动,都要有具体的教学目标,并且这些目标都是基于课程总目标的可操作性的目标。具体的教学目标也需要根据学生活动主题的不断生成而不断调整,活动阶段不同,活动主题目标也随之变化。因为综合实践活动的课程形态,决定其更为详细具体的课程目标,是在学生活动过程中逐渐建构的。

阅读材料

　　英美中小学综合实践活动的目标

　　英美中小学综合实践活动的总课程目标体现在四个方面:

　　(1)个人需要的满足方面

　　自然探究、社会研究和设计学习、社会参与学习等综合实践活动必须为个人准备去利用科学改进他们自己的生活并跟上日益发展的社会,例如,使学生成为成功的消费者或保持健康的身体所需要的事实和能力。

　　(2)社会问题方面

　　必须培养准备去负责任地研究与自然、科学有关的社会问题的有见识的公民,关注他们的社会行为,以及态度和价值观,并打下社会责任感的基础。

　　(3)学术准备方面

　　必须容许学生在学术上有所准备,形成研究、探讨的习惯,掌握科学研究的一般技术和能力。

　　(4)职业意识方面

　　必须给予有各种能力倾向和兴趣的学生开放的、种类多样的职业意识。

　　　　　　　　　　(http://jxjy.com.cn:88/Article_Show.asp? ArticleID=1372)

三、综合实践活动课程目标的分层与分类设计

综合实践课程目标的分层设计主要包括综合实践活动的总体目标设计和具体活动领域不同层次的课程目标设计。课程目标的分类设计是指针对不同的具体综合实践活动课程的特点来设计具体的课程目标。综合实践活动课程目标的分类是综合实践活动课程实施中对学生不同素质领域发展的基本要求。

(一) 总体目标和具体目标的层次划分

1. 课程目标和学时目标的关系

《综合实践活动指导纲要(实验稿)》在课程总目标设计的基础上,根据学段和活动专题分类设计了综合实践活动的课程目标,将综合实践课程目标划分为总体目标和活动专题目标,体现了课程目标的不同层次。综合实践活动总的课程目标最终要通过具体的教学活动达成,课程目标和具体的教学目标的关系见图2-2。

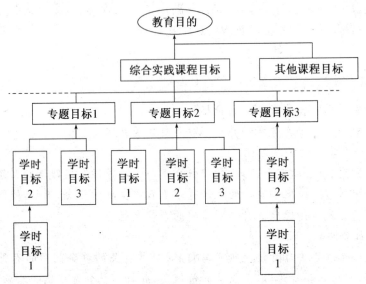

图2-2 综合实践课程目标体系图解

综合实践活动课程目标系统中,一般包括学校、学年、学期、单元和主题目标,这些目标既有区别又有联系。综合实践活动课程目标多层次性还体现在对于知识性学习目标、技能性学习目标和情感性学习目标都划分了具体的不同层次,提出了不同要求。在具体实施过程中,要根据综合实践活动课程的特点将综合实践活动的总目标具体细化成可操作的教学目标。对不同的活动主题或活动项目的目标进行具体化,可以根据活动内容和学时按照知识与技能、过程与方法

和情感态度价值观三维目标分类,也可以分学段,根据活动领域分类设计综合实践活动的目标。

2. 学时教学目标的设计

学时教学目标是教师和学生在具体的教学活动中所要达到的预期结果和标准,是课程目标在教学活动中的具体化,是教学活动的出发点和归宿。制订教学目标是进行综合实践活动设计的第一步,有目的、有组织的教学活动需要明确而详细的教学目标。

(1)教学目标的表述

教学目标的表述就是指以文字的方式将教学最终要达到的目标表述出来。为了使教学目标能够更好地发挥其对教学过程的导向、激励、评价等功能,要求用具体、可操作、可测量的方式来表述教学目标。句型一般为"教学对象在一定条件下,完成某个行为,并达到一定的水平"。

例如,"生物技术和社会"的活动课时目标可表述为:

知识目标:学生能够举例说出生物技术在工业、农业、环境保护、医药等领域的作用;评价生物技术的安全性和社会伦理问题。

能力目标:学生通过尝试在 Internet 上搜集资料、筛选、整理信息,利用资料分析问题,学会利用 PowerPoint 软件来交流展示研究成果;通过小组学习、展示交流活动,能够与同学合作探究,参与交流。

情感目标:通过对生物技术是一把双刃剑的讨论分析,认识科学的两面性,确立辩证唯物主义的观点。

以上教学目标通过教学对象、行为、条件、程度四个组成部分描述了一个具体的教学目标,如果学生能够完成这种行为则认为已经实现了教学目标。

教学是我们所从事的一种特殊的培养人的社会实践活动,任何一项教学活动都具有非常明确的目的性。因此,在进行教学目标设计时,我们必须明确,通过有目的的教学活动,我们希望达到的教学目标是什么,也就是希望学习者通过学习,在原来的能力基础上,达到怎样的水平。

(2)学时教学目标的书写要求

学时教学目标是在课程目标的指导之下,根据每一节课教学内容的具体特点和学生不同的特点编制的。可依照 ABCD 目标描述法撰写具体的教学目标。

A:表示教学对象(audience),教学目标要阐明教学的主体,实现教学目标的主体是学生。

B:表示教学行为(behavior),教学目标应说明通过学习以后,学习者应能做什么(行为的变化)。

C:指实现教学目标的条件(condition),即应说明上述行为在什么条件下产生。

D:指教学目标达到的标准(degree),即应规定达到上述行为的最低标准(达到所要求行为的程度)。

例如,综合实践活动"包装的学问"第一课时活动目标:

首先,学生通过观察图片,引发对生活中每天都在接触但并没有引起注意的包装的关注,知道什么是包装。

其次,学生能运用已有的知识和经验,说出所看到的包装实物的方便使用、美观、保护等作用,经历探究的过程,激发深入研究的爱好和热情,养成观察生活的良好习惯。

最后,分析鸡蛋运输中包装问题,进一步研究其他物品包装的作用,形成问题意识并能够提出问题,确定子课题,为后续研究做好铺垫。

(3)编制课时教学目标要注意的问题

正确体现教学目标的主体:根据基础教育课程改革纲要提出的学习的主体是学生的精神,在制订教学目标时,一定要体现活动的主体是学生。在表述教学目标时,教学对象往往省略,直接用行为动词表述,例如直接采用"通过本次活动,能应用……知识解决……问题"、"举例说明……"、"设计……"等话语。如果在书写课时教学目标时,用"使学生……"、"培养学生……"等话语表述,则反映了课堂的主体并不是学生,而是由教师在主宰课堂,这样的写法是不规范的。

用科学准确的行为动词描述学习要求:在书写教学要求时,教学目标要具有一定的操作性,要用外显的、可操作的方式来表达,如了解层次的知识目标可用"说出"、"举例说出"、"描述"等行为动词。如果用"了解"、"理解"、"掌握"等词语描述,至于什么的情况算"了解"、"理解"或"掌握",标准较难把握,很难对教学目标是否达成给予准确的评价。用准确的行为动词来描述各种层次的教学要求,这样才能保证教学目标具有一定的可操作性,从而发挥其激励与指导的功能。

综合实践课程提出了知识与技能、过程与方法、情感态度与价值观三位一体的课程目标,因此,在教学目标表述的时候,我们不能仅仅局限在对学生外显的、可观察、可测量的行为的关注上,而应该是在关注学生外显行为表现的时候结合其内在的体验、感受,在关注学生行为结果达到的程度、水平的时候结合学生在整个行为当中的表现,将行为结果与行为过程协调起来。综合实践活动每一个具体活动,都要有其具体目标,并且这些目标都是基于总目标的可操作性的目标。

(二)综合实践活动课程的专题活动目标

综合实践活动课程的专题活动目标是对达成总体目标的具体描述,它规定了衡量一个地方、学校、学生是否达到课程总体目标的最低指标。比如,在知识目标中获得相关学科基础知识,知道科学发展方向、成就和发展史上重要事件,以及了解知识的应用等都是达成总体目标的最低标准。不同地方、不同学校和不同学生可以在这个最低指标基础上制订超越这个指标的适合自己的标准。例如,有的学生对知识应用的要求可以超出"了解"这个层次,而达到"初步应用"的层次,这样又形成了目标达成上的不同层次。因此,课程标准将课程目标划分为总体目标和具体目标,充分体现课程目标的多层次性,也体现了课程标准在课程目标上的较大弹性。

学生发展的需要制约着课程目标的变革。人的可持续发展包括从幼儿园、小学、初中到高中各学段,具有明显的阶段性特点,同时又具有很强的连续性特点。因此,不同阶段的课程应满足不同学生发展的需求。面向 21 世纪的知识经济、现代信息技术、全球一体化的发展趋势,学生需要自主、多样、持续地发展,希望自身的学习能力、适应能力、创新能力得到发展,希望自身学会生活和发展,学会把握现实世界,形成先进的人生观、世界观、价值观。

课程目标的分层设计能够满足不同层次学生的需要。由于我国地域辽阔,各地区之间在经济发展、地区文化方面存在着很大差异,制订具体课程目标时,要充分考虑这些差异,增加灵活性和选择性。在同一地区,从社会需要看,需要的人才是多层次、多规格的;从学生个体情况看,是多类型、多水平、多层次的。不同层次的学生都希望通过综合实践课程的学习,促进自身个体的特点和各种潜能都得到充分的发展,成为社会需要的、各个领域的高素质人才。课程目标的不断发展变化维持着课程与社会进步、科学发展和人的持续发展需求之间的交流、沟通与协调,不断地、迅速地融合了世界变化的新内容和人们获得的新认识,与时俱进地满足社会发展、科学发展、个人发展需求变化的需要。

综合实践活动的分类和分层的课程目标是对总体目标的具体化,且综合活动的目标涉及思维、创造与研究能力,现代社会生活与适应能力,人际交往,社会参与和实践能力,价值观与态度,以及人生或生涯的自我建构等方面。综合实践活动教学目标系统中,一般还可分为学校、学年、学期、单元、主题、课时目标,这些教学目标既有区别又有联系。

阅读材料

我国台湾地区综合活动的具体目标:

1. 中学家政与生活科技课程目标

(1)家政部分:

① 充实日常生活所需之家政知能。

② 养成适应现代家庭生活之健全国民。

③ 培养美化生活之志趣与理想。

(2) 生活科技部分：

① 了解科技的意义、演进、范围、重要性及其对人类生活和社会、文化的影响。

② 能运用基本工具、设备、材料、产品以及相关的程序和方法。

③ 认识和科技有关的职业和教育训练领域，并发现本身在科技方面的兴趣、性向与才能。

④ 增进在科技社会中生活调适、价值判断、问题解决和创造的基本能力，以及勤劳、合作、爱群和服务的积极态度。

2. 中学乡土艺术活动课程目标

(1) 增进对乡土艺术活动的认识，进而了解乡土文化。

(2) 了解乡土艺术对现代生活与社会、文化之影响，及乡土艺术工作者对文化的贡献。

(3) 鼓励参与乡土艺术活动，进而培养欣赏、保存及传承乡土艺术之能力。

(4) 关怀乡土艺术活动，陶冶学生爱家、爱乡、爱国之民族文化情操。

(5) 培养对乡土艺术活动的兴趣，充实休闲生活。

3. 中学辅导活动课程目标

(1) 协助学生了解自我的能力、性向、兴趣、人格特质，并认识所处的环境，以发展自我、适应环境、规划未来，促进自我实现。

(2) 协助学生培养主动积极的学习态度，有效地应用各种学习策略与方法，养成良好的学习习惯，以增进学习兴趣，提高学习成就，开发个人潜能。

(3) 协助学生学习人际交往的技巧，发展价值判断的能力，培养良好的生活习惯，以和谐人际关系，建立正确的人生观，适应社会生活。

(4) 协助学生了解生涯发展的理念，增进生涯认知与探索的能力，学习生涯抉择与规划的技巧，为未来的生涯发展做准备，丰富个人人生，促进社会进步。

4. 中学团体活动课程目标

(1) 发展合群心性，培育自治与领导能力，建立民主法治观念，涵养互助合作之团队精神。

(2) 陶冶道德情操，加强道德实践，养成勤劳习惯，服务社会人群。

(3) 统整并融贯各科学习内容，增进应用、思考、判断与创造能力。

(4) 扩展活动兴趣，增进自我认识，适应个别差异，发挥特殊才能。

(5) 锻炼强健体魄，涵养艺术情趣，充实休闲生活，促进身心均衡发展。

(http://jxjy.com.cn:88/Article_Show.asp?ArticleID=2854)

第二节	中学综合实践活动课程目标设计的基本原则

课程目标是教学系统内各组成要素的联结点和灵魂,对其他要素起着统帅、支配、聚合和协调的作用。教学目标是教师和学生在具体的教学活动中所要达到的预期结果和标准,是课程的总要求在教学活动中的具体化,是教学活动的出发点和归宿。

一、课程目标的特点和功能

(一)课程教学目标的特点

1.预期性

课程目标是师生在教学活动中预期达到的教学结果,也就是说在教学活动之前,即预见到教学活动可能促使受教育者身心方面发生哪些变化。教学目标以教学对象发展现状为基础,但又超越其发展现状,是经过努力可以达到的要求。有效的教学始于教师知道希望达到的目标是什么。预期要达到的目标是否明确、具体、科学,直接影响教师的教学实践是否有成效。

2.系统性

课程目标是一个由若干具体目标组成的系统整体,具体教学目标之间构成一个有机联系的网络,因此必须以系统联系的观点来看待课程目标。组成课程目标系统整体的各具体教学目标,都不是孤立的,在实践各具体教学目标时,应该将其放到整个课程目标系统中来确定其地位及价值。"教学的艺术在于:把一个复杂的最终产物分解为必须分别并按某种顺序达到的组成部分。教授任何一种事物,便是在向着终极目标前进时,一面记住所要达到的最终模型,一面集中力量走好每一步。"①课程目标的系统性与可分解性是辩证统一的。

3.层次性

课程目标系统内部的各具体目标并非都处在一个层面上,而是层级分明、连续递增的。较低层次的教学目标是较高层次教学目标的分解或具体化,较高层次教学目标的实现以较低层次教学目标的实现为基础。各项教学目标的实现,都要遵循从易到难、从简到繁、逐级向上发展。当教学达到了某一目标时,便为

---

① 皮连生.教学设计[M].北京:高等教育出版社,2003

实现高一级的目标打下了基础,并向终极目标逼近了一步。越过较低层次教学目标而直接实现较高层次的目标,是不现实的、难以取得理想效果的。

4. 可行性

一般说来,课程目标清晰、明确、具体、可行,有利于其在实践中顺利达成。人们在确定其实现目标时,除了考虑目标的价值外,还要考虑目标实现的可行性。若目标达成的可能性很大,且易于操作,就会努力促成目标的实现,使目标的潜在作用得到最大限度的发挥;若目标笼统且难度很大,达成的可行性微乎其微,人们便会望而生畏、知难而退,目标本身也便失去了应有的价值。因此,一种正确的课程目标必须具有可行性和现实性。

课程目标要通过具体的教学目标得以实现。教学目标可以由教师根据具体教学实际编制,内容水平可以有一定的弹性,留有余地,以便灵活掌握,获得最佳成效。教学目标的灵活性是由教学活动的复杂性决定的,同时它又为教师创造性地开展教学工作提供了机会。具有灵活性的教学目标,对于更好地适应学生的学习特点,使其通过教学目标的实现而获得相应的身心方面的发展,有着不容忽视的重要意义。

教学目标还具有一定的生成性。教学目标虽然是对教学结果的一种预测,但是,这种预测并不是一成不变的、固定僵死的,而是在对教学结果有个大概的预测框架内保留一定的生成空间。教学过程是具体的、鲜活的,在这个过程中充满着诸多的不确定性,有很多种预想不到的事情会发生,这也正好是教学目标的生成的过程。

(二)教学目标的功能

1. 提供分析教材和设计教学活动的依据

在教学设计过程中,课程目标提供分析教材和设计教学活动的依据,教师根据课程教学目标设计教学活动和实施教学。可以说,课程目标不仅制约着教学系统设计的方向,也决定着教学的具体步骤、方法和组织形式,有利于保证教师对教学活动全过程的自觉控制。明确详细的教学目标表明了学生学习之后要达到的"目的地",而不够明确具体的教学目标会使教学或学习达到另一个地方,因此,合理制订教学目标能优化教学效果,达成目标后,还能增强学习者的成功感。

2. 为教学评价提供科学依据

教学评价是提高教学质量和教师的教学水平的重要环节,而教学评价是以课程教学目标为根据的。对过于抽象的教学任务,教师无法把握客观、具体的评价标准,使得教学评价的随意性很大。课程教学目标则描述具体的行为表现,用全面、具体和可测量的教学目标作为编制测验题的依据,可以保证测验的效度、信度及试题的难度和区分度,使教学评价有科学的依据。

3. 激发学习者的学习动机

要激发学习者的认识内驱力、自我提高内驱力和附属内驱力,必须让学习者了解预期的学习成果,他们才能明确成就的性质,进行目标清晰的成就活动,并最终取得认知、提高能力和获得对自己的行为结果的赞许。

4. 帮助教师评鉴和修正教学的过程

根据控制论原理,教学过程必须依靠反馈进行自动控制。有了明确的课程教学目标,教师就可以此为标准,在教学过程中围绕教学目标达成进行活动,运用提问、讨论、交谈、测验和评改作业等各种反馈的方法,检验目标是否达成并及时调整教学活动。

二、教学目标设计的基本原则

(一)整体性原则

教师在设计具体的教学目标时要有整体的、全局的观念,要以《综合实践活动指导纲要》的课程目标为依据,使教学目标与课程总目标相符合。《综合实践活动指导纲要》是对教学所要达到的程度的一般的、基本的规定,教师在确定教学目标时必须根据《综合实践活动指导纲要》将其转化为学年、学期、适合某一主题、具体班级和具体学生的目标,建立一个多层次目标体系,体现教学目标是在总的课程教育目标下的具体化目标。整体性原则还指教学目标自身构成要浑然一体,既要有知识与技能方面的,还要有过程与方法,情感、态度、价值观层面的,并且三者要保持和谐一致。

(二)发展性原则

发展性原则是指课程教学目标要以达到教师和学生的终极发展为内在需要而必须遵守的原则。课程教学目标设计最主要的目的就是要促进学生的发展,并且要使教师在促进学生发展的同时也获得一定程度的成长。因此,教学目标的设计既要基于学生的实际,依据每个学生已有的知识、能力、经验确定教学目标,使确定的教学目标有针对性,同时还要超越学生的现有水平,使教学目标指向于学生更高一层次的水平,这样教学目标才具有引导作用。在注重知识技能目标的基础上,还要注重考虑学生的情意发展,即学生在活动中表现出的情绪、感情、态度以及关心、合作、交往等。要重视学生的体验和感受,把它作为和认知同样重要的要素在教学目标中加以确立。因此,在设计教学目标时,要根据具体的内容,尽可能地挖掘教学活动组织形式本身所具有的育人价值。

(三)可操作原则

可操作原则是指教学目标要具有一定的操作性,能够用外显的、可操作的方式来表达。教学目标对知识与技能在陈述上不宜用含糊不清、缺乏质和量规定的"了解"、"理解"、"掌握"等词语,要用可观察和可测量的行为动词来描述学生所形成的具体行为,例如在认知领域的目标动词"了解"的行为动词,可用"说出"、"举例说出"等符合学生认知水平的行为动词表述;理解层次的认知目标则要用"说明"、"概述"等具体的行为动词表述。目标的陈述词要具体、细腻,这样才能保证教学目标具有一定的可操作性,从而发挥其激励、指导的功能。

(四)可行性原则

可行性原则是指教学目标的设计要考虑到其实现的各种可能性,要考虑制约教学目标实现的各种条件,这样才能保证教学目标的顺利实现。教学目标的设计要适当,符合学生的现有发展水平,考虑到学生个体之间的差异,从而保证普通性目标全体学生都能达到,发展性目标优秀学生能达到。

(五)差异性原则

课程目标并非在各个阶段都是一成不变的,不同阶段的课程目标设计的侧重点是不同的。教学目标的设计应该遵循阶段性原则,突出每个阶段的特点,并且使这些阶段具有一定的连贯性,从而保证教学目标的浑然一体。如低年学段着重培养学生养成良好的学习习惯,激发学生对学习的兴趣,为进一步学习打好基础;而中高学段则更侧重于培养学生思维能力,发展学生思维的广阔性与创造性,使学生具有正确的学习态度,培养学生发现问题、解决问题的能力等。由于学生间存在发展的差异、学力的差异和知识技能的差异,因此综合实践活动教学目标的设计,必须体现差异性。在学生发展的"平均水平"区域内兼顾优秀学生和学习能力较差的学生,教学目标设计的依据在于使所有的学生学有所获,学有提高。

第三节 中学综合实践活动课程目标的具体化

综合实践活动的实施开始于教学目标的确立,要以目标的形式描述学生的行为。教学目标关注的是活动后学生在知识、技能、情感态度与价值观等方面发生的变化。综合实践活动的目标的具体化是活动实施有效性的基本保证。

一、研究性学习的目标

研究性学习的目标是引导学生学会发现问题、提出问题,增强问题意识;学习分析与解决问题的科学方法,提高分析与解决问题的能力,发展创新精神;引

导学生在探究学习过程中,学会交流与合作,发展合作能力,并初步养成科学态度与科学道德。具体的目标层次有:

1. 获得亲身参与探究活动的体验

学生通过自主参与探究活动,亲历探究过程,获得探究体验,加深对自然、社会和人生问题的思考与感悟,激发探索、创新的兴趣和愿望,逐步形成喜爱质疑、勤于思考、乐于在探究中获取新知的意识和习惯。

2. 提高发现问题和解决问题的能力

学生在探究活动中,学会发现并确定探究问题,提出探究设想并自主开展探究活动,提出解决问题的合理策略,表达探究成果。

3. 培养收集、分析和利用信息的能力

在探究活动中,学生学会利用适当的工具和技术、通过多种途径获取信息;学会整理与归纳信息,学会判断和识别信息的价值;学会运用获得的信息描述或说明问题,并做出恰当的解释。

4. 学会分享与合作

学生在探究活动中,既独立思考、积极主动,又乐于与伙伴互相帮助、彼此协作;自觉遵守合作规范,正确对待个人与集体的关系;学会处理人际关系,主动与同伴分享信息、创意和成果等。

5. 养成科学态度与科学道德

学生在探究活动中,要形成"崇尚真理、尊重科学"的科学态度和科学道德。不盲从、不迷信;实事求是、不弄虚作假;认真踏实、善始善终,胜不骄、败不馁;善于对学习过程与结果认真反思和自我评价;了解并尝试运用问题解决的基本科学方法,具有一定的方法意识,体验研究的基本过程;尊重他人的思想与研究成果等。

6. 增强公民意识与社会责任心

通过研究性学习的实践,帮助学生正确认识个人成长与社会进步的关系,学会关心科学和社会的发展与进步;初步形成维护社会进步、承担社会义务、服务社会的公民意识。

二、社区服务与社会实践的目标

社区服务与社会实践的目标是走进社区,理解社会,获得直接经验,形成对社会的正确认识;参与社区活动,践行社会服务,适应社会生活,提高社会实践能力;培养社会服务意识,增强公民社会责任感,形成积极进取的生活态度。社区服务与社会实践在服从于综合实践活动课程的总目标的基础上,更为注重发展学生的社会实践能力,培养社会服务意识和公民责任感。

1. 增强服务意识，形成积极健康的情感体验和充实进取的生活态度

热心参与志愿者活动和公益活动，关心社区中的重大活动和社区存在的主要问题。关心他人，关心残疾人、老年人等弱势群体，乐于为他们做一些力所能及的事情。积极面对生活学习中遇到的困难与挫折，对他人的帮助心存感激，并随时乐意帮助他人。通过社区服务与社会实践，学生要认识到，服务和关心并不仅仅是给予，它更能带来心灵上的收获。在服务社区、帮助他人特别是帮助弱势人群的公益活动过程中，会有痛苦也会有快乐，会有挫折也会有成就，这都是难得的教育资源，都有助于学生珍视生命，热爱生活，保持蓬勃朝气和昂扬向上的精神状态，体验服务他人与社会的充实与愉悦。通过社区服务与社会实践，尤其要让学生认识到，帮助他人、贡献社会的体验不是一个抽象的概念，而是一个自己完全能达到的活生生的过程。这对于深化学生的生存体验，舒展学生的个性，全面提升学生的精神境界具有独特价值。

2. 参与社会实践，培养实践能力，强化社会责任感

综合实践活动课程要求学生要经常接触社会现实，参与各种社会活动，自觉实践，自主参与，提高实践能力，获得社会经验。增强对家庭、社会和国家的责任感与使命感，懂得为人做事的基本道理，懂得尊重人、宽容人，能对自己所做的事情负责，形成与他人友好相处、共同成长的意识与能力，学会处理人与人、人与社会、人与自然的互动关系，牢固树立心中有祖国、心中有集体、心中有他人的道德情操，把个人的成长进步同祖国的繁荣富强紧密联系在一起，为担负起建设祖国、振兴中华的光荣使命时刻准备着。这对于实现学生在认知、能力、情感态度价值观等领域的全面、协调发展具有重要意义。

3. 改变学习方式，提升学习质量

社区服务和社会实践的最大追求不是授人以书本知识，不是记忆、背诵，而是培养学生不断地领悟世界的意义和人生的意义。综合实践活动要注意促使学生在实践中、在服务社会、帮助他人的体验中寻求学习的动力，注重实践教育、贴近实际、贴近生活，把学习场所从教室拓展到社区乃至整个社会，改变单一的学习方式，使课堂知识学习和社会体验学习结合起来，加强学校与社会、教学与生活的联系，发掘蕴藏于邻里、社区乃至整个社会的有利于学生学习和成长的教育资源，充实学生的学习生活，全面提升学习质量。

三、劳动与技术教育目标

1. 认识劳动世界，形成正确的劳动观念和热爱劳动的思想感情

通过技术实践活动，深化自己的劳动体验，形成正确的劳动价值观；养成勤俭、负责、守纪的劳动品质，形成良好的劳动习惯。

2. 拓展生活中的技术学习，形成积极的生活态度

学会自我的生活管理，掌握一些提高家庭生活质量所必备的基本技能；增强生活中的主体意识，形成积极的生活态度。

3. 主动进行技术实践，初步掌握一些现代生产通用的技术基础知识和基本技能

初步掌握简易设计与制作的一般过程与方法，并根据自己的设计进行简单工艺品和技术作品的制作，或者了解作物生长和农副产品的生产与销售的一般规律，了解一些现代农业技术，并进行技术实践；在使用和改良技术作品、进行技术实践的过程中，作出多方面的有一定根据的评价。

4. 发展技术学习兴趣，初步形成从事技术活动和进行技术学习的基本态度与能力

关注日常生活和周围环境中的技术问题，形成持续而稳定的技术学习兴趣，具有较强的技术意识；理解从事技术活动必须具备的品格与态度，能够安全而负责任地参加技术活动，具有初步的与他人进行技术合作、技术交流的态度与能力；通过体验和探究，掌握基本的技术学习方法，形成一定的科学精神、科学态度以及技术创新意识，具有初步的技术探究、解决日常生活中的简单技术问题的能力和一定的技术终身学习能力，形成一定的与技术相联系的经济意识、质量意识、环保意识、安全意识、伦理意识、审美意识以及推动当地经济建设的意识。

5. 关注职业领域，增进职业认识，形成初步的职业选择意向和初步的创业意识

了解从事职业活动必须具备的劳动保护知识和相应的职业道德；关注本地区的经济发展和人才需求，进行学习或就业的初步选择；知道创业过程的艰辛和乐趣，形成初步的创业意识。

四、信息技术教育目标

发展积极学习和探究信息技术的兴趣，巩固良好的信息意识和健康负责的信息技术使用习惯，提高信息处理能力，强化学生使用信息技术支持各种学习和解决各类问题的意识与能力。

体验借助计算机和网络获取、处理、表达信息并用以解决实际问题、开展学科学习的过程。

理解感知信息的重要性，分析信息编码以及利用计算机等常见信息处理工具处理信息的一般过程。

发展积极参加信息技术活动、主动探究信息技术工作原理和信息科技奥秘的兴趣；在参与实践活动的过程中，思考、讨论和分析与信息技术应用相关的社会现象,养成适当的信息技术使用习惯。

综合实践活动设计的教学目标要以课程教学的总目标为依据,制订出符合学习内容和学习者实际的具体确切的执行目标。在活动主题目标设计过程中,要关注如下几个方面:

要设计阶段目标。由于学生每个活动阶段的活动方式不同,活动目标也就有差异。如,活动主题确定阶段的目标设计,更多地关注问题意识、收集信息等方面的目标;活动实施阶段则比较关注解决问题的能力、合作精神等目标;活动总结交流阶段则关注成果呈现方式的多样性、学生自我反思能力等方面的目标。

要将知识技能目标细化为可操作性目标。如,学会撰写小组活动计划、学会调查取样和数据统计的基本方法等。要注意目标设计语言的表述方式,综合实践活动的主体是学生,目标表述的主体必须是学生,而不能是老师或其他人。例如不能把主题活动目标表述为"培养学生收集和获取信息的能力",这样表述的行为主体是教师,应表述为"学生具备一定的收集和获取信息的能力"。作为主体的学生可以是学生个体也可以是学生群体。在表述具体的教学目标时,教学对象往往省略,直接用行为动词表述。例如直接采用"通过本次活动,能应用……知识解决……问题"、"举例说明……"、"设计……"等这样的话语。如果在表述活动目标时,用"使学生……"、"培养学生……"等话语表述,则反映了活动的主体并不是学生而是教师在主宰教学活动。

要用恰当的行为动词具体表述。在表述知识目标可采用结果性目标陈述方式。这种方式明确告诉人们,学生参加主题活动学习的结果是什么,所采用的行为动词要明确具体,可评价。如:"能从现象、原因、影响等三个方面基本认识学校周边存在的一个环境问题"、"说出自己知道的五个标志"等;在表述"过程与方法"、"情感、态度与价值观"方面的目标时,可以采用体验表现性目标陈述方式。这种方式主要形容学生参加主体活动所获得的心理感受、体验,体验性目标无需结果,陈述时采用的行为动词往往是过程性的。如:"经历"、"体验"、"参与"、"尝试"、"认同"、"形成"等词语来表述具体的情感、态度和价值方面的具体目标。在综合实践活动具体目标的设计通常使用"经历"、"体验"、"运用"、"了解"、"接触"、"参与"等行为动词。目标的表述必须是确定的,不能模棱两可。不宜用"应该"、"可以"这些字词来表述,比如,"学生应该掌握收集和获取信息的方法",这表达的只是一种意向,没有表达必须达到的要求。

阅读材料

如何观察二化螟的生活史并制作标本?

活动目标

知识目标:通过二化螟生活史的观察,知道当地二化螟的生活习性和危害情况。

能力目标:能够提出防治二化螟的科学依据和方法;学会昆虫标本制作的技术和技能。

情感态度价值观目标:认同科学技术在生产实践中应用价值,积极主动参与关爱环境、服务社区的活动。

活动原理 二化螟危害我国大部分地区,食性复杂,水稻、小麦、玉米、油菜、蚕豆、甘蔗等都可能受害。3龄后的幼虫食量大、危害重。成虫喜夜间趋光活动和交配,交配后1—2日产卵。

活动过程与方法 走访当地老农和农业技术员,了解二化螟发生的生活规律。按照当地二化螟发生季节,定期到稻田里采集有二化螟卵块的稻叶、幼虫、蛹和雌雄成虫等;

采用手工捕捉、灯光诱捕等方法获得卵、幼虫、蛹、成虫,分析数量的变化状况,确定生活史各环节的确切时间和周期;

将生活史各时期二化螟的卵、幼虫、蛹、成虫制成标本,其中卵、幼虫、蛹三个阶段的标本可以制成浸制标本,成虫可以制成干制标本。按发育先后顺序,排列在纸盒内,并摆放被二化螟危害的水稻等植物的腊叶标本。

在纸盒内贴上标本说明的标签。

活动结果 形成二化螟生活史的系列标本;撰写二化螟生活史、生活习性、危害情况、防治设想等方面的小论文。

活动方案评价 和传统的动、植物标本的采集和制作不同,本方案不仅强化了学生野外观察、采集、处理、监测的能力,强化了学生制作昆虫标本的技能,还使课堂教学和生活实际、社会问题紧密联系,强化了学生"科学、技术与社会"的观念。而且使传统的动、植物标本的采集和制作活动提高到科学探究的水平,关注科学技术知识与生产、生活的联系。

分析:学生能够从活动中获得什么? 该实践活动能否达到课程目标?

(http://www.chinazhsj.com/cc/alfx/)

综合实践活动不同类型、不同层次的课程目标的设计,是学校《综合实践活动课程实施方案》中的重要内容。不同的学校要以各自的办学理念和教育理念为指导,进行综合实践活动课程目标的类型分解、层次分析,建立校本化的课程目标体系,这是提高综合实践活动课程实施有效性的重要保证。

本章小结

《综合实践活动课程指导纲要》提出了综合实践课程的总体目标。综合实践活动目标一般按照知识、能力、情感三维目标分类。学校在设计综合实践课程目标时要根据综合实践活动类型,分学段将目标具体化。通过研究性学习、社会实践与社区服务等活动,培养学生独立的、持续探究的兴趣;获得丰富的参与研究、社会实践与社区服务的体验;提高学生发现问题、提出问题和分析问题的能力;使学生掌握基本的实践与服务技能;培养分享、尊重与合作的精神;养成实事求是的科学态度;培养服务意识与奉献精神、社会责任心与使命感的课程目标。

思考·探究·实践

1. 阐述综合实践活动课程的目标,比较综合实践课程目标与其他学科课程目标的要求。

2. 某中学提出了"珍爱生命"的综合实践活动主题,目标设计如下:

知识目标:懂得生命的珍贵,知道一些常用的求生、救生方法和应急电话;知道应该尊重自身和他人的生命;正确理解生命的含义,懂得要提升生命的价值应从点点滴滴的小事做起,从现在做起。

能力目标:提高紧急情况下自我保护的能力;发展学生的交流、合作能力,书面口头表述能力以及模仿、创造能力;提高自我生存能力与关爱其他生命的能力。

情感、态度与价值观目标:能够做出正确的价值评判,永不放弃生的希望,形成正确的价值观,锻造坚强的意志品质;具有团结合作和奉献精神,珍惜生命,提升自身生命的价值。

请根据确立课程目标的依据分析该课程目标是否科学、可行?

3. 结合研究性学习的一个专题活动设计综合实践活动课程的具体目标。

拓展阅读:

1. 郭元祥,伍香平.综合实践活动课程的理念[M].北京:高等教育出版社,2003.

2. 李臣之.综合实践活动课程开发[M].北京:人民教育出版社,2003.

3. 石鸥.从课程改革的目标看综合实践活动的独特价值[J].中国教育学刊,2005(9).

第三章　中学综合实践活动课程内容及设计

学习目标

1. 了解综合实践活动内容选择的依据

2. 理解综合实践活动内容设计的原则

3. 能够联系学校和社区的教育资源,提出开发中学综合实践活动课程内容的建议

案例:洗涤剂洗掉"精子活性"?

如果告诉你,日常生活常常接触的洗涤剂除了是我们消毒杀菌的"帮手"外,还是个可怕"杀手",它对人体的生殖能力有很强的毒性,在第25届北京青少年科技创新大赛上,来自北京十一学校学生的这样一份研究成果获得了大赛一等奖。

研究者之一刘莎告诉记者:"在一次生物课上,老师给我们讲一些人工合成的激素、灭菌剂、洗涤剂以及生产塑料的化工原料能够释放出导致内分泌障碍的化学物质。与此同时,我们看到一则研究称,近年来我国男性的平均精子数量已由40年代每毫升6 000万个下降到现在的2 000万个,精子活力也大幅度减退,每8对夫妻中就有1对不育。"在日常生活中,我们每天都要接触到洗涤剂,那么洗涤剂中的化学物质是否与男性精子活力下降存在关系?

疑问产生了,绝不能轻易放过,同学们在张立勤老师的鼓励下,决意"探究到底"。

在日常生活中,导致洗涤剂可能进入人体内的途径大致有三种:使用时直接与皮肤接触;有创口时,会由创口进入体内;洗涤剂使用过程中清洗不彻底,使之附着在餐具和蔬菜水果上,通过消化道进入人体。弄清楚这个问题后,学生给60只小白鼠涂抹、皮下注射、口服洗涤剂。

用药12周后,发现三组小鼠的精子均呈现轻度、中度、重度的畸形。为了充分证实自己的实验,同学们进行了一年多的研究,分析了180张精子涂片,最后

证实了先前的假设,即洗涤剂对于哺乳动物雄性生殖细胞具有损伤作用。对于这个结论,创新大赛上北京大学、北京师范大学、中国科学院的专家均表示认可。

(http://health.sohu.com/20050329/n224909574.shtml)

综合实践活动是由国家设置,地方和学校根据实际开发的课程领域,内容主要包括:研究性学习、社区服务与社会实践、劳动技术教育、信息技术教育。强调学生通过实践,增强探究和创新意识,学习科学研究的方法,发展综合运用知识的能力,增进学校与社会的联系,培养学生的社会责任感。综合实践活动的课程价值通过实践活动的内容实施得以实现。综合实践课程注重调动学生的学习主动性,注重学生在学习过程中获得积极愉悦的心理体验。要想调动学生学习的主动性,就必须摈弃传统教学那种以教师为中心,以课本为中心的情形,从活动内容的选择、教学过程的设计和组织等各个方面采用有效的手段吸引学生,激发学生的学习兴趣。课程内容要实现多样化,适应不同学生的需求,以利于张扬他们的个性。

第一节 中学综合实践活动课程内容

综合实践活动的内容,是一个有机整体,可以从综合实践活动主题,如人与社会、人与自然、人与自我等领域选择活动内容。活动内容的选择要与学生生理、心理协调,符合学生实际情况,尊重学生的爱好,具有探究性、新奇性、启发性、趣味性和实践性;活动内容要来源于学生的现实生活,能及时反映学生生活,在活动中学生能自主解决现实生活中的问题;活动形式丰富,有以学生直接体验为主的活动;活动结果能直接作用于学生的生活,引起学生生活方式的转变;活动过程能使学生获得积极的情感体验,同时又要体现一定的教育思想观点,符合客观条件与地区特点。

一、中学综合实践活动课程内容选择的依据

(一)依据基础教育课程改革纲要

《基础教育课程改革纲要(试行)》中指出:从小学至高中设置综合实践活动并作为必修课程,其内容主要包括:信息技术教育、研究性学习、社区服务与社会实践以及劳动与技术教育。综合实践活动是基于学生的直接经验、密切联系学生自身生活和社会生活、体现对知识的综合运用的课程形态,这是一种以学生的

经验与生活为核心的实践性课程。综合实践活动课程的教育价值是改变学生的学习方式，培养学生的创新精神与实践能力；培养学生关心国家命运、社会问题、环境问题，关注社会需要并积极参与社会生活、服务于社会；培养学生的爱国主义精神，形成社会责任感，加强学校教育与社会发展需要、科技进步、学生生活以及社会生活的联系，加强德育的针对性和实效性。综合实践课程内容选择要体现课程的价值目标，顺应时代的发展、社会的进步和科技的发展。

综合实践活动面向学生的整个生活世界，它随着学生生活的变化而变化，其课程内容具有开放性。综合实践活动主题的选择范围应包括学生本人、社会生活和自然世界。选择课程内容，要依据基础教育课程改革纲要提出的最新的课程理念、课程性质和课程目标为指导，并关注国际上综合实践课程的发展趋势，选择的内容能与社会的发展状况更接近，能够反映出社会对学生发展的要求。

（二）依据教学对象

综合实践活动是基于学生的直接经验、密切联系学生自身生活和社会生活、体现对知识的综合运用的实践性课程。综合实践活动体现了学生是教育的主体和自我发展的主体，重视学生的个体生活和社会生活需要，为学生的自主性的充分发挥开辟了广阔的空间。综合实践活动内容的选择应该以学生的发展为主，以学生的认知规律、科学的发生发展规律来构建，尊重每一个学生的兴趣、爱好与特长。活动内容的知识体系应当使得学科内在的逻辑与学生认识逻辑实现统一，因为只有这样，才能够实现科学性与人文精神的统一。综合实践活动课程选择的内容应是对学生终身学习有用的内容，选择的内容要能够引起学生的学习兴趣，符合学生的身心发育的特点，既调动学生的主动学习的积极性，又促进学生思维逻辑的发展，促进学生能力发展和正确情感态度的养成。教学内容的选择应该在给学生基本的基础知识的基础上，给学生尽量广阔的视野，不仅了解自身的需求，而且了解所学知识与自身所处的社会环境之间的关系、社会对自身的要求、学科发展的要求等。不仅关注知识的获取，还要注意到能力培养、情感、态度和价值观的培养，与学生生活实际和社会生活实际联系，与学生终身发展关系重大的健康生活方式的养成等方面。这样选择教学内容给学生的综合素质培养奠定了重要的基础。

综合实践活动超越书本知识学习的局限，要求学生从生活、社会现实中提出问题，围绕人与自然、人与他人或社会、人与自我、人与文化等方面，自主提出活动主题，并深入自然情景、社会背景或社会活动领域，开展探究、社会参与性的体验、实验等学习活动，形成对自然、对社会、对自我的整体认识，发展良好的情感、态度和价值观。学校和教师在开发课程资源的前提下，引导学生制订学习的系列计划，形成学生感兴趣的、具有一定教育价值的系列活动主题，以保证综合实践活动能够有计划、有组织地实施。

在综合实践活动实施的全过程中，教师要发挥积极的指导作用，教师要创设问题情境，激发学生参与实践的内在动机。引导学生提出活动问题或活动主题，并在活动方案的制订、实施过程、总结与评价等环节，给予学生必要的、适度的指导。

（三）依据学校和社区的课程资源

综合实践活动课程内容的选择要体现每一所学校的特色，反映每一所学校所在社区的特色。我国地域辽阔，地方差异、城乡差异很大，在选择综合实践活动课程内容时，必须考虑地方差异、社区课程资源和学校传统等基本因素。在设计与实施综合实践活动的活动项目和活动领域的过程中，必须研究地方、社区和学校的课程资源。要根据不同地方和社区学校的特点，优化课程资源，对课程资源重新组合。综合实践活动的课程资源的开发与利用应当拓宽课堂和学校的空间和途径。综合实践活动的实施要引导学生向社会延伸、向社区延伸，优化组合学校课程资源和社会课程资源。研究和分析地方和社区的背景和条件，充分挖掘地方自然条件、社会经济文化状况、民族文化传统等方面课程资源，体现课程资源的地方性特色。

综合实践活动内容的选择还要考虑课程的特点，将研究性学习、社区服务和社会实践、劳动与技术教育、信息技术教育等领域综合成为一个整体，体现活动内容的综合性的特点。学校在课程内容的开发过程中可以综合主题方式，将研究性学习渗透于社区服务与社会实践、劳动与技术教育、信息技术教育之中，或由社会实践与社区服务整合研究性学习、劳动与技术教育、信息技术教育的内容，亦可从劳动与技术教育、信息技术教育领域切入研究性学习、社区服务与社会实践，实现四大领域课程内容的整合。

阅读材料

综合实践活动内容的组织

综合实践活动内容的设计和组织，要贴近学生的生活领域，围绕以下问题来设计和组织综合实践活动的内容主题。

1. 人与自然的关系领域

综合实践活动可围绕人与自然关系问题展开活动主题，如水资源研究、植被研究、气候问题、能源研究、环境保护等。各学校结合周围的自然环境状况，引导学生自主地从自然中提出他们感兴趣的问题，通过观测、考察、实验、探究等多种活动，走进自然，感受自然，探究自然，获得丰富的体验。

2. 人与社会的关系领域

学生通过参观、访问、考察、实际参与、探究等活动了解和探究社会现象和社会问题，体会自己与社会、与他人的关系，养成关注社会、服务社会的意识和能力，增强社会责任感和社会实践能力。

3. 学生与自我的关系领域

引导学生反思自我，研究和探究自我和同伴的生活中的问题等方面的综合实践活动主题。学生通过畅想、感悟、交流、体验、探究等活动，提高自我认识，反省自己的能力、兴趣、理想、价值观等个性品质，学习生活技能和劳动技术，发展生存能力和适应社会生活的能力，树立自信、自尊、自立等良好的品质。

(http://www.hbtmjh.com.cn/)

二、中学综合实践活动课程内容

（一）研究性学习的内容

研究性学习强调通过学生对生活中实际问题的主动探究来获得直接经验，因此主要从学生的学校生活、家庭生活和社会生活的各个方面，选择和确定专题。

1. 研究性学习内容的基本特点

研究性学习内容的基本特点是开放性和探究性。研究性学习的内容，既可以由学生自行确定，也可以由教师提供选题建议；可以来源于学校生活，也可以产生于家庭或社会生活实际；可以是对自然现象的研究，也可以是对社会问题和人生问题的探讨。研究性学习的内容应该具有探究价值。对于同一个问题或主题，不同的学生可以根据自己的兴趣爱好和能力水平，选择不同的研究角度和范围。

2. 研究性学习内容选择的原则

重视与学生个人经验的联系：研究性学习内容的选择应该与学生的学力水平和个性特点相适应。由于学生是从生活中选择专题开展研究，因此要关注学生的生活经验和兴趣爱好。同时随着中学生年龄的增长，在选题内容上，既要有趣味性，也要重视社会性；在研究范围上，要在考虑可行性的基础上逐步扩展。

重视与社会生活实际的联系：要引导学生从生活实际出发，发现和提出问题。从自然现象到社会生活，从身边小事到国家大事，从现实世界到历史和未来，都可以是研究性学习的对象。研究性学习是学生参与社会生活的实践活动，必须强调课内外学习相结合、校内外活动相结合。要结合学校教育的各种活动，包括班队活动、文体活动、参观访问、社会服务等，拓展探究的内容。

重视与现代科学发展的联系：中学生想象丰富、大胆，在许多方面表现出强烈的探究和创造欲望。反映现代科学发展成果与趋势的内容,是学生渴望了解的,也是教科书所不能及时体现的。可以通过创设专题活动让学生了解一些当代科技发展的最新成就,如航空航天、生物工程、计算机技术、环境保护、新材料新能源等,并把这些内容与现实生活结合起来,以满足学生的探究需要和兴趣,启迪思维。通过这些活动增进学生对科学发展的了解和认识,鼓励学生大胆地提出问题,激发他们参与研究的兴趣和热情,从而拓展研究性学习的领域。

重视与各科知识的联系:研究性学习活动要注意创设各种情境和条件,加强与各科知识内容的联系。要注意从学科知识的拓展和应用中生成研究性学习的内容,在研究和解决生活中的问题时,要引导学生有效地利用各科知识。

3. 研究性学习内容

自然环境类:主要是从研究人与自然关系的角度提出的课题,如环境保护、生态建设、能源利用、农作物改良、动物保护、天文研究等方面与个人生活背景相关的课题。

社会生活类:主要是从保护人与社会关系的角度提出的课题,如学校规章制度研究、社会关系研究、社区管理、社团活动、人群心理、人口研究、城市规划、交通建设、法制建设、政治制度、社会经济发展、宗教研究、贸易与市场研究等与个人生活背景相关的课题。

历史文化类:主要是从研究历史与人的发展角度提出的课题,如乡土文化研究、民俗文化研究、当地文化与古代文明、历史遗迹研究、名人思想与文化研究、校园文化研究、传统道德研究、传统文化与现代文明研究、东西方文化比较研究、民间文学、艺术研究、影视文化研究、时尚研究等与个人生活背景相关的课题。

个人发展类:主要是从关注个体成长的角度提出的课题,如学生社团研究、学生群体研究、学生消费研究、学校制度与学生成长、班级制度与文化、流行音乐、时尚文化、行为方式研究、同学关系研究等与学生生活直接相关的课题。

跨学科综合类:可以从科学技术与时代发展角度提出,与中学的学科知识有一定的联系,多学科参与有助于学生了解当代前沿科学的综合学习课题,如遗传与化学、纳米技术、计算机与多媒体技术、基因工程与克隆技术、产权经济、组织行为等与现代生活息息相关的新事物的研究课题。

在研究性学习内容的选择上,学校要因地制宜、因时制宜,注意将对文献资料的搜集的利用和对现实生活中的资源发掘结合起来。校内外自然环境、人文环境与现实的生产和生活中,都包含着需要研究解决的问题和解决问题时可以利用的丰富素材,这是研究性学习取之不尽的教育资源。农村、边远地区与大中城市相比,可供选择利用的信息来源相对较少,但自然资源十分丰富,环境特点比较鲜明,研究性学习的内容可以更多地与当地的农副业生产、农业科技活动、劳动技术教育等结合起来,以开发本土化的课程资源。教师可围绕学生与自然、社会、自我三条线索,利用学校周边的自然环境、人文环境、经济环境及环境变化等开发研究性学习活动主题,拓展学科知识领域、开发研究性学习主题,适当提供一些学生爱好的事物或关注的焦点问题、突发事件,也可让学生自主地从生活中发现问题、提出问题,选择活动主题。

(二)社区服务与社会实践内容

1. 社区服务与社会实践内容特点

社区服务与社会实践的内容领域是开放的,非常广泛。活动要围绕增进学生的社会认识和社会实践能力,引导学生接触社会,走入社会,使学生通过参观、访问、考察、实际参与、探究等活动了解和探究社会现象和社会问题,体会自己与社会、他人的关系,养成关注社会、服务社会的意识和能力,增强社会责任感和社会实践能力。

2. 社区服务与社会实践内容选择原则

密切联系社会生活:社区服务与社会实践内容选择应从学生接触的生活世界出发,从学生熟悉和关注的社会实际中选取主题,把学生所学知识与社会生活联系起来。对于中学生来讲,选择的内容可从日常生活扩展到地区、国家乃至世界范围的一些问题,以进一步拓展学生的学习领域和发展空间。

鼓励学生自主选择:社区服务与社会实践内容的选择应尊重学生的自主权利,引导学生适应课程目标的需要,根据自己的兴趣与特长去选择和设计内容,在活动中学会学习与选择。

注重本土性:社区服务与社会实践活动的内容要关注社区中存在的现实问题,就地取材,发挥优势,充分反映学校和地方特色。

注重各学习领域的融通:选择社区服务与社会实践的内容要保证与其他指定领域内容的贯通,使各学习领域的内容彼此渗透,有机整合。内容的选择应有利于学生综合运用各学科知识,有助于学生形成对周围世界的完整认识。

3. 社区服务与社会实践内容选择范围

社区服务与社会实践可以主题的方式呈现活动内容。主题的选择可依据以下几个维度:

围绕人类的基本活动或社会运作的基本方式选择活动主题,如社会的生产、交换、消费等,政治机构的政治功能、经济机构的经济功能、家庭的功能、文化教育机构的功能等。

围绕当前人类社会面临的共同问题和所发生的重要事件选择活动主题,如环境污染、能源危机、人口增长、全球化趋势以及战争与和平等。

围绕社区群众共同关心的话题选择活动主题,如耕地减少、用水困难、交通堵塞、住房紧张、养老与就业等。

围绕主要的社会角色选择活动主题,包括公民、生产者、消费者、家庭成员、朋友、社团成员、自我等。

参加学校或家庭附近所在社区的各种公益活动,其内容包括:

社区文化活动:参加社区各种形式的精神文明建设活动,如法制宣传、人口与保健宣传、环保与卫生宣传、科普活动、电脑培训、助学帮困、拥军优属、文娱活动等。

社区环境建设:参加社区内力所能及的物质文明建设活动,如环保卫生、绿地领养、社区学校辅导、板报橱窗制作、交通秩序维护及其他志愿活动等。

见习社区干部活动:调查社区社情,参与社区规划,提出社区建设合理化建议,体验社区干部工作和志愿者活动等。

社区服务与社会实践的开展应适应和满足每个学生的不同需求,考虑为学生提供尽可能多的主动实践和亲身体验的机会,要让每一个学生都能得到实际锻炼。活动内容的选择应围绕主题整合各科知识,帮助学生提高综合应用各学科知识的能力,使学生形成较完整的经验。社区服务与社会实践内容选择还应充分发挥学生的自主性,鼓励学生自己参与设计、选择主题、组织实施、进行评价,尽可能将活动的实施过程作为学生改变学习方式、学会学习的过程。

在社区服务与社会实践活动中,学生应以服务者的身份参与到服务社区的各项活动中,多方面体验并认识服务对象,用自身的知识和能力为社区提供有意义的服务,不断增强对他人、社区乃至整个社会的服务意识。社区服务的内容应是学生力所能及的社区活动,范围包括各种社区公益服务、宣传教育、帮助贫困人员与家庭等等。如拥军优属、敬老服务、法制宣传、环保卫生、领养绿地、科普活动、电脑培训等。城市学校可以进行的活动有居民小区公共卫生、社区辅导(如:保健知识讲座、法律知识讲座等)、板报宣传、维持交通秩序以及其他志愿活动。农村学校可以进行的活动有参加农忙、扫盲辅导、乡村农技站(组)的科技活动、镇村公共卫生等。鼓励学生根据自己的特长,结合生活实际,发挥主观能动性,在社区服务上形成自己的特色项目。

(三) 劳动与技术教育内容

1. 劳动与技术教育内容特点

劳动与技术教育既是已有知识的综合运用,也是新的知识与能力的综合学习。劳动与技术教育是跨学科的学习领域,它强调数学、物理、化学、生物、地理、艺术等学科基本知识的综合运用,同时也强调融合社会、经济、环境、法律、伦理、心理与健康等方面的教育视野。它注重各学科知识的联系和综合运用及在此基础上的技术探究,强调各种教育资源的有效开发和利用。学生的劳动与技术学习活动,不仅是已有知识的综合运用,也是新的知识与能力的综合学习。它强调学生在已有的经验基础上探究新的技术原理,获取新的技术能力。

2. 劳动与技术教育内容选择原则

立足现实:劳动与技术教育所选择的内容要与当地的生产实际、社会实际和学生的生活实际紧密联系,体现一定的地方性特色和区域性特征。

贴近学生:劳动与技术教育所选择的内容要能激发学生的学习兴趣,与学生的年龄特征和已有基础相适应,同时又具有挑战意义。

便于教学:劳动与技术教育所选择的内容要有利于学生主动地学习,有利于活动中教师进行指导;

体现综合:劳动与技术教育所选择的内容要蕴含丰富的各学科知识,要有利于多方面教育内容的整合和学生综合视野的形成,有利于内容的横向沟通和纵向联系,涉及的活动材料要经济、安全,具有简洁、轻便、易于采集、成本低廉、便于重复使用、安全可靠等特点。

3. 劳动与技术教育内容范围

劳动实践活动:包括校园内的自我服务劳动、公益劳动;在社区进行的社区公益劳动;在当地厂矿企业或在农村的农田、林场、牧场、渔场等场所进行的简单生产劳动等。

技能练习活动:主要有常见的工具使用、常见材料加工、常规构件或部件的连接,日常生活中的技术产品的使用、维护与保养;具有一定技术特征的生活技能,如日常烹饪、衣物缝制、常见洗涤等方面的技能学习,以及一些简单的、通用的工农业生产的基本技能练习等。

工艺制作活动:主要是指能体现技术特征、具有地方特色的传统工艺品的制作活动,以及纸塑、泥塑、编织、印染、雕刻、刺绣、电子等项目作品的制作等。

简易设计活动:包括对一个简要技术作品的需求调查、方案构思、草图绘制、模型制作、调配装试、交流评价等活动。

技术试验活动:主要指技术实践、技术探究过程中所进行的一些简单的技术小试验,如种植、养殖中的农业小试验,常见材料的性能试验,技术设计作品的功能试验等。

发明创造活动:主要指从现实的生活和生产需要出发,以人类未曾出现的技术产品或技术手段为对象,采用一定的创造技法、系列化的步骤,努力形成具有一定创新性成果的活动。

职业体验活动:主要是指学生结合技术知识与技能的学习,以一定的职业理解、体验为目标,在一定的职业岗位上实地扮演职业角色、进行职业实践的活动,如在商店里进行营业员职业的体验、在工厂的零件装配车间进行装配工的职业体验等。

（四）信息技术教育的内容

1. 信息技术教育内容特点

信息技术本质上是一门工具性课程，从某种意义上说，它是一门培训性课程，主要目的是让学生掌握信息技术的基本操作技能和获取信息的能力，具备一些最基本的信息素养等，信息技术课程教学内容目前主要以计算机和网络技术为主，可分为基础性内容和拓展性内容。基础性内容是学生运用信息技术开展学科学习和综合实践活动，适应现代社会生活的必要基础，是必修内容；拓展性内容可针对信息技术条件较好的地区以及在信息技术方面学有余力的学生设置的选择性学习内容，以引导学生在信息技术学习的广度和深度上进一步发展。

2. 信息技术教育内容选择原则

信息技术教育是一个实践性很强的课程，必须以培养学生的创新能力和实践能力为核心，因此中学的信息技术教育的内容和模式必须体现这个原则。在信息技术课程中，必须是在基于自主学习和协作学习的环境中，学生自主探究、主动学习，教师成为课程的设计者和学生学习的指导者，学生真正成为学习的主体。

3. 信息技术教育内容选择范围

信息技术教育内容选择范围可以根据课程模块进行，具体模块有：

信息技术简介：信息与信息社会、信息技术应用初步、信息技术发展趋势、计算机在信息社会中的地位和作用、计算机的基本结构和软件简介等。

操作系统：汉字输入、操作系统的基本概念及发展、用户界面的基本概念和操作、文件和文件夹（目录）的组织结构及操作系统简单工作原理等。

文字处理的基本方法：文本的编辑、修改、版式的设计等。

用计算机处理数据：电子表格的基本知识、表格数据的输入和编辑、数据图表的创建等。

网络基础及其应用：网络的基本概念、因特网及其提供的信息服务、因特网上信息的搜索、浏览及下载、电子邮件的使用、网页制作等。

用计算机制作多媒体作品：多媒体介绍、多媒体作品文字的编辑、作品中各种媒体资料的使用、作品的组织和展示等。

计算机系统的硬件和软件：数据在计算机中的表示、计算机硬件及基本工作原理、计算机的软件系统、计算机安全、计算机使用的道德规范、计算机的过去、现在和未来等。

信息技术是综合实践活动的重要内容，为了更好地进行课程整合，在实践活动过程中，学习内容要尽可能选择与各学科课程和学生生活密切联系的主题学习活动,让学生学会应用技术来解决问题的方法与策略,让信息技术课的技术和学科知识相结合,在信息技术课中构建一种学习实践的环境。

综合实践活动课程的领域

我国台湾地区于1994年颁布了新的《国民小学课程标准》和《国民中学课程标准》。新课程标准规定了多样化的综合实践活动类课程,主要包括以下几种:

① 家政与生活科技活动。家政课程涉及"家庭生活"(快乐的家庭生活、展现美好的自己、良好的居家环境、美化生活)、"衣着"、"饮食"等内容。生活科技部分课程强调思考和探究。该课程的总目标在于"培养日常生活所需之家政与科技素养,增进学生在科技社会中生活调适、价值判断、问题解决和创造思考的基本能力,以及勤劳、合作、爱群和服务的积极态度"。

② 乡土艺术活动。该课程涉及"乡土艺术活动了解"、"乡土造型艺术"、"乡土表演艺术"和"乡土艺术展演"等具体的实践活动。这一课程强调学生的综合艺术实践,它与音乐等学科课程具有质的区别。

③ 辅导活动课程。该课程包括"学习辅导活动"、"生活辅导活动"和"生涯辅导活动"三个方面。此类实践活动课程的设计与实施涉及处理人与自我关系的问题。

④ 团体活动。团体活动的基本课程目标在于发展合群心性,培养自治与领导能力;陶冶道德情操,加强道德实践;统整并融贯各科学习,增进应用、思考、判断力与创造力等等。课程标准建议的团体活动项目包括学术类、艺术类、康乐类、科技类、运动类、服务类和联谊类。

(http://jxjy.com.cn:88/Article_Show.asp? ArticleID=1363)

第二节　中学综合实践活动课程内容设计的原则

综合实践活动的内容设计应围绕综合实验活动课程纲要提出的基本活动领域来展开,注重整合学校传统活动(科技节、体育节、艺术节等)、学生的心理健康活动、环境教育和班团队活动等内容,构成内容丰富、形式多样的综合实践活动。

一、综合实践活动内容设计的基本原则

（一）自主性和实践性原则

综合实践活动的内容不是教师或课程编制者预先具体设计的，而是学生自己提出的感兴趣的问题或主题。综合实践活动的内容设计要充分尊重学生的兴趣、爱好和需要，根据学生自身已有知识经验、认识水平以及学校和社区条件确定活动内容。综合实践活动的内容设计要让学生在亲身体验中学习，有更多的机会动手、操作，在实践中获得积极的情感体验，形成对于自然、社会、人生的健康态度和价值观，形成乐于动手、勤于实践的独立个性。

（二）综合性和开放性原则

综合实践活动是面向学生生活领域的课程，其课程内容应来源于学生的生活，来源于学生在生活中发现的问题，要从学生生活中提出问题并确定具体活动内容。学生的活动主题要从学校生活背景、学生的家庭生活背景或社区生活背景中提出，也要从学习过程中提出。这些问题往往涉及自然方面的问题、社会方面的问题、学生自身方面的问题以及文化方面的问题，也可能涉及全球背景下的问题。课题的研究内容会涉及多个领域和学科，它可能是以某学科为主的，也可能是多学科综合、交叉的；可能偏重于社会实践方面，也可能偏重于理论研究方面。无论是自我问题、自然问题还是社会问题，在一个课题的研究中都应对自我、自然、社会进行整体关注，从而实现学习过程的整合，体现综合实践活动课程在整个课题结构中的内在价值。如学生的研究性学习不同于严格意义上的科学研究。当学生选择了一个研究课题以后，采用什么样的研究视角、研究目标、研究的切入口、研究过程、研究方法、研究手段，研究的结果如何呈现等，应该有较大的弹性。同时，在课题研究的过程中，还可以不断地生成新的问题，如果有必要，可以修改和调整所要研究的问题。此外，学生可以依据问题的生成再进行系列的拓展。

（三）特色性和可操作性原则

学校和社区是综合实践活动课程实施的重要基地。每所学校所处的地理环境不同、社区背景各异，学校发展的理念和学校传统不尽相同，因地制宜，关注学生发展的需要是学校确定综合实践活动具体内容的基本要求。学校要充分开发和利用学校内部的课程资源，引导学生选择并确定综合实践活动的主题，整合综合实践活动的基本内容领域，形成具有学校和社区特色的综合实践活动内容。学校应在人力上，充分调动教师参与学生活动的指导工作。在物质资源上，充分发挥学校已有的条件，为学生开展综合实践提供必要的条件保障。在空间上，充分利用学校现有的空间资源，为学生创设综合实践活动的校内基地或园地，把学

校的网络资源、图书馆等纳入综合实践活动课程的资源中予以统筹规划。学校还要有意识地选择社会环境,引导学生了解与体验社会,从社会生活中提出综合实践活动的主题内容。要以学生身处其中的生活环境为基础,密切与生活的联系,引导他们关注生活中的事物,解决生活中的问题,促进学校教育与社会的融合。根据学生自身已有知识经验、认识水平以及学校和社区条件确定研究题目,以保证综合实践活动的特色性和可操作性。

阅读材料

苹果树的启示

一所山区学校,在政府的关怀下,在简陋的校园里建起了两栋白色的楼房,非常美丽。可是,楼房的周围却是光秃秃的贫瘠的山丘。校长想用花草美化校园环境,但是没有钱。校长和乡里的领导商量,一位领导提出,学校所在的乡是苹果的生产基地,生产出的苹果还供应出口,为什么不用苹果树来美化校园呢?再说,乡里的老百姓也希望自己的孩子能够掌握种植苹果的技术,让学生种植苹果树,既可以学到种植技术,又可以美化校园。校长深受启发,确定了与学生生产劳动实践相结合,与当地经济发展相结合的校园建设的思路。学校通过乡领导请来了当地种植苹果树的专家,指导学生种植苹果树,从挖坑、施肥到修剪,一个步骤,一个步骤地教学生,学生非常乐意学习。学生种植的苹果树不仅美化了校园环境,还提供了丰富的教学资源。

校园里的苹果树引发了校长的思考:学校几年来的毕业生考上大学的很少,可会种植苹果的却很多,为学生的发展考虑,是否可以开设一门"苹果种植"课程呢?

（钟启泉.新课程师资培训精要[M].北京大学出版社,2002）

二、综合实践活动的主要类型

《普通高中课程方案(实验)》提出,综合实践活动课程包括研究性学习、社区服务和社会实践三部分。综合实践活动的内容选择可以有课题探究的研究性学习活动、项目与应用设计活动、以社会考察为主的体验性学习活动、社会参与的实践性活动等。九年义务教育阶段综合实践活动内容主要包括研究性学习、社区服务与社会实践、劳动与技术教育和信息技术教育等。综合实践活动内容的选择与组织可围绕学生与自然的关系、与他人和社会的关系、与自我的关系来设计和组织综合实践活动的内容主题。

（一）课题探究的研究性学习活动

课题探究的研究性学习活动是指学生通过对社会生活实际、自然现象的观察与思考，发现问题，提出问题，并选择一定的课题，通过运用自然研究、社会研究等方式，经过自主探究，对课题进行研究，并在实践研究过程中解决问题，培养学生运用知识、解决问题的能力。主题探究所涉及的问题领域包括自然现象问题研究以及社会问题研究。

1. 研究的基本步骤与主要活动方式

社会科学研究的一般步骤：确定课题—制订计划—收集资料—整理分析资料—提出观点假说—撰写研究报告—自我评价。

自然科学研究的一般步骤：确定课题—做出假设—设计实验验证假设—实验并记录数据和现象—处理分析数据得出结论—撰写研究报告—自我评价。

主题探究以探究为核心，其基本活动方式为观察、调查、研究、实验。

2. 内容选择维度

自然探究内容主题选择的维度：水资源问题、全球气候问题、绿化问题、空气问题、能源问题、环境科学、人类健康和疾病、人口与生存、战争技术等。

社会探究的主题选择的维度：社会或社区历史变迁、社区文化、社会的经济问题、历史文化探究、社会现象探究、信息探究、国际相关问题探究等。

（二）实际应用的设计性学习活动

实际应用的设计性活动以解决一个比较复杂的操作问题为主要目的，要求学生在综合应用所学各科知识的基础上，进行问题解决的基本操作。

1. 设计学习与应用学习

设计学习与应用学习是问题解决的两种基本形式。其中，设计学习包括设计一种产品、一项服务、一个系统，并创造出实施的方法。应用学习着重于解决学生生活与社会生活中面临的实际问题，更强调操作性与针对性，更注重学生解决实际问题的技能。

2. 主要活动方式

实际应用的设计性活动主要活动方式是设计、策划、制作等。实际应用的设计性活动不只是简单的传统发明创造活动或者小制作活动，而是要围绕问题发现与解决这一核心内容展开，如某所学校的学生在进行学生自我保护意识调查后，为解决学生自我保护意识薄弱问题的方案设计，其中，"学生设计创新方案"的环节，就是设计与应用学习的活动方式。可见，设计学习活动方式并非一定独立存在，可以与其他活动方式整合。

3. 内容选择维度

设计学习内容选择的维度：学校设施的改进方案、设计班级形象宣传板报、设计一个学校管理体系、设计一套校服等。

应用设计内容选择的维度：特定地区的草本植物种植的种类、某一设施的改进、某一场所的布置等。此种类型的主题选择应考虑与学生生活密切联系以及如何解决生活中的具体问题。

（三）以社会考察为主的体验性学习

以社会考察为主的体验性学习活动是学生接触社会、了解社会，从而增加学生对社会生活的积累，并获得对社会物质文化、精神文化和制度文化的认知、理解、体验和感悟的学习活动。体验性活动是以丰富学生的社会阅历、生活积累和文化积累为目标。

1. 活动的基本过程

以社会考察为主的体验性学习活动的基本过程：提出主题—确定目标—方案制订—活动准备—主动参与活动—撰写报告—总结交流。

2. 主要活动方式

以社会考察为主的体验性学习活动的主要活动方式是考察、参观、访问。

3. 内容选择维度

以社会考察为主的体验性学习活动主题内容选择的维度：考察社区历史、文化传统、商业设施、文化古迹、文化遗产等；访问政府机构、政府官员、特殊人物等。

综合实践活动的内容十分广泛，活动的领域体现了跨学科、综合性、研究性、生活性和实践性等基本特征。因此，综合实践活动内容的设计和组织要体现综合性和整体性。

阅读材料

台湾地区设计综合实践活动的领域

1. 主题探究或课题研究

主题探究是以学生感兴趣的问题或主题为中心，遵循科学研究的最基本的规范和步骤展开的研究性学习活动。

主题探究所涉及的问题领域包括：

（1）自然现象或问题的研究。主要涉及与人的存在环境相关的自然事物或现象的问题的研究，该活动领域的核心是人的现实生活的自然环境。如水资源研究、植被研究、能源研究、环境生命科学等。

（2）社会研究。涉及社会或社区的历史变迁、社区文化、社会的经济问题、社会政治、科学、技术与社会的探究、个人、群体与制度的探究等领域。

2. 社会实践学习

社会实践学习的基本特征是社会参与性,即学生作为社会成员参与到整个社会生活之中,成为社会政治生活、经济生活、文化生活中的一员。其途径主要有社会服务活动、社会考察活动、社区公益活动等。

3. 生活学习

生活学习是与学生生活能力、适应能力相关联的实践性学习。生活学习的领域包括生活技能的训练活动、生活科技与创造活动等。

(http://jxjy.com.cn:88/)

第三节　中学综合实践活动课程内容的开发

学校开展综合实践活动,要根据本校、本地区的实际情况,开发各种实践活动资源,结合学校和学生的实际情况设计活动主题。在校内外的自然环境、人文环境及社会生活中,包含着丰富的素材,教师要因时制宜,因地制宜,引导学生充分发掘、利用各种活动资源。

一、综合实践活动课程内容的开发组织原则

(一) 内容选择与开发原则

综合实践活动的内容选择、开发及实施应围绕课程的内容领域来展开,综合实践活动的具体内容是学生的活动主题,要由学校根据学生需要来确定。确定综合实践活动的内容的要求:

1. 树立课程意识

新课程背景下的课程不再仅仅是由专家编制、教师执行,物化的、静止的、僵化的文本形态,课程是师生在教学过程中共同创制的、鲜活的、过程性的、发展着的活动形态。课程不只是一种结果,而且是一种过程,更是一种意识,是师生共同建构学习经验的过程。从国家课程的推广来说,上到国家课程计划,下到教师安排的几分钟活动都是课程;从具体的某一活动来说,教学目标的确定、内容的选择与组织、实施与评价的过程就是课程。课程的实施过程也是教师与学生的课程共创过程。综合实践活动是面向学生生活领域的课程,其课程内容不应来源于书本,而应来源于学生的生活,来源于学生在生活中发现的问题,围绕问题来提出并确定综合实践活动的具体内容。学生的活动主题既要从学校生活背

景、学生的家庭生活背景或社区生活背景中提出,也要从学习过程中提出,这些问题往往涉及自然、社会、学生自身方面的问题以及文化方面的问题,也可能涉及全球背景下的问题。

2. 联系课程目标和学生实际

综合实践活动课程内容开发的目的是促进学生科学素养的形成,引导学生掌握知识和技能,培养观察、思考、分析问题和解决问题的能力,形成正确的情感态度价值观。综合实践课程的开发在内容的选择范围上要具有广泛性和可操作性,要面向全体学生,充分考虑学生的年龄特点、知识特点、能力特点以及学生的个体差异和兴趣爱好的区别,能够适应学生个性发展。综合实践活动的内容不是教师或课程编制者预先具体设计的,而是根据课程目标确定,由学生自己提出的感兴趣的问题或主题。综合实践活动实施的准备阶段、开展的过程、总结与交流等环节都应该尊重学生的实际,关注他们的兴趣、爱好和需要。综合实践活动课程内容的开发还要与当地的课程资源相联系,特别是和当地的生产、生活实际紧密结合,使学生能够通过本地的课程资源,认识到本地区的发展和经济建设、日常生活等与自身的学习息息相关,让学生懂得学习综合实践活动课程的重要性,从而增强学习的自觉性和主动性。学校不仅是综合实践活动课程的开发者和实施者,也是综合实践活动课程实施的重要基地。每所学校所处的地理环境不同、社区背景各异,学校发展的理念和学校传统不尽相同,因地制宜,关注学生发展的需要是学校确定综合实践活动具体内容的基本要求。

3. 注重实践和创新

综合实践活动课程内容的开发要以倡导学生的主动学习、实验探究为主要内容,要让学生在科学探究的实践中,动手动脑,通过观察、调查、假设、实验等活动,取得对事物的亲身体验,掌握从不同角度观察、思考和解决问题的办法,在活动中发挥创新能力,从而培养学生的探究能力和创新精神。从目前开发的综合实践课程的内容来看,大部分是以探索性课题形式进行的,课程的特点决定了综合实践活动要走出课堂,走向校园,走向社区去活动。综合实践活动是在一个开放的系统中进行的,教师和学生可以在这个系统中,采取多样化的形式和途径,如讨论、交流、提出问题、查阅资料、调查研究等,充分利用校园、社区、家庭的资源和优势进行实践,使活动的内容和形式更加丰富多彩。

学校在进行综合实践活动课程内容开发时,要让课程内容具有鲜明的实践性和综合性,要直接面向学生的生活经验,超越具体的体系化的书本知识。课程内容要以发展学生的实践能力、探究能力、社会责任感,丰富学生对自然、社会、自我的现实体验和经验为目的。在进行综合实践活动内容的组织时,鼓励开发不同维度、不同领域之间交叉、整合的课程内容。随着时代的发展,科学知识的不断更新,综合实践课程的内容要进行不断拓展、补充与创新,使之显示出生机与活力。在课程内容的开发过程中要不断对课程进行评价,找出课程开发中存在的不足,及时进行调整改进。学校应充分调动教师参与学生活动的指导工作,要有意识地选择社会环境,引导学生了解与体验社会,从社会生活中提出综合实践活动的具体内容主题。

(二) 内容组织的原则

综合实践活动内容的组织要根据综合实践活动课程的特点,有计划地设计和组织,可围绕课程领域进行设计和组织。

1. 人与自然的关系领域

人与自然的关系是学生现实生活中经常涉及的问题,该类问题的核心是人的现实生活中的自然环境,是与人的生存环境相关的自然事物或现象问题。综合实践活动可围绕人与自然关系问题展开活动主题,如水资源研究、水土流失问题、植被研究、气候问题、能源研究、环境保护等等。各学校可结合周围的自然环境状况,引导学生自主地从自然中提出他们感兴趣的问题,通过观测、考察、实验、探究等多种活动,走进自然,感受自然,探究自然,获得丰富的体验。

2. 人与社会的关系领域

人与社会的关系领域的内容选择和组织主要目的是通过活动增进学生的社会认识和社会实践能力。活动内容要引导学生接触社会,走入社会,可通过社会调查,联系社会的焦点、热点问题,进行环保、社情国情民情等调查,引导学生关注社会,也可以通过学生会的社团活动或校外合法社团活动了解和认识社会。可以通过社区文化活动,参加社区各种形式的精神文明建设活动,如法制宣传、人口与保健宣传、环保与卫生宣传、科普活动、电脑培训、助学帮困、拥军优属、文娱活动等组织内容。也可以围绕社区环境建设,参加社区内力所能及的物质文明建设活动,如环保卫生、绿地领养、社区学校辅导、板报橱窗制作、交通秩序维护及其他志愿活动等组织内容。通过学生自主地从生活中提出关于人与社会问题的活动主题,在参观、访问、考察、实际参与、探究等活动中了解、探究社会现象和社会问题,体会自己与社会、与他人的关系,养成关注社会、服务社会的意识和能力,增强社会责任感和社会实践能力。

3. 学生与自我的关系领域

本领域主要是引导学生反思自我,探究自我和同伴生活中的问题,使学生通过畅想、感悟、交流、体验、探究等活动,提高自我认识,发展反思能力,学习生活技能和劳动技术,发展生存能力,树立自信、自尊、自立等良好的品质。本领域的内容可围绕自我服务性劳动,培养生活技能和主人翁意识,如日常劳动卫生工作、日常生活技能竞赛活动和值周班劳动等组织内容,也可以通过利用区内德育资源,建设法制教育基地、历史文化教育基地、科技教育基地、国防教育基地和现代工业教育基地,定期组织实践活动。

二、综合实践活动课程内容的开发领域

综合实践活动课程内容的开发可围绕研究性学习、社区服务与社会实践、劳动与技术教育、信息技术教育等领域进行。

(一) 研究性学习领域

中学开设研究性学习课程的宗旨是引导学生关注社会、经济、科技和生活中的实际问题,通过自己选题、自主探究、亲身实践等过程,综合地运用学习得来的知识和经验解决实际问题。通过实际问题的解决进一步发展学生的人文精神和科学素养。研究性课程内容的开发要联系学生的学习生活、社会生活、自然界和人类自身发展等各方面,基本原则是:

1. 因地制宜,发掘资源

选择研究性学习的内容,要将对文献资料的利用和对现实生活中资料的利用结合起来,要引导学生充分关注当地自然环境、人文环境以及现实的生产、生活,关注其赖以生存与发展的乡土和自己的生活环境,从中发现需要研究和解决的问题。研究性学习在内容上注重联系社会生活、自然界和人类自身发展的现实问题,关注与人类的生存、经济和科学技术的发展、社会的进步等方面的实际问题,将学生身边的事作为研究性学习的内容,有助于提高各地学校开展研究性学习的可行性,有利于培养爱家乡、爱祖国的情感以及社会责任感,有利于学生在研究性学习活动中保持较强的探索动机和创造欲望。在选择和设计上要遵循和体现课程内容的社会性、生活性和实践性,要注意研究内容与学生的学习生活和社会生活的紧密联系,要创造条件为学生提供学习直接经验并在实践中获取积极情感体验的途径与机会,从而强化学生的实践意识,培养学生的综合实践能力。

2. 遵循和体现综合实践课程内容的开放性、广域性、实践性和综合性

研究性学习的内容和课题的选择、设计,要从学科领域开放到现实生活中的事件、问题、情境以及自然界的现象等方面,要为学生和教师各种知识的综合运用和个性特长、技能才干的充分发挥准备足够的空间。

研究性学习的内容,其呈现方式是需要学习和探究的具体问题(主题、专题或项目),可以是由教师向学生展示一个案例、介绍某些背景材料或创设一种情境而引出要学习探究的具体问题,也可以是学生在自身的学习生活、社会生活以及自然界中发现并选取的自己感兴趣、又具有研究价值的问题。具体内容(题目)应符合"可研究性"和"开放性"的特征。

研究性课程内容的开放性为学生的主动参与、自主探究以及师生合作提供了广阔的空间。研究性课程内容的层次性要求从整体出发,结合学生的学段以及年龄特点,认真做好课程资源开发建设的积累工作,在研究性学习活动开展的规则、内容设计上形成一个与不同年级学生的发展水平以及已有的经验基础相适应的序列。学校要将研究性课程内容选择的开放性与内容设计的层次性有机地结合起来,逐渐积累形成序列。

3. 适应差异,发挥优势

不同地区、不同学校、不同学生开展研究性学习是有差异和区别的。学校要根据自身的传统优势和校内外教育资源的状况,构建有地区特点和学校特色的研究性课程内容体系。教师要根据学生的差异和兴趣、爱好,指导学生选择和设计研究内容,为学生的自主学习和发展特长创造有利的条件。教师要在日常的各科教学中,结合教学内容,注重引导学生通过主动探究,解决一些开放性的问题,这也在一定程度上体现研究性学习的价值与性质,对于提高学科教学水平也具有积极的意义。

许多学校已经在开设研究性学习方面做出了显著的成绩,积累了许多经验。例如一些学校进行的《中学校园植物研究》、《城市行道树研究》、《干电池对环境的污染及干电池的回收》、《健康——装修的前提》、《物理学与生物科学的联系》、《家庭宠物研究》、《如何使受伤的植物复原》、《运动鞋鞋帮的高低与脚踝受伤的关系》、《国内外环境措施比较》、《修正液的危害》、《学生文具对环境和人体的影响》、《饮水与健康》等都是一些很有意义的研究,对于学生素质的全面发展有很大的促进作用。

(二) 社区服务与社会实践领域

社区服务与社会实践的内容领域是开放的,非常广泛,选择内容的基本原则为:

1. 密切联系社会生活

综合实践活动内容的选择要从学生接触的生活世界出发,从学生熟悉和关注的社会实际中选取主题,把学生所学知识与社会生活联系起来。选择的内容可从日常生活扩展到地区、国家乃至世界范围的一些问题,以进一步拓展学生的学习领域和发展空间。

2. 鼓励学生自主选择

综合实践活动内容的选择应尊重学生的自主权利,引导学生适应课程目标的需要,根据自己的兴趣与特长去选择和设计内容,在活动中学会学习、学会选择。

3. 注重本土性

课程内容要关注社区中存在的现实问题,就地取材,发挥优势,充分反映学校和地方特色。

4. 注重各学习领域的融通

综合实践活动内容要保证社区服务和社会实践与其他指定领域内容的贯通,使各学习领域的内容彼此渗透,有机整合。

5. 内容的选择

内容的选择应有利于学生综合运用各学科知识,有助于学生形成对周围世界的完整认识。

(三) 劳动与技术教育领域

劳动与技术教育的内容范围及主要活动形式如下:

1. 劳动实践活动

劳动实践活动包括校园内的自我服务劳动、公益劳动;在社区进行的社区公益劳动;在当地厂矿企业或在农村的农田、林场、牧场、渔场等场所进行的简单生产劳动等。

2. 技能练习活动

技能练习活动主要有常见的工具使用、常见材料加工、常规构件或部件的连接,日常生活中的技术产品的使用、维护与保养;具有一定技术特征的生活技能,如日常烹饪、衣物缝制、常见洗涤等方面的技能学习,以及一些简单的、通用的工农业生产的基本技能练习等。

3. 工艺制作活动

工艺制作活动包括具有地方特色的传统工艺品的制作活动,以及纸塑、泥塑、编织、印染、雕刻、刺绣、电子等项目作品的制作等。

4. 简易设计活动

简易设计活动包括对一个简要技术作品的需求调查、方案构思、草图绘制、模型制作、调配装试、交流评价等活动。

5. 技术试验活动

技术试验活动主要指技术实践、技术探究过程中所进行的一些简单的技术小试验,如种植、养殖中的农业小试验,常见材料的性能试验,技术设计作品的功能试验等。

6. 发明创造活动

发明创造活动主要指从现实的生活和生产需要出发,以人类未曾出现的技术产品或技术手段为对象,采用一定的创造技法、系列化的步骤,形成具有一定创新性成果的活动。

7. 职业体验活动

职业体验活动主要是指学生结合技术知识与技能的学习,以一定的职业理解、体验为目标,在一定的职业岗位上扮演职业角色、进行职业实践的活动,如在商店里进行营业员职业的体验、在工厂的零件装配车间进行装配的职业体验等。

综合实践活动的领域体现了跨学科、综合性、研究性、生活性和实践性等基本特征。综合实践活动内容及活动形式,既有一定区别,也相互联系,在课程实施中要根据综合实践课程的特点开发组织。

阅读材料

科学开发综合实践活动内容

综合实践活动课程内容整合的方式是多样的,可采取下列几种方式:

1. 指定领域,全面贯通

教师可引导学生设计跨领域的综合主题,全班学生共同参与该主题的研究。要求将该主题分解为研究性学习活动环节、社区服务与社会实践活动环节、劳动与技术教育活动环节,将信息技术教育贯穿其中。

2. 两两结合,互相渗透

将研究性学习、社区服务与社会实践、劳动与技术教育三个指定领域进行两两结合,整体设计,将信息技术教育渗透其中,构成研究性学习、社区服务与社会实践,社区服务与社会实践和劳动与技术教育、研究性学习与劳动与技术三种整体设计的方式。

3. 核心主题,拖带兼顾

综合实践活动各个领域的整合可采取以研究性学习、社区服务与社会实践、劳动与技术教育、信息技术教育中的某个领域为主,构成核心主题,在实施过程中,关照、兼顾其他领域的要求。

4. 组织线索,充分挖掘

综合实践活动围绕人与自然、人与社会、人与自我三条线索全面展开,为此,师生开发设计的主题活动就涉及自然问题、社会问题、自我问题三个方面。在综合实践活动内容组织过程中,不管是哪个方面的主题,教师都从课程开发的三个维度(自然、社会、自我)切入,充分挖掘主题活动中所蕴涵的自然因素、社会因素、自我因素。

5. 活动方式,多样运用

基于综合实践活动的实施,倡导学习活动方式的多样化,在综合实践活动过程中,要尽可能地采取多种多样的活动方式的理念。在内容组织或活动实施过程中,要求每一个主题尽可能采取考察调查活动、观察活动、设计活动、实验活动,从而,通过多样化的活动方式,达到各领域之间的整合。

(http://jxjy. com. cn:88/Article_Show. asp? ArticleID=2527)

综合实践活动课程的特点决定了其活动内容由相关的课程资源决定。课程资源是决定课程目标达成的重要因素。《基础教育课程改革纲要(试行)》提出了课程资源开发和利用的基本要求和思路:"积极开发并合理利用校内外各种课程资源。学校应充分发挥图书馆、实验室、专用教室及各类教学设施和实践基地的作用;广泛利用校外的图书馆、博物馆、展览馆、科技馆、工厂、农村、部队和科研院所等各种社会资源以及丰富的自然资源;积极利用并开发信息化课程资源。"课程资源是课程开发和实施的前提,但是课程资源不等于课程。课程资源需要通过教育学的加工并参与教育实践才能成为课程,具备丰富和具有实践意义的课程资源对于课程的开发、实施具有重要意义。

本章小结

综合实践活动课程的内容具有开放性、广域性、实践性和综合性等特点。综合实践活动的内容范围包括研究性学习活动内容、社区服务内容、社会实践内容等。综合实践活动课程的具体内容由地方和学校根据实际确定,活动内容可围绕人与自然的关系领域、人与社会的关系领域、学生与自我的关系领域等问题来设计和组织活动的内容主题。确定综合实践活动的内容需遵循尊重每一个学生的兴趣、爱好与特长、体现学校和学校所在社区的特色、善于引导学生从日常生活中选取探究课题或问题的基本原则。

思考·探究·实践

1. 简要阐述综合实践活动课程内容开发的原则和依据。

2. 请结合中学综合实践活动的内容领域如研究性学习等,尝试提出综合实践活动的专题内容。

3. 就近到一所中学进行调研,考察学校怎样开发和利用综合实践活动课程内容的。

拓展阅读:

1. 管锡基.中小学综合实践活动课程资源包[M].北京:教育科学出版社,2010.

2. 陈树杰.综合实践活动课程引论[M].北京:首都师范大学出版社,2010.

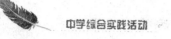
3. 田慧生.综合实践活动课程的理论探索与实践反思[M].北京:教育科学出版社,2007.

4. 姜平.综合实践活动教学设计与特色案例评析[M].北京:首都师范大学出版社,2012.

第四章 中学综合实践活动方案的设计

学习目标

1. 了解中学综合实践活动方案设计的要求及原则
2. 理解中学综合实践活动方案的设计步骤与思路
3. 掌握中学综合实践活动方案的基本构成
4. 具备系列主题方案和单一主题方案设计及优化的能力

案例：在综合实践活动中培养学生的创造性

诺贝尔奖获得者、美国病理学家韦勒上小学时，有一天与几个小伙伴一起从河里捉回几条鱼养在鱼缸中。可没过几天鱼便死了。小韦勒决心把鱼的死因弄个明白，于是找来了木块和小刀，开始小心翼翼地解剖鱼。小鱼被剖开后，他发现鱼肚中有一些乳白色的小虫在蠕动，这是什么东西？是鱼的后代吗？他拿着鱼去向父亲请教，身为医生的父亲对儿子的行为很支持，认真告诉韦勒那是鱼体内的寄生虫，就是这些寄生虫造成了小鱼的死亡。父亲还鼓励韦勒要多读书，掌握更多的本领，将来想办法消灭寄生虫，保护人类和动物的生命健康。小鱼的死亡本是一件寻常小事，可在爱思考、有强烈好奇心的韦勒眼里却是一件值得探索的事情。创造性的火花在探索发现世界的过程中迸发。正是善于观察，敢于质疑，勤于探究的品质使得韦勒长大后成为一名卓越的医学专家。

综合实践活动课程是连接科学世界、技术世界与日常生活世界的桥梁。综合实践活动课程可以培养与提高学生个人生活能力、理解自我与社会关系的能力以及提高主动积极参与现代社会公共生活的能力。综合实践活动鼓励学生去探索世界，培养学生的创造力并给学生提供表现创造力的舞台。综合实践活动课程可以引发学生手-心-脑的整体性学习，促进学生全面和谐的发展。中学综合实践活动设计实施的每个环节都需要学生保持勤于观察，善于思考，勇于尝试体验的精神。综合实践活动注重激发学生的好奇心和求知欲，强调学生对日常生活及周围环境中问题的关注,鼓励学生自主发现问题、养成主动探究的习惯、发展信息素养和创造精神。

第一节　中学综合实践活动方案设计的要求

一、中学综合实践活动方案设计概述

(一) 中学综合实践活动方案设计的概念

综合实践活动是小学 3 年级至高中阶段国家规定的一门必修课程,承载着独特的教育功能。在开展综合实践活动之前需要预先制订一个明确的计划,安排具体的活动内容、活动环节、活动过程,预测活动成果和可能出现的问题。综合实践活动方案就是开展综合实践活动的计划,是把活动目标、活动内容、活动过程的形式与方法、活动指导等要素按照一定的原则组织起来,构建一个科学合理的能使活动得以顺利操作和进行的程序或办法。设计综合实践活动方案也就是构建综合实践活动蓝图。方案设计是落实综合实践活动课程目标的前提,方案设计过程是综合实践活动课程资源开发的过程,也是教师专业成长的过程。要完成和实现课程要求的目标需要研究综合实践活动实施方案,研究教师在方案实施过程中的有效指导,构建体现综合实践活动综合性、实践性、自主性、开放性、生成性特点的活动方案。

综合实践活动方案一般指一定主体在一定理念的指导下为了实施某一活动主题而制订的主题研究活动的具体计划。从广义上讲可以包括活动的具体计划,某一课时的教学活动计划,某一主题研究活动的计划,某一学期、学年活动计划,某一学校、地区活动计划,等等。狭义上讲就是指某一活动环节的具体计划、某一课时的教学活动计划、某一主题研究活动的计划。综合实践活动方案直接影响综合实践活动课程的有效开展和实施,在综合实践活动课程教学中,教师在进行教学前都要制订综合实践活动方案。由于综合实践活动课程教学中一般情况下都是围绕某一活动主题进行教学,所以制定综合实践活动方案往往就是制订某主题的研究活动方案。

(二) 中学综合实践活动方案设计的重要性

作为一门实践性课程,综合实践活动以学生的兴趣、需要和能力为基础,打破学科逻辑组织的界限,发展学生的综合实践能力、创新精神和探究能力,增强

学生对自然、对社会和对自我的责任感。① 目前综合实践活动课程只有指导性指导纲要，没有课程标准，没有固定的教材和教学参考书，也没有专职教师，是一门教师和学生共同开发和设计的课程。教师和学生是实施课程的主体，教师是课程开发的主体。综合实践活动强调学生的"自主性、生成性"，也强调教师的有效指导。教师依据什么指导？怎样指导？综合实践活动实施之前要对活动进行前瞻性预想和设计，否则"指导"就成为空话。针对学生主题活动的展开过程及其需要，设计好一个完整的包含学生活动方案及教师指导方案的主题活动方案，既是保障学生综合实践活动顺利实施的首要条件，也是提高教师有效指导的重要环节。中学综合实践活动方案设计的重要性主要体现在以下两方面：

1. 方案设计是落实课程目标的前提

学校教育目标的达成主要通过课程来实现。课程又由课程资源、实施计划、教学或活动组织过程组成的。其中，实施计划是落实课程目标，完成教学或活动任务的重要环节。学科课程的实施计划通过教案来体现，综合实践活动的实施计划与学科课程一样，通过活动方案来体现。因此，综合实践活动方案设计就是制订落实综合实践活动课程目标的活动计划，是落实课程目标的前提。设计方案时首先要确立综合实践活动目标。综合实践活动的课程目标与其他学科一样也涉及知识与技能、过程与方法、情感态度价值观三个维度。但与其他类型课程的目标相比较，综合实践活动课程更强调过程与方法、情感态度与价值观等维度的目标。而后两个目标和知识与技能目标相比，在操作和评价上都是比较难以把握和定量，是学生在实践活动过程中通过体验、实践等方式逐步生成的目标。因此，要落实和完成综合实践活动的领域目标、总目标、学段总目标和分目标，必须精心设计活动方案，要根据实际整体规划综合实践活动方案。

2. 方案设计过程是教师学生共同成长的过程

综合实践活动与其他学科课程不一样，没有课程标准，也没有现成的教材，是一门开放课程，是教师和学生共同构建和生成的课程。虽然在实施初期可能会有一定的困难，但同时也为学生及教师提供发展和施展才艺的空间。方案设计过程就是课程资源开发过程，也是综合实践活动课程理念不断认识和深化的过程。这个过程是教育科学研究的过程，也是教师专业成长过程。许多学校综合实践活动的实施经验表明综合实践活动不仅锻炼了学生，也促进了教师的专业发展。

---

① 郭元祥.综合实践活动课程设计与实施[M].北京:首都师范大学出版社,2001:111

二、中学综合实践活动方案设计的原则

中学综合活动方案设计是针对一个具体的主题进行的教学研究工作,它对整个主题活动进行了分阶段的预设和估计,明确一个主题活动目标及各阶段学生活动的主要内容及方式、教师的指导重点、实施的要点以及评价的建议等,它是综合实践活动课程开发研究的基本呈现形式。设计与制订主题活动设计方案可以增强教师指导的计划性。中学综合实践活动方案设计应该具有具体性、可操作性、可行性、明确性、假说性、新颖性等特点。在进行综合实践活动方案设计之前,首先要明确综合实践活动设计需遵循的原则:

(一)目标性原则

《综合实践活动》课程的地位与教育功能要求活动设计要密切学生与生活、学校、社会的联系,引导学生积极参与实践,获得积极体验和丰富经验;提高学生对自然、社会和自我之内在联系的整体认识;发展学生的创新能力、实践能力、社会责任感以及学生良好的个性品质。活动方案设计应体现综合实践活动的领域目标、总目标、学段总目标和分目标。由于综合实践活动课程更强调过程与方法、情感、态度与价值观等维度的目标,所以设计方案时可以从体验性、行为性、表现性、生成性纬度来设计具体的活动目标。

> **阅读材料**
>
> 综合活动方案设计:
>
> 地震离我们有多远——"纪念汶川地震二周年"防震减灾科普教育
>
> 活动目标:
>
> (1)认知和技能:通过活动对地震的成因、常见现象、灾害有比较全面的认识,学会遭遇地震时如何自护自救。
>
> (2)过程和方法:通过地震主题研究引导学生自主发现问题、提出问题,并寻求各种途径处理解决问题,培养学生搜集信息、处理资料的能力,促进协作探究精神、学习实践能力、相互欣赏意识的生成以及人际交往、口头表达能力的提高。
>
> (3)情感态度与价值观:学会尊重生命,尊重自然,增强学生对自然现象的探究心理,鼓励学生自主、合作、探究地学习。
>
> (http://www.nhjy.com.cn/NewsDetail.aspx?NewsID=18903&AspxAutoDetectCookieSupport=1)

（二）整合性原则

综合实践活动指导纲要倡导"以融合的方式设计和实施综合实践活动"。对于九年义务教育阶段的综合实践活动，我们不能割裂四个基本内容范围的内在联系，更不能把综合实践活动划分为四门具体课程来开设。整合方式既可以是四个领域的整合，也可以是三个或两个领域的整合，可以是指定领域与非指定领域的整合或者指定领域与学科的整合。从目前开发的大量方案设计来看，真正能实现四大领域整合或指定领域与非指定领域整合的优秀案例并不多见。

（三）实践性原则

培养创新精神和实践能力是素质教育的核心，也是设置综合实践活动课程的最终目的。综合实践活动课程是实践性很强的课程，重在创新精神和实践能力的培养。综合实践活动以"活动"为主要开展形式，以"实践学习"为主要特征。它通过引导学生亲身经历各种实践的学习方式，在"调查"、"考察"、"实验"、"探究"、"设计"、"操作"、"制作"、"服务"等一系列社会实践活动中发现和解决问题，积累和丰富经验，自主获取知识，发展实践能力和创新能力。方案设计时要提供足够的时间和空间让学生实践体验。例如以"远足"为主题的实践活动就设计了生存能力体验和三农考察等两个体验层次较深的活动环节。[1]

（四）预设与生成相结合原则

生成性是综合实践活动课程的灵魂，是理想的必然追求。生成包括活动内容的生成和过程与方法、情感态度价值观的生成。基于现实需要的预设为目标的达成提供保证，综合实践活动设计本身就是一个预设过程。方案设计要发挥学生的自主性，给予学生较多的选择活动和自己设计、组织、开展活动的机会，让学生的能力、情感和态度有更好的发展。综合实践活动是由师生双方在其活动展开过程中逐步建构生成的课程，随着各阶段活动的不断展开，学生的体验与认识的不断深化，活动的目标将不断生成，因此不同的活动阶段要考虑设计不同的目标。综合实践活动设计的预设与生成之间是相辅相成的。预设是为了有效的生成，有效的生成离不开精心的预设。活动主题的预设是教师对实践活动制订的目标、计划，教师必须在课前对教学活动有一个清晰、合理的思考和设计，创设出合理的问题情景，为学生主题的生成搭建一个平台。综合实践活动是一个动态生成的过程，在活动的具体实施过程中，生成性的新问题随时可能出现，教师要根据变化及时调整或变动预设的小组活动主题。对学生积极的、正面的、价值

---

① 阙锦章.搭建整合实践平台 发展创新实践能力 ——"远足"主题实践活动方案设计[J].福建教育学院学报，2010(3)：70-74

高的"生成"要大加鼓励、利用;对消极的、负面的、价值低的"生成",应采取机智的方法,让其思维"归队",回到预设的活动内容上来。可见,综合实践活动因预设而有序,因生成而精彩。

(五) 自主性、开放性原则

综合实践活动课程活动内容、活动目标要求综合活动课程具有多样性的特点,活动内容和形式需要经常不断地改进和丰富,活动的空间很大,可以在课内课外、校内校外。基于目前现实,综合实践活动大多只能立足于校内,立足于课堂,立足于指导教师。随着课程改革的不断推进,在进行活动主题或活动项目设计时应充分体现自主性、开放性原则。综合实践活动课程不应局限于学校课堂,而应利用社会教育、家庭教育的资源和优势,使学生广泛接触社会,贴近生活、生产实际,从中获取知识,提升情感态度价值观。

阅读材料

科技实践活动实施方案《珍爱生命之水　呵护生态环境》以调查湖南省岳阳县张谷英镇的水系、水利、节水、用水等情况为载体,为学生搭建一个应用科学方法、自主探究学习、主动获取科学知识、弘扬科学精神、体验科研过程、展示个性发展的平台。指导教师带领学生进行调查探究,终于获得第一手资料,让他们了解、探讨水资源在生态环境的作用及人们对水资源的利用、认识和保护现状。在调查家乡河流水质情况的基础上,学生试图分析原因,寻求解决问题的办法。这种亲历的过程、深度的体验对学生的成长产生了积极的影响。鼓励学生走入社会,向村民宣传示范,树立起"保护水资源即保护生命,节水即节能"的全民科学意识,养成爱水、节水习惯。

(http://jxjy.com.cn:88/Article_Show.asp?ArticleID=4851)

(六) 兴趣性原则

综合实践活动是基于学生的兴趣和直接经验、密切联系学生自身生活和社会生活、体现对知识的综合运用的课程。兴趣是激发学生参与活动的内驱力,在方案设计时要充分关注中学生的心理特点,引导中学生从日常生活中选取探究课题或问题,尊重每一个学生的兴趣、爱好与特长,贴近学生生活、社会生活,让学生有更多机会去活动、体验、创造,享受探究的乐趣和活动的愉悦。

阅读材料

"远足"主题实践活动方案①

活动目标：

"远足"主题实践活动是指学生在学校组织下,有目的地在城市的郊区、农村或者山野进行"长途步行等系列活动"。它旨在密切学生与生活的联系,加深学生对自然、社会和自我内在联系的体验与认识,启发学生的智力,涵育学生的德行,在强身健体过程中提高对民族文化之美和自然之美的认知能力,发展学生的创新能力、实践能力和独立生活的能力,促进学生良好的个性品质的形成。

活动主体分析：

现在的初中生大多是独生子女,他们在家娇生惯养,备受长辈的宠爱,时常挑吃拣穿,由此形成了一种以"自我"为中心的"利己主义"观念。他们非但不会为他人着想,而且缺乏坚强的毅力,缺少动手实践的机会。然而,他们聪明活泼,理解能力强,易于接受新事物,有一定的分辨是非的能力,可塑性大。同时,他们渴望独立,希望在探究活动中接受挑战,在自主活动中体验成功。该活动以"远足"为载体,以乡村生活体察为主要内容,通过此实践活动让学生参与实践,接受生存考验,并获得对生活的深度体验。

活动过程：

"远足"主题实践活动实际上包括一系列活动,其简要流程为：

前期准备："远足"活动培训——先由武警组织"远足"实训两天,再"远足"两天：从学校出发,走12公里到达目的地。接着探查自然风景名胜、参观革命圣地。

体察乡俗民风——学生回到"大本营",分工合作搭帐篷,统一就餐,下午分小组进村入户考察调研。

参加农业生产——分小组进入农家,到农家参加实际劳动。

生存能力体验——学生自己购物、联系烹饪地点,分工合作做晚餐,自己洗衣做饭。

篝火联谊晚会：与当地乡民一起举行篝火联谊晚会,进行才艺表演,文化下乡,当晚露宿大本营。

成果展示：第二天早起,打扫场地,走回学校。回校后分别由个人和小组进行总结,个人写一篇征文,小组制作电子汇报作品并制作成展板,在全班和全校交流评比。

① 阚锦章.搭建整合实践平台 发展创新实践能力 ——"远足"主题实践活动方案设计[J].福建教育学院学报,2010(3):70-74

中学综合实践活动方案设计的撰写

一、中学综合实践活动方案的基本构成

综合实践活动设计方案是针对一个具体的主题进行的教学研究工作,它对整个主题活动进行分阶段的预设和估计,明确主题活动目标及各阶段学生活动的主要内容及方式、教师的指导重点、实施的要点以及评价的建议等,它是综合实践活动课程开发研究的基本呈现形式。设计与制订主题活动设计方案可以增强教师指导的计划性。主题活动设计方案一般由指导教师在主题活动实施前完成,也可以称作教师指导方案。综合实践活动方案设计应该包括这样几个基本要素即活动主题、活动目标、活动适用对象、活动设计与指导者、活动准备、活动时长、活动实施过程、活动实施建议、活动评价建议等。

(一) 活动主题

活动主题是指某个综合实践活动的具体名称。它要求高度概括活动的内容,既能传递综合实践活动某一活动或项目的主要信息,又能吸引读者。指导学生表述好一个活动的主题十分重要。首先,综合实践活动主题的题目要醒目具体,主题表述要能反映活动主题的内容、范围、基本类型以及研究的深度,关键词选用要准确。如"上海闵行区农村垃圾的处理现状和处理意见"、"玻璃幕墙的危害和前景"、"关于机器人的探究"这几个课题就能够非常清楚地反映研究内容、范围和方向,使读者看到主题,就对活动研究的主要内容一目了然。教师应指导学生发现问题、讨论确定最恰当的主题表述方式。要注意避免大而笼统的综合实践活动方案名称,例如"物种灭绝与生态保护"这样大的主题是不可能通过所设计的具体的活动完成研究的。其次,活动主题的选择要考虑活动背景。活动背景解释说明选择该主题的缘由,简要阐述主题形成的经过或起因,分析主题的内在价值。在活动背景的描述中,不可以将整个课程设置的背景等同于某一个主题活动的背景,这样的话就缺乏针对性,不利于教师理清设计思路。

(二) 活动目标

活动目标是指具体的活动主题所要承担的教学目标,它决定着活动内容。确定的活动目标要从属于综合实践活动课程目标、学段目标、学期目标。从内容上分为知识与技能、过程与方法、情感态度与价值观三方面。每一方面的目标都要准确、明确、具体地用行为动词去表述。综合实践活动课程的总体目标不是所有活动主题和活动项目的具体目标。不同的主题活动将课程总目标细化成可操作的具体主题活动的目标，来有计划、有步骤地落实课程的总目标。综合实践活动目标既包括各阶段的目标表述，即学生参加某一阶段活动的方向和应达到的要求，如选题阶段活动目标、实施计划阶段活动目标；也包含一次具体活动的目标表述，即学生参与某一次活动应达到的要求。综合实践活动的生成性决定了不同的活动阶段要考虑设计不同的目标，各阶段的目标设计是对主题活动总目标的分解。指导教师应从分阶段角度来展示活动各个阶段的内容和目标的制订，分解与细化主题活动总目标，使活动方案的目标设计更具体、更有针对性，更具操作性。

（三）活动适用主体

活动适用主体即参加活动学生的年级情况。尽管很多主题在不同年级均可实施，但不同年级的学生具有不同的年龄特征及认知水平，对不同年级的设计也会不同，明确了实施的年级，整个活动的设计会更具针对性和可操作性。尽管在许多活动方案设计中活动的主体是学生，但是有时在进行综合实践活动中教师个体或者集体也是活动主体的一部分。

（四）活动设计者与指导者

综合实践活动方案的设计者可以包括教师个体、教师群体、教师和专家、教师和学生等。综合实践活动方案既可以是教师个体设计，也可以是教师们合作设计。一般情况下由教师个体设计的综合实践活动方案往往是个人智慧的反映，有可能在可行性上不是很完善。比较好的综合实践活动方案往往都是在教师个体自主设计的前提下，在专家的指导下，在教师集体合作反复研制的情况下产生完整的中学综合实践活动方案，应包含学生活动方案及教师指导方案。制订教师指导方案，有利于教师明确指导任务，落实具体的指导行为。指导教师团队即承担活动实施任务的教师团队，许多主题活动的指导不是教师个体能够承担的，它需要教师根据主题活动的需要，组织成相应的教师指导团队来共同实施综合实践活动。

（五）设计理念

设计理念是指导综合实践活动方案设计的具体的教育理论。综合实践活动方案不能仅仅靠经验或者想当然进行设计。有什么样的设计理念就会有什么样的综合实践活动方案设计。没有具体的教育理念作为指导，是不可能设计好综合实践活动方案的。在科学的设计理念指导下就会设计出较为科学可行的综合实践活动方案。如果在"自主学习"的基本理念的指导下，设计者就会进行"以学为主"的活动设计；如果在"合作学习"的基本理念的指导下，设计者就会进行"合作学习"的活动设计；如果在"探究学习"的基本理念的指导下，设计者就会进行"研究性学习"的活动设计。

（六）活动准备

活动准备指学生主题活动必要的资源准备。这既包括活动所需的文本资源，如文献、档案、课外读物、录音带、录像带、光盘等，也包括一些超文本资源的准备，如学校现有场地资源利用、校外实践基地、社区、名胜古迹等活动资源的开发。此外，还包括人力资源的利用，包括学校内部教师以及校外热心参与活动人员的准备。

（七）活动实施过程

活动实施过程包括活动的内容、方式、步骤、教师的指导重点、实施的要点等。这个环节是活动方案设计的重点，应简洁明了、重点突出。活动过程的主要内容有活动阶段、课型、活动的实施要点与教师的指导重点、课时。核心是活动的实施要点与教师的指导重点。活动的实施要点与教师的指导重点可分阶段、课型来预设。中学实践活动方案中活动过程各个环节之间应具有内在的必然联系，而不是按照教师的主观意志随便安排的。比如按照综合实践活动"主题研究教学模式"进行活动过程设计，某一主题研究活动的设计过程是：

确定目标—创设情境—发现问题—选择问题—确定主题—制订计划—实施计划—总结评价—拓展延伸。

（八）活动时间和地点

活动时间是指活动开始到结束所需要的具体日程，包括活动过程中各个环节所需要的具体时间分配。活动起始至活动结束之间的时间长度即为活动时长，时长的设计一定要具体到分钟而不能太笼统，要便于学校的管理以及对活动进行整体的规划。严谨明确的时间观念能保证综合实践活动按照计划实施。活动地点是指活动的具体场所及其环境条件。根据活动主题的具体情况可能是教室、商场、社区、乡村、工厂等地点。

（九）活动策略

活动策略是指从整体、发展变化、战略等方面设计活动方式。作为一门特殊的实践性课程，我们在设计综合实践活动方案中应从总体上考虑活动策略的问题。教学策略是对完成特定的教学目标而采用的教学顺序、教学活动程序、教学方法、教学组织形式和教学媒体等因素的总体考虑。教学策略的制订是一项系统考虑诸多教学要素、总体上择优的富有创造性的设计工作。我们在综合活动设计上可以采用生成型教学策略或者替代型教学策略。生成型教学策略让学生作为学习的主要控制者对学习内容进行组织和加工、安排学习活动的顺序。学生主要依靠自己的力量使原来的知识能力与新信息产生联系发生相互作用，通过探究活动建构具有个人特有风格的学习。替代型教学策略强调教师在学生学习过程中的指导作用。综合实践活动强调学生的亲身经历,也需要教师的适当引导。因此,以上两种活动策略都是切实可行的。

(十)活动方法

活动方法是指活动方案所设计的各种具体的教学方法,包括教师教的方法、学生学的方法、教与学结合的方法。具体包括讲授法、实验法、谈话法、调查法、采访法、问卷法、收集整理资料方法、自主学习方法、合作学习方法、辩论法、阅读方法、写作方法、总结方法、评价方法、确定主题方法、假说法、分析方法、归纳方法,等等。具体到某一活动方案设计中,教师应简单地介绍几个方法的具体操作步骤。

(十一)活动评价

活动评价是指对本活动如何进行学生自我评价、学生之间互评、教师评价(包括指导教师、专家、组织评价)等多元的评价,同时也指对活动过程和活动结果的评价。评价是综合实践活动课程实施的重要组成部分,是实现综合实践活动目标的有效手段和保障,它贯穿于综合实践活动的全过程。主题活动方案的设计必须要突现活动的评价。例如可以通过测评表来考察学生活动过程中能力、态度、情感等不同方面的表现。评价人员可以是教师,也可以是家长和同学。评价的对象可以是撰写的课题报告、阶段小结、幻灯片、学生作品等内容。综合实践活动中可以采用过程评价的方式,对活动的整个过程分阶段进行评价。教师定期把学生在前一个阶段的表现在小组活动中传达给学生,使学生更清楚地了解自己的状态,从而不断地进行自我调整和激励。采用过程性评价和总结性评价相结合,重在过程的评价方式更科学、更人性化,充分体现了新课程理念。

一个相对完整的中学综合实践活动方案通常包含以上各构成要素。综合实践活动方案可以表格形式呈现(见表4-1):

表4-1 综合实践活动方案表格

活动主题:
活动目标:
活动准备:

（续表）

组长：	组员：	指导教师：
成员分工：		
活动时间、地点选择：		
活动条件和可能性分析：		

除以上十一个最基本的综合实践活动方案的组成要素，一份详尽的活动方案还可以包括活动模式、活动保障、效果预测和活动审批。活动保障是指保障活动方案能够进行的物质条件和制度保证。如果某一活动主题需要一定的资金和物质设备等条件，就要在活动方案中进行预算；如果需要某项制度作为保障就明确制度，说明所需要的制度是什么。效果预测是指活动设计者对活动方案过程和结果进行有根据的科学判断。活动方案从实质上是属于具有主观性特征的计划范畴。好的方案是主观和客观的统一。根据活动设计的教学理念、目标、策略、方法等确定的因素是可以判断和预测活动方案预期的效果的。预测效果较好的活动方案才应该上报有关部门去审批。活动审批是指本活动方案经过一定组织审查批准的过程。一般情况下教师在制订好活动方案后要上报学校综合实践活动教研室。学校综合实践活动教研室应该组织进行论证，提出修改意见，经过反复修改并批准后活动方案才能开始实施。

阅读材料

案例："纪念汶川地震二周年"防震减灾科普教育综合活动

活动目标：通过活动对地震的成因、常见现象、灾害有比较全面的认识，学会遭遇地震时如何自护自救。学会尊重生命，尊重自然，增强学生对自然现象的探究心理，鼓励学生自主、合作、探究地学习。

各阶段的目标：

第一阶段：准备阶段

（1）对地震有初步的了解，产生探究的兴趣。

（2）选定研究主题，成立课题研究小组，制订研究计划并进行论证和完善。

第二阶段：课题实施阶段

（1）具体实施课题研究，分别进行调查、访问，充分利用网络、图书等资源查找有关资料，解决所提出的问题。

（2）培养学生搜集信息、处理资料的能力，提高小组合作意识和能力。

第三阶段：课题总结阶段

各组分别对收集来的资料进行筛选、整理，形成研究报告，确定展示方式。

第四阶段：课题成果展示阶段

（1）分享研究成果，对地震的成因、常见现象、灾害有比较全面的了解。

（2）通过小组合作展示，对自己的成果有成就感，感受与他人协作交流的乐趣，培养学生团队合作与协调精神。

（3）学会自护自救，懂得尊重生命、尊重自然，增强学生对自然现象的探究心理。

第五阶段：活动评价阶段

（1）通过评价小组培养学生的集体主义精神和团队合作精神。

（2）通过小组评价组员，培养学生相互欣赏的意识和实事求是的精神。

（3）通过组员自评，帮助学生正确认识自我，建立自信，促进自我发展。

上述案例仅仅是从分阶段角度来展示活动各个阶段的内容和目标的制订。但是要真正实施活动方案，还需要更详尽的分工与实施的步骤。

（http://www.jxjy.com.cn:88/Article_Show.asp? ArticleID＝4090）

二、中学综合实践活动方案的设计步骤

在设计中学综合实践活动方案时，我们首先要对照《综合实践活动指导纲要》（7～9年级），确立活动的主题、制订活动的目标、选择活动的内容；接着要考察活动所属的领域；然后再分析活动的主体，选择适当的活动方式及评价活动。综合以上各项内容后，再整体设计具体活动方案。

（一）确定活动内容

中学综合实践活动的内容是开放的、广泛的，需要有计划地设计和组织综合实践活动的主题或内容。中学综合实践活动内容的设计和组织，要贴近学生的生活领域，要围绕人与自然、社会、自我的关系领域来精心设计和组织。中学综合实践活动可围绕人与自然关系问题展开活动主题，如气候问题研究、水资源研究、能源研究、环境保护、植被研究等等。中学生也可以通过参观、访问、考察、亲身参与等活动了解和探究社会现象和社会问题，体会自己与社会、与他人的关系，养成关注社会、服务社会的意识和能力，增强社会责任感和社会实践能力。中学生通过交流、体验、探究、感悟等活动，提高自我认识，反省自己的能力、兴趣、理想、价值观等个性品质，发展生存能力和适应社会生活的能力。总之，综合

实践活动方案的内容设计可以是单一的自然领域,也可以是自我、社会和自然三者的综合。

（二）确定活动的开展领域

综合实践活动的内容范围包括以下几个方面:

1. 研究性学习

研究性学习是指学生基于自身兴趣,在教师指导下,从自然、社会和学生自身生活中选择和确定研究专题,主动地获取知识、应用知识、解决问题的学习活动。研究性学习强调学生通过实践,增强探究和创新意识,学习科学研究的方法,发展综合运用知识的能力。学生通过研究性学习活动,形成一种积极的、生动的、自主合作探究的学习方式。

2. 社区服务与社会实践

社区服务与社会实践是学生在教师指导下,走出教室,参与社区和社会实践活动,以获取直接经验、发展实践能力、增强社会责任感为主旨的学习领域。该学习领域可以增进学校与社会的密切联系,不断提升学生的精神境界、道德意识和能力,使学生人格臻于完善。

3. 劳动与技术教育

劳动与技术教育是以学生获得积极劳动体验、形成良好技术素养为主的多方面发展为目标,且以操作性学习为特征的学习领域。它强调学生通过人与物的作用、人与人的互动来从事操作性学习,强调学生动手与动脑相结合。该领域活动使学生了解必要的通用技术和职业分工,形成初步的技术意识和技术实践能力。

4. 信息技术教育

信息技术不仅是综合实践活动有效实施的重要手段,而且是综合实践活动探究的重要内容。信息技术教育的目的在于帮助学生发展适应信息时代需要的信息素养,这既包括发展学生利用信息技术的意识和能力,还包括发展学生对浩如烟海的信息的反思和辨别能力,形成健康向上的信息伦理。

除以上几个综合实践活动的指定领域外,综合实践活动还包括大量非指定领域,如:班团队活动、校传统活动(科技节、体育节、数学节、艺术节)、学生的心理健康活动等等,这些活动在开展过程中可与综合实践活动的指定领域相结合,也可以单独开设,但课程目标的指向是一致的。指定领域与非指定领域互为补充,共同构成内容丰富、形式多样的综合实践活动。

（三）确定活动的主体

一般可采取两种组织形式:小组活动和个人活动。小组活动是综合实践活动最基本的组织形式。鼓励中学生以小组合作的形式,开展综合实践活动。小组的构成由学生自己协商后确定,教师不过多介入他们的选择。小组成员的组成不限于班级内,为使实践与探究走向深入,允许并鼓励各班、各年级之间、甚至不同学校、不同地域之间学生的组合。中学生已经具备了较强的社会活动能力,在综合实践活动的实施过程中,允许初中学生独立完成活动,鼓励学生在完成活动后积极与他人进行交流与分享。个人活动的组织形式能够有利于发展学生独立思考能力和独立解决问题的能力。在综合实践活动的实施过程中,根据实际需要也可采取全班活动的组织形式。

(四)设计具体活动的目标

综合实践活动的总目标是密切学生与生活的联系,推进学生对自我、社会和自然之内在联系的整体认识与体验,发展学生的创新能力、综合实践能力以及良好的个性品质。中学综合实践活动的具体目标是:增进学生对自然的了解与认识,逐步形成关爱自然、保护环境的思想意识和能力;走进自然,增进对自然的了解与认识,理解人与自然的内在联系;主动积极地参与社会和服务社会,增进对社会的了解与认识,增强社会实践能力,并形成社会责任感和义务感;逐步掌握基本的生活技能和劳动技术,具有自我认识能力,养成负责任的生活态度。反省自我,增进自我认识,确立自信,树立人生理想,积极进取;发展主动获得知识和信息的能力,养成主动地获得信息的学习习惯和主动探究的态度,发展信息素养、探究能力和创造精神。综合实践活动目标的具体化应注意知识目标、情感目标和能力目标的分类,要运用行为动词、活动和操作性语言把抽象目标转化为具体目标。具体目标的设计通常使用"经历"、"体验"、"运用"、"了解"、"接触"、"参与"、"形成"等词语来表述具体的知识、技能、情感、态度和价值观方面的具体目标。[①] 综合实践活动目标的撰写和制订包含行为、内容与结果,具有可操作性,能够客观地交流与评价。

三、中学综合实践活动方案设计的基本思路与方法

(一)围绕自然、社会、自我三条线索来设计

人与自然关系的核心是人的现实生活和自然环境,是与人的生存环境相关的自然事物或现象问题。可围绕人与自然关系问题展开活动主题,如水资源研究、水土流失问题、植被研究、气候问题、能源研究、环境保护,等等。各学校结合周围的自然环境状况,引导学生自主地从自然中提出他们感兴趣的问题,通过观测、考察、实验、探究等多种活动,走进自然,感受自然,探究自然,获得丰富的体验。从生活中提出关于人与社会问题的活动主题,在调查、参观、访问、考察、实

际参与、探究等活动中了解、探究社会现象和社会问题,体会自己与社会、与他人的关系,养成关注社会、服务社会的意识和能力,增强社会责任感和社会实践能力。探究自我和同伴生活中的问题,使学生通过畅想、感悟、交流、体验、探究等活动,提高自我认识,发展反思能力;学习生活技能和劳动技术,发展生存能力,树立自信、自尊、自立等良好的品质。

(二) 围绕核心主题来设计

核心主题涉及生活、社会、自然、科技等方方面面,围绕核心主题运用学生所学过的学科知识开展活动,符合课程强调综合性的特点。所选择的内容越丰富,就越能表现主题。如围绕"飞天梦圆"这一综合实践活动主题,开展主题探索型综合实践活动的内容相当丰富,涉及的研究领域也很广。围绕"飞天梦圆"核心主题产生众多的分主题:中国航天大事记、航天器的种类与比较、我国未来航天研究的动向、中学生设计的太空实验项目、航天员的太空生活与食品,等等。

(三) 从整合的角度来设计

综合实践活动方案的设计不应局限于单一的活动领域,多个领域的融合可以使方案设计更为丰富具体灵活。从整合的角度可以设计出多元的综合实践活动方案。可以从信息技术教育、研究性学习、社区服务与社会实践、劳动与技术教育四大领域的整合角度设计,也可以从指定领域与非指定领域的整合角度设计。整合领域的活动方案动用的人力物力较大,实施难度也较大,但目标达成层次高。

(四) 围绕学习模式或课型来设计

综合实践活动方案从不同的学习模式和课型出发可有不同的设计思路与方法。有以成果、作品汇报交流为主要内容的方案设计,学生通过成果或作品的展示反映他们在活动中的实践和体验,如《南山公园设计方案论证会》、《红树林生态研究及保护》;有综合运用知识、体现过程和方法、情感态度价值观的提升,适用于交流、讨论、辩论课型的方案设计,如《危难自救 珍爱生命》、《亲近母亲》等;以培养问题意识和基本方法、基本技能训练为主要内容的方案设计,如《可怕的白色污染》、《小叶不"小"》等;以实验为主要内容的方案设计,如《面粉新鲜度的检测方法研究》;以社会实践为主要内容的活动方案设计,如《新中国成立以来我国交通工具发展的研究》、《走进标志世界》。[①]

综上,综合实践活动方案是对整个主题活动的一个总体设计,是主题活动实施的一个总的蓝图。对整个主题活动的实施具有指导意义、导向作用,从方案可以进一步再细化为每节课的教案。主题综合实践活动方案本质上是对整个主题

---

① 刘道溶.中小学综合实践活动教学活动设计[M].北京:北京大学出版社.2005:2-5

活动的一个预设,目的是为了活动中的有效生成。本着"预设须简约,生成要灵动"的原则,方案的设计一定要简约、概要,抓住基本要素及重点、要点、要领。综合实践活动方案的设计实质上是对某一个主题活动进行开发的过程,需要教师在设计过程中搜集、整理、学习和掌握大量的与主题相关的知识和信息,并根据自己对学生成长需求的了解、对主题和课程的理解,对活动进行精心预设。综合实践活动方案的设计就是要通过预设,增强教师指导的计划性,有利于教师明确指导任务,落实具体的指导行为,更好地、有效地生成课程,切实把每个活动环节规范、有效地实施起来。

阅读材料

综合实践活动方案:采访问题的设计——现场访谈法的运用及教学指导

活动目标:

1. 引导学生初步体验归纳式学习方式,了解设计采访问题有哪些值得注意的问题,懂得怎样进行简单的采访。

2. 让学生在经历自主设计采访问题、模拟现场采访的过程中,学会设计采访问题。

3. 让学生分享与人合作、与人交流的乐趣,增强团队意识。

活动重点:循序渐进引导学生了解设计采访问题有哪些值得注意的问题。

活动难点:引导学生在经历自主设计采访问题、模拟现场采访的过程中,学会设计采访问题。

活动过程:

一、情景激趣

1. 在综合实践活动中,为了了解不同的信息,我们常常要用到很多方法,比如问卷调查、上网查询、图书查阅、现场采访,等等。其中现场采访应用非常普遍,现在很多电视节目都采用这一形式,例如《杨澜访谈录》。

2. 一次完整的采访一般要经历前期准备、现场采访、信息整理三个阶段,其中设计采访问题是最关键的。(展示科学家霍金的漫画,揭示课题)

二、启发实践

1. 那采访问题要怎样设计呢?(展示央视著名主持人敬一丹漫画,从中得出启示一:紧扣主题、以小见大)

举例:初中生课外阅读情况调查采访对象——初中生

问题设计:(略)

2. 展示图片,以校 2011 年的秋季运动会为例,采访主题:学生参与运动会的情况调查。

从中我们得到启示二：因人而异、简洁新颖。（展示邓小平漫画）

3. 启示三：设计采访问题要由浅入深、层次分明。

4. 展示漫画，得出启示四：提问需具体清楚、客观有效。

5. 访谈实践：小组讨论确定采访对象并设计具体采访问题。A. 采访我班的小明星。B. 采访我班同学周末学习生活的安排。C. 我班同学对中学生上网的看法调查。

6. "采访面对面"：

小组采访，师生评议。在学生评议中教师归纳采访成功的秘诀。

请同学分组再次修改完善采访问题，讨论采访细节，并派代表和被采访人作采访意图的交流。

三、畅所欲言

老师采访，请学生们用一句话概括学习这节课的收获。

四、拓展延伸

美国《塔尔萨论坛报》编辑鲍勃·福尔斯曼说过："笔下的功夫不强照样能当一名出色的记者，但不善于进行访问是绝对当不好记者的。"综合实践活动提倡的就是人人参与、活学活用、综合探索、大胆实践，在实践中发现问题，解决问题！今天大家用课堂上出色的表现证明了你们都具有成为"无冕之王"的潜力。

(http://zhsjhd.jssjys.com/Html/Article/1294/)

第三节　系列主题方案和单一主题方案的设计

一、中学综合实践活动主题概述

（一）综合实践活动主题的基本概念

在综合实践活动实施中，教师最为关心的问题是怎样确定活动主题。进行综合实践活动主题设计，是综合实践活动课程开发的基本呈现形式之一，是教师实施综合实践活动课程首先要掌握的方法。因为综合实践活动没有传统的教材为依托，需要教师根据学生的需要、社区环境特点，密切联系学生的生活实际、社会实际开发课程内容。教师只有理解综合实践活动的项目领域和主题类型，才能对主题活动的方案设计做到整体把握。

（二）综合实践活动主题的基本类型

综合实践活动实施过程中，以主题活动为基本活动方式，要求学生通过课题探究、项目设计、调查访问、社会参与等活动方式进行自主学习、探究学习、小组合作学习、体验学习。综合实践活动主题大致有如下的类型：

1. 主题探究类研究性学习

主题探究类研究性学习是学生通过对社会生活实际、自然现象的观察和思考，发现问题，提出问题，并选择一定的课题，通过自主探究，在实践研究过程中解决问题，培养学生运用知识，解决问题的能力。主题探究以探究为核心，其基本活动为观察、调查、研究。如"关于汽车尾气污染情况调查"主题。

2. 实际应用的设计性活动

实际应用的设计性活动包括设计与制作和应用学习两种基本形式。学生的设计与制作包括设计制作班级形象宣传画、宣传展台、班级网站等。实际应用的设计性活动与劳动技术教育领域结合紧密，是以实践为主体，以学生的亲历实践、手脑并用为主要特征的综合性强的学习活动。

3. 以社会考察为主的体验性学习活动

社会考察、参观和访问是一种体验性学习活动，也是学生综合实践活动的基本学习活动方式之一。它的活动目标指向于丰富学生的社会阅历和生活积累，并且在活动中获得对社会物质文化、精神文化和制度文化的认知、理解、体验和感悟。

4. 社会参与的实践性学习活动

社会参与的实践性学习活动是学生有组织地进入社会情境，直接参与并亲历相关社会活动和社会生活领域，参与社区和社会实践活动，开展各种力所能及的社区服务性、公益性、体验性学习，以获得直接经验、发展实践能力、增强社会责任感。如学生参与帮困服务、家政服务、学校和社区的管理服务等社区服务活动。

二、中学综合实践活动主题确定的依据

活动主题的确定和选择在综合实践活动中是非常重要的一个环节，主题是否有意义、是否真正为学生所喜爱，决定了学生的投入程度，决定了活动是否能顺利实施。主题选得好，学生的参与热情就会空前的高涨，后续活动开展起来就顺利，活动将会收到事半功倍的效果。主题确定是综合实践活动的第一步，也是非常关键的一步。为了使教师能更有效地帮助学生自己提出与生成自己感兴趣、想开展、有实效的小组活动主题，教师要对学生感兴趣、想开展、有实效的小组活动主题进行预设。在设计活动主题之前，首先要明确综合活动主题设计须

遵循的原则。①

1. 围绕活动的价值目标

为了使教师能更有效地、针对性地帮助学生自己提出与生成自己感兴趣、想开展、有实效的小组活动主题，教师一定要根据此主题活动的价值意义、核心活动目标对学生的小组活动主题进行预设。如，"安全自护我能行"主题活动的价值意义、核心活动目标是提高安全自护意识与能力。活动的价值意义、核心活动目标是主题活动内容设计的出发点和归宿，是实施活动的前提和基础。教师设计和安排的各项活动都必须紧紧围绕活动目标，每个活动都应以达到活动目标为导向，减少随意性。②

2. 从学生学情出发

教师要根据学生的经验、兴趣、能力等实际情况来预设学生小组活动主题，要考虑活动的可行性、现实指向性。确立的主题应来源于学生的生活实际，要注意选择对学生自身、家庭、学校及所在地区具有实际意义的活动主题。学生对什么内容会感兴趣？学生能完成这项任务吗？学校是否有条件进行这项活动？……在案例"安全校园"中，教师预设的"校园设施安全隐患大排查"、"校园门口的交通安全"等小组活动主题，都是与学生生活息息相关的，也是学生比较感兴趣、力所能及的问题。教师在预设学生小组活动主题时，要先了解学生的学情，立足现有教育教学资源，根据学生的经验基础和兴趣爱好进行预设。只有基于学生经验与兴趣、尊重学生自主性的主题活动内容才能使综合实践活动生机勃勃。

3. 考虑活动主题的可操作性

在确立活动主题的过程中，除了考虑研究价值和学生成长价值之外，还要考虑活动主题的可操作性。有的活动主题偏重于资料的收集，没有提高实践的机会，对学生来说收获不大。而例如"好一朵美丽的月季花"主题活动所预设的月季栽培、管理、插花与标本制作等小组活动主题能密切联系自然，能让学生在实践中、操作中去完成任务。其中，"月季插花制作"不仅需要学生具备颜色搭配、花卉搭配、外观造型等花卉知识与艺术修养，还需要积极与他人合作交流才能完成活动目标，非常有利于锻炼学生全面综合的能力和素质。

三、系列主题方案和单一主题方案

综合实践活动以某个主题为独立单位展开活动，其活动的主题称之为单一

---

① 姜平,胡良君.综合实践活动课程的实施[M].北京:高等教育出版社,2003:44-50
② 刘道溶.中小学综合实践活动教学活动设计[M].北京:北京大学出版社,2005:160-166

主题。单一主题活动设计方案是针对一个具体的主题进行的开发工作。它对整个主题活动进行了分阶段的预设，明确了一个主题活动目标及各阶段学生活动的主要内容、活动过程、活动方式与方法、各个阶段指导和实施的要点以及活动评价等方面的内容。单一主题是从总主题派生出来的，系列主题是由单一主题构成的。系列主题的生成可以结合社会实际，运用演绎法来展开；而单一主题则在系列主题的基础上结合学生的实际进一步生成。例如"环境保护问题"、"国际理解问题"、"健康安全问题"、"自我与社会"等系列主题的生成就包括当代的一些热点与共通的主题。

(一) 综合实践活动单一主题活动的设计

综合实践活动单一主题活动的设计过程一般如下：

1. 设计活动目标

由于综合实践活动具有综合性、实践性、开放性、自主性等特点，因此可以从体验性、表现性和生成性来设计综合实践活动的具体目标。目标设计要体现对教育目的和课程总体性目标的把握、对当代社会生活和未来可能生活的把握和对学生的需求以及特点的分析与把握。例如"垃圾与我们的生活环境"主题的活动目标：通过实施本活动，学生亲自开展调查和考察，体验课题探究的过程与方法；引起他们对环境问题的关注，使学生从经济、卫生与健康、伦理等多种角度认识、分析与探讨环境问题，认识垃圾与生活环境的关系，形成环境保护意识和行为习惯。另外，还须列出活动准备阶段、自主研究阶段、分组合作阶段、汇报评价阶段等每个阶段的具体目标。

2. 设计活动方式

综合实践活动单一主题的活动方式主要可分为：

(1) 参观服务：强调体验性目标，如对科技馆、文化展厅、敬老院、社区工作站的参观。

(2) 问卷调查：由一系列事先设计好的问题组成，它反映出探究者希望获得的信息。文献查阅也是获取信息的有效活动方式。

(3) 观察活动：对自然现象和社会现象的观察。自然观察如对植物生长进行观察，或者是观察废旧电池对植物生长的影响，社会观察可以对社会的某一现象进行观察和思考，如对消费倾向的观察。

(4) 项目制作：以解决一个比较复杂的操作性问题为主要目的，其目标是设计出比较科学合理、有一定创新性的方案或作品，一般包括社会性活动的设计和科技项目的设计制作。

(5) 实验活动：是指根据一定的研究目的，在人为地控制或模拟自然条件下，通过仪器或其他物质条件对对象进行观察的方法。

3. 设计活动过程

活动过程的设计通常包括三个阶段的设计:活动开端的设计(一般从观察、调查、查阅资料、走访相关人员开始);主体阶段的设计(指综合实践活动进入实施后的主要实践过程);活动成果形成阶段的设计。

4. 设计评价活动

综合实践活动要求新的评价理念和方式。它主张采用"自我参照"标准引导学生对自己在各项活动中的态度表现、取得的实践成果进行"自我反思性评价"。在设计评价活动时要兼顾评价的整体性,评价主体的多元性和评价内容的过程性。评价的重点是学生参与综合实践活动的态度及学生创新精神和实践能力的发展情况。

例如在单一主题活动"校园美化绿化"方案中,某学校教师利用筹措到的 80 万元校园改造资金这一"课程资源",采用"模拟招标"的形式成功地组织了一次项目设计类的综合实践活动。活动内容主要是设计校园美化绿化方案,要求方案设计具有美观性、适用性、环保性、经济性、科学性等指标。要求"投标"的"公司"不仅要提交设计图纸或模型,而且要有方案的论证,最后要接受由校长、教师、家长、学生组成的审议小组的质询。在学校美化绿化方案的设计中,学生不仅创造性地运用了所学的数学、自然、美术等知识,而且还学习了经济、理财、环保和人际交往、合作、资料收集等在课堂上学不到的知识,培养了学生的创新和实践能力。

(二) 系列活动主题设计的方法与策略

系列主题的设计要考虑学生的兴趣,基于学生原有的经验和知识结构,帮助学生建立深刻而独特的生活体验。

1. 从与主题相关的因素发散开去

围绕学校规划的"大主题",教师可通过头脑风暴法等思维发散方式进行师生之间的协商讨论,共同选择确定主题。如从"可爱的家乡"这一大主题出发形成相关的主题网络:家乡的风景名胜、家乡的历史、家乡的交通、家乡的特产、家乡的新貌、家乡的未来、家乡的习俗、家乡的风情、家乡的方言、家乡的民间工艺、家乡的名人……植物研究类的系列活动主题可以从植物的类别、形态特征、物种种类、生活习性、产地、药用价值、生存方式、繁殖方式、栽培方式等发散开去进行预设。此外,基于综合实践活动课程的综合性特点,教师可以采用向各个学科渗透的方式来确立系列活动主题。

阅读材料

围绕"飞天梦圆"核心主题可以产生众多的系列主题：中国航天大事记、世界航天大事记、人类航天史之最、航天器的种类与比较、航天科普知识问与答、从神舟一号到神舟五号、我国未来航天研究的动向、创建人类航天图片库、中小学生设计的太空实验项目、中国首次载人航天全程记录、航天员的太空生活与食品、为人类航天事业献身的人、航天英雄是怎样"炼"成的，等等。通过主题的分解，设立专题探究小组开展活动。各科教师根据自己的学科专长指导学生开展与上述主题相关的研究性学习活动。如：

劳动技术教师可以利用各种材料（木材、纸皮、发泡塑料、易拉罐壳等）指导学生动手制作飞船模型；

生物教师可以指导学生对太空搭载生物实验项目进行设计、宇航食品、太空中人体生命机能等方面展开探究学习；

物理教师可以指导学生展开对飞船动力、太空中失重状态下的运动与地球引力作用、空间成像等问题的科普探讨；

化学教师可以指导学生开展对运载火箭推进燃料、太空密封材料、隔绝材料、耐热材料的科普探讨；

政治教师可以指导学生开展主题事件的时政分析、事件小评论、国内外各媒体报道的跟踪分析；

数学教师可以指导学生探讨飞船轨道的模拟设计运算等活动；

体育教师可以展开对航天员体能模拟训练、航天员的身体素质、太空飞船中的身体锻炼等问题探讨。

(http://zhsj.fjjcjy.com/XueXiWenBen/2013.06/1383.htm)

2. 向人与自然、人与自我、人与社会三个维度拓展

在综合实践活动实施过程中，要求教师从人与自然、人与社会、人与自我三个方面进行整体关注，从课程开发的三个维度（自然、社会、自我）切入，充分挖掘主题活动中所蕴涵的自然因素、社会因素、自我因素。因而在进行学生小组活动主题预设时，要充分考虑到主题所包含的各方面因素，从自然、社会、自我三个维度去思考系列主题活动。如"走进'泗洲'小巷"这一"大主题"活动可细分为系列主题活动：人与社会——小巷的堵车现象，小巷边的小摊与食品卫生情况；人与自然——小巷里的植物调查，小巷环境卫生情况调查；人与自我——我校学生在小巷小摊里的消费情况调查等。[1]

---

[1] http://jxjy.com.cn:88/Article_Show.asp?ArticleID=4908

阅读材料

　　常州市北郊中学政治组老师以综合实践活动为载体，开展市级立项课题《初中生法律素质培养的实践研究》的研究活动。学生的法制观念和法律意识是学校"和"文化的重要组成部分，提升青少年的法律素养符合学校发展的实际需要（学校地处火车站以北，外来打工者较多，社区环境比较复杂），符合学生的兴趣和需要。政治组老师充分利用天宁法院、竹林消防支队、天宁交警支队等社区教育资源，确立以下系列主题：《模拟法庭》、《我与法官面对面》、《警钟长鸣——119常识知多少》、《远离道路交通意外伤害》、《珍爱生命、远离毒品》、《花季年龄 特殊的保护》。通过以上丰富多彩的系列主题研究活动，学生了解了《刑法》、《刑事诉讼法》、《中华人民共和国宪法》、《中华人民共和国道路交通安全法》、《中华人民共和国消防法》、《未成年人保护法》、《中华人民共和国预防未成年人犯罪法》等法律法规相关知识，使生活经验得到提升，知识技能得到扩展，有效促进正确思想观念、良好道德品质、法律意识和法制观念、创新意识和实践能力的形成和发展。政治组老师在进行综合实践活动系列主题研究中，积累了大量课程资源，开发出适合学生需要的校本课程。

　　　　　　　　　　　　　　　（http://zhsjhd.jssjys.com/Html/Article/529/）

　　3. 按照研究的方法来预设

　　研究的方法是多种多样的，有观察研究，有实验研究，有技术操作训练，有劳动实践，有调查走访，有创作设计，有参与体验，有习作训练，有探究发现等。如"蔬菜的奥秘"主题活动，研究的方法有：资料收集、调查采访、劳动体验，按照研究方法可以预设以下几个小主题：蔬菜的种类、蔬菜的起源、蔬菜的营养、蔬菜与人们的关系、蔬菜的种植、蔬菜的烹饪。

　　4. 从多种活动方式切入

　　综合实践活动的实施，倡导学习活动方式的多样化，在综合实践活动过程中，要尽可能地采取多种多样的活动方式。因而，指导教师可以从多种活动方式切入来预设小组活动主题。如"远离校园火灾"主题活动，可以从以下几种活动方式切入：调查——同学们的防火意识调查；考察——校园火灾隐患大排查；设计——设计逃生路线、逃生标志；演练——模拟逃生、模拟报警；操作——灭火器使用；制作——消防安全宣传手册。这样，根据活动方式分解主题，使主题活动的内涵十分丰富，活动方式也涵盖了课题探究的研究性学习、项目与应用设计、社会考察性体验活动等多种活动类型，使综合实践活动各方面很好地在同一主题下统一。

5. 直接根据课程资源来设计系列主题

日常生活是综合实践活动主题的最好来源。教师可以围绕自然生活设计动植物、有害物质、水土流失等系列主题;可以围绕家庭生活设计装饰设计、电路设计、家庭用水、家庭消费、家庭中的科技等系列主题;可以围绕学校生活、个人生活设计校园文化、当代中学生的消费、当代中学生的阅读等系列主题;也可以围绕科技、文化、经济给社会带来的发展变化,设计可能的未来生活等系列主题。此外,我们还可以依托社区资源,设计与社区生活和文化相关的主题;依据学生的生活与成长确定主题:如"我与我的QQ空间"、"我的消费清单";综合、延伸、重组学科知识,根据实际生活中发现的问题设计系列主题,如"电动车的利与弊"、"淘宝网与现代消费"。

无论是设计系列主题活动方案还是单一主题活动的方案,指导教师都要全面考虑活动方式和活动类型的选择,根据预设活动主题的原则和思路综合考虑筛选,使确定的活动主题方案能突出综合实践活动的意义和特点,并尽量避免单调划一的主题类型,挫伤学生兴趣。综合实践活动的学习内容和方式是开放的,学生是在自主选择、亲身经历的过程中去体验和感受生活,从而发展实践能力和创新能力。基于这一认识,综合实践活动在主题设计时应注重让学生自觉主动地去学习、去探索、去实践、去体验,以提高自身的综合实践能力。

阅读材料

初中综合实践活动系列主题设计方案《小豆芽》

一、主题的确定

现在的中学生,大多数是独生子女,普遍存在动手能力差的问题。对生活中一些简单作物的栽培与管理缺乏一定的了解和实践,对社会基本运作方式缺乏认识,缺少社会生活经验。绿豆是我们日常生活中常见的杂粮之一,绿豆的发芽,周期短,见效快,具有较强的可行性,适合在家庭或学校进行发芽实验,让学生亲自观察实验结果,有利于培养学生的各种能力。《小豆芽》系列主题的确立,就是从学生生活中最简单的绿豆发芽切入,通过学生实践种绿豆,体验营销过程,进而产生种植兴趣为线索,展开系列实验、调查实践活动。

二、活动目标(略)

三、活动内容

本次主题活动共设计《种植绿豆》、《出售绿豆芽》、《绿色食品探密》、《绿色行动》四个系列活动专题。其中《种植绿豆》是激发学生的活动兴趣,掌握绿豆的种植方法,了解对比实验的方法;《出售绿豆芽》是教师引导学生设计绿豆芽的营销方案,让学生在体验绿豆的销售过程中,积累社会生活经验;《绿色食品探密》是学生在教师指导下,独立完成研究方案,在调查、访问、上网查询资料等活动中了解研究性学习的方法和有关绿色食品及保鲜技术的相关知识,并能撰写出相关主题的调查报告;《绿色行动》是在学生已掌握种植绿豆的基础上,再让学生自己种植一种自己喜欢的植物(花卉、蔬菜),在种植中了解一些家用工具及农用工具的使用与保养方法,知道安全操作要求。通过此项活动,开拓学生的知识领域,能综合运用所学的知识,学以致用。

四、活动实施:(略)

(http://guopei.guoshi.com/html/class/803/2012-08/m28595.shtml)

第四节 中学综合实践活动方案的优化

一、中学综合实践活动方案的评价

要优化中学综合实践活动方案,必须先对活动方案有个总体的评价。评价考察的内容包括:活动目标是否科学、合理、有效;课程开设是否符合国家规定;学校的课程资源是否能够满足需要;评价方法是否多元化;学校是否为活动方案的开设提供支持。我们可以从理论导向的设计维度、目标设计维度、内容设计维度、活动过程与方法设计的维度、心理规律设计维度、知识与技能设计维度等多纬度来评价综合实践活动的方案设计。评价中学综合实践活动方案主要有以下三个基本依据:

一是活动方案能否体现新课程理念、新的教育观、课程观和教学观。特别要注意活动方案是否体现教育理念的转变,是否存在忽视学生的主体性、忽视学生个性发展的现象。而在操作层面上,具体的目标、内容、过程、方法是否得到落实。

二是依据综合实践活动的课程目标进行评价。注重考察活动方案是否达成综合实践活动的总目标、学段目标以及各指定领域目标三维目标,目标是否全面、科学、均衡和现实,方案目标是否和教育目的、教育目标保持一致等。

三是应根据综合实践活动设计的基本原则、基本要求进行评价。主要评价活动方案所涉及的知识背景、经验基础是否与所施班级的学生匹配,是否符合当地实际,具有可操作性。还应就方案对学生的教育价值及对学生发展有何独特价值做出评价。

二、中学综合实践活动方案设计的优化理念

（一）理念到位是关键

要设计好活动案例，必须熟悉综合实践活动的课程理念，只有通过学习，对综合实践活动课的价值、目标、性质、特征、内容、形式、实施等都有较为清楚的认识，才能使活动设计符合要求，否则就可能按学科教案的老思路设计活动案例。例如，综合实践活动的"综合性"要求活动设计力求活动内容和形式多样化；"实践性"要求活动设计必须使学生亲身经历与体验；"自主性"要求活动设计以学生为主体，教师的作用在于组织和指导，不在于"教"；"生成性"决定了活动不可能完全依照设计按部就班进行，活动要预设活动拓展的空间。综合实践活动是学生"做"出来的，不是老师"教"出来的，因此活动方案设计应以学生活动为主线，主要体现学生自主探索、实践、创造过程。老师应是活动的组织者、领导者和评价者。编写活动方案的语言应符合相应年龄学生的阅读水平，做到简洁通畅、使学生易于掌握。

（二）以目标为中心

"为什么活动？"、"做什么活动？"、"怎样活动？"，这是活动设计的三大基本问题。所有活动的设计都基于一定的目的——有何意义？对学生有何裨益？因此必须先明确主题活动要达到的所有目标，以及每一活动的具体目标是什么。目标是我们实施综合实践活动的依据。以目标为中心才能使活动内容、形式、步骤的设计有的放矢，避免活动肤浅化、形式化和"为活动而活动"的现象。

（三）依据组织形式细化活动设计

综合实践活动有多种组织形式，每一种组织形式都有其优缺点，不同的组织形式适合不同的活动内容。例如表演、辩论之类的活动适合班级课题活动，而不适合小组课题活动。因此指导教师应当熟悉所采用组织形式的特点，并依据组织形式设计活动。活动设计应采用发散思维而避免单一的线性思维，这样才能使设计思路开阔。对于阶段性主题活动，应尽量使活动内容细化，逐层逐点地深入设计，产生活动系列，并明确各活动间的联系，避免活动设计简单化。

（四）创设探索空间

综合实践活动的学习方式是以发现为主的过程性学习，案例设计应在学生的未知领域创设"探索空间"，引领学生通过各种形式的实践活动发现问题、丰富见识、增长才干。因此活动设计只能对学生活动作方向性指导，而不可将活动设计"死"。就像进山探宝，只能告诉学生路怎么走，路上注意什么，而不能告知学生宝藏哪里，有什么宝，有多少宝。

（五）充分利用课程资源

每一次的综合实践主题活动都需要相应的资源支持，各地的课程资源不一样，案例设计必须以当地的课程资源为依托，才能切合实际，有的放矢。因此教师应养成对课程资源利用的敏感性，充分挖掘、收集、评估、整理、利用课程资源，才能避免活动设计空洞无物。例如探究《火灾自救》，就必须利用消防队员（人力资源）、灭火器与防毒面具（物质资源）、网上的消防知识（网络资源）、商场等公共场所（社会资源，供考察）等课程资源来设计活动。

三、中学综合实践活动方案设计的优化策略

评价综合实践活动方案的目的在于优化活动方案。优化中学实践活动方案可以从以下几个方面入手：

（一）对活动方案本身要素进行优化

1. 优化情景与主题要素

活动方案要创设与中学生日常生活相关的情景；创设与中学生知识基础相融合的情景；创设与学生社会生活相关联的情景。主题设计和确定要具有可行性、创新性和科学性，要注意尊重学生的兴趣、爱好、需要，从新视角提出适宜学生实际情况的切实可行的活动，避免伪科学的主题。

2. 优化任务与目标要素

主题活动方案的任务、目标要符合综合实践活动课程的要求。活动主题的目标不能仅仅停留在概括化、原则化目标的基础上，活动主题的任务、目标的制订要体现学生的自主性，目标不能过高、过大。

3. 优化组织要素

组织要素指小组合作探究、个人独立探究以及在班级、年级或更大范围中展开的合作研究三种不同的学习组织形式。指导教师要根据不同情况进行综合实践活动组织方式上的优化，另外针对研究性学习、社区服务与社会实践、劳动与技术教育以及信息技术教育这四大内容领域进行优化。

4. 优化过程要素

过程要素是指整个活动方案设计的探究过程。活动探究过程是学生实践的核心阶段，包括主题活动的产生过程、活动目标的制订过程，还包括学生制订活动方案的过程、具体探究实践的过程、交流总结的过程、评价的过程等。对整个活动方案设计的过程进行反思是优化过程要素的前提。

5. 优化资源要素

要满足学生发展的需要、教师开发综合实践活动课程的能力、学校特色与社会发展的需要必须优化综合实践活动课程的资源要素。

6. 优化评价要素

优化评价要素的依据是综合实践活动方案评价的指导思想是否符合新课程评价的思想,其评价的方法是否适宜,活动本身的评价要素是否有明确而具体的要求。

(二)对活动方案进行整体优化

首先,对综合实践活动方案进行实施前的诊断性评价,以实现对活动方案的目标、内容(含课程资源)、过程与方法的优化。诊断性评价在综合实践活动方案实施之前进行,采用汇报、报告、提问、辨明、调查、讨论等方法考察方案需要的准备状态,从而提供有针对性的、迫切性的优化意见。其次,对综合实践活动方案进行实施中的形成性评价。形成性评价在活动方案实施过程中进行,其目的是分析活动方案的问题,使方案在过程中得到优化,以使方案在实施过程中得到及时改进和优化。常用方法有问卷调查和讨论。最后,对综合实践活动方案进行实施后的终结性评价,以实现方案的整体优化。终结性评价在学习方案结束后进行,作用在于对方案做出价值判断,并且为设计者做出有关优化的决策提供信息。评价内容包含对学生的发展、教师的发展及学校的发展做出的评价。评价的方法通常有成果展示、报告法、答辩法、任务操作、情景测试、体验共享、问卷调查等。

教师是中学综合活动方案设计的组织者、参与者、指导者,教师在活动方案实施前、实施中、实施后的反思,对活动方案的优化有着特殊的意义和作用。

阅读材料

"珍惜粮食,争做小小'光盘族'"主题实践活动(八年级)

一、活动主题分析

有些同学在吃午饭时抱怨饭菜不合口味,没吃几口便一倒了之,没有珍惜粮食的意识。如何才能使同学们的午餐吃得健康又营养,减少不必要的浪费呢?联想到网络上陈光标等人正在高调响应"光盘行动",同学们决定成立"光盘行动"小组,开展"珍惜粮食,争做小小'光盘族'"主题实践活动。该主题实践活动对培养学生的节约、环保意识很有意义。用综合实践活动的理念来开发节约粮食这个古老的主题,体现了现代中学生与时俱进的研究意识。

二、活动目标

本次主题活动的设计思路是以小课题研究为基本形式,让学生在老师的帮助指导下,从日常生活的问题入手,通过参与主题设计、实施和评价等一系列活动过程,锻炼了处理问题和与人沟通的能力。通过合作调查、采访、信息搜集与处理、表达与交流、展示与评价以及活动延伸等探索活动,提高同学们观察、分析问题的能力,增强解决问题的信心,学习与人交流的技巧。

三、活动过程

1. 以小组为单位制订活动方案。

2. 各小组分工合作,开展活动:记录剩饭剩菜、走近食堂、制作菜谱活动、种植蔬菜活动和活动宣传。活动宣传包括"节约粮食"手抄报赛、"变剩饭为神奇"活动、班级节约宣传、"光盘行动"签名活动四项。

3. 学生在活动中反思身边浪费现象,用实际行动改善这些情况,提高了社会责任感。

四、活动评价

1. 为学生的实践活动搭好支架。为了使活动更有效果,教师要为学生搭建好支架,包括提供相关案例供学生参考、研究方法指导、提供活动管理表格等,这些都有助于学生有方向地开展活动。

2. 重视学生在活动中的心理成长。在活动中尽量给每位学生提供参与活动的机会,感受参与活动的喜悦。

3. 使用多角度进行活动评价,使活动评价更全面客观。小组评价中采用自评和互评结合,教师评价重视过程性评价。

(http://jxjy.com.cn:88/Article_Show.asp? ArticleID=5162)

本章小结

开展实施中学综合实践活动必须面对的首要问题是设计综合实践活动的方案。指导教师应当了解掌握综合实践活动方案撰写的基本要求,确定切实可行的活动主题,并在方案设计的过程中实现活动目标的具体化。基于综合实践活动的不同主题类型和项目领域,教师要因地制宜,充分利用课程资源设计系列主题活动方案及单一主题活动方案。在综合实践活动的实施过程中,教师应不断调整预设和生成,整体把握活动方案的完善和优化。

思考·探究·实践

1. 简要阐述中学综合实践活动主题选择和确定的途径和依据。

2. 结合某中学综合实践活动方案,分析它的活动过程及活动目标是否合理,是否能真正达成综合实践活动课程的基本目标。

3. 就近到你所在地的一所中学进行调研考察,并围绕中学生的日常学校生活设计一个完备的综合实践活动系列主题方案。

4. 在优化综合实践活动方案时应注意什么问题？有哪些考量因素？

拓展阅读：

1. 陈玉琨,沈玉顺,代蕊华等.课程改革与课程评价[M].北京:教育科学出版社,2002.

2. 冯瑞新,王薇.我国综合实践活动课程实施现状调研报告[J].课程·教材·教法,2009(1).

3. 郭元祥.综合实践活动课程:设计与实施[M].北京:首都师范大学出版社,2001.

4. 姜平,胡良君.综合实践活动课程的实施[M].北京:高等教育出版社,2003.

5. 刘道溶.中小学综合实践活动教学活动设计[M].北京:北京大学出版社,2005.

6. 阙锦章.搭建整合实践平台发展创新实践能力——"远足"主题实践活动方案设计[J].福建教育学院学报,2010(3).

7. 严丽萍.综合实践活动课程设计之"生活取向"研究[D].南京:南京师范大学,2007.

8. 钟启泉. 综合实践活动课程的设计与实施[J].教育发展与研究,2007(3).

第五章 研究性学习活动方案设计

学习目标

1. 了解研究性学习活动主题的生成过程
2. 掌握研究性学习活动方案设计的要求
3. 初步学会撰写研究性学习的活动方案

案例：在综合实践活动中转换学习思维方式

流传于古亚细亚的一则寓言中曾讲到,率军征战的亚历山大王在占领了小亚细亚的一座小镇后,有人请他观看一辆神话传说中皇帝的战车。车上有一个用套辕杆的皮带奇形怪状地纠缠起来的结子。据说驾驭这辆战车的皇帝曾预言,解开这个奇异的"高尔丁死结"之人就注定会成为亚细亚之王,但所有试图解开这个复杂死结的人都无一例外地以失败而告终。亚历山大兴致顿生,决心一试,在苦思冥想仍一筹莫展之后,亚历山大果断地拔出利剑,手起刀落,一下把死结劈为两段并大声宣布:"我不能跟在别人后面亦步亦趋,这就是我自己的解结规则!"亚历山大凭他的智慧与魄力找到了解开死结的新思路,成为了亚洲之王。此后人们把"高尔丁死结"一词用作一切疑难问题的代称。许多时候,转换一种思维方式,往往能使人豁然开朗,步入新境。思路一变天地宽,许多看似困难的事情之所以能够最终做成,就像亚历山大解开奇异的"高尔丁死结"一样,常常是突破常规思维的结果。

2001年全国基本实施新一轮的课程改革方案,要求学校主动构建凸显新课程理念特征的课程体系,努力改变教师的教学方式和学生的学习方式,积极探索"自主学习、合作学习和探究学习"的教学模式,切实推进以创新精神和实践能力为重点的素质教育。作为综合实践活动课程内容之一,研究性学习可以改变学生以单纯地接受教师传授知识为主的学习方式,为学生构建开放的学习环境,提供多渠道获取知识并将学到的知识加以综合运用于实践的机会,促进他们形成积极的学习态度和良好的学习策略,培养创新精神和实践能力。

第一节　研究性学习活动主题的生成

一、研究性学习概述

研究性学习突破了原有学科教学的封闭状态,把学生置于一种动态、开放、生动、多元的学习环境中,可以使学生获得亲自体验和参与实践的机会,改变学生的学习方式和思维方式,让学生走出课堂、走向社会、走向生活,然后又回到课堂教学的一项体验式学习。

(一) 研究性学习的性质

研究性学习是指学生基于自身兴趣,在教师指导下,从自然、社会和学生自身生活中选择和确定研究专题,主动地获取知识、应用知识、解决问题的学习活动。研究性学习作为一种课程形态,强调改变学生的学习方式,关注学生的自主、和谐发展,旨在建立一种具有"主动参与,乐于探究,善于合作"特征的学习方式。研究性学习引导学生从自然、社会和生活中用自己的智慧发现问题,引起认知冲突,在广泛交流中进行研究、解决、评价,主动获取知识、应用知识、解决问题,培养科学精神和人文素养的学习模式。研究性学习是综合实践活动课程中的一个重要的学习领域,它对变革学生的学习方式,发展学生的探究能力、创新精神和实践能力具有奠基性的价值。实践综合实践活动课程必须注重研究性学习的设计和实施。[①]

研究性学习通常有两层含义:一是指一种学习方式;二是指一种课程领域。作为一种学习方式,研究性学习强调学生通过探究和发现进行书本知识的学习。而作为一种课程领域,研究性学习超越特定的学科知识体系和课堂教学的局限,要求学生自主选择确定课题,展开研究,从而发展探究能力和创新精神以及良好的情感、态度、价值观。研究性学习是以"培养学生具有永不满足、追求卓越的态度,培养学生发现问题、提出问题,从而解决问题的能力"为基本目标;以学生从学习生活和社会生活中获得的各种课题或项目设计、作品的设计与制作等为基本的学习载体;以在提出问题和解决问题的全过程中学习到的科学研究方法、获

---

① 郭元祥.综合实践活动课程设计与实施[M].北京:首都师范大学出版社,2002:130-132

得的丰富且多方面的体验和获得的科学文化知识为基本内容;以在教师指导下,学生自主采用研究性学习方式开展研究为基本的教学形式的课程。

(二) 研究性学习的特点

研究性学习的目标是培养学生的创新精神和团队精神,提高学生社会活动能力、动手实践的能力与收集信息和处理信息的思维能力。其基本特点有:

1. 问题性

研究性学习以问题(包括主题、课题等)或活动(包括实验、制作、发明等)作为学习的先行组织者,教师围绕问题或活动提供相关信息,学生围绕问题或活动收集资料、展开研究,学习的目标在于提高学生的探究意识与解决问题的能力。由于班级、研究小组内学生的知识、能力、个性、兴趣等方面均存在着差异,故在实施课题研究时要充分给予考虑选题范围、研究深度、研究分析、解决问题的方式、研究进度、成果呈现等因素。确定的课题要符合学生的知识和能力水平,通过学习发挥每个学生的所长,使每个学生跳一跳都能摘到“果实”,学有所得,体验成功的喜悦。

2. 开放性

在研究性学习中,研究的问题、解决问题的方法、学习方式、成果的表现形式等都具有开放性。首先,所要研究的问题给学生的创造留下较大的空间,学生可根据自己的爱好、兴趣和特长从自然、社会和生活实际中选择课题。其次,问题本身没有现成的结论,活动在大多数情况下也不知道确切的结果,故需要学生自己在探究过程中去寻找结论。此外,学生可自由选择研究课题内容的多种方式方法,可通过查阅资料、操作实验、调查研究、专题访问等多种方式进行研究。最后,研究性学习的场所可以在教室,也可以在社区、农村、厂矿等,而学习成果的表现形式有图画、产品、报告、小品、总结等。

3. 主体性

研究性学习是一种以学生为主体的学习方式,主要形式有个人学习、小组合作学习等。在研究性学习过程中能最大程度地发挥学生的学习积极性,培养学生参与和人际互动的能力,培养学生的主体意识和团队精神。研究性学习有别于培养天才儿童的超常教育,它主张全体学生的积极参与。研究性学习重过程而非重结果。在研究性学习的过程中,学习者可以根据自己的学习基础和个性特点,制订恰当的研究计划,实现个人的研究目标。

4. 社会实践性

研究性学习要研究社会,培养学生社会交往能力,处理好师生之间的关系、生生之间的关系、学校与社会的关系等。研究性学习促进学生在掌握间接经验的同时也体验直接经验,不断提高实践能力。从研究的内容来讲,研究性学习来源于自然、社会和生产实际；从表现形式来讲，通过学生自己提出问题、自己研究实践、解决具体问题体现了实践性。研究性学习不仅重视学习过程中的理性认识，如方法的掌握、能力的提高等，还十分重视感性认识，即学习的体验。现代学校教育要求发展人的个性、提高人的素质、培养创造能力和实践能力，而创造能力、实践能力的形成需要直接经验的参与。通过研究性学习的实践，学生增强体验、学会学习和提高能力。

5. 创造性

研究性学习需要学生综合运用已学的多学科知识，提高学生的社交、合作、研究、动手、表达、思维等能力。实践表明，研究性学习有利于培养学生的人文素质，培养学生的创新精神和实践能力。一个人的创造性思维离不开一定的知识基础，而这个基础应该是间接经验与直接经验的结合，间接经验是前人直接经验的总结和提炼，直接经验则是学习者通过亲身实践获得的感悟和体验。间接经验只有通过直接经验才能更好地被学习者所掌握，并内化为个人经验体系的一部分。研究性学习之所以强调学习体验的重要地位，主要是因为学习体验可弥补知识转化为能力的缺口。更为重要的是，"创造"不仅仅是一种行为、能力、方法，而且是一种意识、态度和观念，有创造的意识，才会有创造的实践。创新意识、创新精神包括了对未知事物的好奇心理、对固有观念的质疑批判意识、尊重事实坚持真理的科学精神以及勇于探索不断进取的人格力量和价值取向等。观念意识是指导人们实践行为的基础。只让学生懂得什么是创新意识、创新精神是不够的，重要的是让学生亲身参与创造实践活动，在体验、内化的基础上，逐步形成自觉指导创造行为的个人的观念体系。

二、研究性学习活动的目标

研究性学习是综合实践活动中最重要的课程领域。研究性学习活动通常既包括总体目标，也包括具体目标。

(一) 研究性学习活动的总体目标

研究性学习着眼于转变学生的学习方式，培养创新和实践能力，强调学生对所学知识技能的实际运用、能力的形成和经验的获得，强调学生通过亲身体验加深对学习价值的认识，在思想、情感、意志、态度等方面得到升华。研究性学习的总体目标是：

1. 获得亲身参与研究探索的体验

研究性学习强调学生通过自主参与类似于科学研究的学习活动，获得亲身体验，逐步形成善于质疑、乐于探究、勤于动手、努力求知的积极态度，产生积极情感，激发他们探索、创新的欲望。

2. 培养发现问题和解决问题的能力

研究性学习通常围绕一个需要解决的实际问题展开。在学习的过程中,通过引导和鼓励学生自主地发现和提出问题,设计解决问题的方案,收集和分析资料,调查研究,得出结论并进行成果交流活动,引导学生应用已有的知识与经验,学习和掌握一些科学的研究方法,培养发现问题和解决问题的能力。

3. 培养收集、分析和利用信息的能力

研究性学习是一个开放的学习过程。在学习中,培养学生围绕研究主题主动收集、加工处理和利用信息的能力是非常重要的。通过研究性学习,要帮助学生学会利用多种有效手段,通过多种途径获取信息,学会整理与归纳信息,学会判断和识别信息的价值,并恰当地利用信息,培养收集、分析和利用信息的能力。

4. 学会分享与合作

合作的意识和能力,是现代人所应具备的基本素质。研究性学习的开展将努力创设有利于人际沟通与合作的教育环境,使学生学会交流和分享研究的信息、创意及成果,发展乐于合作的团队精神。

5. 培养科学态度和科学道德

在研究性学习的过程中,学生要认真、踏实地探究,实事求是地获得结论,尊重他人想法和成果,养成严谨、求实的科学态度和不断追求的进取精神,磨炼不怕吃苦、勇于克服困难的意志品质。

6. 培养对社会的责任心和使命感

在研究性学习的过程中,通过社会实践和调查研究,学生要深入了解科学对于自然、社会与人类的意义与价值,学会关心国家和社会的进步,学会关注人类与环境的和谐发展,形成积极的人生态度。中学生已经具备了多门学科的知识积累,为他们今后的发展打下了有利的基础。但是,如果让这些知识长期处在相互分割和备用的状态之中,它们就会被遗忘,就会逐渐失去可能发挥的效用。研究性学习的重要目标是在综合运用中提高各科知识的价值。①

(二) 研究性学习活动的具体目标

研究性学习应能发展中学生终身学习的基本能力。研究性学习应达到以下的具体目标:

能利用图书馆、博物馆、网络等资源,收集整理信息资料,形成自主获取信息的能力。

能运用所学知识,主动从现实生活中发现关于自然领域、社会领域及人的自

---

① 钟启泉,张华等.为了中华民族的复兴 为了每位学生的发展:〈基础教育课程改革纲要(试行)〉解读[M].上海:华东师范大学出版社,2001:116

我领域等方面的问题并提出有一定研究价值和意义的研究主题或课题。

具备自主制订研究性学习活动方案的能力，能做好研究活动的时间、过程、基本方法、研究条件等要素的安排。

能掌握和运用观察、调查、实验、自然与社会考察等基本的研究方法，开展关于自然问题、社会问题和学生自身问题的探究。

能通过问题探究自主撰写研究报告或研究论文；能向他人交流或汇报研究过程的体会和研究成果，养成合作、交流、分享的良好态度和能力。

能够在研究过程中大胆质疑、提出新的设想和思路，养成通过探究进行学习的习惯和较强的探究意识。

三、研究性学习活动主题的确定原则

研究性学习课程的学习内容是以课题研究活动呈现的。在课程实施的初始阶段，可以遵循研究性学习的基本理念，先预设研究主题范围，通过围绕主题的各种活动指导学生选取研究课题。预设的主题内容不同，课题选择的途径也不同。

根据综合实践活动课程指导纲要对研究性学习活动的有关要求，我们在强调从实践出发，培养学生研究性学习能力的同时，还对不同学段进行了统一规划，立求各有侧重。在小学侧重"操作"。这个年龄段的学生善于直观、形象思维，主题设计侧重在观察、了解基础上的动手操作，以发展兴趣爱好，形成良好的行为习惯，进行初步的科学方法和实践能力训练；在初中侧重"探究"。这个年龄段的学生有一定的自我意识和自控能力，思维水平由形象思维向抽象思维过渡，主题设计应侧重于引导学生进行探究式学习，让学生经历问题的提出、设计、操作、成果表达和检验等探究过程，关注其情感和态度的变化，强调过程体验和经验积累，逐步掌握问题探究的策略与方法，发展科学态度和创新精神；在高中侧重"研究"。这个年龄段学生的自我意识和控制能力较强，具备一定的观察、分析、抽象、概括等思维能力。因此，主题设计侧重于理论、方法和能力的形成，适当增加其科技含量，在倡导团结合作、集体攻关的同时，鼓励个人发明创造。

（一）研究性学习活动主题的基本特点

研究性学习的内容是以课题的形式呈现的，课题不是由教师预设的，是学生在与学习情境的交互作用过程中生成的。

首先，研究性学习活动主题具有开放性。中学生对各种自然和社会现象虽具有广泛的兴趣爱好，但一般还没有形成稳定的志向，其提出的课题在研究对象、研究范围和研究的目的等方面往往会模糊不清。《指导纲要》中明确指出："研究性学习的内容，既可以由教师提供范围，也可以由学生自行确定；可以是课堂教学和课本知识的拓展延伸,也可以是对自然、社会和人生各种现象的探究;可以着重对某一学科领域中的问题进行深入研究,也可以对某些综合性的问题开展多角度、多方面的研究。与一般学科课程相比,研究性学习在内容上更广泛、更灵活、更富有弹性。"这里明确表达了研究性学习活动内容选择的开放性。

其次,研究性学习活动主题具有多样性。在实施研究性学习的起步阶段,可以先设定一个主题,帮助学生开拓思路,围绕主题引申若干类型的参考课题,从中选择确定研究课题。在取得一定的经验以后,逐步扩大选题的范围,或完全由学生自主选择课题。设定统一主题有利于将学生的关注目光引向当今与人类生活密切相关的领域,引导他们研究、探索科学与社会发展的热点问题。这些主题研究范围虽然集中,但由于各课题小组的研究视角、方法、过程及结果各不相同,差异性大,所以研究性学习活动仍然具有多样性的特点。

(二) 研究性学习活动主题选择的原则

爱因斯坦曾说过:"提出一个问题往往比解决一个问题更重要,因为解决一个问题也许仅仅是一个教学上的或实验上的技能而已,而提出新的问题,新的可能性,从新的角度看旧的问题,都需要创造性的想象力,而且标志着科学的真正进步。"针对中学生的知识结构,选择确定一个具体恰当的研究题目,是研究性学习至关重要的一步,也是发挥学生想象力、创造力的关键一步。研究性学习活动主题的选择应做到科学、实用、创新、可行。

1. 科学性原则

一切课题研究,不能仅仅凭一时的兴趣,它都必须符合一定的科学原理和事物发展规律。其本身也应有一定的科学价值。这样才能保证研究的方向与结果,否则只能竹篮打水一场空。

2. 创造性原则

选题既要给学生充分的自由,又要有教师适时的引导,课题应有创造性。创造性是一切科学课题研究的生命。它体现课题研究的价值所在,别人已经完全解决的问题再来重复一遍或只是照搬照抄,只能是徒劳的。发现创新独特的见解对刚接触课题研究的中学生来说是至关重要的。

3. 可行性原则

完成一个有价值的课题,还需要多方面的条件。如中学生要研究"《红楼梦》的艺术成就"这样的选题就很难。因为我们选择课题还必须建立在主、客观研究的条件基础上,要充分注意到可行性的问题,对主客观研究条件作充分的估计。确定研究主题通常属于研究性学习的准备阶段,即开题报告阶段。

4. 兴趣性原则

研究性学习活动尊重每一个学生发展的特殊需要,其课程内容面向学生的整个生活世界,涉及学生的学校生活与社会生活的各个方面,并随着学生生活的变化而变化。研究性学习的主题要能激发学生的兴趣。学生的兴趣非常重要,只有尊重了学生的自身兴趣,才能使学生的钻研行为变成一种自我需要。这样,在对待课题研究时学生的责任性和主动性都会增强。相反,教师若只以自己的意志横加干涉的话,只能使学生产生距离感,漠然置之。

5. 注重个体差异的原则

由于先天、教育、阅历的原因,学生的学识基础和能力水平是不同的,允许课题的选择有高低差异。在开始选题的过程中,要多根据学生的特点,区别对待。适时地调整指导方式,兼顾普及与提高。既发挥全体学生的潜能,又给个别学生以自信,让每个学生都得到发展,都在研究中有所收获。

(三) 研究性学习活动主题选择和确立的依据

综合实践活动的指导教师在确立研究性学习活动主题时,通常需要对照以下几个主要的考量因素:

1. 是否能引导学生认识生活、社会和自然

研究性学习活动应培养学生观察生活、探索社会和自然问题的兴趣,获得参与研究探索的体验。在变化的社会生活中,学会生活,增强社会责任感,担负起国富民强的历史重担;在探索大自然奥妙的过程中,正确认识和理解人类的发展和生存空间与自然环境的相互关系。

2. 是否能让学生学会思考,培养学生发现问题和解决问题的能力

通过该主题的研究性学习,学生能否在具体情境中,综合运用所学知识解决问题。学会收集、选择、处理信息,做出大胆的猜想或合理的推断,并进行检验,从而增加猜想的可信度,证明猜想或推翻猜想。

3. 是否能培养学生的合作意识和合作能力

体会在认识问题和解决问题的过程中与他人合作的重要性。能主动地与他人交流,同时又能借鉴他人、社会和人类智慧,求得个体生存、发展和自我实现。通过合作小组等形式,开展师生之间、生生之间的多边合作互动,增加讨论、交流的几率,掌握合作方法,提高合作能力。

4. 是否能培养学生的科学精神、科学态度和科技创新能力

通过社会调查、课题研究和科学实践等活动,建立国家、社会与个人必须依靠科学发展和科技进步才能持续发展的观念,形成正确的科学观念和学科学、爱科学、用科学的内在动机。学习科学家探求真理的精神,培养旺盛的求知欲,强烈的好奇心,丰富的想象力,善于观察、勇于探索和实践,不断地激发学生的创造欲,提高创新能力。

对于中学生来说一个成功的研究并不在于涉及多么高的理论,而在于确定

一个好的研究题目。研究性学习不是查阅资料，汇集整理后写一篇介绍性的文字。真正意义上的研究性学习不是简单的汇总资料，而是应该有学生自己的观点和结论。

（四）研究性学习活动主题的类型

根据研究性学习的课程目标，结合研究性学习的内容特点和学生的学习特点，我们把研究性学习分成了课题型、专题型、实验探索型、现状调查型、作品研制型、文献型等，并针对不同类型，提出了相应的主题设计方法。

1. 课题型

课题包括某一学科的某个问题，涉及多学科的综合性问题、社会生活和科技发展中的问题。课题设计应以问题为中心，以创新为目标，但必须使探究性学习水平处于学生的最近发展区，构建起一个阶梯状的系列问题系统。围绕问题、根据学生在探究过程中所遇到的困难，提供必要的科学和技术概念及原理性知识。课题研究所需的经验和能力具有综合性，因此，一般适应于中学高年级。

课题研究的基本过程：① 知识背景准备；② 选题立题；③ 组织课题小组；④ 制订研究方案，确立假设；⑤ 实施论证并得出结论；⑥ 结果展示和总结反思。例如基于社会调查的研究性学习——《可怕的白色污染》。

2. 专题型

围绕社会生活和科技发展中的某一专题，在教师、学生互动交流中学习研究，从而解决问题或对该问题作进一步了解。由于专题研究、讨论需要学生具备一定的知识和经验基础，因此适应于小学高年级或中学。专题设计应选择多元价值取向的问题或现实中已经存在但其结论尚不清楚的问题。如"哪种颜色的面料更保暖"、"怎样才能减少雨中的含酸量"等专题。专题研究应以学生个体自主活动和小组活动为中心，让学生在研究中，不仅学会收集、阐述各种观点，而且学会仔细分析和评价这些观点，从而确立自己的见解。如基于网络环境的研究性学习——《关于恐怖主义的研究》。

3. 实验探索型

一般有两种情形：一种是教师提出若干条件，学生针对教师提供的条件，进行开放性实验，从中发现现象或找到新规律；另一种是教师直接给出命题，学生围绕命题进行假设和实验证明。实验探索型学习过程能充分体现学生的主体性学习，有利于培养学生的动手实验能力和探索能力，发展假设论证能力等。如"植物侵蚀预防、让草坪变绿"等。实验探索设计不同于传统学科课程中的实验设计，不再是既定实验程序的机械模仿和验证，而是让学生自己对命题进行假设论证或利用条件探索发现，从而获得实验研究经验，增进兴趣，培养科学的态度和价值观。实验探索法的学习结果是书写实验报告。

4. 调查研究型

调查研究是指教师指导学生对与科学知识有关的种种社会问题或社会现象进行调查,弄清其状态及可能的原因,找出其间的联系或发展趋势,进而对蕴含的知识、观念获得较为深刻理解的研究活动。调查研究适应于中小学各年级,如"生活中的噪音"、"解题心理研究"等。现状调查设计一般分现状研究、相关研究、因果关系比较和发展研究四种,可帮助学生学会多渠道采集和占有信息,获得信息加工处理的经验,培养学生了解现状、分析和把握现状的能力。其调查结果是在学生明确调查报告基本格式的基础上,撰写调查报告。

5. 作品研制型

作品研制是在教师指导下,使用相关设备工具,仿制或重新设计作品的研究活动。作品研制设计可分为工艺美术、电动模型、雕刻、编结等。作品研制所需工具和材料可就地取材,如木工器材、手工制作用的泥巴、树叶、野花、布头、毛线、各种粮食等。作品制作适合中学生的活动特点,有利于培养学生动手操作能力、想象力和创造力。

6. 专题文献型

专题文献研究是教师指导学生对某个专题的有关文献进行收集、比较、分析、综合,从中提炼出新观点与认识的一种类型。专题文献研究设计是让学生掌握文献资料研究方法的基本过程,学会收集、处理、应用、评价信息,培养信息收集、文献检索和从中提取新的信息的能力和意识,其研究结果是书写一份研究报告。其报告的价值不仅在于资料的系统性、完整性和条理性,更重要的是从现有资料中提取新观点、发现新规律,切忌搞成资料汇编。①

(五)研究性学习活动主题的来源

研究性学习的内容源于学生的生活领域,它涉及学生的学校生活、家庭生活和社会生活,范围十分广阔。研究性学习活动主题的选择本身有助于发展学生创新精神,培养学生发现问题的能力。

1. 从实际生活中选题

生活是多姿多彩的,社会实际生活充满了趣味与奥妙,为课题研究提供了一个广阔的舞台,也是研究课题选择的一个取之不尽、用之不竭的永恒源泉。课题研究从某种意义上讲,主要就是为了解决实际问题。中学生只要关心社会,深入调查研究,仔细观察,就会发现在周围的实际生活中充满着大量可供选择的研究课题。中学生要充分关注本地的自然、人文环境和生产生活环境,发现问题,确定课题,把身边的事作为研究性学习的内容,突出乡土特色。

① 杨雄珍.关于研究性学习的理解与实践[J].广西教育,2005(8):15-16

2. 从学科教学或已有学术研究中选题

学生从报刊杂志、科学著作、网络信息等各种文献资料中获取信息,研究关系社会发展、人民生活的课题。从学科教学出发,思考自己感兴趣的问题,探究某现象的本质,探求事物变化规律,设想新的创造发明,创设课题进行研究。此外,中学生可以借助前辈的研究,从他们的学术研究争论中获得课题研究的有关选题信息;或直接了解有关学科当前迫切需解决的研究题目,使研究课题更具有针对性和前瞻性。

3. 从指导教师推荐的课题中选题

从本校或其他学校老师同学的研究过程中所获取的信息、体验、成果中得到启示,加以借鉴,引出自己的思考,确定要研究的课题。指导教师经验比较丰富且有专长,熟悉学生的基础、水平和能力,容易判断和估计什么样的课题是真正可行的。因此指导教师推荐的课题由于"知己知彼",课题的针对性、难易程度往往最能适合中学生的实际。同时,高中学生如果从指导教师推荐的课题中去选题,指导力量也往往同时能得到落实,较容易得到相关教师的指导和帮助,所需要的设备、材料往往也是学校能提供保证的,所以有利于研究课题的顺利进行。

在研究性学习的过程中,要因地制宜发掘资源;要重视资料积累,将研究中获取的信息、采用的方法策略、得到的体验和成果积累起来,成为可以利用的资源;要根据学生自身的特点和优势,灵活地确定研究的课题和目标,采用适合自身的策略。

阅读材料

研究性学习活动主题的选题

开展研究性学习,首先要确定研究的课题。在生物教学中,教师有目的地转换教学的角度,把适合于研究和探讨的生物学内容转化为课题研究性的实验,或充分利用本校、本地的生物教育资源,展开对自然界和社会现象的探索,可以是调查活动,也可以是实践操作。

充分利用书本中安排的教学内容,培养学生科学探究的能力,初步形成研究性学习习惯。苏教版生物教科书中安排了许多这样的小课题,如"调查一个生态系统","调查身边的经济生物","调查鱼类产品","参加爱鸟活动","参观蘑菇种植场","参观动物园或自然博物馆","调查食品添加剂的类型和作用","设计科学合理的小药箱","探究某种环境污染对生物的影响","比较二氧化碳和空气的吸热本领","尝试绿化设计","调查糖尿病的发病率","观察植物生长的过程"等等。此外,课本实验中的一些探究性实验,本身就是一种研究性学习的模式,在这些小课题或探究性实验中,都明确规定了课题研究的内容、目的和方法等,为研究性学习的开展提供了丰富的课题资源。

理论联系生活热点,形成开放性研究课题。对于学生而言,一个好的课题要切身关注或指导自身的实际生活,最好能帮助自己解决需要解决的问题。在生物学教学中,教师可以引导学生利用自己掌握的生物学知识展开对自己感兴趣的课题的调查研究,比如学生学习了"环境的污染和保护"这一内容时,正值六月份的麦收季节,农民焚烧秸秆现象尤为严重,大气中弥漫着浓浓的呛鼻的烟雾,学生坐在教室里感到呼吸都很困难,因此,大气污染自然是此时同学们所关注的热点,学生自然就形成了"对秸秆焚烧的原因及危害的调查",他们分别采用了采访医生、农民、环保人员、路人及网络查阅资料、问卷调查等方式了解秸秆焚烧的原因与危害,分析秸秆再利用问题,并且帮助农民寻找秸秆再利用的途径和方法。通过本次的研究性学习过程,孩子们从身心上得到了更切实的体会,体会到劳动人民的辛劳,理解了环境保护的重要性。

(http://zhsjhd.jssjys.com/Html/Article/1344/)

第二节 研究性学习活动方案设计的要求

一、研究性学习活动方案的组成要素

在选择和确立了研究性学习活动的主题后,研究性学习进入另一准备阶段,即制订研究性学习活动方案的过程。制订研究性学习活动方案的过程,也是发展学生的规划和组织能力的过程。教师应充分放手让学生自主制订活动方案或研究方案,在学生提出的活动方案基础上引导学生讨论和完善活动方案,并给予适当的指导。研究性学习活动方案的制订是课题研究的必要条件,不仅为研究者提供了明确的、可操作的程序,而且为这些程序的操作提供了可靠的方法。科学研究是一个广泛收集信息,并通过分析、加工、处理得出有助于认识、解决相应问题的结论过程。由于师生的知识结构和科学素养的限制,课题研究往往停留在经验层次上,而忽略了科研的根本环节(信息的即时收集、分析、加工和处理工作)。因此重视课题方案的设计对于保证研究性学习活动的质量具有重要意义。

研究性学习活动方案一般包括以下基本要素:活动的主题或课题、活动的目的意义、成员分工、实施计划、可行性论证、预期成果及其表达形式等,其中实施

计划是研究性学习活动方案的核心。

（一）活动的具体目的和意义

活动的目的意义是指通过课题研究将解决什么问题或得到什么结论，而这一问题的解决或结论的得出有什么意义。如"水葫芦泛滥与生物入侵"研究课题的目的意义是"通过对水葫芦泛滥与生物入侵的课题研究，了解水葫芦的生物学特征、生活史、泛滥成因及防治对策，初步学会调查研究、对照实验、资料收集和处理等方法，增强人们的环保意识和社会责任感，培养学生团结合作、坚韧不拔和自主探索的精神。"有时也可以将课题的研究背景和目的意义合二为一。[①]

（二）活动的研究背景

活动的研究背景即提出问题，阐述为什么要研究该课题的原因，包括理论背景和现实需要。还要综述国内外关于同类课题研究的现状：① 别人在研究什么、研究到什么程度；② 找出你想研究而别人还没有做的问题；③ 他人已做过，你认为做得不够（或有缺陷），提出完善的想法或措施；④ 别人已做过，你重做实验来验证。如"青岛市区绿化现状的调查"的课题背景中这样写道："……城市面貌日新月异，植树造林搞得热火朝天。但由于重植轻管，部分市民缺乏社会公德，破坏绿化现象时有发生，令人痛心。因此，杜绝不文明行为，保护绿化成果已成为亟待解决的热点问题。"

（三）活动的实施计划

活动的实施计划是开题报告的核心部分，主要包括研究内容、研究方法和时间安排等等。研究内容是指可操作的东西，一般包括几个层次：① 研究方向。② 子课题（数目和标题）。③ 与研究方案有关的内容，即要通过何种活动、达到什么目标等。研究方法要写明是文献研究还是实验、调查研究；若是调查研究，是普调还是抽查；实施计划要详细写出每个阶段的时间安排、地点、任务和目标、负责人。各阶段时间安排要合理、充裕，如选题、资料搜集、计划制订、交流展示尽量安排在课内完成，而调查、实验、资料处理、论文撰写尽可能安排在课外；若是实验研究要考虑重复实验，以排除偶然因素的干扰；如果是外出调查，要写出调查者、调查对象、调查内容、调查地点、交通工具、需携带的材料，等等；如果是实验研究，必须写出实验内容、实验地点、实验材料和仪器设备。实施计划写得越具体，就越容易操作。研究性学习强调对所学知识、技能的实际运用，注重学习过程和学生的实践与体验。研究性学习活动方案是为完成课题研究任务而编制的"施工蓝图"，一个规范的开题报告能为研究者提供明确的操作程序，是进行课题研究的必要条件。

---

① 仇忠海.研究性学习模块探索［M］.北京：人民教育出版社，2003：4－7

（四）活动的成员分工

活动的成员分工是指课题组每个成员在研究过程中所担负的角色和应完成的任务。如组织协调、资料搜集和处理、撰写报告、外出调查、拍摄，等等。

（五）活动的可行性论证

活动的可行性论证是指课题研究所需的保障条件，如研究所需的信息资料、实验器材、研究经费、学生的知识水平和技能及教师的指导能力。可行性论证还要写出该课题目前已做了哪些工作，还存在哪些困难和问题，在哪些方面需要得到学校和老师的帮助，应采取哪些对策。

（六）预期成果

活动的预期成果一般是论文或调查（实验）报告等形式。成果表达方式一般常用文字、图片、实物和多媒体等形式来表现。研究性学习成果可以采用文字、图片、声像、多媒体等任何有利于表现活动成果的形式在班级、学校范围内展示，同学之间相互评议、交流、完善，最终进行答辩（答辩由陈述、展示、提高、回答、评语五个部分组成），并评定成绩，记入研究性学习成绩。

> **阅读材料**

研究性学习探究活动方案：班级零用钱使用情况的调查与思考

一、活动目标

1. 通过对班级零用钱使用情况的调查，培养学生合理消费的意识。

2. 初步培养学生从身边发现问题、思考问题和搜集整理资料的能力。

3. 学会设计简单的调查表格，能进行简单的数据处理，并对结果作出一定的解释。了解并体验调查与实践是科学研究的基本方法。

二、活动背景

与学生交流中，我们发现学生对零用钱的处置，缺乏目的，没有计划，多为心之所致，意气使用，这样既加重了家庭经济负担，又影响了自身的健康成长。于是我们组织学生对自己所在班级进行调查。

三、活动流程

（一）启发与引导

1. 教师请学生谈谈对"零用钱"的理解（以评价形式进行）。

2. 引题导入，提问：我们对本班零用钱使用情况的调查该从哪些方面入手（我班零用钱使用情况的调查内容是什么）？

（1）学生四人小组讨论。

（2）教师请各小组代表发言。

（3）教师归纳并板书：如原因（目的）、来源、数量、途径、用后感想……

（二）调查与实施

（1）每个学生按表完成个人调查。（幻灯显示表5-1）（教师限定时间）

表5-1　个人零用钱使用情况的调查

项目 姓名	原因	来源	数量	途径	用后感想

（2）组统计（由后传上，上交竖排小组第一位同学，第一位同学按表5-2统计，教师将准备的表格发给前排每位同学）。

表5-2　小组零用钱使用情况的调查

项目 姓名	原因	来源	数量	途径	用后感想

（3）班级统计（由班长书写和课代表收集）

A. 由各组第一人上来汇报。B. 课代表收集，班长在黑板上书写统计。C. 汇报与班级统计可交互进行。D. 教师加以完善。

（http://jxjy.com.cn:88/Article_Show.asp? ArticleID=4928）

二、研究性学习活动方案设计的要求

设计好的课题研究方案需要明确三个方面的问题：要交代清楚研究的问题；研究要有意义；研究要切实可行。

（一）可行性

课题方案要详细、明了，研究方法和步骤要具备可操作性。实施计划要写得具体、翔实，各研究阶段时间安排要合理、充裕，课内时间一般用于选题、搜集资料、交流展示，而调查、实验、材料处理、论文撰写尽量安排在课外，若是实验研究要考虑重复实验，以排除偶然因素的干扰。研究方法的选择要根据课题内容、学生认知水平及教师的指导能力来确定。资料搜集和实验尽量在校内完成。研究性学习活动方案设计要遵循可行性原则，即从人力（学生是否具备了最基本的知识和能力基础）、物力（是否能够获得必要的资源条件，如实验设备、研究对象、资料收集渠道等）、财力、时间（研究时间、实验或收集资料时间、撰写报告时间、汇报时间）等方面考虑完成课题的可能性。课题研究的可行性关系到课题研究是否顺利进行，是做研究方案时特别要注意的问题。

（二）科学性

课题方案要体现出立意新颖、结构严谨、行文流畅等特点。提出问题和目的意义要与预期结果相吻合；方案中各部分切忌张冠李戴；获得的信息资料和提出的观点要客观真实，经得起推敲。

（三）过程性

整个研究过程必须在活动方案中体现出来，如研究内容、研究方法、研究步骤（选题→开题→资料搜集→实施→结题→交流展示→研究后反思）和预期结果，等等。在确定研究性学习活动的主题后，要指导学生合理分工，形成各个课题小组，小组长负责本组成员的具体分工。教师在学生自愿成立小组的基础上按性别搭配、人数平均、能力搭配均匀等原则加以指导，指导学生合理分工，指导学生制订合理的研究性学习活动方案。先制订课题研究的内容和目标；再制订课题研究的步骤和方法；最后制订课题成果的呈现形式。

阅读材料

生物研究性学习探究活动方案

一、课题研究的背景

在生物学科中开展研究性学习这一课题的实践和探索，是为适应当前教改和课改的需要，也是以学生发展为本，培养学生的创新精神和实践能力，培养学生的科研意识，探索精神和探究能力的需要和必然。

二、课题研究的实施途径和方法

课堂教学：研究性学习实施的主要途径之一就是课堂教学。教学中教师要以学生及问题为中心组织教学，充分发挥学生的主体性，引导学生自己发现问题、探索解决问题的途径和方法。每节课堂教学都要渗透研究性学习的教学思想，充分挖掘教材中教育因素，适当增加有关生物科学技术及其应用的教学内容。如围绕"细胞分裂"教学，增加细胞分化和癌细胞内容的介绍；围绕"绿色植物的新陈代谢"教学，让学生讨论如何提高塑料大棚内蔬菜和水果的产量；围绕"无性生殖"教学，讲述克隆技术。

小课题研究：小课题研究是把学生分成几个小组深入实际调查或设计实验，主动获取知识的一种研究性学习教学模式。这一教学模式重视对学生科学方法的教育和训练，使学生初步学会观察方法、实验方法和调查方法，提高获取处理信息的能力和实践能力，培养学生的合作精神。适用于对环境污染、自然资源、家族遗传系谱等的调查和对动物生活习性与行为的研究。小课题研究的一般步骤为：

（1）选题。

教师指导学生选题时要考虑学生原有的知识结构和爱好特长。应尽量选择那些学生既感兴趣而研究方法又简便易行、周期短、可操作性强的课题。如"用浓盐水或饱和盐水作为保存液的浸制标本制作"、"蟹的附肢可以再生"、"赤潮和赤潮生物"等。小课题研究要注意研究角度或研究方法的新颖性。

（2）调查研究作可行性分析。

学生在自主选择、自愿参与的原则下，以个人或小组的形式选定一个课题，并作可行性分析。然后制订研究计划，包括研究方法、研究步骤、假设性结论，收集有关资料，掌握相关知识，了解该领域的最新研究成果，开展调查研究。并根据老师和同学们的建设性意见，对研究方案进行修改和补充。教师在此过程中主要起组织协调作用，对需要帮助的学生提供指导和建议。

（3）小课题研究实施，提出问题解决方案。

每个课题小组根据调查研究获得的资料，提出解决问题的方案，并加以具体实施。老师在整个研究过程中提供咨询、监控及研究指导，并定期检查研究进展情况，及时解决研究过程中发生的偏差和问题。

（4）答辩评价、结题成文。

各研究小组完成课题研究之后，要对实验结果和数据进行分析归纳，总结成文。指导教师负责对学生课题研究的修改和指导，并在班内组织答辩。

（http://www.chinadmd.com/file/ru6uapzvovoiar3xcoxxurpe_7.html）

第三节　研究性学习活动方案的撰写

研究性学习活动方案是确立研究主题后在开始研究前制订的详细研究计划。研究方案是否详尽、可行，对后续的研究具有重要的影响。活动方案的制订是课题研究的先决条件，是课题研究的"蓝图"。因此重视课题方案的设计对于保证研究的规范性，提高科学研究质量具有重要意义。研究性学习活动方案的呈现形式可以是表格，也可以是文字或其他方式。

一、研究性学习活动方案的撰写

（一）明确研究问题

写清楚研究问题是研究性学习活动方案设计的重点。判断研究性学习的主题是否清楚有两条标准：

一是课题陈述是否清晰明确。具体地说，课题表述一般要明确三方面内容：研究范围、研究对象、研究内容。

二是研究问题是否能分解为具体可行的研究目标，即研究内容是否具体。研究内容必须尽最大努力写得详细，写得具体；详细具体的研究实施起来就踏实，否则，若研究内容还是一个未知数，就无从下手。要想使研究内容具体、明确，必须对研究的问题进行深入细致的分析，进行大量的前期研究并做好相应的准备工作。

（二）明确研究意义

判断研究性学习活动是否有意义有两条标准。首先要分析该研究性学习活动对从事这项研究的同学是否有积极意义，比如：是否有助于学生获得课堂学习以外的学习体验？是否有助于学生获得个人学习所没有的体验？是否有助于学生获得纸笔测验所无法衡量的经验、能力？是否有助于学生综合地运用已有的知识？其次，再考察研究成果本身的意义，比如：对社会、对他人的理论和实践意义。因此，撰写中学生研究性学习活动方案的研究意义时，首先要考虑该研究对做研究的学生的价值，其次才考虑课题本身的研究价值。

（三）明确研究的可行性

课题研究的可行性关系到研究是否顺利进行，是做研究方案时特别要注意的问题。确立研究性学习活动方案的可行性，即从人力（学生是否具备了最基本的知识和能力基础）、物力（是否能够获得必要的资源条件，如实验设备、研究对象、资料收集渠道等）、财力、时间（研究时间、实验或收集资料时间、撰写报告时间、汇报时间）等方面考虑完成课题的可能性。由于要考虑多方面的因素，故判断课题研究是否可行既是重点也是难点。

（四）确定课题研究的基本方法

巴甫洛夫说过："初期研究的障碍，乃在于缺乏研究法。无怪乎人们常说，科学是随着研究所获得的成就而前进的。研究法每前进一步，我们就更提高一步。"研究方法是课题研究的指南针，不同的学科与课题适用不同的研究方法。

1. 观察法

在自然条件下，对客观事物进行感知、考察和描述。主要适用于自然科学类课题的研究。

2. 实验法

根据研究目的，利用仪器、设备人为地控制或干预研究对象，使某种事件或现象在有利于观察的条件下发生或重演，从而获得科学事实的一种方法。适用于自然科学类课题研究。

3. 模拟法

设计一个与自然现象或过程相似的模型或情景,将不可重复的自然过程再现出来,探究规律性的一种方法。主要适用于工程设计、机械制造类课题研究。

4. 调查法

对现有的事实考察、了解、分析现象之间的联系,从而认识事物发展规律的一种方法。主要适用于社会科学类课题研究。

5. 历史研究法

以过去为研究对象,揭示当前关注的某些问题,或对未来进行预测。主要适用于文学艺术、哲学等社会科学类课题研究。

(五) 确立研究资料

相关的研究资料准备也是实施研究性学习活动方案的保证条件。研究资料确定了研究的课题,就需要广泛地收集与之相关的资料,并从中分析、提炼,获得有价值的信息。牛顿说过:"我之所以能取得一点成绩,那是因为我站在巨人的肩上。"课题研究说到底是一种再创造,尤其是研究型课题,本身并无教材、也无现成的范本,更需要在搜集、查阅资料中开阔视野,激发灵感。研究性学习课程重在研究的过程,每位参与研究的学生能从相关资料的搜集中提高筛选、分析的能力。学生通过使用图书馆、网络获取、筛选书籍、期刊、报纸等文献资料。占有了大量资料后,需要对资料进行加工处理。通过对占有的资料、数据运用分组、统计、鉴别、归纳、演绎、比较、综合等分析手段从中发现问题,并使自己在这一领域的知识系统化。

(六) 确立预期成果

预期成果是整个研究性学习活动所预设的既定目标。最终的研究可能因学科与角度的不同,成果的展示可以是实物、模型、调查报告、论断等形式。预期成果也可以是一份结题报告,将研究成果提炼为一份科学的有说服力的结题报告是一种十分重要的研究能力。基于研究方法设定的预期研究成果应该能让学生交流、研讨,并有一定的社会意义。

为了提高研究方案的质量,在制订课题研究方案之后、实施课题研究方案之前要进行开题评审。课题组把研究方案展示在全班级或全年级甚至全校面前,陈述开题报告,接受师生的质疑,充分听取师生和专家的意见和建议,进一步修改和完善课题研究方案。开题评审的目的主要是:对同学们前一段研究性学习成果进行审查和检验,为课题顺利实施打下良好的基础;通过师生的质疑和评议,对课题的科学性、可行性和研究价值进行集体论证,进一步明确课题研究的目的和意义,增强研究方案的可行性。

阅读材料

研究性学习活动课题项目设计方案：探究延长电池使用寿命的方法

一、简要背景说明

生活中许多产品都要用到电池，电池与我们的生活息息相关。但是电池在使用了一段时间后容易没电，需要频繁地购买电池，这个问题给我们造成了许多麻烦。而懂得如何延长电池寿命的方法对我们的生活很有帮助。所以，我们小组决定针对这个问题进行调查研究，并设计能够改善此问题的方案。

二、课题的意义与价值

电池在日常生活中的应用非常广泛，研究出延长电池寿命的方法可以帮助人们解决电池更换频繁的麻烦，而且对环境保护有一定的作用。

三、研究的目标与内容

目标：了解影响电池寿命的因素，找到延长电池寿命的方法。

内容：

（1）电池的内部结构及其化学成分；

（2）不同品牌的电池的寿命是否有差别；

（3）影响电池寿命的因素；

（4）找出延长电池寿命的有效方法。

四、研究的步骤与方法：任务　时间　方法

第一阶段：上网查找电池寿命的相关资料；

第二阶段：收集实验材料；

第三阶段：通过实验探究影响电池寿命的因素；

第四阶段：针对影响电池寿命的因素提出有效可行的改善方案，并进行实验；

第五阶段：整理资料，分析结果，整理和汇总，撰写结题报告。

五、课题的可行性分析

本课题与人们的生活紧密联系在一起，有一定社会意义，组员积极性较高，但仍存在一定困难，比如研究方法较复杂，资金消耗较高。所以需要我们在现有条件基础上多次进行实验探究，组员之间团结合作并得到指导老师的指导和协助。

六、预期成果的表现形式

预期成果：论文、实验报告、调查报告；表达形式：文字、图片。

（http://jxjy.com.cn:88/Article_Show.asp? ArticleID＝3974）

二、研究性学习活动方案的实施

研究性学习活动方案的实施离不开教师的有效指导。为保证实践活动的顺利开展,教师在指导学生进行研究性学习活动时要注意以下事项:

(1)教师要转变教学观念和教学行为,教师是学生研究性学习的促进者、组织者和指导者,要不断地吸纳新知识,更新知识结构,提高自身的素质,建立新型的师生合作关系。

(2)了解学生的个性、开展研究的情况、遇到的困难及需要,适时地给予鼓励和指导,帮助学生树立自信,提高研究性学习的积极性。

(3)教师切忌将学生的研究引向某种固有的结论,而是给学生提供信息,启发思路,补充知识,介绍方法和线索,引导质疑、探究、创新。

(4)教师要争取家长和社会对研究性学习的关心、理解和参与,要努力开发校内外教育资源,为学生的研究性学习提供良好的条件。

(5)教师要指导学生写好开题报告,及时记载研究情况和个人体验,形成结论,进行交流评价等。

(一)研究性学习活动的评价原则

评价是研究性学习的重要环节,评价对研究性学习的方向起着重要的指导作用。因此,研究性学习活动的评价应着眼于四个有利于,即:有利于实现学生主动学习与创造性思维培养的和谐统一;有利于加强学生学习自信心,充分发展不同个性及特长;有利于促进学生的合作交往能力,加强集体的凝聚力;有利于培养学生的学习兴趣,大面积提高课堂教学效率。研究性学习评价要体现重过程、重体验、重参与的价值取向。[①]

1. 重视过程

传统的单科性、学术性课程对学生学习的评价,也注意学生的学习过程,但是,重视的是学习结果,通常的形式表现为考试,尤其是升学考试的分数。研究性学习评价也关心学生学习的结果,即对研究成果的报告、论文、作品、制作等进行评审,但是,评价学生研究成果的价值取向重点是学生的参与研究过程,诸如学习方式、思维方式、知识整理与综合、信息资料的收集、处理和判断等。因此,注重学生研究性学习的过程,重视的是学生学习的主动性、创造性和积极性等。

2. 重视应用

单科性、学术性课程对学生学习的评价,也注意学生基础知识、基本技能的应用,但是这种应用的范围更多的是在理解中的应用。研究性学习评价强调的

---

① 赵彦改,曲瑞华.综合课程的理论与实践[M].北京:地质出版社,2005:14－18

是学生把学到的基础知识、掌握的基本技能,应用到实际问题的提出和解决中去,关注诸如社会的环境保护问题、人与自然的关系问题、精神文明建设中的问题、科学技术发展问题,等等。在问题提出和解决中主动获取知识、应用知识,既促进学生对知识价值的反思,又加深对知识内涵的理解和掌握,形成知识的网络和结构。因此,注重学生研究性学习中知识和技能的应用,重视的是学生主动探求、创新勇气和能力综合等在更高层次的发展。

3. 重视体验

单科性、学术性课程对学生学习的评价,结合社会实践活动,也注意学生学习中的体验,但不是评价中价值取向的重点。研究性学习评价非常关注学生在问题解决或跨学科、综合式学习中,对科学研究一般过程、方法、原理等的体验。科学研究的过程是一种实践过程。学生在实践中既发展了观察、思维、操作和表达等基本能力,更获得了大量的感性认识。因此,研究性学习的评价十分强调学生在探究过程中的体验,包括使命感、责任感、自信心、进取心、意志、毅力、气质等自我认识和自我教育的发展。

4. 重视全员参与

单科性、学术性课程对学生学习的评价,也注意全体学生主动学习。然而,由于学生个体差异的客观存在,往往力不从心,评价中价值标准比较划一,压抑了学生学习的积极性。研究性学习的价值取向强调每个学生都有充分学习的潜能,为他们进行不同层次的研究性学习提供了可能性,也为个别化的评价方式创造了条件。中学生研究性学习教案设计若能结合地方文化特色就具有很强的实用性。

研究性学习的本质在于增进创造才能。因此关注的不是研究成果的多少,学术水平的高低,而是强调学习内容的丰富性和方法的多样性,强调发现、质疑精神,强调学会收集、分析、归纳整理信息,处理反馈信息。探究性学习评价不仅重视最后的探究结果,更要重视开题和探究的全过程;不仅重视探究的直接结果,更重视学生在探究过程中的多种收获与体验、多种能力与品质;重在学生的全员参与,而非只关注少数尖子生的竞赛得奖。

(二)研究性学习活动的评价内容和方法

研究性学习评价要重视三个环节的评价:即开题的可行性、合理性评价(特别是学生自选题的评价,不能轻易否定学生的选题,对他们的选题进行评价的同时要进行指导,使他们要有方向性、目的性);中期的指导性评价(对学生的前期探究作诊断性评价,向学生提供修改矫正、完善的建议);阶段性总结性评价(论文、调查报告、解决问题方案等)。

研究性学习的评价有别于传统的评价,评价的主体从单一转向多元化,评价内容从过分倚重学业成绩转向注重综合素质,从只关注结果转向同时关注目标、条件和过程。研究性学习评价的这些特点,导致研究性学习的评价需要收集的数据比较多,数据处理也比较困难,时间跨度长,具有一定的复杂性。在这种情况下,需要找到一种科学、高效的评价方法。利用"评价量表"就是其中一种有益的尝试。所谓评价量表是以评价主体、评价过程和评价内容等不同的组合关系为维度设计的一系列的针对评价对象的评价表格,每个表格中都包含了该评价维度的评价项目。利用评价量表,将评价对象按照评价维度分门别类,将繁琐的评价过程,变为简单的填写评价表的过程,大大提高了研究性学习评价的可操作性。同时利用评价量表,可以记录研究过程中的信息,易于过程性评价的实现。正是由于这些方面的原因,评价量表在一段时间的实践过程中,得到了良好的反馈,对提高研究性学习的评价的可操作性、简化评价流程有着很显著的作用。

　　研究性学习的评价量表应针对研究性学习的过程性、多元化等评价特点来展开。表5-3中列举了研究性学习评价实施中常用的量表。

表5-3　研究性学习评价量表

量表对象	评价项目			
	开题阶段	实施阶段	结题阶段	评分阶段
教师	课题研究方案设计表 课题研究方案评审表	教师指导记录表(学生)	实施过程评审表 结题评审表	指导教师表现评分表(学生)
学生	课题研究方案设计表 选题意向表	小组考勤表 组员表现表(组长) 小组长表现评价(组员)	组员表现表(组长) 小组长表现评价(组员)	小组长自评表 组员自评表 组长打分表 组员互评表

　　研究性学习活动的顺利实施需要各种活动要素的配置和支持。教师要发挥自己的特长、爱好、知识背景,为学生提供尽量多的信息和指导。学生要充分利用教育资源,保证研究性学习的顺利进行。图书馆要丰富馆藏图书和阅览室的资料,方便学生的图书借阅、资料查阅。实验室要在可能的条件下,为学生研究提供实验条件。学校要开放计算机房,加强管理,供学生上网查阅资料,组织课题成果。班主任、年级组要尽可能为学生联系有关共建单位、学术团体、技术部门等,提供必要的资源条件,要与社会、社会相关部门联系,为学生的调查研究,接受校外指导提供服务。

研究性学习方案设计一:《盲道调查》

一、活动背景分析

1. 课题研究意义

盲人作为残疾人中的视残群体,存在常人难以想象的生活困难,需要社会更多的关心和帮助。可是作为城市文明之一、作为对盲人人文关怀的盲道建设,却存在很多问题,随意侵占盲道的现象非常普遍,给盲人的出行带来很大的隐患。

2. 学情分析

作为独生子女的当代中学生,经常会存在以自我为中心、缺乏爱心、不善交际、行为习惯差、知识面狭窄、动手实践能力差等很多问题。我们决定以《盲道调查》为突破口,调查研究学校门口的盲道建设,通过亲身调查、实践等活动,认识盲道建设的重要性及现状,丰富社会知识,提高实践创新能力。

二、活动目标

(1)知识目标:了解"全国助残日"、《中华人民共和国残疾人保障法》、《中华人民共和国老年人权益保障法》、《城市道路和建筑物无障碍设计规范》等相关知识,了解国家社会对于残疾人、老年人事业所做的工作。认识无障碍设施。

(2)技能目标:会进行盲道尺寸的科学测量和对比,会使用表格统计处理数据,能够调查发现并指出盲道存在的建设和使用问题。

(3)情感目标:体验残疾人的疾苦,体验视觉对于人类的重要性,体验盲道的功用,了解盲道对于盲人的重要性,爱护我们心灵的窗户——眼睛。

三、活动准备(略)

四、活动过程

1. 基本活动:关注盲人与盲道调查

基本活动作为活动的基本部分,是面向全体学生的活动,通过难易适当的内容安排,让学生在活动中进行盲道调查、关爱残疾人。

引导学生认识盲道,体验盲道,对盲道的现状进行调查,并能提出整改意见。这个环节是整个活动的核心环节,需要学生利用物理和数学知识完成科学测量、计算、绘图、统计等工作,进行分析、设计、改进、创新等活动。

2. 延伸活动:关注城市的盲道建设

(1)城市其他路段的盲道建设情况调查

(2)"助老扶残"献爱心及其活动计划

五、活动成果的交流与总结

1. 预期成果:研究报告一份、测量表一份、照片若干

2. 活动成果交流与总结

学生的调查发现和创新改进如下：

（1）盲道建设存在的问题：

盲道专用砖的生产上存在质量问题；在盲道的建设规划和道路的工程审批过程中存在设计缺陷和把关不严的问题。

（2）盲道使用存在的问题：

招牌占道、人群占道、车辆占道、报刊亭占道等情况说明人们对盲道知识的了解有限，关于"盲道专用"的观念非常淡漠。

提出改进意见如下：

（1）按规定生产、使用符合设计规范的盲道砖。

（2）临近路口的盲道应使用止步提示砖。

（3）对于可移动的占用建筑或物品，应该移出盲道。

六、活动评析与反思

本课题研究最终的成果与交流已经达到了活动的设计预期，并且在课题活动生成的过程中师生能够良好互动，学生的综合能力得到一定的提高。希望有关部门能够重视盲道在建设和使用中存在的问题，采取措施更正设计缺陷，积极宣传盲道知识，勿让无障碍设施形同虚设。希望全社会的人们都能关注无障碍设施建设、关爱社会困难群体。

（http://zhsjhd.jssjys.com/Html/Article/1340/）

研究性学习方案设计二：由洋快餐引发的思考

我们许多人把快餐当时髦，而国外美食家则视快餐为食品垃圾，这有点令人不可思议。麦当劳、肯德基等国外著名快餐店几乎一夜之间便风靡神州大地，年轻人更是趋之若鹜，许多人把吃快餐当作一种超值享受。这就应了那句"外来的和尚好念经"。基于此现象，我们对"洋快餐文化"进行了问卷调查，从中分析一下洋快餐的经营之道。

一、调查及分析

共发放调查问卷100份，回收100份，回收率100%。调查内容涉及快餐店的食品种类及口味、快餐店的环境因素、去快餐店的情况等内容。调查结果显示：大多数人还是青睐麦当劳、肯德基等全球知名连锁店。

二、洋快餐盛行的原因

1. 味道鲜美

（1）食品质量及服务质量

（2）价格定位

2. 环境优雅卫生和极具亲和力的企业文化

（1）在清洁卫生方面，洋餐厅做得远远优于永和豆浆。

（2）走进麦当劳或肯德基，扑面而来的是浓郁而霸道的休闲文化气息。它们借用品牌的力量，为家长和孩子在休闲时间提供了联结亲情的桥梁。其核心策略都是在不停地创造一种文化亲和力。

3．温馨的服务

（1）在食品变化上，永和豆浆千年不变，而麦和肯两家每月甚至每周都有新产品推出，不停地创新自然能勾起消费者的好奇心，留住他们的嘴。

（2）在广告方面，基本没有见到永和豆浆上镜，而转看麦和肯，广告主要围绕亲情友情爱情的主题，大胆创意的同时给人温馨的感觉。

（3）在营销策略上，麦和肯牢牢地抓住了孩子这个核心消费群体，而家长是附带过来的高消费者。

三、洋快餐在中国的连锁和经济效益

截至2011年5月底，肯德基在中国餐厅数量突破3 500家。仅苏州就有63家，除此之外苏州还有15家麦当劳，24家必胜客。国家统计局统计数字显示，麦当劳的平均营业额是中式快餐店的160倍，肯德基、必胜客一年要从中国"啃"走336亿元人民币。

四、洋快餐对中国人的身体的影响

世界卫生组织的国际癌症研究中心研究发现，发育期孩子常吃快餐容易致癌。调查表明，洋快餐具有"三高"（高脂肪、高热量、高蛋白）和"三低"（低维生素、低矿物质、低纤维）的特点。在脂肪、热量方面，多款产品均超标。此外在维生素、矿物质、膳食纤维方面，洋快餐这几个指标的含量普遍较低，与《中国居民膳食营养素参考摄入量》中的建议值存在一定距离。洋快餐"三高三低"的特点，被列为垃圾食品。

五、活动拓展

遵循确定课题的原则：① 感兴趣；② 可行、可操作；③ 有现实意义和价值，师生商讨确定一两个共同感兴趣的问题。注意问题的可研究性、语言的通顺性和课题名称的规范表述。例如：肯德基受欢迎原因的调查与研究。

六、活动建议

除了要学习洋快餐的标准、干净、服务外，更要学习它们向消费者所提供的软性的内涵如亲情等人性化东西，从而找到自己的一种亲和力，让消费者的消费行为与消费心理产生和谐。当然，这种亲和力要在中国文化与现代趋势里找，不解决这一问题，中式快餐可能做不大。

（http://zhsjhd.jssjys.com/Html/Article/1339/）

本章小结

　　研究性学习活动是中学综合实践活动中的一个重要领域。它既是指一种课程领域,也是指一种学习方式。确定研究性学习活动主题,设计研究性学习活动方案是综合实践活动指导教师最为关心的两个问题。本章分析了研究性学习活动主题的确定原则,介绍了如何引导学生发现问题、确定研究方向的具体做法,论述了撰写研究性学习活动方案的基本要求和注意事项。本章提供了几个较为完备的研究性学习活动方案供教师学习参考,以帮助教师在设计、实施研究性学习的过程中能进行整体把握。

思考·探究·实践

　　1. 简要阐述研究性学习的基本特点。

　　2. 结合某一研究性学习活动方案,分析它是否具有科学性、可行性和研究价值。

　　3. 从中学生对某热点社会现象或社会问题的思考入手,确定主题设计一个研究性学习活动方案。

拓展阅读:

　　1. 曾祥翊.研究性学习活动的教学设计模式研究[J].电化教育研究,2011(3).

　　2. 郭元祥.综合实践活动课程设计与实施[M].北京:首都师范大学出版社,2002.

　　3. 郭元祥,伍香平.综合实践活动课程的理念[M].北京:高等教育出版社,2003.

　　4. 刘道溶.中小学综合实践活动教学活动设计[M].北京:北京大学出版社,2005.

　　5. 仇忠海.研究性学习模块探索[M].北京:人民教育出版社,2003.

　　6. 杨雄珍.关于研究性学习的理解与实践[J].广西教育,2005(8).

　　7. 赵彦改,曲瑞华.综合课程的理论与实践[M].北京:地质出版社,2005.

　　8. Patricia L. Roberts,Richard D. Kellough. 跨学科主题单元教学指南[M].北京:中国轻工业出版社,2005.

第六章　社区服务与社会实践活动方案设计

学习目标

1. 了解社区服务与社会实践活动的性质、目标和内容
2. 理解社区服务与社会实践活动方案设计的理念及基本要求
3. 初步学会社区服务与社会实践活动方案的撰写

案例　让学生在综合实践中学会做事

在澳大利亚,工艺学是一门很重要的综合课程。它分木工和金工两大部分,除有专门的木工室和金工室外,还有电脑设计室以及仓库等辅助用房。木工教室有大木工操作台、机床、刨花机等设备,还有各种不同型号的榔头、锤子等木工机械。金工教室也是各种型号的大机床、电焊机等设备一应俱全。课上,学生们都穿上了皮大褂,按照自己设计的工艺过程开始选料加工。有钉钉子的,有开线条的,有切割的,有拼装的,整个教室里各种声音一浪高过一浪。他们制作的是橱柜、茶几、凳子和椅子,真是很有样子。教师告诉我,大概需要10周时间,每个小组制作的橱柜才可以全部完成。然后组织一个考查评估,对每一个人的设计和制作水平进行详细的评价。我仔细观察了一位男生设计的咖啡桌,从结构、功能到特点,资料上介绍得非常详细,还剪贴了不少彩色图画在旁边加以说明。有一位女生正在工具书上摘抄整个制作的工艺流程,一步一步,从画图到文字说明,清清楚楚。教师指导的过程也非常细致,有时到橱子里拿出工具书给学生讲解、参考,有时拿起木头直接给他们比划,反复核实尺寸数据等。这些情形,可能在我们那里的家具厂能看到,也许还没有这么详细的设计过程。联合国教科文组织倡导的"学会做事"的要求,在这里见到了很好的培养模式。学会做事,一定是在具体的做事过程中培养的。①

---

① 杨九俊.小学综合实践活动课堂诊断[M].北京:教育科学出版社,2005:51

陶行知先生说："要做，要真正做，只有到社会上去，以社会为学校。这样，教育的材料、教育的方法、教育的工具、教育的环境，都可以大大增加，学生、先生也可以更多起来。"超越书本的局限，组织学生走出校门，到校外参观、参与劳动、采访，增强学生对自然、社会等各方面的了解和接触，开拓学生视野，使学生在劳动实践中培养创新精神，增强科技意识，掌握必需的劳动技能。相对于校园生活里单一的学习活动，中学生更渴望真正走到社会中去，在大千世界里找到一个岗位，扮演一个角色，获得一份更为真实的感受，面对着孩子的热情，我们怎么能不为他们提供一个展示自己的舞台？

中学教育需要发挥社会各种教育力量和教育因素的作用，在教师指导下，让学生走出教室，进入实际的社会情境，直接参与并亲历各种社会生活和社会活动领域，参与社区和社会实践活动，开展各种力所能及的社区服务性、公益性、体验性的学习，进行社会实践性学习，接触社会、认识和了解社会，不能完全把学生关在书本中和教室里进行。"社区服务与社会实践"是新课程综合实践活动的有机组成部分，是融研究性学习、劳动技术教育等于一体的学习活动，学生通过接触社会生活实际，参与社会生活，获得直接经验，发展实践能力，增强社会责任感。作为综合实践活动课程的重要组成部分，"社区服务与社会实践"被国家基础教育课程改革赋予培养学生的社会实践能力、社会责任感与人生价值的重要使命。《国家中长期教育改革和发展规划纲要（2010—2020年）》再次强调社区服务与社会实践对人才培养的重要意义。

第一节　社区服务与社会实践活动主题的生成

社区是以一定地域为基础，由具有相互联系、共同交往、共同利益的社会群体、社会组织所构成的一个社会实体，它具有区域性、共生性、聚集性和多样性等特征。所谓社区服务与社会实践是指学生在教师的指导下，走出教室，参与社区和社会实践活动，以获得直接经验、发展实践能力、增强社会责任感为主旨的学习领域。它与研究性学习、劳动与技术教育以及信息技术教育共同构成我国基础教育新课程体系中的综合实践活动课程。

一、社区服务与社会实践活动的性质

社区服务与社会实践是学生直接参与并亲历各种社会生活实践,参与社区和社会实践活动,开展各种力所能及的社区服务性、公益性、体验性的学习,通过该学习领域,可以增进学校与社会的密切联系,不断提升学生的精神境界、道德意识和能力,使学生人格不断臻于完善。它是学生在为社区建设做出贡献的同时实现个体自身全面发展的一种公益性、主体性活动项目与方式,它以获得直接经验和提高综合社会实践能力为主旨,是实现学校教育与社会教育有机结合,帮助学生主动参与社会生活,理解社会的重要途径,是培养学生社会责任感的基本手段,是教育为社会服务的重要体现和实现方式。

(一) 实践性

社区服务与社会实践是中学生接触社会生活实际,参与社会生活领域的有效途径。社区服务与社会实践要求学生参与到一般的社会实践活动领域之中,成为某一社会活动中的一员进行实际的社会活动,亲身参与和经历社会领域的生活或活动。学生通过进入社会情境,接触社会现实,了解社区发展状况,获得对社会的正确认识;认识到自己对他人、对社会的价值和作用,以及我国社会发展对自己的客观要求,增强社会责任感。

(二) 社会性

社区服务与社会实践是学生以社会成员的身份,进入实际的社会情境,直接参与各种社会生活和社会活动领域,开展各种力所能及的社区服务性、公益性、体验性的学习活动。通过开展社会调查、考察等活动,学生可以了解我国的基本国情,理解我国的优秀文化,了解家乡、社区、地方的实际,形成爱家乡、爱社区、爱国家的思想感情,增强民族自豪感,以及对国家、对社会的使命感。

(三) 服务性

社区服务学习活动主要包括为社区成员进行的生活服务、家政服务、学校或社区管理服务等。它有利于学生形成社会参与意识、社会服务意识和奉献意识、民主意识,并具有强烈的公民意识。同时,发展关心他人的意识和情怀,主动地关心特殊社会群体,自觉地为他们服务,培养爱心和同情心。

(四) 体验性

社区服务与社会实践不仅仅体现在为他人服务和为社区服务上,还要学生参与学校或社区的管理活动,成为学校管理者或社区管理者,直接参与学校管理或社区管理,体验管理者的职责;集体参加社区或地方的各种公益劳动、义务活动等。它是在社区或社会情境中学习,是一种体验式的学习活动。学生通过活动,发展社会交往能力、社会活动的组织能力、自我管理能力与自我教育能力;学会在社会情境中与他人、与社会机构进行交往的技能;学会社会活动的规划、组织、协调与管理;发展在社会情境中的自我管理与自我教育能力;发展社会实践能力,运用所学知识和能力,处理实际问题,具有独立分析问题、解决实际问题的能力。

二、社区服务与社会实践活动的目标和内容

(一) 总目标

作为综合实践活动课程的一部分,社区服务与社会实践服从于综合实践活动课程的总目标。同时更为注重对学生的社会适应能力、社会参与意识、社会实践能力以及社会责任感的培养。

(1) 拓展知识,增长经验,增进社会适应与创新能力。

(2) 融入生活,获得感受,形成健康、进取的生活态度。

(3) 主动参与社会实践,增强公民意识和责任感。

(4) 自觉服务社会,对他人、对社会富有爱心。

(5) 亲近、关爱自然,懂得与自然和谐相处。

(6) 促进自我了解,确立自信,发展兴趣与专长。

(二) 中学阶段目标(7～9 年级)

(1) 关注社区,服务社会,具有服务意识和奉献精神。

(2) 广泛参加社会实践活动,发展实践能力,增强社会责任感。

(3) 统整各科知识,增进对社会的认识与思考。

(4) 扩展生活领域,养成乐观向上的生活态度和习惯。

(5) 增强环境保护意识,提高环保能力,养成环保习惯。

(6) 逐步了解自我,充分施展才能,合理设计未来。

(三) 社区服务与社会实践活动的具体目标和主要内容

1. 服务社区

通过服务社区的活动,使学生熟悉社区在地理环境、人文景观、物产特色、民间风俗等方面的特点,继而萌生亲切感、自豪感,并懂得爱惜、保护它们;使学生经常留意社区中人们关注、谈论的问题,并能学会综合而灵活地运用自己的知识加以解决,从而掌握基本的服务社区的本领,形成建立良好生活环境的情感和态度;使学生在服务的过程中学会交往、合作,懂得理解和尊重,形成团队意识和归属感,增强服务意识和责任感。

2. 走进社会

通过进入社会情境,接触社会现实,参与各种社会活动等途径,使学生理解

社会基本运作方式、人类生活的基本活动,积累社会生活经验;理解社会规范的意义,并能自觉遵守、维护社会规范与公德;在社会实践活动中形成并增进法制观念、民主意识;在实践中发展社会参与能力,形成参与意识和较强的公民意识。通过观察、考察和探究,懂得科学技术与日常生活、社会发展的关系,形成正确的科学观。通过接触不同国家、不同民族、不同地区的文化,懂得理解、尊重文化的多样性。

3. 珍惜环境

通过和自然的接触,领悟自然的神奇与博大,懂得欣赏自然的美,对自然充满热爱之情。通过观察、考察身边的环境,领悟到自己的生活与环境息息相关,加深珍惜环境的情感。通过保护环境的活动,懂得人们的生产、生活对环境的各种影响,熟悉环境保护的常识,掌握基本的技能,并能综合运用所学的知识解决环保中的一些问题,自觉地从身边小事开始,关注周围、社区、国家乃至世界性的环境问题,并养成随时随地保护环境的意识和习惯。

4. 关爱他人

通过和他人的接触、交流,学会理解他人的生活习惯、个性特点、职业情况,懂得尊重人、体谅人。通过体验个人与群体的互动关系,懂得他人和社会群体在个人生存与发展方面的重要性,体验关怀的温暖,对他人的帮助心存感激。通过与人交往、合作,形成团结、合作的精神。经常留意身边需要帮助的人,自觉而乐意地为他们服务,掌握志愿服务的有关知识和技能,对他人富有爱心,使学生在与那些由于他们的帮助而从中获益的人的接触中,获得深刻体验、感受和满足。

5. 善待自己

通过各种活动感悟生命的奥秘、意义与价值。发现自己的优点与弱点,知道如何发挥优势、弥补短处。能够了解自己的情绪,并学会用适当的方法控制和调节自己的情绪,进一步适应各种社会角色,正确理解个人价值。通过各种锻炼活动,掌握安全生活的常识,能够在危难中自救与求救,养成对自己生命高度负责的态度。懂得自己的权利与义务,能够学会用法律保护自己。在生活中养成良好的生活习惯、健康乐观的生活态度,愿意为创造更美好的生活而不懈努力。

三、选择社区服务与社会实践活动主题的维度

阅读材料

沿长江的中学可以积累丰富的课程资源,把长江水厂和它附近的水产品养

殖基地、大棚蔬菜基地、民兵训练基地以及学校周边的居民小区、公园、工厂、机关、超市、银行等都纳入到课程资源中来,形成了一系列的综合主题。在这些主题的引领下,教师们可以有准备、有秩序地组织学生到超市学购物;到银行学存款;到工厂掌握产品的初步加工和制造;到社区了解生活垃圾的处理与回收……以此建立起了与生活实践相通的综合实践活动主题教育系。[①]

从内容设计的角度来说,社区服务与社会实践类的主题设计,就是要最大限度地搭建一座联系学生现实生活与学习生活的桥梁,开辟一条联系学生知识世界和生活世界的通道。从学习方式的角度来说,这一领域的学习更加强调学生的亲身实践和体验,强调发展学生的实践能力。社区服务与社会实践系列主题活动,应充分挖掘和建设社区课程资源,使学生走出课堂,走向生活,了解自己的生活空间,增强他们的社会实践能力和社会责任感,在逐渐实现社区化管理的今天,是很有现实意义的。

社区服务与社会实践主要以主题的方式呈现活动内容。主题的选择可依据以下几个维度:

(1)围绕人类的基本活动或社会运作的基本方式选择活动主题,如社会的生产、交换、消费等,政府机构的政治功能、经济机构的经济功能、家庭的功能、文化教育机构的功能等。

(2)围绕当前人类社会面临的共同问题和所发生的重要事件选择活动主题,如环境污染、能源危机、人口增长、全球化趋势、宗教和民族纷争以及战争与和平等。

(3)围绕社区群众共同关心的话题选择活动主题,如耕地减少、用水困难、交通堵塞、住房紧张、迷信抬头、少年儿童活动场地少等。

(4)围绕主要的社会角色选择活动主题,包括公民、生产者、消费者、家庭成员、朋友、社团成员、自我等。

(5)围绕不断扩大的社区范围选择活动主题:家庭、邻里、社区、乡镇、县市、省市、国家、全球等。

四、可供选择的社区服务与社会实践活动主题

尽管社区差异突出,但中小学生的社区服务与社会实践依然有相似的活动主题。这些基本的活动主题有:

---

① 杨九俊.小学综合实践活动课堂诊断[M].北京:教育科学出版社,2005:117

（一）了解社区或社会的活动

1. 社会参观活动

学生深入实际的社区情境、社会机构或部门,对有关的社会运作进行参观,促进对社会的认识。

2. 社会考察活动

社会考察的内容一般涉及本地区的历史和文化遗产、现实的社会生活和生产方式,如考察某一社区的历史、文化传统、生活方式、经济发展状况、地理、建筑和人文景观、商业设施,以及文化古迹和文化遗产、国家或地方政府机构、政府官员、特殊人物、特殊阶层等。

3. 社会调查活动

就学生自主提出的社会问题,在现实的社区情境中进行调查研究。社会调查活动应与研究性学习相结合。

（二）社区服务活动

1. 为他人进行的生活服务、家政服务

如导盲服务活动、其他残疾人的家政服务活动等。为社区特殊人群的生活服务活动一般以小组活动的形式展开,按学年确定服务对象,定期进行。

2. 学校或社区管理服务

中小学生参与学校或社区的管理活动,成为学校管理者或社区管理者,直接参与学校管理或社区管理。社区管理涉及的部门比较复杂,各学区的社区管理服务涉及的机构包括社区图书馆、社区健身场所、公园、养老院、绿化机构等。

（三）社会实践活动

1. 公益活动

有计划地组织学生,集体参加社区或地方的各种公益活动。主要有公益劳动、各种义务活动。

2. 经济活动

学生直接参加商业活动,如学生卖报小组、学生银行、学生用品商店,丰富学生的生活积累和经验,增强实践能力。

3. 政治活动

初中生开展国家政策宣传、政策调研等活动,如通过创办社区墙报或宣传栏、组建宣传队等方式来进行宣传活动;学生组织的建立与自我管理。

表6-1 可供选择的活动主题例举①

内容领域	活动类型	活动主题举例
走进社会	社会参观活动	深入实际的社区情境、社会机构或部门,对有关的社会运作进行参观。
	社会考察活动	如考察某一社区的历史、文化传统、生活方式、经济发展状况、地理、建筑和人文景观、商业设施,以及文化古迹和文化遗产、特殊人物、特殊阶层等。
	社会调查活动	就学生自主提出的社会问题,在现实的社区情境中进行调查研究。
服务社区	生活服务、家政服务	如导盲服务活动、敬老院的家政服务活动等。
	学校或社区管理服务	学生成为学校管理者或社区管理者,直接参与学校管理或社区管理。
社会实践	公益活动	主要有公益劳动、各种义务活动。
	经济活动	如成立学生卖报小组、开设学生银行及学生用品商店等。
	政治活动	如通过创办社区墙报或宣传栏、组建宣传队等方式来开展国家政策宣传、政策调研等活动。

江苏省锡山高级中学社区服务清单

一、社区服务的目的

1. 关注居民基本生活,关心他人,帮贫扶困,为人民服务;

2. 关注社区文化建设,用自己所学的文化知识为社区精神文明建设服务;

3. 热爱家乡,在社区环境建设和街道文明建设中发挥作用;

4. 爱护环境,在家乡水资源保护、环境治理、耕地利用、废品的回收与利用中发挥作用。

二、社区服务项目选择的要求

1. 从自己学校或居住的社区中选取主题,从身边的事做起,体现锻炼自我的目的;

---

① 斯文辉. 社区服务与社会实践教学设计的内容与形式[EB/OL]. http://jxjy. com. cn:88/Article_Show. asp? ArticleID=2832

2. 用自己的能力和知识服务社会,尽量根据自己的兴趣与特长选择和设计活动内容,发挥自我优势;

3. 用省锡中人的高素质要求严格要求自己,在服务活动中发挥自己应有的作用。

三、可供选择的社区服务项目清单

1. 为所在乡镇敬老院孤寡老人提供服务;

2. 帮困扶贫,为所在乡镇需要帮助的老弱病残提供服务;

3. 负责所在乡镇、街道、村委、公园、学校等公共区域的清洁卫生管理;

4. 负责所在乡镇、街道、村委某一道路、厕所公共清洁卫生管理;

5. 帮助有困难的低年级学生,担任所在乡镇、街道学习困难学生校外辅导员;

6. 担任所在乡镇、街道居委市容管理助理,帮助维护街道卫生、清理牛皮癣;

7. 担任所在乡镇、街道居委(村委)文化管理助理,做好文化宣传,布置文化宣传长廊、展版,进行文化咨询;

8. 担任所在乡镇、街道某一企业管理助理或义务监督员;

9. 担任所在乡镇、街道居委街道交通管理助理,协作交通管理;

10. 组织同学在所在乡镇、街道开展文化宣传,传播科学技术知识、破除迷信。

(http://jxjy.com.cn:88/Article_Show.asp?ArticleID=2744)

五、社区服务与社会实践活动主题的确定

综合实践活动一般以主题为线索组织教学内容,展开探究和实践活动。在社区服务与社会实践中,逐步培养中学生尊重生命、认识自我、孝敬服务、关心他人、服务社会、保护环境、热爱祖国、尊重民族传统的情感、态度和价值观,有助于中学生积累生活常识,提高运用所学知识解决生活实际问题的能力。因此,社区服务与社会实践活动主题的确定可以包括力所能及的小家务、直接参与学校管理、参与社区活动、集体参加社区或学校劳动等。在选择社区服务与社会实践活动主题方面,教师的指导体现在根据学生已有的生活经验,引导学生主动发现自己感兴趣的问题,确定活动组织形式,通过讨论、交流确定活动主题,常见的做法主要有以下几种:

(一)从学生的实际生活中提炼主题

《综合实践活动指导纲要》中指出:课程要坚持学生的自主选择和主动参与,发展学生的创新精神和实践能力。实践活动的内容不受科学界线的限制,以学

生的需要、直接经验、社会生活以及跨学科的综合知识为基础,它强调学科的相互渗透,强调学生知识的综合运用和实践能力的培养,体现内容的生活性和时效性。活动内容的选择和计划的确定都要与生活实际密切联系,要以学生的兴趣、需要、社会生活以及综合知识为基础。这就要求活动主题应从学生接触的生活实际出发,从学生熟悉和关注的社会实际中选取主题,把学生所学的学科知识与社会生活联系起来。在选择活动主题时要充分挖掘教育资源,面对学生的生活,立足于当地实际和学生的生活实际,引导学生从实际出发,发现和提出问题。首先,教师可以引导学生把自己成长的环境作为学习场所,关注社区中存在的热点问题、焦点问题,围绕社区群众共同关心的话题设计活动主题。其次,教师还要引导学生关注自己的日常学习、交往、休闲等活动,这些身边小事都蕴含着丰富的活动主题。如从学生生活的点滴小事中产生的诸如"吃早餐的学问"、"家庭用水情况的调查"、"学校门前的交通状况"、"邻里关系的处理"、"我看社区的变化"等主题;还有围绕学生面对的自然、社会问题提出"生活垃圾的处理"、"饮食与健康"等主题。再加上中学生已具备一定的知识和经验,主题的选择还可从日常生活扩展到地区、国家乃至世界范围的一些问题,从而进一步拓展学生的学习领域和发展空间,增进学生的经验积累,加深学生的生活体验。

(二) 从其他学习领域中提炼主题

《综合实践活动指导纲要》中指出:各学科中所发现的问题,所获得的知识可以在综合实践活动中延伸、综合、重组、提升。由此可见,综合实践活动虽然不同于学科课程,但也不是与其他学科完全割裂开来,在选择社区服务与社会实践活动主题时既要注重学科知识的融合,又要突出社区服务与社会实践领域的实践性;既要保证社区服务与社会实践的落实,又要尽可能考虑综合实践活动的三大指定领域内容(研究性学习、社区服务与社会实践、劳动与技术教育)的贯通,使各学习领域的内容彼此渗透,有机整合。有效实施社区服务与社会实践的关键,是让学生自主而创造性地参与活动并由此产生深刻体验。初中生已具备一定的知识和能力的基础,对周围的世界已形成了初步的认识,他们不满足于对书本知识的简单记忆,希望能自己去尝试、去体验,能在各种实践活动中展示自己的才华。如,在信息世界飞速发展的今天,互联网正在全世界范围内迅猛发展,以信息传播迅速、量大、便于交流等特点吸引着越来越多的人去浏览,尤其是对新事物接受快、好奇心强的青少年,更具有强大的吸引力。但是科技发展史不断证明,网络是一把双刃剑,既有益于人类发展的一面,也有危害人类的一面。互联网已经成为青少年了解外面世界的一个主要窗口,那么互联网对中学生到底有哪些方面的影响呢? 针对这个问题我们就可以组织学生开展一次社会调研,根据调研所得的数据来分析网络的利弊以及青少年网络成瘾的原因。再如,针对环境问题，我们可以组织学生查一查我们周边的环境状况，比如开展"学校边上小河水质状况的调查"这个主题，再根据学生调查的状况开个汇报会，看谁的调查最真实，措施最实际。

（三）从社会热点问题中提炼主题

当今世界，政治多元化、经济全球化、信息社会化，社会政治、经济等形势在发生着日新月异的巨大变化，恶劣的自然环境也向人们提出了严峻的挑战，恐怖活动已经成为全球性的社会问题，等等。我们围绕这些人们都共同关心的社会话题开展活动，及时捕捉学生生活的信息及所处环境的形势变化，使之成为综合实践活动的主题资源。如，神七飞船上天，中国的航天成就备受学生关注，像宇宙飞船、太空行走、太空探险等知识成为热门话题，我们因势利导让学生的关注成为我们实施的课题，可以设计诸如"认识我国的航天历程"主题活动，让学生从资料查找、图片搜索、手抄报设计中感受我国航天事业的巨大成就。针对"甲型流感"我们可以确立"关注生命、呵护健康"综合实践活动主题，并分别确立"甲流面面观"、"身边生活陋习大搜索"、"透视威胁人类健康的动物疫源性疾病"、"饮食与健康"、"运动与健康"、"环境与健康"等六大分课题，这样，学生在社会这个大舞台上用自己的方式探究知识、整理资料、分析问题、提出自己的独到见解，培养了学生强烈的社会责任感。

（四）从传统节假日中提炼主题

中国的传统节日形式多样，内容丰富，是我们中华民族悠久的历史文化的一个组成部分。悠悠中华上下五千年，孕育了中华民族独特的年节文化。传统节日的形成过程，是一个民族或国家的历史文化长期积淀凝聚的过程，我国的传统节日，无一不是从远古发展过来的，从这些流传至今的节日风俗里，还可以清晰地看到古代人民社会生活的精彩画面。一年四季中，有许多传统节日，如春节、元宵节、清明节、端午节、中秋节、重阳节等。中国的传统节日历经千年，源远流长，内容丰富，深深扎根于民众之中，是一份珍贵的文化遗产，是民族文化的载体。上元赏花灯、端午赛龙舟、重阳插茱萸……每一个节日都蕴涵着深厚的文化底蕴，闪动着不朽的民族之魂，这些节日，也都可以成为一个活动主题。面对开放的世界，外来节日日益被推崇，而传统节日被淡化，我们确立了"传统节日知多少"、"又是一年端午粽飘香"、"走进中秋"、"大话元旦"等社区服务与社会实践活动主题，引领着学生走进中国的传统节日，深入传统沃土的底层，了解节日背后的故事，去其糟粕，取其精华，在参与实践中激发学生对中国节日的热爱，将民族精神内化为自身的精神品格，通过读、问、查、访、看等多种方式进一步了解中国传统节日深厚的民族根源和文化底蕴，引导学生善于从生活中寻找美、发现美，练就慧眼，激发学生热爱生活，创造生活的热情。面对如"五四"、"七一"、"八一"、"十一"等现代节日,我们可以确立诸如"弘扬五四精神"、"向国庆献礼"、让同学们开展搜集革命故事、背诵革命诗词、唱响红色歌曲等一系列主题活动,激发学生的爱国主义情感,感受作为中国人的自豪。

（五）从学校德育类活动中提炼主题

党的十六大明确指出:"加强青少年思想道德教育,是关系国家命运的大事。要帮助青少年树立远大理想,培养优良品德。各级各类学校都要全面贯彻党的教育方针,坚持社会主义办学方向,加强德育工作,努力培养德、智、体等全面发展的社会主义建设者和接班人"。胡锦涛强调,进一步加强和改进未成年人思想道德建设,是中央从推进新世纪新阶段党和国家事业发展、实现党和国家长治久安出发作出的一项重大决策。综合实践活动与学校德育类活动都以全面提高学生整体素质为主要目标,以促进学生和谐、健康的发展为基本导向,倡导让学生主动参与、乐于探究,促进全面发展。加强实践体验,强调在实践体验中学习知识、技能,把学校德育类活动融入综合实践活动之中,它为学生活动提供了广阔的天地和创新的物质载体,为综合实践活动主题的确定拓展了新的教育资源。如结合学校的系列德育类活动确立诸如"改革开放三十年、我看农村新变化"、"学雷锋精神做文明少年"、"弘扬民族精神、争做世纪新人"、"我爱我的祖国"、"我们学校的传统活动"、"学生的心理健康状况调查"等主题。

（六）从案例的讨论中提炼主题

现在独生子女家庭居多,孩子很多时候都是家庭的中心,家里父母、爷爷奶奶、外公外婆六个大人围着一个小孩,所以,我们经常会看到放学的时候,在校门口,父母"接驾"来迟,儿女怨声连天;爷爷奶奶、外公外婆佝偻着背,背着孩子沉重的书包步履蹒跚,而孩子却甩手掌柜般大摇大摆,还不时地埋怨老人走得太慢……面对这些,与其责怪孩子自私自利,毫无感恩之心,倒不如给他们创造一个爱的氛围,引导、培养孩子的感恩之心。根据班级学生的实际,设计并开展了"学会感恩——感恩父母、感恩长辈、感恩教师"等一系列活动,让孩子们在一系列的活动中学会感恩父母,感恩他人,感恩社会。

在和学生进行案例分析讨论的时候,有时学生提出的问题很多,但是,并非每一个问题都可作为综合实践活动的主题,教师要引导学生在此环节中将问题转化为研究的课题。就如上面的例子说明,社会缺乏感恩的土壤,一些人之常情在道德缺失下遭到严峻的挑战。学校教育不能离开德育,和谐学校期待感恩教育。以人为本,完善人性,始终是社会和谐存在的逻辑起点和价值归宿。结合这些案例可以确定"学会感恩"等主题,教育中学生要懂得报答父母的养育之恩,了解父母的苦不是我们所能想象出来的,"谁言寸草心,报得三春晖"父母的恩情深似海,我们要时刻怀着感恩的心,积极地回报我们的父母。

(七) 从教学反思中确定主题

教学反思是教师进步的阶梯,是教师成长的重要途径。通过教学反思能够不断地、逐渐地提高教师自我的教学监控能力,提升教师的专业素质、综合水平等。反思也是社区服务和社会实践的基本环节之一,目前主要从三个不同角度,即反思对象的不同、反思内容深度和范围的变化以及活动时段的不同,来分别设计反思的主题。首先,根据反思对象的不同,我们可以把反思的主题细划为社会实践、社区服务、社会问题、自身、合作者以及公民权利和义务六个方面;其次,根据反思内容深度和范围的变化,反思的主题又被细划为自我、他人和社会三个方面,并随着反思的不断深入,主题逐步由自我向他人和社会延伸;再次,根据反思的时段不同,如活动之前、之中和之后,我们又可以提出不同的反思主题。

第二节　社区服务与社会实践活动方案设计的要求

中学教育不能完全把学生关在书本中和教室里进行,而要发挥社会的各种教育力量和教育因素的作用。社区服务与社会实践作为综合实践活动课程中的有机组成部分,是学生进行社会实践性学习、接触社会、认识和了解社会、增强社会实践能力和社会责任感的重要学习活动。

一、社区服务与社会实践活动方案设计的基本理念

(一) 改变学习方式,拓展学习空间

通过社区服务与社会实践,把学生的学习场所从学校拓展到社区乃至整个社会,改变学生单一的学习方式,使课堂知识学习和社会体验学习结合起来。这对于提高学生的社会实践能力,帮助学生形成积极的情感体验和健康的生活方式,增强学生对社会的使命感和责任感,具有重要的意义。

(二) 走入社会生活,获得生存体验

有效实施社区服务与社会实践的关键,是让学生自主而创造性地走入社会,参与实践活动并由此获得深刻的生存体验;是要加强学校与社会、教学与生活的联系,发掘学生学习和成长的资源,使学生的学习生活更充实、更有趣、更有意义。

(三) 主动服务社区,形成社会意识

学校教育的重要职责,是要培养学生成为具有创新精神和实践能力的好公

民,认识到自己对家庭、社会和国家的责任,形成强烈的社会意识。学校不但要使学生通过教育充分发挥他们的潜能,还要鼓励学生服务于社区。社区服务与社会实践是一种新的、有活力的、给社区和学校双方带来亲和感的举措。它不仅可以帮助我们发展学生、提高教学质量,增强学生对他人、对集体、对社区乃至整个社会的服务意识和使命感、责任感以及奉献精神,实现学生在认知、能力、情感、态度等领域的全面、协调发展,而且可以捐助使得社区发展和建设得更美好。它能够强化学校与社会互动的气氛,为创立并维持一个真正的学习化社区做出贡献。

二、社区服务与社会实践活动方案设计的注意点

社区服务与社会实践作为综合实践活动课的主要内容之一,设计活动主题时应该注意以下几个方面[①]:

(1)社区服务与社会实践活动应根据本课程的目标进行设计,兼顾知识与技能、过程与方法,特别强调情感态度与价值观,应注重学生生存体验的获得与增进,有助于学生全面、和谐的发展。

(2)活动设计应考虑为学生提供尽可能多的走出课堂、参与和体验社会生活的机会,为学生提供更宽广的学习与发展空间,让每一个学生都能得到实际锻炼。

(3)活动设计应围绕主题整合各科知识,帮助学生提高综合应用各学科知识的能力,使学生形成较完整的经验。

(4)活动可直接从社区服务与社会实践这一领域切入,但要注意把社区服务与社会实践、研究性学习和劳动与技术教育等其他指定领域的内容融合起来加以设计,体现综合实践活动的宗旨。

(5)设计出来的活动应力求生动活泼、丰富多彩,有助于调动学生参与的积极性和提高他们活动的兴趣。

(6)活动设计应考虑课程资源的特点、学校现有师资、设备、场所以及当地社区的其他条件,要充分利用或调动社会各界的力量。

(7)活动设计要对校外活动的空间范围、活动情景进行合理的规划。学生在什么情境中进行调查、考察,在多大的地理范围、哪些机构、单位、自然条件下开展活动,教师和学生要事先加以规划。

---

① 郭元祥.综合实践活动课程——设计与实施[M].北京:首都师范大学出版社,2002:201

三、社区服务与社会实践活动方案设计的基本要求

阅读材料

在美国社区开展的"全球河流环境教育"服务学习计划中,崴丁溪中学八年级的学生和沃尔克老师把周边的崴丁溪作为研究对象,通过检测水质,他们发现溪水中的粪便寄生菌含量很高,于是便通过互联网研究其他社区化粪系统与水污染之间的关系,并通过向当地的水资源管理部门咨询,实地考察及邀请州立大学的有关人员一起讨论的方式来查找溪水中寄生菌含量高的原因,然后通过讨论提出附近的农民必须沿着小河建篱笆以拦住牲畜的解决方案。为使这一方案切实可施,学生们不但深入社区与农民交谈以了解农民的意愿,还根据建篱笆所需要的资源说服当地的木场经理捐赠材料,并邀请农民与木场经理一起参加会议,报告他们研究的情况及讨论解决问题的方案,最后,在他们与农民的一起努力下共同建造了篱笆。①

这一案例中,学生通过查找资料、咨询、实地考察等一系列活动过程体验,不仅锻炼他们的研究问题与解决问题的能力,更重要的是意识到个人与他人、社区及自然界之间的关系,通过行动与他人、社区之间建立关怀关系,培养其关怀能力及形成对他人负责任的态度。而我国在实施过程中,对社区服务与社会实践核心价值追求认识不足,忽视学生亲身参与的关怀体验价值。比如有的学校利用休息日擦洗靠近学校的公共设施,学生们分小组进行,有的擦岗亭、有的擦公交站牌,学生们个个积极,但是活动结束后,教师却布置了题为"我做了一件好事"的作文。这是对社区服务与社会实践目标的曲解,活动的目的似乎就是为了完成一次作文的素材准备。社区服务与社会实践评价的重点在于学生是否积极参与服务学习,是否在活动中形成积极服务体验、获得真实感受并增强社会责任感,而不仅仅是学生获得了多少知识与技能。由此看来,我国社区服务与社会实践的深度推进,需要进一步明确核心价值追求及活动目标。因此,我们在设计社区服务与社会实践活动方案时,要体现以下几个要求:

(一)要有明确的目标设计

社区服务与社会实践活动课程超越了教材,所面对的是学生完整的生活世界,密切学生与自然、社会、生活间的联系,把增强学生的终身学习的愿望和能力、创新精神与实践能力作为一个根本的课程价值来追求。对于中学生来说,已经有了一定的知识积累,综合实践活动课程为其综合运用各学科知识,同时在活

---

① 李臣之,刘怡."关怀伦理"视阈中的社区服务与社会实践[J].课程·教材·教法,2011(9)

动中主动获取知识提供了一个广阔的空间,在活动过程中,多种学习方式的整合,也必然带来学生生活方式的变革以及生活空间的拓展。因此,在设计活动时要有明确的目标,要立足于全人的发展,立足于建设学生的健全人格意识,培养学生多方面的才能(见表6-2)。但是,综合实践活动中的每一个活动都是一个有机的整体,而不是按预定目标机械运转的过程,随着教育情境的变化、活动过程不断地延伸,学生不断有新问题、新体验,新的目标也随之产生。这就要求在目标设计时,要为生成性目标留有空间,让目标保持一定的灵活性,同时注意在活动中丰富与发展已经预设的目标。

表6-2 不同类型的活动目标设计的差异①

活动类型	目标设计的侧重点	各类活动目标设计举例
以社会考察为主的体验性学习活动	体验性学习的核心是为了使学生获得社会的认知、理解、体验和感悟。以丰富学生的社会阅历、生活积累和文化积累为目标。参观、考察、访问是体验性学习的基本活动方式	《第一次挣钱》的目标设计 1. 知道挣钱的目的、目标、项目、基本步骤及主要注意事项; 2. 知道如何恰当地使用挣到的一笔钱; 3. 知道《挣钱计划》和《挣钱体会》的写作格式; 4. 会自主确定一个项目,有计划地挣到8—15元人民币; 5. 会撰写《挣钱计划》和《挣钱体会》; 6. 亲历挣钱过程、体验挣钱的艰辛。
社会参与的实践性学习活动	根本特征是学生成为某一社会活动中的一员。亲身参与社会实践活动,有利于学生通过一般性实践,获得对他人、对社会的价值实现感	《走近敬老院》的目标设计 1. 由近及远,由此及彼,由己到人,了解老人的生活状况、主要困难及需求; 2. 参观敬老院,学会与人交流,了解敬老院中老人的基本情况; 3. 协商能为老人做些什么,制订服务计划,体验服务的过程; 4. 能够对活动情况进行记录,并能根据需要调整服务的项目及内容; 5. 具备一定的责任意识,能分工协作,在长期服务工作中承担一定的义务; 6. 懂得收集反馈信息,并知道如何得到敬老院工作人员的支持与帮助。

---

① 沈旎.综合实践活动课程的目标设计[EB/OL]. http://ipac. cersp. com/GLPJ/KCJS/200510/53.html

（二）要突出学生的主体地位

在目标表述时,主体一定是学生而不是指导的教师。目标的表述应该是"提高学生的合作意识与能力"或者"学生具备一定的合作意识与能力"等;在选择内容时,应从学生接触的生活世界出发,从学生熟悉和关注的社会实际中选取主题,把学生所学知识与社会生活联系起来。要鼓励学生自主选择,初中生已有较强的自主意识与自主能力,在选择内容时应尊重学生的自主权利,引导学生适应课程目标的需要,根据自己的兴趣与特长去选择和设计内容,在活动中学会学习学会选择。如学校临近山区,就可以安排学生学习植物与果树栽培劳动;如在城市,则可让学生到工厂学习简单的工业劳动。要强调直接经验的获取及服务社会、服务人类的责任感、使命感,可以组织学生到养老院去慰问和照顾老人或残疾儿童;为公共福利事业开展募捐活动;将自己栽培的蔬菜送到养老院;到老人之家、福利设施访问;为老人组织娱乐活动、修复操场和公园;帮助老年人做家务;探访老人饮食;为老人、残疾人带路;护理高龄者、病人、残疾人;为社区机构义务帮忙;对矿山灾害、医疗事故问题进行声援;海外援助;劝说同龄人戒毒;当义务辅导老师;组织社会救济;为无家可归者修补并油漆栖身处;到艾滋病门诊中心服务;废旧书籍等资源的回收;社会慈善事业的捐款等。

（三）要注重活动方案的可行性

在综合实践活动中,一个活动往往能实现多种目标,培养学生的各种素质和能力,如知识目标、能力目标、过程和方法目标、情感态度目标等。在一个具体的主题活动的目标设计时,不需要反映《纲要》中所有的目标,而要将《纲要》中的目标与活动主题、学生活动的特点结合起来,根据活动内容来确定它应该反映且能反映的目标。由于活动内容的不同,活动目标的侧重点也会不同,因此在设计的过程中,不能面面俱到,应根据实际情况突出重点目标。主题活动目标是否能通过一个特定的主题活动实现,是否能作为评价活动效果的依据,关键要看活动能否操作。老师应避免脱离学生主观经验和实践活动的客观条件制订大而空的主题活动目标,因为这对主题活动没有管理或评价的价值,没有具体的约束力和导向力。教师在设计社区服务和社会实践活动时需要关注社区中存在的现实问题,尽可能就地取材,发挥优势,充分反映学校和地方特色。还需要尽可能考虑综合实践活动的其他指定领域内容的贯通,使各学习领域的内容彼此渗透,有机整合,帮助学生完整地认识世界。

第三节 社区服务与社会实践活动方案的撰写

　　社区服务与社会实践的活动,以学生的探究性学习、教师的多样化指导为研究目标,通过协作、考察、搜集、访问、社会调查、分析研究、写课题小报告等社会实践活动,让学生走进社会大课堂,了解学校、社区、社会的现状与发展趋势,认识周围的生活环境,并在活动中学会与人交往,锻炼自己勇于参与、大胆实践的品质。通过社会性的调查活动,让学生体会参与社会服务的意义,熟悉各种社会资源及支持系统,并帮助自己及他人,在活动中增强学生的竞争意识、合作意识,培养同学们创新能力及社会综合实践能力,培养学生收集、分析、整理信息、交流思想与发现、安排和组织资源、与他人共同工作和从事集体工作、解决问题的能力。

阅读材料

案例　走进社区宣传"拒绝塑料袋,使用环保袋"①

　　学生针对居民对超薄塑料袋的了解、使用情况进行了问卷调查,发放了介绍超薄塑料袋的相关知识的宣传单并现场教大家如何识别有毒的塑料袋。学生用焚烧塑料袋的有毒气体致使瓶子里的蝴蝶迅速死亡的小实验告诉大家超薄塑料袋对人体健康的危害,同时还向居民们展示了两盆黄豆芽的生长情况。选用同样的黄豆种子分别种在无污染土壤和掺杂了超薄塑料袋的被污染土壤中。种在无污染土壤中的黄豆出芽多且芽十分苗壮,而种在被污染的土壤中的黄豆出芽少且芽长势不均匀,有的枯黄,有的蔫头耷脑。这两盆豆芽让居民们清楚地看到塑料袋对土壤的危害,孩子们还用板报、手抄报、图片等各种形式告诉人们超薄塑料袋的危害性和拒绝塑料袋的紧迫性。

一、活动准备

　　通过开设讲座等形式了解活动的内容,认识活动的意义和价值,支持活动的开展。全面考察、了解活动所需的人力、物力等条件,确定参观、访问、服务、实践

---

　　① 摘自《衡阳日报》2008 年 6 月 2 日第三版

等活动的对象、时间和地点，与参观、访问的对象取得联系，共同商议活动如何进行，确定活动的主题和时间表。针对本案例，我们需要首先在学生中进行了一次"你最感兴趣的问题"的摸底调查，通过调查发现学生感兴趣的问题，再结合学校所处社区环境的具体情况，确定综合实践的主题，并选择学校周边的社区作为社会实践活动基地，开展社区服务与社会实践活动。

二、制订方案

由师生及其他有关人员通过共同交流商讨，拟订实施方案或计划。方案内容包括：主题、时间、地点、参加人员、具体步骤、组织形式、活动方式和必要的活动设备以及活动的评价形式。确定了活动主题，就可以集体确定活动的实施计划，如活动分几个步骤进行、人员及职责的分配、活动步骤实施的时间、活动资料的收集及汇编等，这是一个集思广益的过程，是一个交流合作的过程，是一个对后期工作开展十分重要的过程。可根据活动主题，先将整个活动分为四大部分：第一部分是调查了解，包括家庭走访、路边采访、数据统计及分析；第二部分是探究实验，包括查找相关资料、种豆芽实验等；第三部分是策划宣传，包括春游宣传活动、社区宣传活动、设计制作环保袋、制作手抄报；第四部分是总结反思，包括整理全部材料并装订成册、写活动心得体会等。各班辅导老师以总方案为依据，根据自己班上的学生承担的任务，组织学生展开充分地讨论，最后制订出各个小组具体的活动计划。如：调查的目的是什么；要从哪些方面展开调查；采用什么方式进行调查得到的数据才真实有效；探究实验组要了解"超薄塑料袋的危害性有哪些"、"为什么会有这些危害性"、"如何验证超薄塑料袋的危害性"等问题。

三、实施活动

师生走出课堂进入活动场地进行实践活动。教师既要充分发挥学生的主体性，又要及时了解学生活动的进展情况，做好组织和引导工作，还要注意与家庭、社区保持密切联系，活动如果没有家长、社区的大力支持，是很难取得预期成效的。在这个主题的实施中，各班有一个辅导老师即班主任，还有六位学生小组成员，辅导老师原则上按班级计划引导开展工作及督导，同时安排小组成员及全班学生的工作，小组成员负责组织带领全班同学分阶段开展各项活动，如初期的讨论、献计献策；活动中发传单、查资料、协调各种关系、及时收集好活动资料、记录活动情况，如遇到什么情况或问题，能自行解决就自行解决，不能解决的及时向辅导老师汇报，寻求帮助；活动末期要将收集的资料整理上交辅导老师。所有参与活动的同学，既要积极参加各项活动，听从小组成员的安排，还要将活动中的所见、所闻、所感及时地记录下来,并整理上交。

四、交流总结

　　学生把自己在活动中的收获汇集、整理成各种形式,并通过多种方式表达、交流和评价。教师则关注每个学生在已有水平上的发展,及时准确地给予肯定和鼓励。社区服务与社会实践活动可充分展示老师们的工作热情,发掘出学生们的潜在能力,主要表现在老师们教学观念形式的转变,学生们学习方式的改革以及能力的提升。通过活动,教师指导的重点是让学生学会耐心、专心和自信,面对活动后的大量原始资料,学生往往无从入手,缺乏整理的耐心和专心,让学生人人参与,每位学生都能写出自己的活动总结报告,并让学生学会用多种媒体制作小课题报告,培养学生处理信息的能力,学会合作与分享,让学生将自己的发现通过课题小报告、电脑网页、动画等进行展示,不仅能提高学生的独立思考、创造与创新能力,最重要的是学生在展示中内化品质,提高学习的积极性,最终使自己走向自信。

阅读材料

案例 1　我身边的"白色污染"①

　　虽然塑料从发明到生产距今还不到 100 年的时间,但是它在世界经济发展中的地位已经越来越重要,同时其负面效应也越来越明显,社会各界对塑料袋、快餐盒、地膜所带来的环境问题才开始关注。"白色污染"一词已逐渐成为废旧塑料污染环境的代名词。本案例以学生熟悉的社区生活环境为背景,引导学生走进社区,观察社会现实,从不同角度对自然、对社会、对生活进行关注,通过关心和研究身边"白色污染"的系列调查活动,完成课题研究的同时,使学生在了解社区、社会中,学会生活,热爱生活,形成创造新生活的能力。

　　一、情境的创设与主题的提出

　　引导学生开展关注社区问题,服务社区的活动,往往可以从捕捉学生提出的疑问开始,我校经常开展环保活动,学生对环境问题日益关注。一天,一个学生拿来一篇题为《下"雪"了,糟糕了》的文章,说:"老师,您看'白色污染'多可怕!"一句话,引起了其他同学的注意,一下子一群学生都围了上来,七嘴八舌地喊道:"让我看看。""是什么?"并接二连三地提出了疑问:"什么是'白色污染'呀?""白色污染'是怎样产生的呢?""我们生活的社区'白色污染'的状况如何呢?"第二

---

　　① 冉小平.社区服务与社会实践在思想品德课中的实践探索[D].西北师范大学,2007:11

天,老师带来了有关"白色污染"的多媒体资料在学生中展示。看完后老师问道:"同学们看了这幅画面有什么感受呢?"顿时,原来安静的教室一下子热闹起来。

王同学:"我觉得非常吃惊,没想到'白色污染'会造成那么严重的后果。"

张同学:"我感到'白色污染'不仅破坏了我们的环境,更危害了我们的身体健康。"

我见大家情绪这么高,兴趣这么浓,便随机启发:"同学们:你们想知道是怎么回事吗?你们想通过自己的力量去找到答案吗?那么,我们就以我们生活的黄土岘社区为对象做一次调查吧!"学生们听了兴奋极了,一致赞成,并推荐李利担任课题组组长。于是一次围绕"白色污染"的主题探究学习活动走向实际。

二、活动目标

(一)知识目标:了解有关"白色污染"的产生途径、组成成分及危害程度。

(二)能力目标:

1. 会设计、填写调查表,对调查结果进行简单的分析和处理,并对结果作出一定的解释。

2. 能较熟练的撰写调查小结。

3. 能较熟练的对调查到的资料进行数据处理和分析,尝试性地进行实践探究,并提出问题的解决方案和合理化建议。

4. 了解体验调查与实践是科学研究的主要而基本的方法。

(三)情感目标:感受"白色污染"给我们的生活带来的危害,初步培养每个学生的环保意识。

三、活动过程

(一)制订方案,开题论证

选定这一主题后,学生积极性空前高涨,有些同学还提出了自己的想法:有的说想了解"白色污染"的产生和污染现状,有的说想了解什么是"白色污染"及"白色污染"的种类,还有的说想了解各种"白色污染"所造成直接经济损失的危害程度、"白色污染"在众多垃圾中所占比例……最后经过大家共同归纳、提炼,确定了几个既有研究价值,又容易操作的问题作为活动研究的子课题:

什么是"白色污染"及其种类;"白色污染"的危害程度;为什么白色餐具屡禁不止;我身边的"白色污染"的产生及污染现状;如何才能有效地控制"白色污染"。

五个子课题分别由五个研究小组承担。推选出张同学、许同学、刘同学、薛同学、张同学五位担任各研究小组组长,组成研究小组,分别带领本组成员参与调查研究。

要进行调查研究就必须有研究方案,从哪里入手,如何制订研究方案,成了摆在学生面前的重大问题。为了能充分地发挥同学们的自主性,教师首先让大家自由分组,自己想办法去找一找、学一学。几天后,同学们又聚到一起,各自发表意见。有的认为应该选定考察地点,实地考察一番,观察哪些地方存在着"白色污染"的现象,在所了解的基础上才能进行细致的分析;有的觉得到图书馆或上网查阅有关资料,调查"白色污染"的原因……还有的从网上下载了别人的研究方案供大家参考……经过反复的讨论、修改,最后在组长李同学和同学们共同努力下一个较为成型的研究方案终于诞生了。

当一切准备就绪后,同学们便在课题组组长的组织下召开了一个开题论证会。首先,由课题组组长李同学介绍本课题的由来、同学们已开展的各种活动的经过、本课题研究的总体思路,以及学生的分组情况。接着,教师和学生针对探究方案提出了问题、意见和建议。最后由课题组组长李同学执笔完成了研究方案,并向课题组成员进行了展示。

我身边的"白色污染"课题研究方案

课题名称:我身边的"白色污染"

研究目的:(1) 通过调查,参与实践,从中获得亲身参与、科学探究的体验。(2) 引起我们对环境问题的关注,更重要的是引起我们对环境污染现状的关注,了解环保事业的意义,形成初步的环保意识,养成自觉的环保行为。(3) 培养观察、思维和社会活动能力,以及独立解决问题能力,增强实践能力。

研究内容:(1) 什么是"白色污染"及其种类;(2) "白色污染"的产生及污染现状;(3) "白色污染"所造成的危害程度;(4) 为什么白色餐具屡禁不止;(5) 如何有效地控制"白色污染"。

研究步骤:选定研究课题—分解子课题—拟订研究方案—开题论证—设计调查表—搜集资料、调查研究—分析资料—得出结论—展示研究成果。

研究方法:

调查法——对所处周边环境进行实地调查。

文献资料法——查阅相关书籍、报刊、杂志及环保网站。

访谈法——向有关专家咨询。

实验法——通过实验了解"白色污染"的危害程度。

任务和分工(见表6-3):

表6-3　我身边的"白色污染"课题组任务与分工

组号	研究主题	获取资料的途径	组长
第一组	什么是"白色污染"及种类	查阅资料、收集垃圾、访问专家	郭同学
第二组	"白色污染"的产生及污染现状	实地考察、进行采访、问卷调查	张同学
第三组	"白色污染"造成的危害	实地考察、实验分析、查阅资料	刘同学
第四组	为什么"白色"餐具屡禁不止	网上查询、采访取证、讨论分析	田同学
第五组	如何有效地控制"白色污染"	查阅资料、讨论研究、提出建议	黄同学

预期成果:建议书、"白色污染"情况调查表、调查小结、主题活动设计

表现形式:主题班会、环保小报、上街宣传

(二)主动参与,深入探究

1. 设计调查问卷和调查表

怎样设计调查问卷和调查表,成了摆在第二小组同学们面前的又一个大问题。同学们先是反复地研究分析一些从网上和书上搜到的调查问卷和调查表,然后向老师了解基本格式,最后经过不断讨论、修改,终于设计出了令大家满意的调查问卷(见附件)和调查表(见表6-4)。

附件:关于"白色污染"的调查问卷

(1)你认为市场上哪种包装材料应用最广?

　　A. 塑料　　　　　　B. 纸　　　　　　C. 布

(2)你知道什么是"白色污染"吗?

　　A. 知道　　　　　　B. 不知道

(3)你认为造成"白色污染"的主要原因是什么?

　　A. 生产的发展太快

　　B. 塑料制品回收太少

　　C. 人们的环保意识太差

(4)你认为消除"白色污染"的最佳途径是什么?

　　A. 焚烧　　　　　　B. 填埋　　　　　　C. 回收　　　　　　D. 使用替代品

(5)生活中,你是否考虑避免使用一次性塑料制品?

　　A. 尽量避免　　　　B. 偶尔避免　　　　C. 从不考虑

(6)你使用过的一次性的塑料袋是如何处理的?

　　A. 扔掉　　　　　　B. 烧掉　　　　　　C. 二次使用

(7)你平均每周使用多少个塑料袋?

　　A. 5个以下　　　　B. 5至10个　　　C. 10至20个　　　D. 20个以上

表 6-4　"白色污染"情况调查表

白色垃圾的种类	发现地点	该种垃圾所占垃圾比例	该种垃圾所造成的危害程度

2. 分组调查搜集信息

接下来,同学们便在组长的带领下,按照各自的活动计划展开了紧张的调查工作。

(1) 收集资料

大家首先针对自己小组的研究内容到图书室、少儿阅览室、上网查找、收集相关资料。

第一小组的同学来到学校电脑室准备在网上收集有关"白色污染"的信息。但是由于平时对这方面了解得太少,因此不知如何下手。于是组长郭同学找来了担任信息技术课的老师,指导同学们如何在 Google 引擎中输入关键字搜索相关资料,很快同学们就在有关环保网站,查到了所需资料。有的同学感慨地说:"我可真不知道上网有这么大的作用。以前我只知道用电脑打打字、画点画。这次为了查资料我学会了上网,先后访问了'中国环境网'、'保护母亲河'等环保网站,查阅了大量环保资料。我觉得网上信息真是太丰富了。现在我感觉自己又多了一个新本领!"

此外,他们还来到了市少儿图书馆、走访了市环保局,查阅了大量的环保书籍和报刊杂志,如《我们爱科学》、《中国少年报》、《少儿百科全书》、《保护人类家园丛书》……在市环保局,他们的收获也不小。环保局的叔叔、阿姨非常热心地接待了同学们,给他们讲"白色污染"的有关知识,介绍我市的环境现状。

(2) 实地考察

第二小组的同学选取了校门口作为实地考察的重点。别看这条窄窄的小巷子,仅门面卖早、中餐的就有几十家,还不包括零散的小摊小贩,要是遇到放学和上学时就更别提了,简直是人满为患。但同学们并没有被困难吓倒,为了了解这些摊位平均每天要产生多少"白色"垃圾,他们实行分户到人的方法,挨家挨户地观察、统计数据,随时做好笔记。张同学还守在小摊跟着数数,看看在 30 分钟内究竟有多少垃圾产生,弄得老板引起了误会。短短的一条巷子,同学们足足考察了三四天。当然,其他小组的同学们也并没有示弱,他们利用一切时间随时进行考察,上学路上、回家路上……特别是星期六、星期天休息的时候更是倾巢出动,或独自或结伴或在家长的陪伴下,到公园、街道、小巷、快餐点、早点铺去观察、了解,甚至有的学生在家长陪同下到垃圾场、郊外去调查。

（3）实验分析

第三小组的同学研究的是"'白色污染'所造成的危害程度"。他们也和其他组一样查阅资料、实地考察，并且他们在网上还看到了关于白色污染的小实验，于是他们决定亲手做一做这个实验，以便通过实验结果更深入地了解白色污染的危害，也锻炼一下自己动手的能力。说干就干，他们找来了塑料袋、快餐盒，请来生物、物理、化学老师作指导。经过共同讨论，大家确定了实验的目的，即白色垃圾燃烧后的变化、白色垃圾掩埋后的状况、白色垃圾倒入酸碱溶液、有机溶剂后的变化。大家在实验过程中仔细观察、及时做好实验笔记。通过这三个小实验同学们得出了初步的结论：白色垃圾热稳定性差，受热易分解放出有污染的气体。白色垃圾的隔水性能极好，且极难被大自然降解。白色垃圾耐化学腐蚀，耐有机溶剂。

（4）调查访问

调查访问也是必不可少的重要环节，各组不仅对自己熟悉的人进行了访问，还针对自己无法解决的问题和想深入了解的问题走访了有关专家。有的同学为了扩大调查面还采访了许多市民。

第四小组的同学来到社区一家餐馆，采访了店里的老板。高同学的胆子最大，她来到老板身边笑着说："叔叔，我们是一中八年级的学生，我想问您一个问题。"老板非常热情，连声说没关系。当老板听说是关于泡沫餐盒时，他好像有满肚子苦水要一吐为快："小同学，其实我也希望不用这塑料饭盒，谁不希望环境好？可就是纸制饭盒和可降解饭盒的成本太高。一次性塑料饭盒一个才9分钱，可纸制饭盒和可降解饭盒一个就要2毛多，小同学你想啊，现在本来经济状况就不太景气，一盒饭一盒菜才卖两、三元钱，两个盒就要5毛钱"，老板还说，"在1995年中国与联合国签了（实为1993年《蒙特利公约》规定从1996年起禁止使用白色泡沫塑料餐具）的时候。我的一个朋友就投资可降解饭盒，结果到现在也没有人用，一直赔钱，有啥办法？"听到这里同学们也陷入了深深的思考，是呀，一次性塑料饭盒比纸制饭盒和可降解饭盒便宜得多，商家自然愿意选择价钱低的。这样一来，批发商只进销路好的，生产者只生产好卖的，如此循环，自然就形成了现在这样的局面。看来解决"白色污染"的问题是任重而道远啊！

（5）分析信息

调查结束后，各组将调查结果进行认真统计，计算出各种数据，填写调查表，由组长进行汇报。接着，老师让每组学生介绍自己在调查中的经历、体会，遇到哪些特殊情况，是如何处理的。

（三）交流信息，展示成果

调查的过程是艰辛的，分享收获的果实是令人兴奋的。在班会上同学们畅谈了自己的体会,发表了自己的建议。

张同学说:"我深深地感到我们身上的责任,环保行动中有这样一句话:不要失去了才懂得珍惜。那么。我们引用到这一件事上来,就是:不要污染了才知道后悔!"

刘同学:"现在,我们城市中随处可见白色垃圾。白色垃圾的不断增加使城市受到了很大的危害,使原本美丽的城市不再美丽。环境是我们大家的,需要我们大家一起努力。如果,全中国13亿人每天扔一个白色垃圾,那将是一个怎样的世界!"

冯同学:"在这我只想大声疾呼:朋友们,让我们携起手来共同努力,让天更蓝、水更清、草更绿吧!"

大家决定向学校团总支和学生会提出倡议,用自己亲身体验在全校广泛宣传"白色污染"的危害、现状,并发动全校同学围绕这一主题每人办一期环保小报,让更多的同学来关注"白色污染",关注环境问题。

倡 议 书

尊敬的朋友们:

地球是人类的共同家园,大自然是我们生死相依的朋友。几千年的人类文明进程没有牺牲地球的绿色,但三百年的现代文明却使我们的绿色地球日渐披黄蒙黑黯然失色,各种公害和环境的污染越来越严重,尤其是被称为环保头号大敌的"白色污染",已成为影响城市乡村环境和人们生活的一道难题。

目前,我国仅一次性餐具年用量就超过100亿只,重量达100吨以上,加上其他的各种塑料制品,全国每年塑料废弃量多达1 000余万吨。不知从何时开始,人们经常被眼前出现的一幕幕情景所震惊:铁路沿线两旁遍地都是盒盒袋袋,一眼望不到边际,极像白色长城;隆冬季节,光秃秃的树枝上挂满了塑料袋、塑料薄膜,被狂风吹得飘飘扬扬,极不雅观,车站、码头、街道的一次性塑料饭盒、塑料袋遍地开花,令人触目惊心,景区、农田、河湖海溪里的废塑料碎片星罗棋布,随处可见。所有这一幕幕的情景预示着"白色污染"已到了非治不可的地步。

朋友们,为了绿色地球,为了我们自己,为了子孙后代,为了美好明天,作为二十一世纪社会主义事业的建设者和接班人,有义务、有责任保护我们的地球,我们必须立即行动起来,制止"白色污染",拒绝塑料制品,使用可降解产品,共同美化我们赖以生存的空间。为此,我倡议:

1. 正确认识"白色污染"的危害。塑料是高分子聚合物,极难降解,约需600年才能分解,污染公害主要表现在:破坏自然环境,危害人体健康,影响农作物生长,危及动物生存。

2. 不用一次性塑料制品,提倡使用可降解环保用品,让一次性塑料制品不再危害我们的地球,不再影响我们的生活。

3. 开展垃圾分类回收,有效控制日常生活中产生的污染。真正用环保标准指导自己的一言一行,做一个合格的二十一世纪公民。

4. 人人争做环保天使,做绿色宣传员,广泛宣传一次性塑料制品的危害,用我们的实际行动影响身边的人,不断改善我们周围的生态环境。

朋友们!为了山,为了水,为了空气,为了森林,为了我们共同生存的生态环境,让我们携起手来,从我做起,从现在做起。相信只要我们共同参与,"白色污染"一定会离我们越来越远,其危害最终一定会被我们彻底根除。

靖煤公司一中九年级全体学生

四、学生收获

(一)实验记录(见表6-5)

表6-5 "白色污染"实验报告

	实验方法	实验结果	实验分析
实验一	把塑料袋、塑料快餐盒放在酒精灯上加热	发现其立刻变黑,变成黑色黏稠物体,且散发出刺鼻气味	白色垃圾热稳定性差,受热易分解且放出有污染的气体
实验二	将塑料袋、塑料快餐盒等白色垃圾粉碎,分别掩埋在三个花盆里盖好土后,往其中一个花盆浇透水	两个星期后,翻开土检查,塑料袋、塑料快餐盒丝毫无损伤,塑料袋表面上布满水珠,而塑料下的泥土却没湿	白色垃圾的隔水性能极好,且极难被大自然降解
实验三	把塑料、塑料快餐盒粉碎后放入试管,倒入酸碱溶液;倒入汽油、酒精等有机溶剂	无变化,不溶解	白色垃圾耐化学腐蚀,耐有机溶剂

(二)分析报告

通过这个实验,我们可以很清楚地认识到白色垃圾的危害之大,深深地感受到白色垃圾是多么可怕啊!

由于塑料袋等白色垃圾热稳定性极差,被焚烧会产生大量的有害气体,据说是一种叫二噁英的化合物,毒性相当大,能使鸟类、鱼类出现死亡,对大气造成污染,对环境造成严重危害。有资料说:塑料袋等一次性塑料制品是20世纪最糟糕的发明,它们在泥土中降解需要约600年的时间;有许多的国家和地区已经禁止使用塑料袋等一次性塑料制品。这些资料充分说明在我们生活的社区里,怎样减少"白色污染"、实施绿色购物是每一个社区成员需要思考和采取具体行动的迫在眉睫的事情了。

实验中我们还看到白色垃圾的隔水性能极好,极难被大自然降解,并且各种资料上也都说白色垃圾是以发泡聚苯乙烯、聚乙烯或聚烯为原料,分子量达 2 万以上。只有分子量降低到 2000 以下,才能被自然环境中的微生物所用,变成水和其他有机质,而这一过程需要 200 年。由此,我们可以分析出白色垃圾所造成的危害:第一,视觉污染,严重影响了城市的清洁和美观。第二,对人体健康有危害,白色垃圾中含有病菌、寄生虫,如果直接用作农家肥料,人吃了施用过这种肥料的蔬菜、瓜果,就会得传染病。第三,塑料袋会影响土质结构,对植物有危害,如果塑料袋和植物的根缠绕在一起,植物就无法吸收营养,就会死去。如果把食品袋抛弃在陆地或水中,动物吞食后将造成死亡。

而这些白色垃圾都是我们在大街小巷随处可见的塑料袋、一次性泡沫饭盒、饮料瓶、塑料餐具……我们组的同学一致认为白色垃圾到了该引起人们高度重视的时候了,每个人都应该行动起来,让令人厌恶的白色垃圾永远从地球上消失,还地球一片洁净的天空。

九年级(5)班

(三)"白色污染"情况调查(见表 6-6)

表 6-6 "白色污染"情况调查表

白色垃圾的种类	发现地点	该种垃圾所占垃圾比例	该种垃圾所造成的危害程度
一次性泡沫碗	街道旁、早点摊、饭馆、江河边	40%	不易回收,造成污染;不可降解,焚烧会产生大量有害气体,当温度达到 65 度以上有害物质将深入食品,会对人的肝脏产生危害
塑料袋	草坪等随处可见	50%	造成视觉污染,如有风会被吹起,挡住司机的视线,造成交通事故。且是由高分子聚合有机材料合成的,在土壤中难以降解
塑料农膜	农田里	25%	该物老化后,不分解腐烂,破坏土地结构,阻碍植物吸收水分和根系生长,影响农作物收成
饮料瓶	各种娱乐场所	25%	浪费资源。遗弃的饮料瓶如粘有污染物,会成为蚊虫和细菌生存、繁殖的温床,对人体危害极大

（四）调查体会

白色垃圾知多少

在《我们身边的"白色污染"》活动中，我通过上网调查后，发现白色垃圾的数量多的让我大吃一惊。我现在想以北京为例来谈一谈白色污染的危害。北京每天产生的生活垃圾约 500 万吨，据统计：北京每天扔掉的废料 1 500～2 000 万吨，快餐盒 80 万个……大家想一想，如果我们 13 亿人口一人一天用 5 个塑料袋，一月一年……那将是不可想象的数字。而更为严重的是目前我国光是每年扔弃在铁路沿线的塑料快餐盒就达 8 亿多只，加上城市快餐业的发展，每年废弃量达 100 亿只之多！其中 80% 以上未经回收，被大量散落在环境中，重量在 8 万吨以上，可见，白色污染带来的危害是多么的触目惊心。这些惊人的数据同时也反映出了现在人们的行为习惯和环保意识。有些人为了图一时方便把这些白色垃圾随地乱扔，造成了严重的危害。我真希望大家看到这些数据后，停止对白色垃圾的使用，携手来保护生态环境。

九年级（3）班　贾同学

不要害了自己

不看不知道，一看吓一跳！白色垃圾危害还不少呢！占用空间污染大气散发恶臭不说，还传播疾病，听了让人不寒而栗，早餐用一次性塑料碗吃，做客先穿鞋套进屋。这看似微不足道的行为却伤我们最深！我认为这白色污染是因为人们的懒惰而造成的。餐馆老板懒、贪，不愿使用消毒碗筷，消费者不放心选用了一次性塑料碗；客人来到别人家懒得换鞋，而穿了鞋套……环境的污染是大自然的报复，人们请想一想吧，最后你害了你自己！

九年级（4）班　王同学

（五）建议书

亲爱的同学们：

我们都是地球的孩子，保护地球环境是我们义不容辞的责任。让我们从身边做起，从小事做起，用我们的力量让绿色回到我们的身边。为此，我提出以下建议：

1. 我们希望政府部门能出台有关政策，限制或制止白色污染物的生产和销售。并且在全社会发起号召，用手中的布袋子、菜篮子来代替日用量很大的塑料袋，达到控制和减少白色污染的目的。

2. 加强环保法的完善，尽量减少或控制生产不可降解塑料用品。杜绝使用一次性餐具，广泛应用我国新研制的纸制、淀粉、易降解塑料餐具，从源头上减少白色垃圾。

3. 加大宣传力度，提高市民的环保意识。

4. 我们小学生要从自身做起,保护环境,坚决抵制白色污染。同时主动加入到环保宣传队伍中,向市民宣传环保知识。

九年级(1)班 李同学

五、家长意见

九年级(2)班杨同学的父亲说:说实话,当我的小孩回家要我星期六陪她到郊外的垃圾场去了解"白色污染"的情况时,我有点左右为难,一方面感觉学校从小引导学生关注我们身边的环境,是一件很好的事情;另一方面又觉得到郊外的垃圾场难度很大,再说我还不知道我们城市的垃圾场在什么地方呢。可是经不住小孩的纠缠,最终还是答应和她一起去。半天多的户外调查,虽然觉得有一点累,但是看到孩子在调查活动中的认真劲儿,我由衷地为她的这种责任感感到高兴。

九年级(6)班张同学的妈妈说:我的小孩真的很幸运,能够在老师的组织下开展社会调查活动。现在有许多学校的领导和老师害怕学生出事,取消了许多校外活动。我想温室的花朵即使开的再艳丽,也经不起一点风霜。学校在开展各种实践活动的时候,应该精心组织,不应该随便取消各种校外活动。

九年级(4)班陈同学的爸爸说:我的孩子性格非常内向,不管在任何场合都不敢大声说话,更谈不上敢抛头露面了。最近他的变化却很大。我非常纳闷,和老师联系后才知道他和同学们在搞社会实践调查呢!听说星期六还要到中恒广场开展环保宣传活动,我有点不放心,那天我就悄悄地跟在他的后面来到广场。一开始看见他和几个同学躲在广场的角落,都不敢出面宣传,后来几个同学把陈同学推了出去。他犹豫了好一会儿都不敢作声,最后在同学们的不断催促下终于拉住一个行人讲了起来。我为他迈出的这一步感到由衷的高兴。

案例2 社会宣传(美国)①

一、活动目标

这项活动的基本内容是,在学生学习有关公民权利与义务的法律知识,考察了社区的环境保护状况后,组织学生举行一次社会宣传活动。从而加深他们对有关法律知识的理解,认识到环境保护的重要性,以及每个公民应尽的环境保护责任,并且培养学生进行此类活动的实际能力。某所中学经过教师与学生的讨论协商,决定进行以环境保护为主题的社会宣传活动。然后按照有关法律条文的规定和程序,在教师的协助下,学生自己准备并实施活动。

二、活动步骤

(1) 在学习有关公民宣传表达自己主张的权利和义务后,教师在讲解的基

---

① 郭元祥.综合实践活动课程设计与实施[M].北京:首都师范大学出版社,2002:204

础上组织学习讨论,并且提出进行一次真正、合法的社会宣传活动。

(2)通过对社区的环境污染和环境保护状况进行实地考察,组织学生讨论,提出关于环境保护的社会宣传活动主题,抗议污染环境的种种行为。

(3)教师引导学生参照有关法律条文,考虑社会宣传的具体实施方案。例如,应当提前多久向有关部门提出进行社会宣传的申请?申请中应当说明哪些内容?包括活动主题、活动时间、进行宣传活动的线路、宣传的口号,等等。

(4)学生自己讨论、决定如何撰写、提交申请。为此,要根据本地区地图,画出路线图,并考虑到什么地方应该避开,比如交通要道,避免妨碍交通;比如医院,以免影响病人休息。什么地方应该多作停留,比如商业区附近的空地、居民区等,以利于更多的人受到宣传的积极教育。

(5)学生自己讨论如何宣传自己的主张,考虑使用什么样的宣传品。例如宣传单、倡议书、标语、环境保护演讲稿等。

(6)学生分工。宣传小组中的每个人承担不同的任务,并分别完成。

(7)在活动批准后,按照申请所规定的时间和路线,携带宣传品,师生一同走出校门,进行关于环境保护法和环境保护行为的宣传活动。

(8)活动结束后,安排时间进行总结,相互交流,提高认识,总结经验。

案例3　资源和环境是我们生存的家园①

一、活动主题的确定

我们住在长沙市开福区捞刀河镇。1998年我国遭遇了百年难遇的洪水,就连我们学校前面的马路上也积满了两尺多深的水,影响了学生的学习。由此,同学们产生了了解积水的原因和解决该问题的想法。大家通过讨论,觉得解决这些问题必须用事实说话,以理服人,向有关部门和当地群众提出切实可行的建议,使之得到解决。于是,我们决定让学生以"资源和环境是我们生存的家园"为题,开展一系列社会实践。

二、活动计划

围绕"资源和环境是我们的家园"这一活动主题进行社会调查。

1. 调查时间:2~3周,每周半天。

2. 调查内容:马路积水的原因;积水对当地人民生产和生活带来的影响;不合理开发和利用水、土地资源带来的影响。

3. 调查方式:

(1)实地考察本地区的地形、工农业生产的具体情况;

(2)走访当地居民,了解土地和水资源的开发与利用情况;

---

① 郭元祥.综合实践活动课程设计与实施[M].北京:首都师范大学出版社,2002:205

（3）问卷调查。

4. 初中三年级 6 班学生自由组合，构成不同的小组。

三、活动实施

1. 访谈。走访当地居民，了解这里建小城镇掩埋了多少条水渠和堰塘。

2. 实地考察。实地考察当地的地形、水资源的开采和利用情况。

3. 社会调查。调查有关管理机构，了解地方对水资源的管理、土地管理的情况。

4. 学生小组撰写社会调查和考察报告。

5. 得出解决水患问题的对策，全班学生进行交流并讨论。

6. 集体形成问题解决的方案，并提交给政府部门，同时张贴在社区，提高居民的认识水平和环境保护意识。

本章小结

"社区服务与社会实践"作为综合实践活动课程的重要组成部分，是融研究性学习、劳动技术教育等于一体的学习活动，学生通过接触社会生活实际，参与社会生活，获得直接经验，发展实践能力，增强社会责任感。通过本章学习，学生能够了解社区服务与社会实践活动的意义、性质，掌握社区服务与社会实践活动的目标和内容，能确定社区服务与社会实践的主题，理解社区服务与社会实践活动方案设计的理念、注意点及基本要求，掌握社区服务与社会实践的活动方案的撰写。

思考·探究·实践

1. 简述确定社区服务与社会实践活动主题的方法。

2. 简述社区服务与社会实践活动的设计理念。

3. 设计一个社区服务与社会实践活动方案。

拓展阅读：

1. 国家九年义务教育课程综合实践活动指导纲要(7~9 年级)

2. 7~9 年级社区服务与社会实践实施指南

3. 郭元祥.综合实践活动课程设计与实施[M].北京:首都师范大学出版社,2002.

4. 刘明远.21 世纪,谁来教综合课——谈新课程结构的重建[M].北京:北京大学出版社,2002.

5. 李孔文. 小学综合实践活动课程论[M]. 安徽：中国科学技术大学出版社，2009.

6. 刘光义. 为有源头"主题"来——综合实践活动主题的确定探究[J]. 新课程研究，2010(5).

7. 李臣之，刘怡. "关怀伦理"视阈中的社区服务与社会实践[J]. 课程·教材·教法，2011(9).

8. 姚健. 社区服务与社会实践活动课程的实施策略——以湖南省衡阳市珠晖区冶金小学为例[J]. 当代教育论坛，2009(2).

9. 杨九俊. 小学综合实践活动课堂诊断[M]. 北京：教育科学出版社，2005.

第七章　劳动与技术教育活动方案设计

学习目标

1. 了解劳动与技术教育活动的课程目标、特征和内容
2. 理解劳动与技术教育活动设计的理念及基本要求
3. 初步学会撰写劳动与技术教育活动方案

案例:我要飞得更高——快乐风筝

　　草长莺飞的二月正是放风筝的好季节,结合初中劳技课《八角风筝的制作》,我有了一个鲜活的劳技综合实践活动课的课题内容。在给七年级上课时,我提出一个富于挑战性的问题:风筝的科学? 怎样使风筝飞起来? 许多学生一下子被问着了,有些试图说但却说不出个所以然来,有些学生便七嘴八舌地议论起来,看来这确实是一个让学生有兴趣的问题,于是我顺势问了一句,你们有兴趣研究吗? 在好奇心的驱使下,全班同学异口同声地回答:"想!"于是,首先,我们集思广益,把本次劳技课的主题活动命名为《我要飞得更高——快乐风筝》,接着,经过讨论交流,确定了三个子课题:风筝的起源、风筝的科学原理、风筝的式样。

　　新一轮课程改革将传统的劳动与技术教育纳入综合实践活动课程的指定领域之中,赋予劳动与技术教育新的教育教学理念,它是以学生获得积极劳动体验、形成良好技术素养为主的多方面发展为目标,且以操作性学习为特征的学习领域。劳动与技术教育是初中年级每个学生人人必须经历的实践活动内容,接受劳动与技术教育、获得劳动与技术的学习经历是每个学生的基本权利。劳动与技术教育是一个综合性强,与学生生活实际和当地的生产实际、社会实际联系紧密,且以实践为主体的基础性学习领域。一般以当地的经济、社会和技术环境为背景,在现实生活中选择那些对学生发展有益、对未来生活有用、与科技发展有关的内容,综合运用已有的语文、数学、科学、社会、艺术等学科的基本知识,同时融合经济、环境、法律、伦理、心理与健康等方面的教育视野，以学生的亲历实践、手脑并用为特征，设计和实施劳动与技术教育活动。

第一节　劳动与技术教育活动主题的生成

劳动与技术教育是综合实践活动课程的四大领域之一，是以学生获得积极劳动体验、形成良好技术素养为主的多方面发展为目标，以操作性学习为特征的学习领域。劳动教育是我国基础教育的优秀传统，是素质教育中一个极其重要的方面，对培养学生劳动观念，磨炼意志品质，树立艰苦创业的精神以及促进学生多方面的发展具有重要作用。综合实践活动框架下的劳动与技术教育，将传统的劳动与技术教育进行了重组和拓展，从而超越了传统劳动与技术教育的课程内涵和要求，彰显了自主探究、小组合作、主题研究和多元评价。

一、劳动与技术教育的目标

科技发展突飞猛进的 21 世纪赋予了劳动与技术教育新的历史使命，在初中阶段对全体学生实施劳动与技术教育，使学生初步获得从事基本的劳动与技术活动的能力以及终身进行技术学习的能力，对培养学生成为未来的合格劳动者，提高整个中华民族的科学技术素养，促进经济与社会的可持续发展具有十分重要的意义。劳动与技术教育目标的设计，注重学生的劳动实践和技术实践的体验性目标。尽管劳动与技术教育与研究性学习、社区服务和社会实践相比较，具有一定的知识体系，但在综合实践活动课程中，其基本目标应该侧重于体验性目标，而不是知识性目标。

根据《7～9 年级劳动与技术教育·信息技术教育实施指南》，初中 7～9 年级劳动与技术教育的课程目标是：

1. 认识劳动世界，形成正确的劳动观念和热爱劳动的思想感情
通过技术实践活动，深化自己的劳动体验，形成正确的劳动价值观；
养成勤俭、负责、守纪的劳动品质，形成良好的劳动习惯。

2. 拓展生活中的技术学习，形成积极的生活态度
学会自我的生活管理，掌握提高家庭生活质量所必备的基本技能；
增强生活中的主体意识，形成积极的生活态度。

3. **主动进行技术实践,掌握一些现代生产必备的技术基础知识和基本技能**

学会使用简单的工具和设施,并对常见材料进行简易加工。

掌握简易设计与制作的基本原理与方法,并根据自己的设计进行简单工艺品和技术作品的制作。

了解作物生长和农副产品的生产与销售的一般规律,了解一些现代农业技术,并进行技术实践。

了解信息技术世界,学会运用计算机进行简单的信息收集和分析处理。

在使用和改良技术作品、进行技术实践的过程中,做出多方面的有一定根据的评价。

4. **发展技术学习兴趣,初步形成从事技术活动和进行技术学习的基本态度与能力**

关注日常生活和周围环境中的技术问题,形成持续而稳定的技术学习兴趣,具有较强的技术意识。

理解从事技术活动必须具备的品格与态度,能够安全而负责任地参加技术活动,具有初步的与他人进行技术合作、技术交流的态度与能力。

通过体验和探究,掌握基本的技术学习方法,形成一定的科学精神、科学态度以及技术创新意识,具有初步的技术探究、解决日常生活中的简单技术问题的能力和一定的技术的终身学习能力。

注重知识的综合运用,进一步拓展技术学习的视野,形成一定的与技术相联系的经济意识、质量意识、环保意识、安全意识、伦理意识、审美意识以及推动当地经济建设的意识,进一步发展可迁移的共通能力。

5. **关注职业领域,增进职业认识,形成初步的职业选择意向和初步的创业意识**

了解从事职业活动必须具备的劳动保护知识和相应的职业道德。

关注本地区的经济发展和人才需求,进行学习或就业的初步选择。

知道创业过程的艰辛和乐趣,形成初步的创业意识。

二、劳动与技术教育的特征

劳动与技术教育立足于时代的发展,强调劳动教育中学生丰富的情感体验,强调学生劳动观念、劳动态度、劳动习惯的养成,以关注学生发展为本,以劳树德、以劳增智、以劳健体、以劳益美、以劳促创新的多方面的功能实现和劳动教育的多途径实施与多学科渗透。新课程中的劳动与技术教育具有以下几个特点[①]：① 动手与动脑结合；② 以项目为载体；③ 可感的操作对象；④ 多学科的视野；⑤ 贴近现实生活；⑥ 开放的学习领域。

三、劳动与技术教育的内容

（一）内容的安排

7～9 年级劳动与技术教育内容包括技术基础、家政和职业引导等方面。技术基础包括传统工艺、信息技术、基本技术等内容。传统工艺包括印章、雕刻、陶艺、编织、刺绣等，选学其中的 1 个项目；基本技术包括木工、金工、电子电工、简单机械维修、农机具使用与维修、缝纫、农作物栽培技术、花卉栽培、摄影、养殖技术、农副产品贮藏和加工、农作物良种繁育、树木种植等，选学其中的 2 个项目；信息技术包括操作系统、文字处理、网络基础及应用等；家政包括营养与烹饪、家用器具使用与保养、家庭理财与购物等，可选择其中 1～2 项；职业引导可结合学生的毕业教育、社会调查和技术基础学习确定具体内容；同时应结合课外活动、社区活动安排一些力所能及的公益劳动。

各地区、各学校根据实际情况在上述指定内容中确定具体项目，同时适当补充具有地方特色的技术学习内容。根据年级的不同，教育内容的安排应有所侧重。

（二）内容的选择

所安排的内容分为基础性内容和拓展性内容。基础性内容是完成初级中学劳动与技术教育目标的主要载体，体现了现阶段初级中学劳动与技术教育在内容上的结构性和方向性，是必修内容。拓展性内容在广度和深度上均有一定的发展，同时对实施条件也有相对较高的要求，是为部分地区、学校和学生在实现基本目标的基础上达到较高要求而提供的选择性内容。

阅读材料

案例[②]　叶的遐想

秋季的一天，我在路上散步，发现有人将五颜六色、形态各异的树叶拼放在纸上形成了千变万化的图形。看着这些漂亮的图形，我突发奇想，何不让学生也来动手做一做美丽的树叶画呢？我的提议得到了学生的热烈响应。为了做好树叶画，他们有的到图书馆查找资料，有的上网搜寻，有的咨询美术和科学课教师，

---

① 李孔文.小学综合实践活动课程论［M］.安徽：中国科学技术大学出版社，2009：78
② 杨九俊.小学综合实践活动课堂诊断［M］.北京：教育科学出版社，2005：117

还有的走访自家邻居,终于弄清了制作树叶画的基本步骤。在收集树叶—对树叶进行保鲜—精心构思—剪裁树叶—粘贴成画的一系列活动中,学生碰到了许多问题,都最终通过动手实验、相互讨论解决了。通过这次活动,他们终于懂得了:听过,我会忘记;看见,我会记住;做过,我就理解。

本案例中的教师巧妙地利用季节的特点,选择了树叶这种易于采集、成本低廉、安全可靠的材料,利用树叶贴画的综合性活动,将探究、讨论、实验、制作、欣赏等多种活动融为一体,较好地体现了劳动与技术教育类的主题活动"做中学"、"学中做"、亲身实践、手脑并用的基本理念。由此可见,在选择和确定这些具体内容时,必须考虑以下几点:

1. 立足现实

所选择的内容与当地的生产实际、社会实际和学生的生活实际紧密联系,体现一定的地方性特色和区域性特征。

2. 贴近学生

所选择的内容能激发学生的学习兴趣,与学生的年龄特征和已有基础相适应。同时,又具有挑战意义。

3. 便于教学

这些内容有利于学生主动地进行观察、设计、操作、评价等学习过程,有利于集体活动中的教师指导。

4. 体现综合

这些内容蕴含着丰富的各学科知识的联系,有利于多方面教育内容的整合和学生综合视野的形成。这些内容具有广泛的生长点,有利于内容的横向沟通和纵向联系。

5. 涉及的材料既经济又安全

具有简洁、轻便、易于采集、成本低廉、便于重复使用、安全可靠等特点。

(三) 基本内容与要求

1. 技术基础

(1)留心生活中的材料世界,探究常见材料的性能及其加工与连接方法,体会材料世界的深奥和博大。

(2)通过比较和材料加工等活动,学习使用常用工具和设备,领悟工具和设备对于技术活动的独特意义。

(3)识别一些简单图纸,能进行简易的作品设计,进一步发展想象力和创造力。

(4)通过传统工艺品或模型等的制作活动,了解一些工艺品制作的工艺过程或作品制作要求,掌握操作学习的一般方法,进一步培养严谨、负责的科学态度。

（5）通过鉴赏、辩论、测试等活动,对技术作品进行一定的评价,形成初步的技术审美能力。

（6）通过木工、金工、电子电工等项目的学习,了解一些简单工业技术的基础知识,掌握一些基本的操作方法,感受技术的奥秘与价值。

（7）学会一些作物栽培和动物饲养的一般方法,了解农副产品的生产工艺改进和营销策略方面的知识,学会一些先进的农业生产或农副产品加工技术,丰富劳动的体验,增进创造的愉悦。

（8）掌握信息技术的一些基本知识,学会用计算机进行一般的信息收集、分析与处理,进一步领悟技术的神奇魅力和对人类生活所带来的巨大变化。

2. 家政

（1）进行营养与烹饪的学习,拓宽日常生活领域,进一步体验生活学习的乐趣。

（2）了解家用器具的使用与保养方法,感受技术与日常生活的联系,进行"技术造福人类"的意义思考。

（3）通过调查、设计、购物等活动进行家庭理财与购物的学习,逐步形成科学的消费观,做一个明智的消费者。

3. 职业引导

（1）关注社会的职业分工和职业道德要求,学会职业分析的基本方法,培养爱岗敬业的意识。

（2）通过调查、比较、测试等活动,进行职业意向的初步选择。

（3）接触和分析一些创业案例,形成对创业的初步认识。

第二节　劳动与技术教育活动方案设计的要求

作为综合实践活动中的一个指定领域,劳动与技术教育的实施以学生参与项目活动为主要形式,它的内容和活动形式,可与研究性学习或社区服务与社会实践等领域结合来设计。

一、劳动与技术教育活动方案设计的基本理念

劳动与技术教育是以学生获得积极的劳动体验,形成良好技术素养为基本

目标,以操作性学习为基本特征的教育。其课程开发与实施必须遵循以下基本理念:

1. 在操作活动中进行技术探究和技术学习

劳动与技术教育以学生亲历实践、亲手操作、手脑并用为基本特征。学生通过人对物的程序性、技能性运作,通过人与人的互动获得丰富的体验,实施操作性学习。但劳动与技术教育并不只停留在单纯的操作技能的训练上,还应注重操作活动中学生对技术原理与方法的追思、学生对技术学习方法的体悟,以及学生良好的劳动习惯与技术能力的培养等。应注重技能训练中学生创新精神和实践能力的培养,力求技能掌握、态度养成、能力发展的有机统一。

2. 以项目为载体组织劳动与技术教育活动

活动是劳动与技术教育实施的主要方式,项目是组织劳动与技术教育活动的重要载体。根据初中生的生理和心理特点,考虑到劳动与技术教育的特性,提倡以具体的技术项目为单位来设计和组织学生的劳动与技术教育的活动。一般地,一个具体技术项目蕴藏着丰富的教育价值,学生通过系列性的学习过程,能够获得相应的材料与工具,技术设计、制作与评价等多方面的能力发展。

3. 立足学生所处的现实世界,注重教育内容的生活取向

劳动与技术教育一般以当地的经济、社会和技术环境为背景,在现实生活中选择那些对学生发展有益、对未来生活有用、与科技发展趋势有关的内容,作为核心来设计和组织学习活动。在学习过程中要引导学生联系生活实际,把所学知识与技能广泛应用于生活。要克服脱离学生现实生活、采用单一的学校教育途径实施劳动与技术教育的倾向,强调学生的生活学习。劳动与技术教育的生活取向要求课程内容的安排富有开放性和可选择性,在活动方式、活动过程的设计与组织上体现农村和城市的不同特点。

4. 既是已有知识的综合运用,也是新的知识与能力的综合学习

劳动与技术教育是跨学科的学习领域,它强调数学、物理、化学、生物、地理、艺术等学科基本知识的综合运用,同时也强调融合社会、经济、环境、法律、伦理、心理与健康等方面的教育视野。它注重各学科知识的联系和综合运用及其在此基础上的技术探究,强调各种教育资源的有效开发和利用。学生的劳动与技术学习活动,不仅是已有知识的综合运用,也是新的知识与能力的综合学习。它强调学生在已有的经验基础上探究新的技术原理,获取新的技术能力。

二、劳动与技术教育活动方案设计的原则

作为综合实践活动中的一个指定领域,劳动与技术教育的实施以活动为主要形式。活动设计时要从初中生的生理和心理特点出发,以培养学生的创新精

神和实践能力为重点,因地制宜地确立活动目标。在保证基本知识、基本技能、基本态度的教育目标实现的基础上,尽可能提供更多自主学习的舞台和自主探索的机会。同时,要把积极的劳动与技术态度和正确的劳动与技术价值观的形成渗透到整个活动中去。

1. 自主性原则

劳动与技术教育的活动关注学生的主体意识,让学生有更多的机会自己去活动、体验乃至创造,使其享受探究的乐趣、活动的愉悦、服务的充实,获得并增强使命感、责任感和生存体验。教师应根据本课程的目标和特点自主选择教学内容和活动场所,可以在普通教室,也可以在技术课专用教室;可以在校内的活动场所和其他劳动场所,也可以在校外的实验实习基地。同时,教师还应充分认识到自己既是课程的执行者,更是课程的开发者和设计者,要根据学习需要和现有条件自创组织形式和教学方法。

2. 亲历性原则

活动设计时教师应根据目标、内容和条件等因素的不同,以及学习环节和阶段的区别,利用各种物质条件、精神条件,通过多种途径为学生提供具体的现实的情境,改变学生单一的学习方法,选择不同的活动类型,拓宽学习的空间,让学生走出课堂,置身于广阔的大自然和丰富的社会生活中去亲自接触和感知各种人和事,给学生创设获取各种经历、各种体验、各种感受的机会,使他们通过亲身经历、实际操作与活动来获得探究问题、与人交往的能力以及正确的情感、态度与价值观。真正让学生在劳动与技术的学习过程中体会到生动活泼、多姿多彩、充满乐趣的过程。比如可以采用手工制作、模型装配、作品评价、产品推介;信息搜集、实地考察、参观访问、讨论与辩论、见习与模拟;技术设计、技术试验、技术幻想、技术作品鉴赏等活动类型。

3. 协同性原则

综合实践活动课程的开放性、跨学科性、主题性等特点决定其需要综合地运用各学科知识,因此,活动的设计既要各科教师共同协作,又要与社会各界人员、家长、社会有关机构的工作人员等互相配合,学校、家庭和社会形成合力,协同完成教学任务。学校应善于协调各方人员的关系,调动各方积极性,共同发挥作用。同时还要加强劳动与技术活动的整体规划,可以以一节课为时间单位来安排,也可以几节课或更多节课来安排一个活动单元。

4. 可行性原则

综合实践活动课程是依据学生的年龄及心理发展特点,知识能力水平以及不同兴趣、经历与需要,由易到难、由浅入深进行,我们引导学生统筹考虑各方面情况,考虑开放的程度与实践的可行性。首先,活动设计时要注意初中生的性别差异,增强活动的针对性、安全性和选择性。其次,在选题时切忌贪大求全,应选择小而精的课题研究,着重掌握科学研究的方法。第三,注意所在地区、本校的各类资源以及自身条件对课题的支持程度,尽可能就地取材,体现社区特色,并可以与地方课程开发和校本课程开发结合起来。最后,主题内容要反映社会现实,活动内容要健康。

三、劳动与技术教育活动方案设计的基本要求

《国家九年义务教育课程综合实践活动指导纲要(7~9年级)》指出:综合实践活动课程的四大领域不能简单地分割成4门课程进行,应以融合的方式实施。因此,在设计劳动与技术教育活动方案时,也应融合研究性学习,开展一系列新型的学习活动,以调动学生的学习潜能,深入挖掘劳动技术教学中的内蕴,感受我国传统文化的魅力,使学生得到各种能力的锻炼和提高。

1. 活动设计要符合学生的生理和心理特点

活动设计时要从初中生的生理和心理特点出发,以培养学生的创新精神和实践能力为重点,因地制宜地确立活动目标。在保证基本知识、基本技能、基本态度的教育目标实现的基础上,尽可能提供更多自主学习的舞台和自主探索的机会,关注学生的个人兴趣和亲身体验,促进学生知识的丰富,能力的提高,要善于运用学生的兴趣和亲身经验,以此唤起学生学习的内在需要,提高他们主动探究的积极性。我们常见一些学生为"勾股定理"惆怅满怀,而他们却可以很快地接受比之更为复杂的"游戏规则",这是因为"游戏"及其规则触及了他们的"生活世界"(胡塞尔语)。这种"生活世界"是以"可被实际知觉的主观性"为特点的。因此,我们在设计劳动与技术教育活动方案时,要考虑学生的生理和心理特点,从学生实际出发,关注学生兴趣的激发和"个人经验"的激活(叶澜语)。同时,要把积极的劳动与技术态度和正确的劳动与技术价值观的形成渗透到整个活动中。

2. 活动设计时要注意教师指导和学生学习的关系

活动设计时应根据目标、内容和条件等因素的不同,以及学习环节和阶段的区别,选择不同的活动类型,给学生创设获取各种经历、各种体验、各种感受的机会,使劳动与技术的学习过程成为一个生动活泼、多姿多彩、充满乐趣的过程。劳动与技术教育的活动类型主要有:手工制作、模型装配、作品评价、产品推介;信息搜集、实地考察、参观访问、讨论与辩论、见习与模拟;技术设计、技术试验、技术幻想、技术作品鉴赏,等等。活动设计时需要注意正确处理教师指导和学生学习之间的关系,正确处理学生的基础理论学习与实际操作的关系,正确处理操作过程中的规范意识和创新意识的关系。在实施过程中,教师的根本任务是为

学生的技术学习和技术探究提供指导和优质的服务。《7～9年级劳动与技术教育·信息技术教育实施指南》指出，教师在进行学生的学习指导时应注意以下几点：

面向全体学生，尊重学生的个性、自主性、创造性，使所有学生都能成为劳动与技术学习的主人，都能成为活动的受益者。

正确处理好教师的示范、讲述与学生的自主活动之间的关系，在鼓励学生自主学习的同时，突出技术学习中的重点和难点的指导。

充分利用学生内部人际关系及学生群体的作用，引导学生学会技术活动中的分工与合作，引导学生相互交流、观摩与学习。

加强巡视指导，做到个别指导与集体指导相结合。

注意指导过程的科学性和创造性。应通过积累，逐步形成自己的指导风格和指导个性。

发挥多种教育技术和手段的作用。在一些有条件的地区，把计算机辅助教学引入劳动与技术教育，并加强其在模拟仿真训练和技术设计方面的运用，以提高指导效果。

根据初中生的性别差异控制好学生的劳动强度，做好劳动保护。应要求学生严格遵守劳动纪律和安全规程，注意劳动卫生、劳逸结合，确保学生安全。

注意劳动与技术教育资源的利用和开发，在利用现有资源的同时还要注重开发新的资源，尤其要注意各类教育资源的有效整合。

3. 活动设计时要考虑基地和设备

青少年是祖国的未来、民族的希望。从青少年抓起，培养造就千千万万具有高尚思想品质和良好道德修养的合格建设者与接班人，既是一项长期的战略任务，又是一项紧迫的现实任务。在设计劳动与技术教育综合实践活动过程中，要考虑到能因地制宜地安排与落实劳动技术教育的专用教室或场所，可以是综合性的操作室，也可是按某类项目设置的专用教室。专业教室中应配备基本的仪器、设备、工具，并尽可能考虑到使用现代教育技术手段。同时，必须配备基本的安全防护措施（如医药箱、灭火器等）。多渠道解决劳动与技术教育的设施、仪器、设备、工具的配置问题，提倡师生力所能及地自制简单设备与工具。配置的所有物品要登记造册，由专人维护和保养。在使用前，一定要进行相应的安全检查。此外，有条件的地区可以建立劳动与技术教育的中心或基地。中心或基地的建设应当注重项目结构的优化，注重多方面功能的良好发挥，应当以服务劳动与技术教育事业、促进学生健康发展为宗旨，不断提高管理水平和教育效益。应当创造条件在节假日向中学生开放。

4. 活动设计时要突出小组合作的活动方式

《7～9年级劳动与技术教育·信息技术教育实施指南》中明确指出：教师在进行学习指导时要"充分利用学生内部人际关系及学生群体的作用，引导学生学会技术活动中的分工与合作，引导学生相互交流、观摩与学习。"由此可见，在劳动与技术教育中开展合作学习是课程改革的要求，更是综合实践活动课程框架下劳动与技术教育的要求。学生在作品的制作与探究中学会合作，在合作中取长补短，掌握基本的技术方法，从而形成一定的科学精神、科学态度和创新意识。劳动与技术教育以操作性学习为特征，它的主旨除了一般的"操作"层面，更强调学生通过人与物的作用、人与人的互动（即合作学习）来从事操作性学习，将来的社会生产劳动中，虽有分工，但任何一种工作、任何一样产品都不可能全部由一个人来完成。因此，从小培养学生学会与人合作，共同完成操作任务，并能够使学生在操作进程中形成扎实的基本技术能力，共享"产品"成果。合作不仅是一种学习方式，更是教育所要达到的目标之一。如何使学生在课堂中的合作不流于形式，需要教师进行巧妙的设计，犹如"润物无声"，使学生在不经意间主动地与同学合作。例如：在"老虎头"制作过程中，教师在给每组准备的制作材料中，按小组人数（7人）少给了一张纸（6张），这样小组成员就不会自顾自地动手制作，而是为了使自己小组能多制作几个成功的作品，小组内重新分配任务，组员间默契配合，主动帮助有困难的同学。有的小组让最擅长做"眼睛"的两个同学专门做"眼睛"，最乐意剪"胡须"的同学专门剪"胡须"，别的同学专门做"嘴巴"和写"王"字等，紧张有序，人人有事做，事事有人做，少了形式上的合作，而多了有效的合作。①

5. 活动设计时要注重形式的灵活多样

活动设计时要注意初中生的性别差异，增强活动的针对性、安全性和选择性。劳动与技术教育的活动场所应根据学习需要和现有条件予以选择。可以在普通教室，也可以在技术课专用教室；可以在校内的活动场所和其他劳动场所，也可以在校外的实验实习基地；还可以在工厂、田野等。可以采用集中课时或分散课时，以及课内与课外相结合的方式安排劳动与技术教育活动。为了提高效益，提倡对部分材料和工具要求较高、技术过程连续性强的学习内容采用两课时集中使用的方式。

6. 活动设计时要体现探究性学习

在设计劳动与技术教育综合课程时，教师要考虑到能够让学生参与，把"研究性学习"引入其中，改变传统劳动技术教育中学生动手制作"无需开动脑筋"

---

① 乐素芬.论综合实践活动课程框架下的劳动与技术教育[J].中国教育学刊,2007(8):46-47

"只要跟着老师一步步操作""解决'怎样做'问题"的做法。现在更需要学生研究"为什么这样做?""怎样做得更好?"、"用什么办法提高作品的质量?"等问题,以使劳动技术教育更丰富、更有实用性和拓展性。例如:在制作"老虎头"的过程中,教师们大都先让学生自主观察和探究:"老虎头"是由哪些纸雕技法完成的?"老虎"的眼睛是怎么做的? 用什么方法可以把纸折叠得平直?"老虎头"的制作步骤是怎样的? 或者让学生提出制作时可能会遇到哪些困难,通过生生交流、师生互动来掌握技法要领,解决制作的难点。这样,学生由被动接受方法改为自主学习技法,体现出学生亲历实践、亲手操作、手脑并用的特征,释放了学习主体性,提高了学习的自主性,自然也培养了学生的创新意识和探究能力。[①] 又如,在《劳动技术》教材中,编排了自行车的结构和各个部分的功能,以及自行车的保养与维修学习内容。教师在实施这一学习内容时,可以综合实践活动主题形式加以设计,以劳动与技术教育为中心,使劳动与技术、研究性学习、信息技术教育、社区服务与社会实践四个指令性领域在活动中获得自然融合。学生通过一系列实践活动,从掌握一般的自行车故障排除方法开始,到了解自行车各部件的功能;从对自行车防雨、防盗等功能的创新,再到帮助他人修理自行车的社区服务;还有对人们骑自行车的情况调查和多种新型自行车的信息资料收集等。

7. 活动设计时要考虑多元评价

教育部印发的《基础教育课程改革纲要(试行)》指出:评价不仅要关注学生的学业成绩而且要发现和发展学生多方面的潜能,了解学生发展中的需求,帮助学生认识自我,建立自信发挥评价的教育功能,促进学生在原有水平上获得发展。同样,在劳动与技术教育中,也要坚持以人为本,实施多元评价,使学生在评价过程中获得技能技法的提高。

综合实践活动的评价强调多元化,包括评价主体的多元和评价内容的多元。首先,综合实践活动课程视野下的劳动与技术教育则强调评价的意义,强调运用新的评价理念和评价方式;学生既要评价同学,又要接受同学的评价,有机会进行互评和自我评价;评价的内容也不再只是作品的成功与否。其次,综合实践活动视野下的劳动与技术教育的评价,不仅评价成果——作品,还要评价学生在整个活动过程中的参与情况。只要学生在活动过程中形成一定的技术素养,对自我形成了一定的认识,获得了真实的体验、经验,学到了实实在在的本领,即使"成果"是欠缺的,或者经历的是受挫的体验,教师也要引导学生从中获得宝贵的经验,给予积极的评价,营造感受成功的情境体现课程的魅力。因此,在设计劳

---

① 乐素芬.论综合实践活动课程框架下的劳动与技术教育[J].中国教育学刊,2007(8):46 - 47

动与技术教育综合实际活动课程时,要注重学生的体验,要能够让学生参与到活动中来。①

第三节 劳动与技术教育活动方案的撰写

劳动与技术教育活动方案的撰写既是一项复杂的探索性工作,又是一项有序的系统工程,需要很强的计划性,要做到有序、有控,以确保活动的质量。对师生来说,这是一个新的、以往从未涉足的领域。活动方案不是凭空捏造的,而是建立在可行性基础上的。只有围绕主题,层层深入,提出种种问题,才能提高综合、全面思考问题的能力。因此,活动主题确定之后,在正式开展活动之前,就要规划整个过程,合理安排活动中的各项工作,制订切实可行的计划。制订计划的目的是为了明确活动的范围和目标,具体规划活动程序和进度,活动方案对整个活动的顺利开展起着关键的作用,为顺利完成任务提供保证。

劳动与技术教育活动方案的撰写是活动的关键环节,方案设计的优劣直接影响创造性思维的培养。设计方案是一个师生互动的过程,在方案设计中,尊重学生的自主权,尊重他们独特的思维方式和活动方式,尊重他们思维的独立性和差异性,不能把教师的设计强加于学生,而应在设计方案时始终使学生保持主动状态。活动方案主要包括:活动主题、活动目标、活动内容、活动方法、活动过程等内容。

一、劳动与技术教育活动主题的撰写

主题是活动的灵魂,综合实践活动课程是由一个个的主题活动构成的,主题活动设计方案是针对一个具体的主题进行的开发工作,它对整个主题活动进行了分阶段的预设,有利于明确一个主题活动目标及各阶段学生活动的主要内容及方式、教师的指导重点、实施的要点以及评价的建议等。

(一)活动主题撰写的意义

综合实践活动主题是活动的精髓,活动主题一定要精炼而富有内涵,主题设计得醒目、清晰,能引起活动对象的注意和喜爱,给人一种眼前一亮、耳目一新的感觉。活动主题是活动内容的高度概括,应反映出整个活动的主要特征,而主题

---

① 乐素芬.论综合实践活动课程框架下的劳动与技术教育[J].中国教育学刊,2007(8):46-47

名称则直接反映着主题活动,是对活动目标的浓缩,对活动内容起到画龙点睛的作用。

选择主题是活动的首要环节。选择主题要有利于激发学生的创造动机,要富有生活性、趣味性、时代性,面向学生生活与经验,贴近学生年龄和心理特点,符合学生的发展需要。

(二)劳动与技术教育活动的主题内容

1. 劳动与技术

——学会对社会和个人生活中常见的技术产品的用途、使用价值及其与社会和经济的相互关系进行分析;

——能根据技术原理对不同的材料进行加工;

——认识基本技术程序,学会解决技术问题的通用方法;

——学会技术作品的设计及评价;

——学会安全、高效地从事技术活动,在活动中学会与他人合作;

——了解工艺造型的社会学和美学原理。

2. 劳动与经济

——能用基本的经济学原理指导技术实践活动和消费活动;

——了解企业的基本组织结构及运作方式;

——了解当地的劳动、职业和消费之间的相互关联;

——了解技术发展对经济、社会及生态方面的影响。

3. 劳动与家政

——学会分析、计划并操持家务劳动;

——掌握家庭中待人接物及理财的基本知识;

——树立环保意识,在个人生活中注意节水、节电,正确处理废物、废水;

——掌握营养学的基本知识,养成健康的饮食习惯;

——认识消费行为,掌握消费策略;

——了解家务劳动、职业劳动和其他劳动的内在联系。

4. 劳动与职业

——初步了解当地升学和就业的基本情况;

——学会对自己的职业愿望、性格特征、强项和短项进行分析;

——学会将个人情况与职业对劳动者的要求进行比较,尝试进行人生道路设计。

(三)活动主题的产生

活动主题的产生可以来自于教材、班级活动的启发,也可以来自于学生从个体的学习生活、家庭生活、社会生活或自然生活中提炼出来的。主题的确定一定要经过班级学生共同协商研讨而定,老师则要做好提炼引导作用。

1. 从教材中寻找研究主题

在《劳动与技术教育专题读本》七年级上第一专题"精湛的剪纸工艺"中,教材设计了一个实践活动:确定自己最感兴趣的一个内容或问题,进行进一步研究,把研究的目的、过程和结果写成一篇短文,可以附上作品等有关资料。为此,教师可引导学生根据自己的兴趣确定一个内容或问题进行主题研究,如剪纸的某一个流派及其特点、家乡的剪纸艺术等。通过对剪纸艺术的研究,学生可以了解剪纸的有关知识和技能,如剪纸的工具材料、剪纸的装裱、制作步骤和表现方法等,学会怎样欣赏一幅优秀的剪纸作品,等等。在浙江省宁波市编的《劳动与技术专题读本》中,安排了很多这样的研究主题,教师要引导学生结合自己的兴趣和生活开展研究,使学生自主参与探究活动,亲历探究过程,获得亲身体验。[①]

2. 从学生的兴趣中寻找研究主题

在八年级"飞翔的风筝"专题中,学生对风筝历史文化产生了较大的兴趣,这时教师就可让学生根据自己的兴趣开展相关主题的研究,如风筝的起源与发展、风筝的类别、风筝放飞的原理与技巧等,让学生在主题研究的过程中获得亲身的体验,在制作风筝中提高动手能力,在放飞风筝的过程中体验快乐。又如"可爱的花"这一专题,学生也可根据兴趣选择自己乐于研究的主题,如"花与我们的生活",通过上网搜集资料,了解鲜花的寓意;通过走访鲜花礼品店了解送花的讲究;学生在研究中还知道了鲜花的养护、鲜花与人类健康的关系等。在研究活动中,提高了利用工具获取信息和资料的能力,与人交往的能力等。[②] 比如,学生对春节贴对联、贴对联是否迷信、该不该贴对联等问题比较感兴趣,那就可以抓住此契机将这个话题作为综合实践活动让他们展开调查研究。至于拟个什么主题,可以在班上展开讨论,活动主题异常丰富,诸如"对联知多少"、"对联大世界"等。

二、劳动与技术教育活动目标的撰写

综合实践活动课程是一个开放性的课程,活动目标的研制是综合实践活动课程展开的首要环节。就教师而言,不管是总目标还是子目标,教师都要做好目标的研制,同时指导学生小组确定各自的活动课题目标。可以采用分维度设计,也可以采用集中设计的方式。目标设计的具体、相对集中,将有利于在活动后运用本目标对活动效果进行考察,更具可操作性。

---

① 乐素芬.论综合实践活动课程框架下的劳动与技术教育[J].中国教育学刊,2007(8):46-47
② 乐素芬.论综合实践活动课程框架下的劳动与技术教育[J].中国教育学刊,2007(8):46-47

活动目标即活动可能达成的效果。综合实践活动主要包括情感态度与价值观、过程与方法、知识与技能 3 个维度目标，活动目标研制的基本方法是描述活动行为目标。也就是说，具体目标的研制应根据综合实践活动课程的总目标，将学段目标加以细化，并通过行为动词来体现。这里的知识、技能是学生在探究性学习过程中根据当时的需要自主选取的非系统的内容。综合实践活动课程对过程的体验、对方法的领会是教学过程的核心追求。而情感、态度和价值观的生成是学生在实践中将实际感受与自己原有的体验进行"沟通"而获得的一种新的"非智力"境界。

劳动与技术教育，不仅要使学生掌握基本的劳动与技术的知识、技能，具有生活自理能力和一定的技术认识、技术思维、技术实践和技术创新能力，以及终身进行技术学习的能力，而且要使学生树立"技术应该造福人类"的人文价值观，能正确理解技术社会中人与人、人与物之间的关系，理解技术与环境、技术与生态学的关系，树立环保意识，具有用所学技术为社会服务的热情。

三、劳动与技术教育活动内容的撰写

（一）劳动技术教育的基本内容

劳动技术教育的内容是以项目活动的方式来组织。一般来讲，综合实践活动中的劳动技术教育的内容大致包括以下三个方面：

1. 劳动实践

围绕学生感兴趣的工农业生产领域，组织学生参与有关的具体劳动实践，从中体验劳动的过程、劳动的意义和价值，获得基本的劳动技能，并养成良好的劳动态度。劳动实践可以与研究性学习、社区服务和社会实践相结合，开展一些力所能及的生产劳动、公益劳动。

劳动实践要求学校组织学生到实际的劳动情境，如农村、工厂、劳动基地，进行劳动。

劳动实践不应完全局限在教室里、学校中进行，而应走出教室，走出学校，走进实际的劳动场所。

2. 技术实践

劳动技术教育在内容上要具有一定的技术含量，不能停留在简单的体力劳动上，克服以往劳动技术教育的形式主义倾向。要引导学生选一些具有一定技术要求的劳动，进行技术实践。

运用一定的技术工具或其他手段进行劳动技术实践，提高中小学生劳动实践的技术要求，适应现代科技发展对人的劳动技术素质的要求。

3. 信息实践

在劳动技术教育内容或主题的选择与确定过程中,要引导学生综合运用现代信息技术,开展信息实践,把信息技术运用于劳动过程中。

这些劳动与技术教育的活动主题或内容可围绕家政劳动、自我服务性劳动以及生产劳动、职业指导与职业技能训练等方面来展开。

(二) 内容撰写的注意点

活动内容中的案例描述必须以故事的形式来叙述,故事必须是在教师指导下学生亲历过的、部分或完整实践过程的真实活动描述,而不是教学设计或教案。故事反映的可以是教师本人指导的活动,也可是别人指导的活动。要反映发生事件的时间、地点、人物、经过及结果。不重点反映的地方可简叙,要突出反映的地方要详叙,最后要有对所反映问题的看法或评价。案例内容可选择某一个或几个来撰写,也可以就一个问题用不同的案例来反映;可以是成功的案例,也可以是探索中的教训,如果能反映反思及实践的探索过程和结果会更好。

四、劳动与技术教育的基本方法撰写

教会学生学习,使学生掌握学习的方法,是当今学校教育改革所面临的一个重要课题。传统的分科课程偏重概念、原理、公式、法则的传授和记忆,而对于获得这些知识内容的方法和过程,如观察、调查、实验、测量、分析、比较、评价、资料的收集与整理等却未能足够重视。这种状况正受到当今信息社会的冲击与挑战。综合实践活动注重让学生掌握发现和提出问题的方法、分析和解决问题的方法、收集和加工信息的方法、表现与创造的方法、交流与合作的方法、科学实验法、社会调查法、运用信息技术的方法等,这些方法将使学生终身受益。具体而言,劳动与技术教育活动主要用到以下几种方法:

(1) 行动研究法:行动研究法是劳动技术教育综合实践活动设计主要采用的方法。要求结合中学教育教学工作与学生实际制订研究方案,纳入学校德育工作计划,将培养学生劳动意识及良好行为习惯的教育渗透到学校教育教学工作之中。

(2) 个案研究法:主要用于中学生不良习惯矫正的研究、家庭教育对劳动意识及其行为习惯养成的影响的研究。

(3) 调查法和观察法:调查法用于了解教师、家长对中学生劳动培养的看法以及学生劳动水平的测量。教师运用观察法,了解学生有关劳动的行为习惯的表现。

(4) 经验总结法:总结已有的经验和规律,在此基础上提高、创新,进一步开展劳动技术教育的研究。

五、劳动与技术教育活动过程的撰写

活动过程即回答为什么要选择这样一个主题,可以简要阐述主题形成的经过或起因,简要分析主题的内在价值。在活动背景的描述中,忌将整个课程设置的背景或整个新课程的背景作为一个主题活动的背景,缺乏针对性,不利于教师理清设计思路。

(一)准备阶段

准备阶段的设计要明确的主要工作有以下几个:

1. 成立活动小组

以师生共同总结、归纳的问题为依据设立活动小组,学生根据自己的兴趣、爱好和特长决定自己要参加的活动小组,并由学生民主选举小组长,小组长主持小组的全部活动。

2. 制订活动计划

小组成立后,在小组长的主持下,各组对本组活动的主题进行讨论,在此基础上制订本小组的活动计划。计划的内容一般包括活动主题的名称,预设的活动目标、活动步骤和方法,拟订调查和采访的对象、时间安排和人员分工。可能的话,还应在计划中说明预期达到的成果的形式等。

3. 提出注意安全等要求

小组活动中要注意出行安全以及活动过程中人员安全保障。

(二)实施阶段

实施阶段是实践活动的核心阶段。实施阶段是检验实践活动主题优秀的关键一环,是培养学生创造力的必由之路,通过社会考察、讨论分析、角色扮演、社会洽谈、艺术创作等社会活动方式,引导学生对主题进行探究、发现,使学生从不同角度作出结论。通过丰富多彩的活动,增加亲身体验的机会,获得各种感受。这一阶段要阐明开展什么活动,运用什么方法,时间、地点的安排,注意形成个人富有特色的深刻体验。要预留活动生成的空间,要求学生对生成活动主题、活动目标和活动方式给予足够重视。

(三)总结评价阶段

总结评价的作用在于使学生回忆活动过程。对活动中的辛苦与快乐进行回味,对活动的创造成果进行咀嚼,从而激起学生再次探究的欲望,为下一个主题的开展奠定良好的心理准备。总结评价的内容主要包括活动中的参与度、主动性、创造性程度、发现问题、解决问题的能力、独立工作能力、与人合作的意识、组织能力、承担小组工作情况、对工作完成的努力情况等。总结评价的方式主要以自评为主,同时提倡组评、师评,激励引导学生积极参与下一个新活动。

在总结阶段,各小组应做如下几项工作:

1. 资料整理与归类

各小组对本组成员通过各种渠道收集的资料,包括从网上下载的文字资料、拍摄的图片资料、访谈记录的整理资料、录音录像资料等进行整理与归类。

2. 撰写研究成果

各小组要认真总结归纳,用不同的形式呈现自己的活动成果,其内容包括调查报告、研究报告、研究论文、心得体会、活动感想、活动日记、活动资料的整理与摘抄、访谈实录等。研究成果的撰写字数没有限制,可以根据实际情况来写,这也体现了综合实践活动课程重视学生的参与,强调过程重于结果。

3. 成果展示

可以以班为单位,也可以在全校范围内进行展示,还可走出校门,到社会上去进行成果展示。展示的形式多种多样,可以用论文、调查报告、心得体会、感想、日记、图片等各种资料表现出来,也可以用班级、年级或全校报告会的形式进行汇报,还可以采用各种文艺活动的形式,如短剧、相声、小品、朗诵、歌舞、快板书等进行汇报演出,甚至还可以把学生的各种成果汇编成册向社会进行宣传。成果展示的目的,不是为了宣传学生取得了多么大的研究成果,而是鼓励学生参与综合实践活动的积极性与热情,认可学生的亲身体验。

4. 成果介绍

成果介绍是交流活动成果的常用方式。通常情况下,由小组成员在全班同学面前汇报自己小组的活动成果,介绍活动的过程、收获和体会,回答同学的提问或质疑,并开展讨论。这既是对学生活动成果的检阅,也是对其他同学的促进。

5. 评价与反思

评价时,要设计学生自评与互评。在这一过程中,首先是学生谈在综合实践活动开展过程中的收获、体会、感想以及对活动的建议与意见。然后,由小组成员相互进行评价并做好评价记录。评价时,以总结成绩和经验、肯定活动中的好人好事、鼓励每一位学生的积极性为主,由学生自己组织进行,教师只是起指导作用。最后,在学生自评与互评的基础上,由家长、指导老师和专门从事本课题领域研究的富有教育经验的人员进行评价。评价时,一定要注意重评价学生参与活动的过程,轻研究的结果;重学生参加活动所取得的点滴成绩,轻在活动中出现的缺点;重对取得成绩的学生和在活动中有进步表现的学生进行表扬,轻对表现不佳的同学进行批评。在评价的基础上,注意反思这一重要环节,以促使学生各方面都有所提高,促进活动方案不断优化。①

阅读材料

案例1　田野艺廊②

一、活动主题的确定

围绕学校综合实践活动计划,以邓小平同志"教育要面向现代化,面向世界,面向未来"的课程改革精神为指导,以"热爱家乡,走进自然"为主题,组织学生参观、学习、实践,以及自己搜集资料等形式,让学生了解到稻草的可利用性,学会调查研究和收集资料的方法,拓宽学生的知识面,培养学生的实践活动能力,让学生通过自己的参观、学习、访问、调查研究和经验交流,获得直观、真实的印象,改进教学方式和学习方式,促进学生主动学习、综合学习、探究学习、实践学习,全面提高学生主动适应社会变化的素质和学习、创新的综合实践能力。

二、活动目的

1. 通过组织学生收集资料、调查研究、分析评价等一系列学习活动,认识到稻草资源的可利用性与可开发性,启发学生的探索、创新意识,进行弘扬农艺、发展家乡的思想教育。

2. 通过组织学生对无锡市马山龙头渚实践基地稻草编织艺术的考察、了解与实践练习,培养学生的动手能力。

3. 在活动中教育学生学会互相帮助,互相学习,团结合作,共同进步,形成集体意识,培养团队精神。

三、活动准备

1. 活动前,制订班级活动方案,组织学生做好前期准备工作,收集相关资料,并集体进行分析、讨论、评价。

2. 召集班委会议,布置活动任务,督促各项具体活动顺利开展。

3. 布置学生带好必需用品,记好活动日记。

四、活动方法及过程

(一)组织学生集体讨论,分析相关稻草编织的专题报告和图文信息资料。

1. 由学生各自独立收集相关资料和图片。

2. 小组讨论交流收集的资料,图片,相互学习和补充。

① 李孔文.小学综合实践活动课程论[M].安徽:中国科学技术大学出版社,2009:259

② 彭春香.《田野艺廊》活动方案设计[EB/OL].http://jxjy.com.cn:88/Article_Show.asp? ArticleID=1612

（二）组织学生进行调查、学习和实践。

1. 参加马山龙头渚公园学生综合实践基地组织的系列活动，认识农具，并着重学习、实践稻草编织。

2. 调查并记录该基地内已有的稻草利用情况，了解稻草资源的开发着眼点，结合已有资料，寻找开发思路。

（三）小组交流，讨论各自的感受与收获。

1. 你们在调查、实践活动中，采用了什么样的调查方法，克服了哪些困难？

2. 根据你的调查，你了解了些什么？

3. 通过调查、实践活动，你有些什么新的发现？有什么新的想法？对无锡田野的稻草资源的开发和利用有哪些建议？

4. 评价自己所在小组的分工合作情况，你认为自己在活动中有什么优点和不足呢？在今后的活动中有什么新的打算？

5. 每位学生分别写出每次具体活动的收获和活动反思。

（四）邀请相关专家解答学生疑问，介绍家乡的农田稻草资源的开发利用现状，一方面启发学生对该课题的灵感，另一方面让学生充分地从实际出发，从现实的可行性角度考虑自己的调查报告，以便让学生提出一些有价值的建议和看法。

（五）教师组织学生进行活动的汇报交流。

1. 组长组织学生讨论、交流、研究收集的资料和调查结果，研究自己小组在活动中存在的不足并学习其他组的优点。

2. 学生独立分析调查结果，填写调查表。

3. 学生采用记叙文、研究报告、小论文、资料等形式汇报调查结果。

（六）请学生根据自己掌握的资料，展开自己的想象，大胆地设计出可行的创新方案，或提出一定的有建设性的建议，撰写研究报告、小论文、资料专刊等。

（七）教师与学生一起评价作品，对好的作品与创新方案给予鼓励，推荐优秀作品作为本次实践活动的成果，可进行小范围的展览。

（八）让学生根据此次活动的感想写一封给农业局长的信，谈谈如何充分利用现有的稻草资源，帮助农民用小稻草做大文章，从而提高我们的农业经济效益。

案例2　菊花栽培造型系列活动①
——将研究性学习与劳技教育、社会实践相结合的一个案例

《菊花栽培造型》是上海市第二期课程改革初中《劳动与技术》新教材中的一

---

①　郭元祥.综合实践活动课程设计与实施[M].北京:首都师范大学出版社,2002:232

项内容。本内容的教学要求是:学生通过教师的讲解和示范,学习花卉栽培中的上盆操作技能(包括选盆、垫盆、铺土、栽苗、整理、浇水等几个技术点),在条件许可的情况下,发放菊花的幼苗给学生操作,之后,由学生分散在家中进行菊花的养护。

作为一个有着二十多年教龄的老教师,我熟悉也喜欢上这样的课,多年来摸索了一套自成一体的教学方法,几轮下来教学效果也相当不错。但在这样的教学中,学生仍然是"跟我学,跟我做",并没有完全摆脱你教我学的学习方式,与新一轮劳技课教改中强调的"使学生从学会技术变为会学技术",显然是有差距的。我设想,如果以菊花栽培造型和养护作为学生学习和探究的任务,以这样真实、具体的任务为教学的出发点,学生就有可能真正地动手、动脑、尝试、探索,由学会技术到会学技术,并在过程中体验劳动的美丽与创造的快乐,为终身学习打下基础。带着这样的想法,我在学校的预备年级和初一年级中展开了这样的专题学习活动。

一、展示厅:老师精心布置,学生跃跃欲试

"展示厅"是由我和学校的电教老师一起制作的一段录像短片——《走进菊展》。短短十五分钟的录像中,搜集了盆景菊、大丽菊、塔菊、悬崖菊、案头菊等学生平时不常见的菊花品种和造型,其中大部分是我从专业书刊中搜寻或平时观看菊展时积累的资料,还有部分是从因特网上直接下载的。

活动开展的第一阶段,我特意安排时间组织学生"参观"展示厅。说实话,我们的学生对菊花并不陌生,上海的街心花园、绿地常常有种雏菊的,上海人家中也常常爱在花瓶中插上些白色或黄色的菊花。但"展示厅"中如此婀娜多姿、绚烂多彩、形态各异的菊花,很多学生还是头次见。观赏中,学生不时地发出"啊"、"呀"的惊叹声。

在学生的感叹、惊讶之际,我将录像中涉及的每个菊花种类的特点等做了简单的介绍和说明,并特别交代,案头菊看似单调,但其实造型变化大、生长周期短,而且是众多菊花中最容易养护的一种,一般初学者往往都会选择它。

学生跃跃欲试,我就势布置第一项学习任务:搜集有关案头菊种类、造型、养护等资料,三天之后互相交流。

花卉栽培的起步阶段不是传授菊花知识与栽培技能,而是老师提供相应的资料,创设一个具体的情境——菊花展示厅,使学生原有的菊花知识与展示厅中的现实产生强烈的反差,激起创作的欲望和思维的积极性。

老师"适时"布置学习任务,让学生在开放的条件下,通过查阅资料、上网等方式主动参与来认识菊花,所以在开始种菊花的时候,学生对菊花的认识与一般的不同,同时也使学习劳技的过程成为非常有意义的探索与解决问题的过程。

二、信息库：老师提供方便，归纳总结，学生多方"出击"，互帮互学

在对菊花栽培产生浓厚兴趣的基础上，第二阶段的学习活动安排为学生广泛地查找有关菊花的信息资料。作为老师，我除了提供一些学生查找资料的线索，还提供了一节课的时间，用于学生之间相互交流、分享信息。

很多学生利用了平时课外或者双休日的时间，在家中或到书城、新华书店、图书馆等地方查找有关菊花的书籍；父母或家中老人爱好养花的同学随父母、祖辈一同逛花市，有目的地询问花匠花卉的知识与技能；家中有电脑的同学通过上网点击相关内容，查询菊花的资料；有些同学还向自己的亲朋好友作技术咨询，等等。同学们利用各种途径，多方"出击"，在寻找菊花资料的过程中，了解、学习了许多菊花栽培、养护的知识和一些基本技能。

课上，学生从菊花的栽培历史、菊花的栽培技术、菊花的特性、菊花的用途、病虫害防治、欣赏评价等多个角度进行了交流。我对于学生的学习热情、主动探究问题的态度予以充分的肯定，并选择了一些视角比较独特的、涉及一些菊花栽培与养护关键点的和花费了很多时间查询资料的，由这些资料的提供者在班中进行交流，分享信息。当然，这样做的目的也为了使学生在共同感受的基础上加深对案头菊有关知识与技能的理解。一位学生说的："找到菊花的资料后，在班级中大家交流养花的资料、来源以及自己找到的书的好处，为那些还未找到的同学指引方向。在交流中，大家互相吸取其他同学资料的内容与优点，进一步改进了自己的资料内容。这样，我们取长补短、互帮互助，收获也更大了。"

在学生的热情和期待之中，我将学生的资料与思考归纳为两点：一是菊花的上盆技术；二是菊花造型以及养护控制。这两点是本次菊花栽培造型活动中两个非常关键的技术学习要求。本节课中我也希望通过师生互动式的归纳，使学生能带着这两个问题进入"工作室"。

在研究性学习中，老师和学生的关系发生了本质的变化，教师和学生之间建立了一种新的关系，创造了一种新的学习文化，老师体验着从知识传授者向学生学习的组织、指导、管理与参与者的角色转换。

教师的核心作用不在于给学生传递知识，而是引发和促进学生的知识建构活动，这种教学不是从教师、从书本出发的，学生是教学活动的中心。但另一方面，教师不是跟在学生思路后面的追随者，而是基于学生的反应采取具有引导和促进作用的、积极的教学策略。教师是教学的组织者、促进者与监督者，需要把教学内容、学生差异、教学方法和教学环境设计等方方面面的因素协调起来。

三、工作室：老师示范、点拨，学生操作、创造

学生进入"工作室"后的学习分为两个阶段：第一阶段，上盆；第二阶段，养护。

1. 上盆

上盆是劳技课中的教学重点,也是这次菊花栽培活动的技术难点,我的安排是:组织学生看录像带和观察教师的示范操作之后进行实际操作。

录像带目的是在于让学生了解上盆的一般程序——垫盆、铺土、栽苗、整理和浇水;老师的示范操作是加深学生对于上盆的印象,操作中我将一些关键动作如花苗定位、压土方法、适量填土等均以实物投影仪在大屏幕上向同学们展示,目的在于解除同学们各种各样的疑虑和不敢下手的心理障碍,当然,期间也对一些学生进行个别辅导,并结合我的经验不时地教学生一些小窍门,如填土时注意土的松紧,使秧苗种进泥土后有新鲜的空气呼吸等。

2. 养护

我们将同学栽培的菊花进行集中养护。前期,每天早晨给菊花浇水,做养护记录;定期给菊花施肥——撒营养液,喷杀虫剂;大雨过后,要清除积水。养护过程中,很多学生运用相关知识对菊花的生长发育作一些调整:如喷矮壮素,使菊花叶片肥厚浓绿;浇水时,适度松土,使菊花充分吸收养分,等等。

为了保证案头菊的造型,我提醒学生在发现幼苗长了侧芽或主花蕾以下的小花蕾时,要趁早搞去侧芽,抹去小花蕾,使养分集中输向主花蕾,花苞硕大。一个小组的同学为了证实这个结论,做了抹去与不抹去小花蕾的对比试验,同时做一周两次的记录。结果发现菊花开花时反差很大,抹去小花蕾的案头菊中最大的花朵直径竟然达到 21 厘米,而没有抹去小花蕾的那株有三朵花,明显小了许多,平均直径只有 7.8 厘米。事后,学生对我说:老师,正确栽培很重要,而且重在实践。

可以说,集体养护进一步增强了学生对菊花栽培的再认识,也培养了学生一种做事的责任感。当然,学生在其中表现出的很多动手动脑的探究精神、同学之间互帮互学的合作意识是我始料未及的。

在学生种菊花的过程中,老师引导观察做记录,这些比以前的劳技教育深化了。将劳技教育与对自然界对生物的研究与考察结合起来,学生不是单纯地学技能,这是本次系列活动非常有价值的地方。

栽培菊花对学生而言是一项真正的任务,完成任务活动的本身蕴含着丰富的、极大的教育价值,它使学生参与了许多能引发思考的活动,促使他们对问题或现象进行探索和解释,以各种方式精细加工他们对信息的理解。在学生与教师间的对话、交锋中,学生获得意义、形成理解、产生知识,组织"经验"的文化内容,获得智慧的发展与社会化的成熟,并由此获得一种个性化的学习经验。

四、交流会:社区、老师共搭台,学生价值获认可

经过将近三个月的精心养护,学生们种的五十多盆案头菊已是像模像样的

了。为了让学生们的劳动成果得到应有的承认,我们菊花栽培系列活动的最后一项议程是菊花的义卖。

菊花义卖的地点选择在与学校一墙之隔的海棠小区。海棠小区是上海市学习化社区的先进试点单位,与学校有着很好的关系。两年来,小区居民经常来校参观半支莲(太阳花)、大丽菊、草莓、无土栽培番茄、黄瓜系列的展览,作为劳技老师的我们也经常应邀去小区为居民义务讲课,指导家庭养花。去年,小区和学校联合举办了一次花展、一次无土栽培展览,得到了园林专业人员的高度评价。在我和一些学生共同与小区居委会商量后,我们决定将义卖后的钱款捐给小区中的两户人家:一户是烈属,一位孤老太,还有一户是小区内的特困家庭。

其实早在活动之初,我和一些学生就已经多次去小区居委会商量菊展义卖的有关事宜了,比如菊展的时间、地点、规模、设计与布置等。还有一些学生则到花市了解菊花的买卖行情。

10月30日,一个阴雨绵绵的早上。我们把菊花、展览架、大型展板等运到海棠小区。同学们分成好几摊,有的介绍菊花养护的有关知识;有的忙着做"老板"收钱,拿袋子;有的已经在统计义卖的钱了……约摸两个小时后,花架上的菊花就卖得差不多了,数一数一共197元。

一些学生高兴得跳了起来,虽然数目不大,但却是学生们近三个月劳动的成果。最后在居委会的安排下,我们派了两位同学亲自将钱交到了一位孤老和一户特困家庭手中。

种了菊花以后,拿到学校所在社区展览,是将学生的研究成果、劳动成果让大家分享,对学生而言是一种自我价值的认可,是一次美的获得、美的享受的过程。展览以后的义卖活动中,老师与学生共同布置卖场,学生自己来做卖主,有的还与居民来谈价格,学习了社会交往的能力。义卖最后的献爱心,使整个系列活动的境界得到了升华。以前献爱心是学生问家长要钱,而这次是学生劳技学习与研究性学习的成果,意义与一般的献爱心活动层次是明显不同的,学生对爱心的境界和体验感悟也是不一样的。

研究性学习实施渠道很多,将它与劳技教育与社区服务很好地融合起来,不仅提高了劳技教育社会实践层次,而且能结合学校特色,很好地利用当地和学校的资源。同样,这也是一个初中生能很好地融入社会、服务社会的过程,这种活动是值得推荐的。

本章小结

劳动与技术教育是综合实践活动课程的四大领域之一,是以学生获得积极劳动体验、形成良好技术素养为主的多方面发展为目标,以操作性学习为特征的学习领域。劳动与技术教育是素质教育中一个极其重要的方面,对培养学生劳动观念、磨炼意志品质、树立艰苦创业的精神以及促进学生多方面的发展具有重要作用。通过本章学习,学生能够了解劳动与技术教育活动的课程目标、特征和内容,理解劳动与技术教育活动设计的理念及基本要求,掌握劳动与技术教育活动方案的撰写。

思考·探究·实践

1. 简述劳动与技术教育活动的课程目标、特征和内容。
2. 简述劳动与技术教育活动设计的理念及基本要求。
3. 设计一个劳动与技术教育实践活动方案。

拓展阅读:

1. 郭元祥.综合实践活动课程设计与实施[M].北京:首都师范大学出版社,2002.

2. 刘明远.21世纪,谁来教综合课——谈新课程结构的重建[M].北京:北京大学出版社,2002.

3. 李孔文.小学综合实践活动课程论[M].安徽:中国科学技术大学出版社,2009.

4. 乐素芬.论综合实践活动课程框架下的劳动与技术教育[J].中国教育学刊,2007(8).

5. 谭慧英.关于综合实践活动课程教学设计的几点思考[J].山东商业职业技术学院学报,2006(8).

6. 傅荣.中小学综合实践活动课程开发与教学实施之我见[J].教育导刊,2004(9).

第八章 信息技术教育活动方案设计

学习目标

1. 了解信息技术教育活动主题的生成方式
2. 掌握中学信息技术教育活动设计的要求
3. 能综合运用信息技术教育的理论来分析信息技术教育活动的设计与实施过程

案例：孩子世界的启迪

曾经有一个记者在家写稿时,他的四岁儿子吵着要他陪。记者很烦,就将一本杂志的封底撕碎,对他儿子说:"你先将这上面的世界地图拼完整,爸爸就陪你玩。"过了不到五分钟,儿子又来拖他的手说:"爸爸我拼好了,陪我玩!"记者很生气:"小孩子要玩是可以理解的,但如果说谎话就不好了。怎么可能这么快就拼好世界地图!"儿子非常委屈:"可是我真的拼好了呀!"记者一看,果然如此! 不会吧? 家里出现了神童? 他非常好奇地问:"你是怎么做到的?"儿子说:"世界地图的背面是一个人的头像。我反过来拼,只要这个人好了,世界就完整了。"

综合实践活动课程超越传统的个体学习,倡导群体合作、资源分享、信息交流的学习方式。信息技术扑面而来,它已开始渗透至人们的生活、工作、学习等方面。它已不再是人们认识的计算机那样一个工具角色,正在为人们悄然铺设着整个社会赖以生存和发展的统一平台。今后的世界,没有信息技术,寸步难行。因此,只是计算机技术课程或信息技术课程的知识传授已不能满足社会对人们的生存所必备的知识、能力和道德的要求,这就迫使学生在更广阔的范围内去学习和使用信息技术,使之内化成为他们的生存素质。与综合实践活动的整合就是它的必然选择。综合实践活动课程依托信息技术,能够形成一些有效的课程支撑,在综合实践活动中恰当引入信息技术,就一定能够使课程更丰富、更充实,也更精彩。如"用照片记录课程"、"电子杂志"可以作为主题成果汇总的利器；"微博"、"博客"能够迅速记录所有有关课程的点滴感受和灵感。信息技术不仅仅是综合实践活动开展的重要工具，还是综合实践活动能够有效实施的有力保证。作为综合实践活动的重要领域，信息技术教育具有其独特的价值、目标、内容与活动方式。信息技术教育的根本目的在于将信息技术内化为学习者的信息素养，掌握数字化技术为终身学习奠定基础。

第一节　信息技术教育活动主题的生成

一、以信息技术为探究领域设计主题活动

在国家基础教育课程结构中，把综合实践活动设为必修课程，并把信息技术教育作为指定的学习领域之一。信息技术从学科课程的角色转变为活动课程中的学习领域，其课程的地位和作用发生了重大的变化。信息技术从原有的知识性、技能性、操作性的学习目标，转化为兼有知识性、工具性、实践性与体验性的学习领域。综合实践活动把信息技术教育、研究性学习、社区服务与社会实践、劳动与技术教育作为课程指定的学习领域，并要求以综合的方式设计和实施四大指定领域，研究在基础教育阶段如何实施信息技术教育、如何借助信息技术手段提高综合实践活动课程实施的有效性，在综合实践活动主题设计过程中充分发挥信息技术的作用，科学、合理地将信息技术与其他各学习领域融合在一起设计活动主题。

信息技术作为综合实践活动的重要学习领域之一，具有很强的实践性、生成性和可操作性等特征。在该领域实施探究学习，对综合实践活动课程目标的达成具有明显的优越性。不论综合实践活动的内容和组织形式如何，其课程实施的目标都是围绕着发展实践能力，发展知识综合运用和创新能力，养成合作、分享、积极进取等良好的个性品质。信息技术作为一种认知工具和学习手段，其自身也是一门不断发展的科学技术，随着科学技术的发展，信息技术也将不断涌现出新的内容，这也成为综合实践活动深入探究的学习内容。以信息技术为探究领域设计研究性学习可以有以下两种模式：

（一）任务驱动模式

信息技术教育作为综合实践活动的重要学习领域，其主要目标在于全面提升中学生的信息技术素养，掌握信息技术时代所必需的信息技术知识和技能，使

学生具有获取信息、传输信息、处理信息和应用信息解决问题的能力，进而达到能有效利用信息技术作为支持其他学科的学习和终身学习的工具。实践证明，任务驱动模式是学习掌握信息技术知识、技能的有效方法。这种模式是围绕某一主题型内容进行较广泛、深入的学习与研究，并要求通过已构建的专题学习网站来培养学生的创新精神和实践能力。这种模式的学习过程一般为：教师提出学习要求，学生利用已制作好的专题学习网站资源进行自主与协作学习，针对某一专题进行研究；学生利用网站提供的形成性练习检测自己的学习效果；学生的学习成果（多为网页）在网站的交互平台展示、评价，修改后整合为网站资源，丰富和完善原有的学习网站。以任务驱动的模式设计信息技术学习领域的活动主题，有利于学生亲历实践操作、驾驭信息技术的体验，对信息技术知识和能力的建构具有很好的效果，同时对生成性目标的达成也具有很强的实践意义，这符合综合实践活动课程目标要求。

（二）问题解决模式

综合实践活动是以问题解决为主线开展活动的，而问题的提出可以是预设和生成两种形式。信息技术作为一种实践性、发展性的学习领域，对于预设和生成探究主题的问题具有许多良好的素材。例如：如何制作艺术字美化学习园地，如何利用 EXCEL 的数据处理功能自动分析学生成绩，如何利用信息技术模拟学科实验，如何利用音像处理软件制作课件素材等。如"全国中小学信息技术创新与实践活动"模式可以为综合实践活动设计活动主题所借鉴。随着信息技术和智能技术的迅猛发展，信息技术手段在学生学习、生活中的渗透和作用日趋明显，信息技术越来越成为学生的身边事、关心事、感兴趣的事、好奇的事。以信息技术的应用创新为主题，是组织综合实践活动的良好素材。学科教师应充分利用网上备课工具，将课程资源用网页的形式表现出来。如计算机教师要建立一套通用的校园网络交流平台，如 BBS、留言板、公告牌、聊天室等，可以供教师与学生网上讨论、交流以及资料的共享；学校要建设一批本校的小型主题资源库，能提供教师和学生进行资料的上传与下载。

二、以信息技术为学习手段开展主题探究学习

以信息技术为手段设计主题活动，变接受式学习为自主学习、探究学习、合作学习，为学生的学习构建了开放的平台。当前，基于信息技术自主探究学习的模式有以下几种：

（一）网络环境支持研究性学习

随着现代信息网络技术的发展，如何利用网络的开放性、丰富性、主体性、生成性等特征，构建学生自主学习、探究学习、合作学习的平台，运用信息网络技术

培养学生获取信息、传输信息、处理信息和应用信息解决问题的能力，最终达到实践创新的目标，这正是综合实践活动要研究的课题。网络环境是开展综合实践活动的有效资源，当前基于网络环境下研究性学习的成功模式是英特尔未来教育。该项目是以问题为主线，以活动为载体，以自主探究、合作学习为方式的学习实践活动。学习的内容基于学生自身兴趣的问题、亲历的事件，学习的资源基于丰富的网络信息和各类图书资料及学生的自身生活经验。学习方式以自主学习和协作学习为主，学习效果特别注意学生制作具有创造性的电子作品。这样的专题学习网站不仅为学生提供了较为完备的知识系统，还创设了自主学习和协作学习的良好环境，可以充分拓展学生的兴趣与学习自主性。学习的基本步骤包括以下几个阶段：确定问题、策划单元计划；收集资料、处理采集信息；构建学习成果、创建作品集；作品展示交流、讨论完善；作品评价，自评、互评、师评。在整个项目活动过程中，强调学生的自我探索、自我发展、自我研究的作用，强调学生的独立性、自主性和利用评价工具自我评价的能力。该项目实施的成功经验还在于可操作性强，便于师生活动过程的把握和操控。这一成功模式应该成为综合实践活动主题设计的有效借鉴，这也是综合实践活动走向常态实施的有效途径。

（二）技术与学科整合的研究性学习

综合实践活动指导纲要虽然对综合实践活动课程规定了指定学习领域，但同时也指出了综合实践活动与各学科领域的密切联系：学科领域的知识可以在综合实践活动中延伸、综合、重组与提升，综合实践活动中所发现的问题、所获得的知识技能可以在各学科领域的教学中拓展和加深，有时综合实践活动可与某些学科教学相融合。基于此，教师在引导学生设计综合实践活动主题时，可以努力挖掘学科课程中良好的素材，借助信息技术这一有利工具，结合学科课程的问题、难题，设计技术与学科整合的研究性学习主题。可使用的课件制作软件主要有 PowerPoint，Flash 等，其中 PowerPoint 是一款优秀的演示文稿软件，能够制作出集文字图形、图像、声音以及视频等多媒体元素于一体的演示文稿，可以很方便地输入文字、图片、表格等。它不需要很强的专业能力与技巧，只需经过简单的培训就可以很快做出图文并茂、色彩丰富、表现力和感染力都很强的作品，适宜于教学、报告和演讲等场合。如利用 PowerPoint 制作的《历史》教学中的双语教学课件。利用 PPT 来组织这样一堂课，可以将图片、视频、文字资料整合在一起，可以让课堂更加生动有趣。在 PPT 中这段台词是十分容易理解的，由于它的语言形式，我们可以在课堂上对这段台词进行朗读和背诵，是培养学生学习英语和历史兴趣的好方法。信息技术与学科整合已有许多成功的案例，都可以为综合实践活动主题的设计所借鉴。但必须注意的是，信息技术在此并不是纯技能的角色,而是学科学习和教学的方法论。

(三) 基于网络的校际协作学习

综合实践活动课程的有效实施不仅要积极筹建和广泛吸纳各种有效的课程资源,而且要对已有成功经验的课题成果加以有效借鉴。基于网络的校际协作学习研究是教育部"十五"期间重点课题《基于现代信息技术环境下学与教的理论与实践研究》下的一个专项课题。该专项课题以实现"校校通"工程目标为宗旨,探索适合我国学校教育的信息技术环境下的学与教的理论与方法。开发了基于网络校际协作学习课程,提出"校校通"工程课程资源中校际"协作学习或交流学习"课程开发的标准模式,并开发了五门标准课《小灵通信息台》、《儿童自然探奇》、《全球华语学校》、《爱迪生学校》、《我们只有一个地球》。这些标准课程为实验学校自主设计校际协作学习课程和活动起到很好的范例作用。校际协作学习是增进学生与社会、学生与他人、学生与异域文化沟通的有效途径和方法。探索和构建基于网络的校际协作学习活动主题,应当成为综合实践活动走向常态实施的一种模式。

三、以信息技术为展示平台深化主题活动

活动成果的展示交流是综合实践活动课程实施的重要环节,在综合实践活动主题实施过程中,既要注重学生活动中的过程方法体验,也要重视活动成果的展示交流。从某种意义上说,学生更重视自己的活动成果。为学生构建有效的活动成果展示、交流平台,有利于学生的认识和体验不断深化,有利于激发学生的创造性火花,有利于学生产生新的活动目标和活动主题,综合实践活动的课程形态也随之不断完善。如何构建活动成果展示、交流平台,信息技术是最有效方法之一。要求学生把自己的活动成果及过程性方法、体验通过信息技术手段呈现出来,既便于交流又能锻炼学生的信息处理能力。以信息技术为展示平台设计活动主题的做法有以下几种:

(一) 通过演示文稿、网页等形式展示、交流活动成果

演示文稿和网页可以承载多种形式的文本、图片及视频信息,综合实践活动实施的最终成果表达形式通常有:实验报告、论文、调查报告、反思性小结、心得体会、实物作品、演讲、晚会及过程性的视频纪录片等。这些多数可以通过创建演示文稿的形式来表达。如果是文献资料类,文字量大的则可通过网页或WORD 文档的形式来承载。实物作品除了现场展示外,也可通过图片形式插入文档中形成图文并茂的展示作品,必要时还可在演示文稿或网页中加入视频短片的形式来呈现过程性活动。

（二）通过建立专题网站的形式，把活动的全过程和最终成果呈现出来

有条件的学校可以在校园网中为综合实践活动主题开辟空间设立专题网站，并要求活动小组在专题网站中动态地呈现过程性的活动情况。这样既便于同一活动主题各小组间的交流，也有利于不同活动主题之间的相互学习和相互借鉴。《综合实践活动指导纲要》明确指出综合实践活动的实施过程中要积极运用网络技术等信息技术手段，以拓展综合实践活动的时空范围，提升综合实践活动的实施水平。借助专题网站平台设计活动主题，主要基于以下三个目标：一是资源共享，学生在综合实践活动过程中搜索和采集的各种资料，应视为有效的学习资源，把各类活动主题的学习资源集中在一起通过专题网站重新再现，可作为综合实践活动的课程资源，并在更大范围内实现共享。二是信息交流，综合实践活动的过程，实际上是学生的心智沟通的过程。学生与自然、学生与社会、学生与他人、学生与自我有何感言和感悟，都需要一个交流的平台。那么，通过专题网站就能够进一步拓宽这种交流的时空界限。三是合作学习，合作学习、合作探究是综合实践活动极力倡导的学习形式。有许多新知识在合作学习中建构，有许多新体验在合作探究中产生，有许多创造性的思维在合作交流中迸发，有许多新的活动目标和活动主题在合作讨论中生成。而专题网站的设立，正为这种合作提供了有效平台。

（三）用DV作品真实呈现主题活动的全过程

综合实践活动的组织实施是以三条线索、四大领域及丰富多彩的非指定领域来组织活动内容的。其活动内容的丰富性、多样性难以都用文本或图片的形式来表达和承载。比如一场精彩的辩论赛、一次劳动技术锻炼、社区活动和文艺表演等活动。为了充分展示这些活动给同学们带来的感悟和场景体验，可以通过DV作品的方式来呈现和分享活动成果。把一个小制作的过程步骤用DV作品重复再现供他人学习，把一台文艺表演和一场激烈的辩论赛用DV真实记录，供不同学段的学生欣赏，让一次难忘的探险经历留下足迹，供事后回味撰写后记。总之，把一个成功的活动案例制作成DV作品，既可培养学生动手体验影视作品创作的基本方法，又能为综合实践活动的长效实施积累丰富的课程资源。

综上所述，信息技术是综合实践活动各学习领域融合实施的有效粘合剂。在信息化进程日新月异的时代，我们应当充分借鉴和利用信息技术领域已有的研究成果，为综合实践活动的有效实施、常态实施发挥应有的作用。

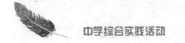

第二节　信息技术教育活动方案设计的要求

　　2001年6月《基础教育课程改革纲要(试行)》在规定新课程的结构时,将综合实践活动作为从小学至高中设置的必修课程。信息技术教育被规定为综合实践活动课程的内容之一,并强调在课程的实施过程中,加强信息技术教育,培养学生利用信息技术的意识和能力。那么,如何理解作为综合实践活动课程领域之一的信息技术教育活动方案设计的要求——信息技术教育活动方案设计要体现它的特点,这是综合实践活动研究必须回答的基本问题。信息技术教育具有自身的特点,它不仅有着自己的目标、任务,而且还是综合实践活动实施的基本手段、工具,融入综合实践活动之中。信息技术教育活动方案设计的要求体现在以下几个方面:

一、活动方案设计的综合性

　　信息技术教育与综合实践活动的整合,它强调理论与社会、科学与生活实际的联系,关注学生身边的环境问题、现代生活问题、社会发展问题,要求学生在实施过程中,亲身体验,亲自实践,自主活动,并需要学生具有一定的组织策划能力,能与人合作、交往,具有分析问题、解决问题的能力,具有收集和处理信息的能力以及语言、文字表达的能力,具有责任感和意志力等素质。使他们通过亲自经历、实际操作与活动实践来获得探究问题、与人交往的能力,以及正确的情感、态度与价值观。作为综合实践活动课程的学习领域之一,信息技术教育的目标是培养学生的信息素养,而信息素养是一种综合能力,信息素养的培养不能局限于信息技术教育内容的教学,还应面向学生的整个生活世界,不仅要为学生利用信息技术解决现实生活问题提供机会,还要帮助学生提升数字化生存的综合素质。信息技术教育的学习内容与其他学科课程密切相关,在学科课程和综合实践活动中应用信息技术解决问题,能更好地培养学生的信息意识和信息能力,彰显信息技术教育的价值。因为信息技术教育既是综合实践活动的重要内容,又是开展研究性学习、社区服务与社会实践等综合实践活动的重要手段,因此,学生在利用信息技术进行学习、创作的过程中,要充分发挥个体的主观能动性,综合运用各种学习方式,特别是网络环境下的自主学习、探究学习、协作学习等,以培养创新精神和实践能力。

二、活动方案设计的实践性

培养学生应用信息技术解决实际问题的能力是信息技术教育的核心目标，而"做中学"是实现这一目标的主要方式，这体现了信息技术教育的实践性特征。信息技术的基本技能需要学习者反复操作练习，以获取直接经验，为解决现实生活问题打下基础。这种以信息实践为主的基础学习常采取项目引导、任务驱动、主题活动等形式，选取模仿学习、问题解决学习、体验学习、游戏学习、探究学习、实验学习、设计学习等方式进行个人的、小组的、集体的以及多种形式相互融合的学习活动。综合实践活动联系着一个群体，群体中成员的协作学习就是小组成员之间、小组之间、学生和教师之间通过研究、讨论和交流等进行教和学的一种方式。学生通过协作去实现知识、方法、思想的交融，对人与人之间的关系有了深入的了解，彼此间使得学习的交流更加简洁、及时高效，使学生能集思广益，取长补短，以谋求在各自需要的方向上发展。在综合实践活动中，信息技术作为一种辅助实践的工具手段，不但能有效地提升学习者解决现实问题的能力，还能帮助学习者探究信息技术与社会生活、自身的关系，逐步养成数字化生存必需的信息意识、情感和价值观。信息技术为学生提供了极为丰富的电子化学习资源，学生通过自身的努力去学习就是自主式学习。而探究式学习则是学生利用信息技术的检索服务功能，通过对相关信息的收集、处理、交流，从而获取知识，完成探究任务。

三、活动方案设计的开放性

信息技术教育与综合实践活动的整合的开放性，集中体现在学习环境、学习内容、学习过程和学习时间的开放。以多媒体技术和网络技术为代表的信息技术对教育的渗透，主要体现在学习环境的变革。信息时代的学习环境呈现出数字化、网络化、多媒体化和智能化的技术特征，为信息技术教育营造了开放的教学环境，也拓宽了综合实践活动的时空范围，为学生提供了开放、自由、个性化的学习空间。信息技术教育的目的不在于训练学生掌握某种软件工具的用法，而是培养学生利用信息技术解决问题的意识和能力，从而理解信息社会的信息文化，更好地学会生存。综合实践活动的学习内容是多方面的，有来自学科知识的巩固、运用和验证的学习，也有来自学生兴趣、爱好、特长的学习，还有来自社会问题和学校常规教育等方面的学习，充分满足了学生的各种需要。学习内容的开放，使得学习过程和学习时间的开放成为可能，学生可以依据自己的兴趣和爱好，按自己的学习需要、学习速度和计划，适时地选择参与学习的时间，进行自主的、个性化的、跨时空、超链接的学习。因此，信息技术教育的学习内容不应受教材的限制,而应以信息技术为基础,基于学习者的需求和特点,开放地设计学习活动,让学生在做中学,在设计中获取经验,在协作和创造中收获成就体验,在评价中学会反思。

四、活动方案设计的文化性

信息技术是人类的一种文化财富。信息技术在凝结一定的原理和方法、体现科学性的同时,携带着丰富的文化信息,体现着一定的人文特征。信息技术文化不仅包括信息技术的基础知识和应用方法,还包括与信息技术相关的行为、道德、法制、价值观等文化要素。信息素养作为信息社会的文化基石,是人类在信息社会生存的基本素质。因此,信息技术教育一方面注重学生对信息及信息技术基础知识、基本技能的主动建构,注重与信息素养相关的认知能力、判断能力、想象能力、批判能力、创造能力以及应用信息技术解决实际问题能力的有效培养,还注重激发信息技术所蕴藏的艺术感以打动学生的内心;另一方面,信息技术教育注重学生对信息道德、信息伦理、信息文化的感悟与内化,引导学生形成积极的有关信息时代的世界观、人生观、价值观,增强他们的网络道德观念和责任心,养成利用计算机和网络开展学习的良好行为习惯,利用信息技术手段积极主动开展收集信息、判断信息、处理加工信息、表达信息、创造信息、合情合理地传播信息的综合信息能力。这不仅是终身学习的基础,还是学习者学习各类学科课程和综合实践活动的文化基础。信息技术教育帮助学习者适应信息文化新环境,具有奠定全民文化基石的文化价值。

五、活动方案设计丰富学习者的生活方式

综合实践活动是一门面向学生真实生活领域的经验性、实践性、综合性、发展性的课程,关照学生的发展是其基本旨趣所在。在信息时代,学生的真实生活世界不仅包括现实社会,还包括由数字技术构建的虚拟社会。那些在数字时代出生并成长着的儿童常常被称为"数字土著"(Digital Natives),他们不仅生活在现实的世界中,还生活在另一个星系——那个由网站、电子邮件、短信和移动电话组成的数字宇宙中。可见,如何在数字世界中处理人与数字化自然、人与虚拟社会、人与虚拟伙伴以及人与虚拟自我的关系,成为新一代学习者数字化生存的挑战,也为教育带来了新的命题。作为综合实践活动课程的一个领域,信息技术教育应该密切学习者与虚拟社会生活的联系、提供亲历体验数字化生活的机会、培养学习者数字化生存的能力、发展学习者利用信息技术进行创新活动的能力。

六、活动方案设计为终身学习奠基

"终身学习"和"学习化社会"概念的提出,要求教育突破学校教育的狭隘眼界,将教育扩展到人的一生,并与社会密切结合,让"学会学习"成为每个人的基本生存能力。如何在浩如烟海的信息海洋里寻找信息、利用信息解决问题,成为信息社会人们面临的挑战。信息技术不仅改变着人们的生产方式和生活方式,也改变着人们的思维方式和学习方式。以信息能力为核心的信息素养,与"读、写、算"三大基础学习共同构成了信息社会的文化基石,成为人们进入信息社会的通行证,是信息社会每一个人赖以生存、生活和学习的基本素养。信息素养是一个含义广泛、综合性极强的概念,主要由信息意识与信息伦理道德、信息知识和信息能力三部分构成。其中,信息能力是信息素养的核心成分,是指利用信息技术手段积极主动开展收集信息、判断信息、处理加工信息、表达信息、创造信息、合情合理地传播信息的综合信息能力。学生作为学习者必须学会先清理自己的概念和思想,同时对分散杂乱的信息进行整理,然后选择一种交流的方式。要作为一个成功的交流者,还必须学会与别人分享最原始的、未经过加工的信息和经过加工的信息,同时还需要掌握交流所需要的社会技能和方式,活动成果交流往往需要选择合适的方式演示和表达自己的信息,如图片、文字、口头报告、表格等,或者多种形式的结合,因此能够促进学生从信息中获得对符号表征的理解以及应用信息的能力。信息素养不仅是终身学习的基础,还是学习者学习各类学科课程和综合实践活动的文化基础。信息技术教育正是以信息素养为培养目标,鼓励学习者转变学习方式,发展终身学习的意识、习惯和能力,以适应信息文化新环境。

七、活动方案设计促进课程形态的多样化

2000 年 10 月,教育部决定将"信息技术课程"列为我国中小学必修课,并从2001 年开始,用 5~10 年时间,分三个阶段在全国普及信息技术教育,以信息化带动教育的现代化,努力实现我国基础教育跨越式发展。此时,信息技术教育是以开设独立的信息技术学科课程为主,脱胎于传统的以计算机知识为核心的计算机课程,其目标、内容、学习方式、评价方式等课程元素都有据可循。然而,从实践上看,信息技术课程或过于重视信息技能训练,或过于追求看似"枯燥又无用"的程序设计等计算机高端技术的讲授,这些课程内容因远离学生的生活而为学界所诟病。信息技术教育的理想境界是使学生在学习和生活中,自觉、流畅、健康地参与信息技术和文化的实践。因此,开展信息技术学科课程,以信息技术教育为核心的综合实践活动以及信息技术与其他课程的整合活动等都是实施信

息技术教育的途径。

在此意义上，信息技术教育无论是作为独立课程还是作为综合实践活动课程的一个领域，都有其重要价值。前者通过信息技术基础训练和信息环境实践培养学习者的基本信息素养，追求将信息技术文化内化为学生的基本素养，使学生更好地适应信息社会；而后者将信息技术教育置于综合实践活动中，不仅在各类综合实践活动中培养学习者利用信息解决现实问题的综合能力和创新精神，还密切联系学习者的生活，发展学习者在信息社会生存的情感、态度和价值观。信息技术教育丰富了课程的形态。

阅读材料

案例：初中综合实践活动课程《走进戏曲大舞台》

活动背景：

中国的戏曲，源远流长，有着鲜明的民族风格，浸润了伟大的民族精神，是中华民族文化的瑰宝，也是世界文化的一个重要组成部分。她以富于艺术魅力的表演形式，为历代人民群众所喜闻乐见。全国许多地方都有自己的剧种，可谓百花齐放，异彩纷呈。据统计，全国现有的戏曲剧种约有三百六十多种，传统剧目数以万计。随着社会生活的发展，电影、电视和影碟机的普及，流行文化在群众文化生活中占据了绝对主流的地位，中国传统戏曲艺术受到极大冲击，正在一步步走向衰落。特别是青少年一代，喜爱、向往、崇拜的大都是流行音乐、港台明星、言情武打剧等。戏曲在年轻一代的眼里，差不多成了"出土文物"。为了提高年轻一代对戏曲的兴趣，使他们关注戏曲、欣赏戏曲、热爱戏曲，必须采用一些他们乐于接受的形式，如上网、竞赛、表演等。为此，我们设计这次"走进戏曲大舞台"综合实践活动，让学生在他们喜爱的活动中感受传统戏曲的魅力，从而提高艺术鉴赏力，提高人文素养。

活动目标：

初步了解中国戏曲的有关基本知识。理解戏曲中脸谱、行当等含义，学习鉴赏戏文。引导学生对舞台艺术产生兴趣，培养学生高雅的艺术情趣。培养学生对戏曲的关注，为戏曲的明天开一剂药方，为振兴、光大戏曲事业而努力。

活动准备：

成立研究活动小组，制订活动计划，明确各人分工。每小组5～8人为宜。查阅资料，可利用图书馆、因特网等资源，还可向周围的老戏迷请教，收集、了解有关戏曲的材料和知识。调查中国传统戏曲特别是家乡地方戏曲的现状，思考发展良策。准备表演戏曲节目。讨论地方戏的现状，给出振兴方案。

活动实施过程：

1. 资料收集

指导学生课外收集资料，听戏、看戏，向周围的老戏迷请教。亲身体验，学唱戏曲，学演戏曲。能理解戏文的思想艺术特点。通过竞赛，使学生更多地了解有关戏曲方面的知识。考察地方戏的特色以及现状。

2. 交流材料

把各人收集的资料向全体同学展示、交流，互通有无，使每个人都能获取更多的知识。

3. 教师介绍

重点介绍中国戏曲的历史，几个主要的戏曲剧种（如京剧、昆剧、黄梅戏、评剧等），戏曲中脸谱、行当的含义，京剧旦角流派等。

活动展示：

1. 课堂展示与讨论

学生根据调查到的情况在课堂上介绍中国戏曲的现状，并讨论发展地方戏曲的良方，写出方案。

2. 不同剧种经典剧目片段赏析

欣赏不同剧种经典剧目片段（播放碟片），有京剧《苏三起解》，昆曲《牡丹亭》、评剧《刘巧儿》，锡剧《双推磨》，豫剧《花木兰》，黄梅戏《天仙配》，越剧《红楼梦》，花鼓戏《刘海砍樵》等。

活动评价：

《走进戏曲大舞台》引导学生对舞台艺术产生兴趣，培养学生对戏曲的关注，对中华文化的热爱和理解的同时也培养学生对高雅艺术情趣的兴趣。通过了解中国戏曲这种传统艺术提高学生艺术修养。

第三节　信息技术教育活动方案的撰写

信息技术教育是一个综合性强，与学生现实生活和社会实际联系紧密，能有效提升综合实践活动实施水平的、以实践为主体的基础性学习领域。信息技术教育以培养学生的信息素养为总体目标，旨在帮助学生掌握在信息时代生存和发展必备的信息意识和能力，为培养能够适应信息社会发展的创造性人才打下基础。与作为独立学科的信息技术课程不同，作为综合实践活动领域之一的信息技术教育的实施以学生参与活动为主要形式,在活动目标、活动内容、活动方式等方面遵循综合实践活动课程的总体要求。

一、活动目标

《综合实践活动指导纲要·总则》规定信息技术教育的目的在于:帮助学生发展适应信息时代需要的信息素养。这既包括发展学生利用信息技术的意识和能力,还包括发展学生对浩如烟海的信息的反思和辨别能力,形成健康向上的信息伦理。信息技术教育在初中和高中两个阶段有着各自的具体目标,均体现在对学生的知识与技能、过程与方法、情感态度与价值观三个层面上。

(一) 初中阶段信息技术教育的课程目标

由于教育部还未颁布正式的信息技术教育活动指导纲要,现以《江苏省义务教育信息技术课程指导纲要》为例进行说明。《江苏省义务教育信息技术课程指导纲要》规定了初中阶段信息技术课程的目标,主要是使学生通过学习经验的积累与积极的反思,达到信息技术基础知识和应用技能的协调提升,开始思考信息技术的价值并初步形成积极而健康的态度。具体目标如下:

1. 知识与技能

了解信息技术发展的历程、现状与趋势,初步了解信息、数据、编码等知识;熟悉几种典型的信息技术工具并能通过比较说明其特点,掌握其基本应用技能;了解计算机病毒的一般特征与严重危害,掌握防毒、杀毒的基本方法。

2. 过程与方法

能根据需要确定信息需求,选择合适的途径获取信息,并能够甄别信息;熟悉信息获取、管理、加工、发布并交流的几种基本方法;熟悉信息处理的一般过程,了解几种不同的工具、技术,能够利用它们完成任务或设计制作作品,并能对过程和结果进行评价;综合利用多种网络通讯工具开展深入持续的网络合作与交流,拓展学习空间。

3. 情感态度与价值观

关注与日常生活和学习密切相关的信息技术新发展,热心参加与信息技术相关的活动,并积极利用信息技术支持其他学科的学习;增强技术利用中的责任感和技术创新的使命感,形成良好的网络道德;自觉遵守信息社会中公认的行为规范和道德准则,能够合理地引用他人观点或使用他人成果;积极参与各种与信息技术教育有关的创新设计与开发活动。

(二) 高中阶段信息技术教育的课程目标

普通高中信息技术课程的总目标是培养学生的信息素养,具体表现为以下三个方面的全面发展。

1. 知识与技能

理解信息及信息技术的概念与特征,了解利用信息技术获取、加工,管理、呈现与交流信息的基本工作原理,了解信息技术的发展趋势。能熟练地操作并应用常用信息技术工具,初步形成自主学习信息技术的能力,能适应信息技术的发展变化。

2. 过程与方法

能从日常生活、学习中发现或归纳需要利用信息和信息技术解决的问题。能根据任务的要求,确定所需信息的类型和来源,能评价信息的真实性、准确性和相关性。能选择合适的信息技术进行有效的信息采集、存储和管理。能熟练运用信息技术,通过有计划的、合理的信息加工解决实际问题、辅助学科学习、创作信息作品。能采用适当的工具和方式呈现信息、发表观点、交流思想、开展合作。能对自己和他人信息活动的过程和结果进行评价,归纳利用信息技术解决问题的基本思想方法。

3. 情感态度与价值观

体验信息技术蕴涵的文化内涵,形成和保持对信息技术的求知欲,养成积极主动地学习和使用信息技术、参与信息活动的态度。能辩证地认识信息技术对社会发展、科技进步和日常生活学习的影响。能理解并遵守与信息活动相关的伦理道德与法律法规,负责任地、安全地、健康地使用信息技术。

在具体的教学活动中,要根据不同的信息技术实践,将活动目标具体化,但无论是初中还是高中,均要引导学生在学习和使用信息技术、参与信息活动的过程中,实现知识与技能、过程与方法、情感态度与价值观等不同层面信息素养的综合提升和协调发展,不能人为地割裂三者之间的关系或通过简单活动孤立地实施。

二、活动内容

《7~9年级劳动与技术教育·信息技术教育实施指南》指出:掌握信息技术的一些基本知识,学会用计算机进行一般的信息收集、分析与处理,进一步领悟技术的神奇魅力和给人类生活所带来的巨大变化。

了解计算机硬件的基本工作原理及一般的安全使用方法,熟悉计算机的软件系统,熟悉计算机使用的道德规范。

熟悉操作系统的工作原理,能进行用户界面、文件和文件夹的基本操作。

掌握文字处理的基本方法,能进行文本的编辑、修改和版式设计,熟悉电子表格的基本知识,能进行数据的表格处理和数据表格的创建。

掌握网络的基本概念,能进行因特网信息的搜索、浏览、下载,会使用电子邮件。

能设计并进行网页制作，熟悉多媒体的基本知识，能使用各种媒体资料，并能设计、组织和展示作品。

（一）信息技术教育的基本内容

一般来讲，综合实践活动中的信息技术教育的内容大致包括以下三个方面。

1. 信息技术实践

以计算机技术、多媒体技术和网络技术为代表的信息技术，工具性、应用性和方法性是其走向大众的学科特征。当然，对于学生而言，信息技术教育还具有基础性，因为必须先学会信息技术，才能应用它。通过信息技术教育活动，学生在信息的识别与获取、信息的存储与管理、信息的加工与表达、信息的发布与交流等方面进行信息实践，获得信息技术的基础知识和应用方法。信息技术实践活动应注意将学习目标与学生的真实生活相联系，避免陷入纯粹的技术操练。只有在真实的问题情境中，学生才能体会到信息技术的实际价值和信息文化的魅力。在学习信息技术基础知识时，应注意真实任务的引导，为学生营造自主学习、合作探究的机会，如为了学习字体处理软件的"排版"功能，可设计班级电子小报竞赛活动，让学生在作品创作中掌握技能，体验信息处理的乐趣。信息技术不仅可以解决日常信息问题，还代表着高科技的创造力量。信息技术教育要为部分学生在信息技术领域的个性发展要求提供机会，帮助他们深入理解信息技术解决问题的独特思想和方法，根据实际需求设计和制作技术产品，为未来的职业选择打下基础。如根据学生的认知水平和发展需要，开展多媒体作品创作活动或机器人设计与创造实验，培养学生动手和动脑相结合、利用信息技术解决问题的能力。

2. 信息主题研究

"信息"主题是综合实践活动的重要研究内容，主要包括以"信息"为研究对象的科学规律探究和以"信息"与社会、生活等关系为研究对象的社会性研究。如日本的"综合学习时间"包括"信息"、"环境"、"国际理解"和"健康"四大研究领域，其中，"电话的历史"、"关于计算机网络上的保密"、"电话与现代人的关系"等是常见的信息主题。如今，虚拟世界已成为中学生完整"生活世界"的重要组成部分，学生在虚拟世界中吸收有益知识的同时，也要警惕并抵制不良信息的侵扰。在信息时代，学生不仅利用信息处理技巧来解决信息问题，还应该深入理解信息文化对人类生存的深刻影响。因此，除了设计信息问题解决活动外，信息技术教育还应设计有关"信息技术与生活"的活动主题，帮助学习者理性认识信息技术创造的数字世界，通过对诸如"虚拟交往"、"网络游戏"、"网络购物"等热门话题的调查研究、实践体验，反思在信息社会的虚拟世界中生存应该具备的良好行为习惯和道德伦理。

3. 综合主题中的信息技术的应用

跨领域的综合主题是综合实践活动各领域内容整合的方式之一。在信息时代开展跨领域的综合主题研究活动,不仅要将信息技术作为一种技术手段,还要将信息素养的培养作为活动目标的重要组成部分。也就是说,不仅要把信息技术作为开展综合实践活动的一种手段,还要把信息素养作为一种文化素养目标,让学习者在活动过程中自觉、流畅、健康地参与信息文化实践。在综合主题的实践活动中,以网络技术为代表的信息技术能有效地拓展学生学习的时空范围,丰富学生的学习经历,改变学生的学习方式,并为跨学校、跨地区开展校际合作学习提供支持;以多媒体技术为代表的信息技术能为活动的开展创设丰富多彩的学习环境,并丰富学生学习成果的表达;以海量存储技术为代表的信息技术能海量收集数据,支持学习过程评价。

大量研究表明,在信息技术教育与综合实践活动其他内容的整合过程中,信息技术能有效地支持教师创设情境,师生之间的协作学习、讨论交流以及学习过程和成果的评价。如在学生开展的研究性学习过程中,以计算机和网络为中心的信息技术大有用武之地,在实施研究性学习的各个阶段——确定选题、收集证据、提炼结论和评价交流的过程中,都会发挥重要作用。通过主题探究,学生不仅能深化对研究主题的理解,而且能对如何批判地使用信息、如何使用信息技术支持活动过程,产生更深刻的体会。

(二) 信息技术教育的内容选择

信息技术教育的内容分为基础性内容和拓展性内容。基础性内容是学生利用信息技术解决问题的基础,是必修模块,一般包括信息的识别与获取、信息的存储与管理、信息的加工与表达、信息的发布与交流四个方面的基础知识和基本技能。在开展基础性内容的学习活动时,应充分利用学生生活中的资源、题材和范例,特别是结合其他学科课程的学习内容,让学生认识到信息技术在改善学习方式、提高学习效率上的优势,是促进课程整合、知识建构和问题解决的良好工具。

拓展性内容对学生问题解决的综合能力提出了更高的要求,一般包括"信息主题活动"、"程序设计"和"机器人设计"。"信息主题活动"旨在让学生了解信息传播的客观规律、信息技术与社会的密切联系,通过调查、探究和体验等活动让学生认识到信息技术对现实生活的巨大作用,培养学生综合应用信息技术解决问题的能力。"程序设计"和"机器人设计"旨在为部分学生在信息技术领域的个性发展提供必要的支持。"程序设计"的学习可以让学生加深理解信息技术处理和解决问题的思想和方法,而"机器人设计"活动可以帮助学生通过机器人实验平台,初步了解自动化原理,根据实际需求设计和制作机器人,培养学生手脑并用、设计和创造的能力。

三、活动方式

作为综合实践活动的重要领域之一,信息技术教育的基本学习活动方式呈现出综合性、实践性和多样性的特征。信息技术教育的学习活动方式依赖于信息技术环境,特别是多媒体环境和网络环境。信息技术教育的活动方式主要有以下四类:信息主题探究活动,数字作品的设计与制作活动,虚拟社会体验活动,基于信息技术的综合实践活动。

(一)信息主题探究活动

信息主题探究活动旨在获取有关信息、信息技术与信息社会的知识,提高应用信息技术解决问题的综合能力,发展信息社会生活必备的良好情感、态度和价值观。信息主题探究活动的关键在于信息主题的选择。对于中学生而言,信息主题主要包括三类:

一是关于"信息"、"信息技术"等科学概念及其运用规律的研究,如"信息是什么"、"信息有哪些特征与内涵"、"信息是如何传递的"、"信息技术有哪些类型"。中学生可通过科学调查研究的方法理清这些科学概念及它们之间的关系,完善有关信息和信息技术的知识结构。概念图是信息技术教育基础知识学习的有效策略。

二是信息问题解决。实践证明,让学习者孤立地学习用文字处理工具写稿件,利用数据库处理一堆数据,或者单纯为了学习使用而学习信息搜索的技巧,这些知识和技能虽然有用,却很难迁移。因为各种孤立的技能和工具的学习并不能帮助学习者形成信息技术的使用意识,学习者对如何将这些技能整合起来解决难题和任务也缺乏理解。

三是有关信息、信息技术与社会、生活、自身的关系等综合主题的研究。如以"网络游戏与我们"、"老师,您开博客了吗?"、"21世纪新时尚——网络购物调查"、"对中学生使用手机及发短信息的调查"、"中学生上网是利大于弊,还是弊大于利?"等热门话题为主题的探索和研究。

(二)数字作品的设计与制作活动

由于信息技术教育具有基础性和实践性的特点,因此信息技术教育活动应以"信息技术应用"为主线,着重培养学生的信息能力。信息技术应用不仅表现为利用信息解决问题,还表现为利用信息技术进行数字作品的创作。因此,教师应鼓励学生结合自身的个性特点和需要,进行数字作品设计和创作,这样既可以提升学生综合利用信息技术的能力,还能展现学生的独特个性,培养学生的观察、想象、审美、逻辑思维、设计等综合素养和创新精神。

在中学,数字作品的创作活动一般包括两类:一是多媒体作品的设计与创作;二是以算法思想和自动化原理为基础的软件或机器人的设计与开发。

对于多媒体作品的设计与创作,教师预设的主题要结合学生的实际,要能引起学生的创作动机和兴趣,同时也要鼓励学生自主选择感兴趣的主题,形成学习共同体,分工合作,共同创造。如信息加工综合实践活动主题有电子板报、班级网站、个人网络空间等的设计与制作。另外,还可以结合热门事件,如奥运会、世博会、世界杯等,让学生通过信息收集、加工和整理,利用多媒体制作工具,创作多媒体作品,进行展示、分享和互相评价。这样的活动不但可以促进学生系统地了解当前社会的热点问题,还可以培养学生信息加工、统筹策划、创意表现等综合能力。

程序设计有助于学生高级思维能力的训练。中学生学习程序设计的目标是理解算法思想,体会计算机解决问题的流程,并能通过编写计算机程序解决一些简单问题。对于中学生而言,程序设计有时是枯燥的,因此,教师要善于利用现实生活中鲜活的问题,设计综合性活动,来调动学习者的积极性,让学生体验利用程序解决问题的过程,收获成就感。如机器人设计是富有特色和创造力的信息技术教育内容,教师可以通过机器人实验平台,带领学生认识机器人的构造和工作原理,通过观摩机器人行走、走迷宫、灭火等活动,激发学习者的学习热情,进而尝试设计和创造各种能解决现实问题的机器人。

(三)虚拟社会体验活动

体验性学习活动不以发展探究能力、操作能力为根本目标,而以丰富学生的社会阅历、生活积累和文化积累为目标。综合实践活动中的体验性学习以参观、考察、访问为基本活动方式。当前,信息技术为学习者的成长营造了虚拟的社会环境,学习者可以在互联网环境中学习、娱乐、交往、体验。

信息技术的渗透使得未成年人的成长环境迅速转型,互联网是信息化的产物,成为学习者社会参与的新方式。互联网作为数字时代的产物,有其双面性。虽然由于某些媒体对网络成瘾、游戏成瘾进行了夸大报道,部分家长和老师视互联网和游戏为“洪水猛兽”,但互联网的积极效应在“数字土著”们身上却有深刻的烙印,因为除了现实世界,他们还生活在由网站、电子邮件、网络社区、短信和移动电话组成的数字宇宙中,他们在这里体验数字世界的高效和便捷,进行跨越时空界限的虚拟交往和协作。

2010年6月18日,中国少先队事业发展中心、中国社会科学院青年中心、中国社会科学院、社会科学文献出版社联合发布了国内第一本青少年蓝皮书《中国未成年人互联网运用报告(2009~2010)》。蓝皮书指出:未成年人一方面通过互联网扩展自己的知识面,丰富自身的信息量,满足求知的需求;另一方面通过互联网进行休闲娱乐活动,达到释放压力、放松身心的目的。未成年人最经常使用的网络功能有查阅资料、聊天、下载音乐和图片、在线视听、下载软件及网络游戏。可见,网络生活已经成为未成年人生活的重要组成部分。

信息技术教育应有意识地引导学习者正确认识和使用互联网,体验新数字产品带来的全新感受,合理运用新技术去改善学习方式和生活方法。此外,互联网只是生活的一部分,学习者要学会辨别信息,遵守网络道德,健康地进行虚拟交往,做一个善于学习、乐于分享、勇于创造又敢于承担责任的合格网络公民。

虚拟社会体验性活动主要表现在两方面:

一是基于网络的信息处理活动,一般包括人际互动、远程协作、问题解决,此三类网络学习活动又被分解为18种网络学习活动结构,大大增强了网络学习活动的操作性。

二是对虚拟世界中新技术、新事物、新生存模式的体验性活动。在信息技术教育活动中,首先可以带领学习者体验 Web2.0 时代的新产品博客、百科全书、视频共享社区(如优酷网)、虚拟社区(如人人网)带来的个性表达和共同创作;还可以带领学习者遨游于虚拟游戏空间、谷歌地球、虚拟紫禁城等,体验虚拟技术带来的全新感受;当然,还可以组织一场电子竞技活动,让学习者借助高科技手段,体验人与人之间的智力对抗,锻炼和提高参与者的思维能力、反应能力、心眼四肢协调能力和意志力,培养团队精神。

(四) 基于信息技术的综合实践活动

基于信息技术的综合实践活动一般表现为两类:一是信息技术与其他综合实践活动如研究性学习、社区服务与社会实践、劳动与技术教育等进行整合;二是基于互联网的协作学习活动等。

信息技术与其他综合实践活动的有效整合,是信息技术教育常见的活动方式。在设计此类活动时,不但要明确信息技术是活动实施的重要手段,还应将培养信息技术的应用能力纳入活动目标设计。

阅读材料

案例:以《网瘾的危害》为主题的综合实践研究活动案例

案例研究背景:网络作为一种全新媒体和信息获得途径已经在人们的日常生活、学习和工作中占据越来越重要的位置,但是,网络所带来的负面影响也是非常明显的,青少年沉湎于网络游戏甚至患上网络成瘾症已成为日益突出的社会难题,这些现象在希望通过网络游戏来舒缓学习压力、摆脱孤独、满足成就感,缺乏自我控制力的青少年中相当严重。家长反映,有的学生利用双休日在同学家住,实际上是和同学在网吧上网夜不归宿,由此确定主题——网瘾的危害。

研究活动的具体目标:在研究活动的过程中,采用分工合作的学习方法,培养学生的团结协作精神,相互学习、相互交流、相互鼓励;在实践活动中引导学生发现问题、提出问题、解决问题,提高学生的综合实践的能力,人际交往的能力以及社会责任心。培养学生敢于创新、勇于探究的能力和积极参与实践活动的态度;创造一种积极探究的氛围,让学生自主地去体验、探索和学习。培养学生搜集和整理资料的能力,并让学生运用统计、比较和分析的初步知识处理资料。

研究活动过程:

【活动准备】

1. 组建研究小组

孩子根据自己的兴趣、爱好、特长自由组建研究小组。多分几个小组,把每个人的优点发挥出来,同时对学生进行文明礼貌、待人接物的礼仪教育,集体主义教育和安全教育。

2. 制订计划书

小组成员据活动时间、地点、内容及组员工作分配等问题,制订一份切实可行的计划书(见表 8-1)。

表 8-1　活动计划书

活动安排	活动内容	预期目标	活动分工
一	讨论确定研究主题,制订计划,人员分工	确定研究方向,完成研究计划,人员分工	全体讨论
二	查找研究的相关资料,确定研究实验的方法	根据图书馆借阅的相关刊物,网上查询的相关资料确定实验方法	全体查找资料,组长整理
三	完成调查上网学生	通过实验证明上网有瘾	第1组、第2组、第3组
四	拟订调查问卷	较全面反映在校生现况	全体讨论研究
五	分发与回收调查表	进行数据统计,算出每一个问题的百分比,并得出结论	整理调查问卷,分析得出结论
六	体会感受	分享调查过程中的收获、得失,积累经验	调查成员分头完成书面体会
七	讨论拟订倡议书	劝诫学生上网不能上瘾	全体讨论
八	调查后记	展示调查活动过程中所取得的一些收获	班长执笔
九	写结题报告,完成研究	整理数据进行分析,得出结论,完成结题报告	班长写报告,组长整理研究过程,各组长亲自查阅资料

【活动实施过程】

1. 资料收集

为了获得第一手的资料,学生用下载、复印、摘抄等方式将网络、图书、报纸上的内容整理下来……

下面是部分资料:据最新统计,我国网民超过一亿,其中青少年网民占80%,青少年上网大多以玩游戏和聊天为主。我国网络成瘾的青少年高达250万人,14～24岁是网瘾最高发的时期,占整个网瘾青少年的90%。济南在押的1 500名少年犯中,80%是"网瘾"造成的,北京更是有90%的青少年犯罪案与"网瘾"有关。2002年浙江大学开除了120名学生,他们大都沉迷于网络不知归路……有个19岁女大学生,在网吧呆了7天后竟然不认识生父。一位清秀文静的孩子,因为家里不让上网,曾经砍伤过父亲,自杀过6次。更有位沉迷于网络游戏的13岁少年,面带微笑、双手平伸、双脚交叉地以网络游戏中的飞天姿势从24楼一跃而下自杀身亡……

中国著名的戒除网瘾专家陶宏开教授曾经说中国千万个青少年的堕落,千万个家长的不幸都是从不健康的网络游戏开始。中国80%的青少年犯罪与网瘾有关;中国20%的网瘾少年有违法犯罪行为;每一个网瘾少年的背后都有一个不幸的家庭和一对可怜的父母;产生网瘾的时候也就是悲剧人生开始的时候。

2. 调查

调查——各村中有黑网吧

我是×××,我镇有一个大网吧,手续齐全,有学生上网。各村有小黑网吧,没有任何手续,几台电脑,中小学生经常在此处上网,多达七八处。

调查——学生上网多为学困生

我是×××,学生上网多在双休日,学习困难的较多……

调查——黑网吧条件很差,没有安全保障……

3. 调查问卷

设计和发放调查问卷,对学生来说是一个新的挑战。

活动小队关于上网情况的调查结果统计见表8-2:

表8-2　关于上网情况的调查结果统计表

类型	上网人数	上网学生	成瘾学生
调查人数	36人	24人	24人
得出数据	15人	10人	1人

学生在体验中学习,在失败中不断总结,在实践中不断提高,对接下来的第

二次课后调查实践,学生信心十足,针对不同的人群设计了不同的调查问卷。

4. 采访调查

都是需要在实践中积累的,在课堂上给学生这样的时空,教师的指导更便捷,旁观学生感受更真切,当然就有效了。

【活动结论】

网络成瘾的害处:

1. 浪费时间

游戏开发商和网吧经营者为了吸引和留住人,在游戏中设置了好多关口和陷阱,使得游戏者一步步沉迷其中,甚至通宵达旦,废寝忘食。

2. 浪费金钱

上网不是免费的,作为一名没有收入的青少年,沉迷于网络游戏无疑将大大增加家庭的经济压力。

3. 危害健康

如果沉迷于网络游戏,会更加缺乏人际交流,产生自闭倾向。青年人长期沉迷于网络和游戏,左前脑发育受到伤害后,会进一步影响右脑发育,处于亚健康状态或直接导致心理障碍。

4. 人格异化

网络游戏大多以"攻击、战斗、竞争"为主要成分,长期玩飙车、砍杀、爆破、枪战等游戏,火爆刺激的内容容易使游戏者模糊道德认知,淡化游戏虚拟与现实生活的差异,误认为这种通过伤害他人而达成目的的方式是合理的。一旦形成了这种错误观点,便会不择手段,欺诈、偷盗甚至对他人施暴。目前,因为玩电子游戏而引发的道德失范、行为越轨甚至违法犯罪的问题正逐渐增多,暴力、色情游戏甚至被一些人称为电子海洛因。

学生又对调查、实验、采访到的现象进行整理汇总,形成自己的观点。再用图例、数据、照片和小报、主题班会等多种形式展示自己小组的研究成果。在研究过程中,他们有成功的喜悦,也有遇到困难时的困惑,我们经历了一次一次的考验,其中包含着许许多多悲与喜交错的小插曲,这更坚定了我们的信念,当中的酸甜苦辣令人回味无穷。综合实践学习,对我们来说,无疑是一种经历一种挑战,一笔无形的财富,比任何的物质都重要,这使我们终身受益!

活动应对策略:

1. 外力帮助

这种力量主要来自自己的家人和老师,因为对青少年正面影响最大的、最希望青少年健康成长的就是自己的家人和老师。因此在上网问题上你们应该听从家长的劝告、服从老师的管理。最不值得信任的话就是网友的话。

2. 自我认知

自己不妨列举一下网瘾的好处和网瘾的坏处,而且尽可能多地列举,然后再把好处和坏处进行比较,最后在两者之间做出自己人生的选择。我相信那样的话任何人都会做出正确的选择。

3. 系统脱敏

自己在做出正确的选择后,就需要制订一个戒除网瘾的计划。其实戒除网瘾也并不难,最好的办法是逐步减少上网次数,逐步减少上网时间,最终达到偶尔上网或不上网。

4. 代替疗法

青少年需要充实的精神生活和娱乐,所以不让其上网则必须找别的爱好替代。如打球、结交好友、写日记或制订明确而可行的学习目标等。

5. 厌恶疗法

在左手腕带上粗的橡皮筋,当有上网念头时立即用右手拉弹橡皮筋,橡皮筋回弹便会产生疼痛感,这样便能转移并压制上网的念头。拉弹的同时,还要提醒自己,网瘾有危害。

活动评价和反思:综合实践活动是一门自我认识和自我发展的课程。在活动中,学生有了好奇心才会想去研究,才会有一种强烈的求知欲望。因此,综合实践中选择小课题至关重要,良好的开端是成功的一半,小课题只有是学生喜欢的,他们才有动力做下去。教师的有效指导是综合实践活动取得成功与否的关键所在。学生对于各种调查的方法常常会说不会做,在调查过程中经常会出现形形色色的奇异方式,影响到调查结果的准确性和有效性。所以说,综合实践课程虽然强调学生的主体、自主,但这并不意味着教师就可以放任自流。教师既不能"教",也不能推卸指导的责任,而应把自己的有效指导与鼓励学生自主选择、主动实践有机结合起来,使教师的指导贯穿于学生的综合实践活动全过程,这包括课题确定的指导、活动过程的指导、成果展示的指导。"授之以鱼不如授之以渔"应该是每个综合实践老师的座右铭。在综合实践开展过程中,学生或多或少会碰上一些麻烦。指导老师应该全面了解小组成员的心理状况,帮助学生在失败中总结经验教训——吃一堑长一智。比如,刚开始学生没有经验,调查失败,产生了退却、害怕的心理。此时指导老师要适时适度地给予鼓励,引导学生调整心态并帮助查找失败原因,激发学生的无尽潜能。

由于综合实践活动讲究的是"全民教育",所以难免会造成一些课题小组成员能力和水平的参差不齐,忙的同学忙死,闲的同学闲死,两极分化造成队员间的心理不平衡,队伍间的不稳定,这都是应该在今后的综合实践活动中极力避免的。

阅读材料

案例：牙齿的龋齿

活动背景：针对学生牙齿的龋齿发病率越来越高，而且这一现象并没有引起学生的高度重视，甚至还没有引起家长的重视。在学校开展了以《知牙、爱牙、护牙》为主题的综合实践研究活动，目前，此活动已经到了第三阶段——宣传阶段，为了加大宣传力度，我将带领同学们把活动中的资料分类汇总，制作成电子报刊。

活动具体目标：具有自我保护牙齿并进行宣传的意识。了解关于牙齿的知识；能够利用 Word 制作电子报刊。通过小组间合作培养学生团结协作的能力；通过学生搜集、整理资料，并设计制作成电子报刊，培养学生研究问题、解决问题的能力。

【实施活动方案】

活动实施的具体过程，此活动分三步来完成：

1. 自由结组、准备材料

学生根据自己的兴趣，自由结组，选好主题，推选组长，每组 8 名同学左右，组长进行分工，每两人设计制作一个版面，也就是说，一个主题，四版不同的内容，尽量做到信息量大，具有强大说服力，组长是主编，其他同学为责任编辑。全组同学一起搜集资料，把文字和图片分别保存到文件夹中，组长把所有资料分别分配到各个版块，作为责任编辑的同学自行设计制作。

2. 设计制作、互相评价

制作前，各小组展示、介绍收集到的资料，并提出在搜集过程中遇到的问题。如是共性问题，可由教师指导解决；如是个性问题，可由同学帮助解决。学生制作，教师巡视，展示作品，组内评价，组间评价，评出"爱牙、护牙宣传大使"。

小组汇报：

第一组：

生：我们几位同学最关心"牙齿结构"方面的问题，所以我们组成一个小组，我们小组的名称是"牙齿结构大家知"，课下，我们搜集了大量的有关牙齿结构方面的文字和图片，经过筛选，已经保存在文件夹里，下面，我就来展示一下我们小组选用的材料。

操作：打开 D 盘—牙齿结构文件夹—原始材料。

生：我们搜集到的原始材料保存在这个文件夹里。

操作：打开选用材料。

生：经过挑选，把我们有用的材料整理保存到选用材料文件夹里，我们八位同学两人制作一版,一共四版,所以把材料也整理成了四方面,这是关于牙齿结构图的内容(相应打开);这是关于牙齿组织结构的内容(相应打开);这是关于六龄齿的内容(相应打开);这是关于乳牙和恒牙的内容(相应打开)。

第二组:

生:俗话说:"牙疼不是病,疼起来真要命",我们小组搜集的是关于牙齿疾病方面的内容,下面我也来展示我们小组选用的材料。

操作:打开D盘　牙齿疾病文件夹—原始材料。

生:这是我们搜集到的材料。

操作:打开选用材料。

生:整理后我们保存到选用材料文件夹里,我们也做成四版,搜集了四个方面的内容。有牙痛的、牙龈出血的、牙周炎的、龋齿的。

第三组:

生:有过牙疼体会的人肯定知道牙痛的厉害,那么怎样才能预防牙痛呢? 我们小组搜集的资料就是关于牙齿的日常保健,只有在平时科学地保护牙齿,我们的牙齿才会健康。下面我也来展示我们小组选用的材料。

操作:打开D盘—保护牙齿文件夹—原始材料。

生:这是我们搜集到的材料。

操作:打开选用材料。

生:整理后我们保存到选用材料文件夹里,我们按照年龄的不同,分成了儿童版、中年版、老年版,再有一个就是对所有人都适用的牙齿保健的知识,作为总版。

教师小结:同学们都选择了自己最关心的主题,课下又非常用心地去搜集、整理有关的资料,相信同学们的报刊一定会办得非常有说服力,使我们的宣传活动真正落到实处,在制作之前,老师先提三个小要求,也就是制作的标准。

大屏幕展示:版面要均衡,注意整体的协调和美观;色彩搭配要匀称,冷色与暖色相间使用;插入的图片与文字相符,起到衬托主题的作用。

展示作品:根据学生的意愿进行展示,其他同学进行评价。

展示一:牙齿保健(儿童版)

评价:

生1:颜色搭配比较协调,让人看了比较舒服。生2:框框少,不乱。师:也就是整体布局比较合理。生3:好,比我设计的好。

展示二:牙齿疾病(牙痛版)

评价:

生1:字看不清,太费眼睛。生2:颜色搭配不合理。生3:想得比较周到,还有网址,可以去查看详细资料。

展示三:牙齿结构组(六龄齿)

评价:

生1:太空了,有好多地方都浪费了,你把这个文本框弄小点,然后可以再加一个版块,可以多一点内容。制作者:你说的对,我马上修改。生2:颜色搭配还是很好。生3:图片比较多,让人一看就明白。

3. 设计后续宣传活动

同学评价完自己的作品后,制作者说一说今后如何利用它去宣传。如:多复印一些,分发给周围的人,儿童版的送到周围的幼儿园,老年版的送到老年人比较多的小公园等等。

【总结交流】

打印宣传、人人爱牙。课下,把学生的作品打印输出,让他们送给亲戚、朋友、邻居,使更多的人了解牙齿,爱护自己的牙齿,从而使我们的综合实践活动得到升华。在这次活动中,我们不光复习了所学知识,还做了一件非常有意义的事,希望通过我们的这次活动,使我们周围的人都能加入到保护牙齿的行列中来!

本章小结

综合实践活动的信息技术教育是一个由实践活动、信息及信息技术所组成的互动系统。信息技术教育与综合实践活动的整合,不仅能够提供新的以学生为中心的活动环境教学设计,还有助于进一步推动基础教育新课程的教育教学实践和理论的发展,有利于培养学生全面的信息素养和各种学习能力。

思考·探究·实践

1. 简要阐述信息技术教育活动主题的生成方式。
2. 到中学分小组合作完成调研并撰写一份信息技术教育活动方案。

拓展阅读:

1. 徐晓东.信息技术教育的理论与方法[M].北京:高等教育出版社,2004.
2. 解月光,张立新.信息技术教育研究进展[M].北京:教育科学出版社,2011.
3. 刘美凤.信息技术在中小学教育中应用的有效性研究[M].北京:教育科学出版社,2010.

4. 桑新民. 学习科学与技术——信息时代大学生学习能力培养[M]. 北京：高等教育出版社,2006.

5. 张剑平. 现代教育技术——理论与应用[M]. 北京：高等教育出版社,2006.

6. 王旭卿. 信息技术教育应用技能[M]. 上海：上海教育出版社,2011.

第九章　中学综合实践活动的实施过程

学习目标

1. 了解中学综合实践活动课程实施的特点
2. 理解中学综合实践活动课程实施的主体、任务与过程
3. 正确对待中学综合实践活动课程实施过程中的问题
4. 具备初步的实施综合实践活动课程的能力

案例：爱迪生和助手

爱迪生把一个电灯泡的玻璃壳交给助手，要他计算一下灯泡的体积。因为灯泡的形状不规则，所以那个可怜的助手弄了一个上午还没有计算出来。爱迪生从外边回来，看见助手还在计算，不禁惊讶不已。那个助手没有完成任务，也很不好意思，连连道歉，并说这个形状很不好计算。爱迪生没说什么，他接过玻璃壳，在里面注满了水，然后再把玻璃壳里的水倒进量杯里，结果一下子就出来了，而且准确，助手惊得目瞪口呆。可见，同样的知识在不同的人手中，作用是不相同的，所以爱迪生成为伟大的发明家，那个助手不行。在信息时代，一个人要有独立筛选信息的能力，有与人交往的能力，有解决问题的能力。如果我们的同学"两耳不闻窗外事，一心只读圣贤书"，那么只能把自己变成书呆子；如果整天埋头于"题海"而很少去思考与感悟的学生，只能把自己变成解题机器，结果必将在高考改革洪流中被吞没，在未来社会里被淘汰。

综合实践活动实施针对实际生活中存在的现象或问题进行实践与探索，这样活动过程不仅有利于提高学生的实践能力和探索精神，同时也能增强学生的公民意识和强烈的社会责任感。综合实践活动课程开发由设计、实施、评价等环节构成。活动实施就是将设计的活动方案付诸实践，实现预期理想和目标的过程。

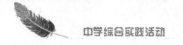

第一节　中学综合实践活动实施的特点

综合实践活动课程实施的过程就是学校、指导教师依据《综合实践活动指导纲要》，充分体现综合实践活动课程的价值与功能、促进教师与学生发展的过程。综合实践活动课程如停留在规划设计层面，而不付诸实施，它的独特价值就无从体现，教师和学生也就不能从活动过程中获得多方面的发展。综合实践活动目的是引导学生经历提出问题、确定主题、制订方案等过程，学习调查研究、实验研究、观察研究、文献研究等科学方法的基本规范和操作要领，养成探究习惯，形成科学的态度和初步的创新精神。研究的主题强调趣味性、内容与课堂知识的联系性、对生活、科技与社会的关注性。在以"活动—参与"为模式的平台上，构建培养学生学习能力、动手能力、交际能力、创造能力等。综合实践活动课程的实施状况，反映了学校与教师的教育理念，透射出学校与教师全面落实新课程的状况，同时也折射出社会及家庭对新课程改革的关心、重视及支持程度。因此，综合实践活动课程的实施具有自身的特殊性，其特点主要表现在以下几个方面：

一、影响因素多

综合实践活动课程的实施涉及因素相当多，有人、财、物、信息、时间、空间等。每个因素又包括多个方面，如人的因素，有来自学校领导和学校的指导教师方面的，有来自校外的指导教师、家长的认识与支持方面的，还有来自学生的知识经验、能力、兴趣爱好等方面的。在学校指导教师的方面，又有教师的课程实施能力、合作协调能力、资源开发与使用能力等。在指导教师的实施能力中，又包括活动的设计能力、组织管理能力、预测能力、信息使用能力、总结评价能力等，如"教师感受到的校内支持、校外支持和教师的关心事项是影响综合实践活动课程实施的关键因素"。[1]

物的因素也包括许多方面，有来自学校内部的，如图书馆、资料室、实验室、多媒体教室、教学与实习研究基地等；有来自学校外部的，如科技馆、科学宫、文化宫、农村、工厂、科研院校和自然中的各种资源等。由此可见，综合实践活动课程实施涉及的因素很多。有时，甚至天气的变化等都会在某种程度上影响综合

---

[1]　李臣之，帅飞飞.综合实践活动课程实施：现状及影响因素[J].天津市教科院学报，2011(2)

实践活动课程的实施及其效果。

二、过程动态

综合实践活动课程不同于其他认知性学科课程,它是一门紧密联系学生生活和直接经验的课程,课程性质的不同决定了其课程实施方式的迥异。综合实践活动课程的实施形式必须灵活多样,它更强调实践、操作、体验。从某一种角度讲,综合实践活动的过程比结果更重要。学生在亲力亲为的实践过程中可以训练自己的思维、提高创新能力、经历与体验各种情感,从而不断完善自身的能力与个性品质。因而,综合实践活动的实施过程强调动态生成,这个"动态"是指学生的亲力亲为、亲身实践与动态活动。这里的"生成"指活动方案在实施过程中的不断调整与修改,任何一项看似完美的设计在真正实践的过程中总会出现一些不适的地方,需要实施者因地制宜、因时制宜地调适,综合实践活动要处理好预设与生成的关系。

如在保定二中开展的以《草莓》为主题的活动中,设计选择的分课题涉及了生物、物理、化学、工程等科学问题,体现了保定的经济、文化特色,同时同学们还体会到了农民们劳动的艰辛以及新技术为农村带来的新变化。这个案例中主题丰富,而且各有特色,同学们在交流过程中强调自己的成果的同时,还对其他小组的课题研究表示了极大的兴趣,受到了多方面的启发。活动收到了良好的效果。如李同学(保定十七中):我爱吃草莓,但是看不起卖草莓的农民。每次买草莓我都怕他们缺斤短两,讨价还价时态度特不好,临走还得顺人家几个。自从参加过《草莓》这项活动,我了解到了农民的辛苦,他们太不容易了。我再也不会像以前那样对待他们了……我要好好学习生物,将来发明更新的草莓栽培技术,让他们种植出汁多味美、产量高、便于运输和储藏的草莓,为他们创造更多的价值,让他们生活得更富裕。

三、时空开放

首先,场所不定。在学科课程教学中,教室是最重要的场所,而综合实践活动场所不再局限于教室、学校,已经延伸到了学校之外,延伸到家庭、社区、企事业单位、社会生活场所、科研单位、农场等。综合实践活动的场所不仅从校内走向校外,还从单一场所走向变动、流动的多个场所。这样一来,既密切了教育与生活、学校与社会、教学与实践的联系,又拓展了学生的实践活动范围,为学生的发展开辟了无限广阔的空间。比如,在以《草莓》为主题的活动第一阶段——调查了解、发现问题,学生们的活动场所分别包括:图书馆、草莓种植基地、市区大型超市、水果市场等。

其次,时间延长。国家规定了综合实践活动课程的实施时数为每周3节课,实际上,教师可以根据活动主题的不同需要对实践时间进行灵活分配。有的活动主题比较大,要经过一系列活动才能完成,就需要多安排时间;有的活动主题相对较小,所需时间则相对较短,就需要缩短活动时间。一句话,具体到某一实践活动的时间,要根据实际活动的需要进行调整和安排,教师要避免一刀切的呆板做法,以"经济、灵活"的原则科学合理地安排每一次活动时间。总之,综合实践活动较之学科教学活动所需的时间跨度要长。

四、方式多样化

综合实践活动包括四大领域,其实施模式可相应地划分为研究性学习、社区服务与社会实践、劳动与技术教育、信息技术教育等。根据活动组织形式的不同,可划分为改造整合式、学科延伸式、条块分割式、系列专题式、自主课题式、记录本式、项目引导式。在不同类型的实践活动中,其实施方式各有不同。总括来说,综合实践活动的实施方式主要有:调查、参观、访问、报告、座谈、查阅资料、实践尝试、体验、制作等。比如,在以《草莓》为主题的活动中学生根据小组主题的不同实施活动,《草莓的反种植技术》小组的学生要查阅关于草莓的反种植资料,这些涉及生物、物理和化学等学科知识,学生要到草莓种植基地考察草莓的反种植的具体情况,同时要向农民请教、交流等。这些与学科学习的"静听"完全不同,综合实践活动更强调动态实践的过程,通过多元化的学习途径,为学生多方面的发展奠定基础。

五、凸显学生自主性

学生自主是综合实践活动的一个重要特点,也是衡量综合实践活动实施成功与否的一个重要标尺。活动主题的确定、活动方案的制订、活动方式的选择、活动过程的开展等步骤均必须以学生为主体,由学生自主抉择。在活动实施过程中,"自主"主要体现在学生按照预先设计的活动方案,自己去行动、探索、体验甚至创造。比如在以《草莓》为主题的活动中,学生对如何选择《草莓》这个话题非常感兴趣,同学们按自己的兴趣,开动脑筋,分别确定了与"草莓"有关的分课题,它们分别是《草莓的反种植技术》(生物,物理,化学);《草莓的保鲜与运输》(经济,社会,环保);《草莓的价格调查》(经济,社会,人);《保定的草莓经济》(文化,社会,化学);《草莓与环境污染》(社会,环保);《种草莓的人》(乡土,社会,人)。在活动过程中,各小组成员通过参观考察、采访等了解有关种植技术等,发现与探索问题。

综合实践活动中进行的丰富多样的活动是学生开展的,学生是活动的主体,不管是手工制作,还是研究探索,抑或是社区实践,都必须由学生亲自经历,即所谓"闻知不如说知,说知不如亲知",教师不能越俎代庖。强调学生自主的同时,不忽略教师在活动过程中的指导作用,教师的适度有效指导是活动得以顺利开展的前提。应该看到教师本身知识储备量较大,理解力较强,且受过相应的专业训练,具备一定的专业素养,因而,教师有效适度的指导可以推进综合实践活动的有效进行。

六、安全要求高

综合实践活动课程的实践性使得学生不再仅仅端坐在教室里与笔墨纸砚打交道,而要与各种各样的工具、设施、人员打交道,这就带来了操作实践中的安全问题;综合实践活动课程的探究取向,使得学生要走向社会、接触自然,要走访各类人员,调查各种事项,这就带来了社会学习过程中的安全问题。中学生尚处于身心发展上的未成熟阶段,判断是非的能力、应对突发事件的能力、心理承受能力还不是很强,这也使综合实践活动中的安全问题上升为综合实践活动实施"第一位"的问题,成为部分制约课程发展的"瓶颈因素"。

对于综合实践活动所涉及的安全问题,作为课程的组织者应当以高度重视、高度负责、高度警觉的状态对待之,并以细致严密的工作实施之,同时也要正确认识安全问题对综合实践活动开展的各项要求,切勿因噎废食,形成少活动,只在学校活动,甚至不活动的消极现象,应注重调动一切社会资源为学生的健康和安全提供切实的保障。

七、管理难度大

综合实践活动课程实施有着较大的自主性,无统一的教学内容。需要教师从学生的生活、社会中寻找他们熟悉、感兴趣的课题内容;无绝对固定的指导教师,每次活动要根据课题内容的选定来聘请指导教师,除了校内的教师以外,可能还有社会上各个不同部门、行业的人员;无固定不变的活动场所,可以在校内进行,也可以在校外进行,可以是一部分活动的实施在校内进行,一部分活动的实施在校外进行;无固定的活动模式,由于活动主题不同,采用的方式、方法肯定不一样,每次活动都没有固定的模式。此外,综合实践活动课程的评价侧重质性评价、表现性评价等内在的评价,课程实施涉及的因素多,学校、社区、家庭的重视程度不同,加之管理中还存在一些问题,如教师工作量的计算、科研成果的鉴定等。总之,综合实践活动课程实施的管理难度很大。

综合实践活动课程实施的上述特点,对教师实施活动提出了挑战,要求教师在实施过程中综合考虑各方面的因素,充分挖掘课程的功能,让学生实现最大程度的发展。

案例:走进草莓大棚——农村中学综合实践活动[①]

一、活动背景

草莓的果实柔软多汁,具有很高的营养价值,被人们广泛食用,更受同学们的喜爱,因此也具有很高的经济价值。掌握草莓的栽培技术和深加工的方法是调整农村产业结构、提高农民收入、促进地方经济发展和全面建设小康社会的有效途径之一。最近几年,我县在致富奔小康的道路上大力推广种植草莓,取得了一定的经济效益。我们开展以"走进草莓大棚"为主题的综合实践活动旨在密切学生与生活的联系,推进学生对自然、社会和自我之内在联系的整体认识与体验,培养学生的实践能力、发展学生的创新能力。

二、活动目标

1. 知识与技能目标:通过综合实践活动,让学生了解草莓的营养成分,知道草莓生长过程中育苗、施肥等栽培知识。体验农民的劳动过程,形成劳动技能。

2. 过程和方法目标:通过综合实践活动,让学生初步学会查阅文献、并从文献中获取信息的一般方法;能够根据实际情况,运用自己已有知识提出解决实际问题的方案,培养学生的实践能力和创新精神。

3. 情感态度与价值观目标:通过综合实践活动,使学生在小组合作中形成互相帮助、团结合作的浓厚情感,增强了集体荣誉感;在实际行动中让学生感受到劳动的艰辛,知道劳动成果来之不易,养成勤俭节约的良好习惯;在解决具体问题过程中树立经济观点和市场观念。

三、活动计划

(一)参加人员

高二(4)班同学和化学教师

(二)活动方式

访谈、市场调查、文献查阅、合作探究、表达交流

(三)具体计划

把全班学生分成四个组,分别走进四个不同村庄。每个组分成两个小组,每个小组6~8人。分别承担任务的不同部分。草莓栽培持续时间长,不便于集中安排,主要以学生为主,利用课余时间自己完成,教师给以指导、帮助和监控。具

---

① 李广跃.走进草莓大棚——农村中学综合实践活动一例[J].中国教育与教学,2005(12):92-93

体安排见表9-1：

表9-1　活动计划表

活动步骤	活动安排	活动人员
1	走访农户	组中第一、二小组全体成员
2	查找资料	组内全体成员
3	合作探究	组内全体成员、教师、草莓种植户
4	撰写论文	组内全体成员
5	交流互评	组内全体成员、教师
6	成果展示	班级部分成员

四、活动过程

（一）调查

调查分两次进行：第一次在春学期开学不久，每个组由组长牵头，带领本组成员。走进自己熟悉的村庄。两个小组分别走访两户农家，第一小组成员走进草莓大棚，和农民一起整畦，一边劳动一边聊天，了解本村草莓栽培情况和目前采用的栽培草莓技术，详细询问育苗的方法；第二小组走进农家，调查草莓销售情况，感受种植草莓给农民家庭带来的变化。第二次在秋学期开学不久，两小组分别进入各自联系的农户，学习幼苗选择的方法。帮助农民定植幼苗，了解施肥的方法和保温保湿所采取的措施。

（二）查找资料

小组调查回来后，各组成员利用课外活动时间，通过网络或其他途径查找资料，获取草莓的营养成分、草莓栽培在我国的发展情况和目前国内采用的最新方法。

（三）合作探究

根据获取的资料和信息，在教师的帮助下，以组为单位探讨草莓栽培的新方法、产品深加工方法和市场开拓策略，并把自己的想法及时告诉农户。

（四）撰写论文

每组根据活动的体验和探讨结果，撰写一篇真实的综合实践活动论文。

（五）交流互评

每个组撰写的论文，在班级交流后，在教师的指导下，组间进行评价。为了提高学生参加活动的积极性，不在班级公开评价结果。

（六）成果展示

全班共同出一次板报，并把各个组撰写的论文整理成一篇文章作为本次综合实践活动的活动结果。

五、活动结果

（一）草莓的营养成分

成熟的新鲜草莓色泽鲜红、味美可口,含有丰富的营养成分（如蛋白质、维生素等）和人体所需的微量元素（如 Se 等）,深受广大消费者喜爱。

（二）草莓的栽培情况

1. 草莓的栽培在我国的发展概况

草莓清朝末年随商人传到我国,时称"洋莓果"、"高丽果"。建国以后 60 年代我国开始大面积栽培,近年来引进了国内外诸多优良品种,在栽培技术上进行了一系列的研究与开发,不断地引用新的栽培技术,有效提高了草莓的品质和产量。

2. 我们县草莓栽培现状

我们县草莓栽培始于曹庵镇,现在已辐射到周边十几个乡镇,逐步形成了以草莓和水稻等为主,多种经营方式相结合的多元化农村产业结构的局面。给农民带来了实惠的同时也促进了地方经济发展。

（三）我们县现在采用的草莓栽培方法

我们县现在主要在拱形大棚中种植草莓,大致分为以下几个阶段:

1. 育苗阶段

通常用草莓茎繁育选择生长健壮,无病虫害的母株。在 3 月中旬到 4 月中旬,带土定植在畦边,及时搭拱棚保温保湿,合理施肥喷药,以便促进早发和多发草莓茎。

2. 适时定植

栽培的定植时间,一般在 8 月中旬到 9 月中旬,选择有 5—6 片展开叶、根系发达、无病的苗,带土在阴天或晴天傍晚定植。定植后充分浇水或合理施肥,促进草莓茎萌发。

3. 田间管理

加强肥水管理和植株整理,防治病虫害,适时覆膜保温。

4. 上市阶段

我们县草莓在元旦前后即可上市,正常价格为每 500 g 10 元钱左右。随着时间的推移,价格逐渐下跌,到了第二年 5 月,每 500 g 不足 1 元钱。因此,提前成熟时间,具有可观的经济效益。目前,主要采用的是拱棚保温技术。

（四）学生们的想法

通过这次综合实践活动,学生体会很多、想法很多。他们认为目前我们县草莓栽培仍然沿用十几年前的做法,观念落后,技术落后,方法也落后。已经不适应市场经济的发展要求,在很多地方需要总结和改进。具体提出以下看法,供农民朋友参考。

1. 更新栽培技术,有效利用土地

可使用的土地面积是一定的,一块地如果单独种植草莓,利用率不高。根据草莓较耐寒而不耐热,苦瓜喜温耐热的特性,建议农民根据作物生长的时间不同,采用草莓与苦瓜大棚套种的方法,冬季在塑料大棚内种植草莓,早春开始套种苦瓜,不仅充分利用了土地和大棚,而且可以使苦瓜提早上市,获得较好的经济效益。

2. 转变观念,拓宽销售市场

随着草莓种植面积的不断扩大,产量不断提高,草莓的销售不能局限于本地,否则会影响销售价格。因此拓宽销售市场应该是提高农民收入的另一举措。其方法主要有二:一是取得支持。目前我们县委每年都开展一系列宣传活动,提高了草莓的知名度,拓宽了销售市场。例如:每年春季,县委县政府都要组织一次"看桃花摘草莓"活动,城里人不仅可以到乡下游玩,还能走进田间摘草莓。发展旅游的同时也宣传了草莓。二是加强包装,树立品牌。草莓作为一种产品,要想拓宽销售市场,首先要进行包装。精美的包装不仅能给消费者带来方便,而且还能吸引大家的注意。引起人们购买兴趣;其次是树立品牌。在以人为本的今天,大力推广"绿色草莓","无公害草莓"是树立草莓品牌,扩大草莓销售市场不可忽视的一项举措。

3. 开展草莓深加工,提高经济效益

草莓不是全部都是优点,它还有两个缺陷:一是温度稍高时,不易保存,容易腐烂;二是销售价格受季节影响较大。到了每年5月,价格太低,影响农民收入。有的学生设想:我们县另一镇曾经有把西瓜做成罐头的做法,能否把销售淡季时的草莓做成罐头呢?或者进行其他加工。例如:像葡萄那样用来酿酒。增加农民收入,促进农村经济发展是落实党的十六大提出的"全面建设小康社会"决策的重要任务之一。在中央解决"三农"问题政策的引导下,为了实现我县经济跨越式发展的目标,县委县政府结合我们县的实际情况,大力提倡栽培草莓,千方百计引进草莓栽培技术,给农民带来了很高经济效益,为农民办了一件实实在在的好事。

六、活动体会

本次综合实践活动以学生活动为主,通过本次活动学生普遍认为:做成一件事比理论设想更难,在学习知识的同时应该学会做事。

第二节　中学综合实践活动实施的主体、任务及过程

一、中学综合实践活动课程实施的主体

在综合实践活动课程的实施中，如果把综合实践活动课程作为一个客体，那么，参与课程实施的人就是综合实践活动课程的主体，它主要包括教育行政管理部门、学校、教师、学生、社会相关部门的人员、学生家长等。教育行政管理部门可以对综合实践活动课程实施进行区域性的统一规划，对课程实施进行指导、监督、评比等，起着引导、评价、监督的作用；学校进行综合实践活动课程规划、资源开发、校本培训及对课程实施进行管理评价，起着规划、决策、管理的作用；教师制订课程方案，协调多方面的关系，开发与利用课程资源，对活动过程进行指导，对课程实施进行总结等，是综合实践活动课程实施的具体落实者、指导者和管理者，起着决定性作用；学生则根据自己的兴趣，选择课题，查找资料，参与活动过程，展示活动作品，进行自我评价等，是综合实践活动课程实施的直接参与者和受益者；社会相关部门的人员根据学校活动的需要，提供资源、技术及资料方面的帮助，是综合实践活动课程实施的有力配合者；家长则根据活动的需要和自身的特点，有选择地参与综合实践活动课程的实施，但是，家长对课程实施的理解与支持贯穿于活动全过程，是综合实践活动课程实施的积极支持者。

由此可见，在综合实践活动课程的实施中，不同主体所承担的任务是不同的，其中，学校以及学校指导教师作为课程实施主体中最核心的部分，任务最重，所起作用最大。他们既是课程实施的组织者、决策者、设计者、实施者、指导者、管理者和评价者，又是其他主体之间的指导者、协调者和管理者。

二、中学综合实践活动课程实施中各主体的任务

综合实践活动课程实施的主体多，但起主导、核心作用的是学校与学校指导教师。

（一）学校的任务

学校在活动中承担的主要任务有：

1. 培训教师

通过专题讲座、研讨等形式，帮助教师形成关于综合实践活动课程的理念与

认识,掌握课程实施的方法与策略,制订切实可行的学校教师培训方案,注重可行性,既要体现该课程的理念,又要体现学校的特色。

2. 开发课程资源

即协调多方面的力量,对学校、地区的各种资源进行分析,联络相关部门,建立综合实践活动课程基地。

3. 组织教学实施

具体包括安排活动课时选派指导教师、确定活动主题、落实活动场所以及提供活动经费等。

4. 课程管理、评价与督导

包括设置课程,确保每周3课时;建立专门机构,负责对综合实践活动课程实施进行统筹规划与管理;制订课程实施的相关制度;对教师的课程实施进行评价;合理计算教师的工作量,等等。

5. 加大宣传力度

向社会和家庭宣传实施综合实践活动课程的意义,以取得社会的支持、家长的理解与合作。

(二)学校指导教师的任务

学校指导教师承担的主要任务有:

1. 制订课程规划

根据综合实践活动课程的总目标,结合社区、学校的特点,从整体的角度进行全面规划,设计不同年级的课程实施规划并考虑课程的年段衔接。

2. 开发与利用课程资源

根据课程的实施要求,最大限度地开发和利用课程资源,提高资源的利用效率。

3. 具体实施课程

包括主题的生成、活动方案的制订与实施、活动的总结与反思等,这里活动的实施又包括活动的准备、活动的过程以及活动成果的展示与交流。

4. 教学评价

对综合实践活动课程实施的效果进行评价,总结经验,发现问题,为下一步实施提供反馈信息。

三、中学综合实践活动课程实施的过程

中学综合实践活动课程实施的过程主要包括生成活动主题、制订活动方案、实施活动方案、总结交流与活动反思五个步骤。下面就对各个主要活动步骤进行逐一分析。

（一）生成活动主题

活动主题的确定要着眼于学生的生活，从学生的生活中选择有探究价值、能促进学生发展的问题。同时，考虑本地、学校可供利用的教育教学资源，尊重学生的兴趣。活动主题要具有新奇性、趣味性、启发性和实践性，既有一定的难度，又是学生经过努力能达到的。

教师可指导学生以现实生活为切入点，设计主题；可以研究地方和学校课程资源，设计与社区生活相关的主题；可以联系现代科技和社会发展，设计课题；也可对学科知识进行重组，开发综合性课题；还可从学生的不良习惯、存在的问题出发，确定课题。

例如，随着环保意识的增强，生活观念的转变，人们越来越崇尚自然，追求健康的生活。生产绿色食品能保护生态环境，消费绿色食品能增进人民身体健康，绿色食品是二十一世纪的主导食品。通过开展"消费绿色食品，享受健康人生"的主题活动，使学生了解一系列有关绿色食品的知识，懂得绿色食品的重要性，对绿色食品有一个新的认识，树立绿色食品的消费观，能科学、有益健康和环保地进行食品消费。本活动的提出，就是让大家积极行动起来，一起来关注我们的健康，保护我们赖以生存的环境。

（二）制订活动方案

活动方案是活动的规划和蓝图，是活动开展的前提条件。活动方案主要包括课题名称、课题研究的准备、课题研究的时间安排、课题研究的成员、课题研究实施的形式、主要步骤、资料收集的途径、预期成果及其呈现形式、安全保障措施等。

比如"消费绿色食品，享受健康人生"主题活动采用小组合作的形式，共同研究、探讨，使学生能关注自己的生活环境，关注他人，关注社会，让学生体会和分享共同的劳动成果，培养学生团结协作的能力，增强环保意识和社会责任感。让学生了解有关绿色食品的知识，懂得绿色食品的重要性，知道如何进行合理的有意义的消费。该活动涉及下面八个活动：调查(绿色食品知多少)、收集(绿色食品资料)、展示(我眼中的绿色食品)、了解(绿色食品的发展)、分辨(绿色食品之真伪)、品尝(绿色食品之美味)、呼唤(绿色食品之消费)、总结(绿色食品之感想)。

制订活动方案时，要注意以下几点：

1. 顾全大局，服从整体

党的教育方针、国家的法规以及新课程的思想是制订活动计划的重要依据，计划一旦成文，应送学校领导审阅批准。

2. 具体细致，逐一落实

活动的时间、人员的分工、内容、总目标、阶段目标，必须一一细化，以增强活动的计划性、减少盲目性，提高活动的效果。

3. 实事求是，量力而行

如果活动方案缺乏对主、客观因素的充分估计与分析，方案的可操作性就会很差，也就无法保证活动的顺利进行。教师要从人力、物力、财力、时间、学生情况等方面进行审视。有些活动可能是跨学科的，这时就需要考虑指导教师的水平与能力、社会人士参与的可能性、学生的接受程度。活动目标过高，会影响学生参与的热情；活动目标过低，则使学生失去挑战的机会，难以起到激励作用。

4. 群策群力，集思广益

要把制订计划的过程看成是发动与组织教师、学生的过程，广泛听取教师和学生的意见，以确保活动计划贴近实际、趋于合理、便于实施。

5. 机动灵活，留有余地

在保证计划严肃性的同时，如果情况确实有变化，计划也必须根据实际情况进行修改。另外，计划不能安排得太紧，要留有余地。

（三）实施活动方案

实施活动方案包括一系列较为具体的活动，包括：

1. 引导学生开展多样的活动

教师要根据可能的条件和学生的实际情况，尽可能引导学生采取他们喜闻乐见的多种形式，如调查、访问、参观、实验、测量、统计、分析、制作、表演、社会宣传等。这样，既可以避免活动的单调枯燥，提高学生参与活动的兴趣，又可以在多样的活动中培养学生多方面的能力。

2. 提供必要的物质支持

综合实践活动课程的实施需要以一定的物质条件为前提，因此，教师必须提供必要的条件，如图书资料、网站地址、实验器材、活动工具等，并使学生具备使用工具的能力和技巧，在活动中培养学生收集信息、利用信息的能力。

3. 教给学生必要的方法

综合实践活动形式多样，有些活动所需要的方法、技能是学生较少接触到的，因此，教师必须对学生进行相关的培训。例如，如何使用视听工具，如何进行访谈，调查报告的基本格式是什么样的，如何利用工具书，如何对已有的资料进行整理等。如果没有相应的准备，学生就有可能走弯路，活动效率不高，同时活动的科学性、规范性也会大大减低。反之，如果学生掌握了相关的方法、技能，那么，活动效率和规范性将大大提高，活动本身对学生发展的价值也就越大。

4. 协调各方面的关系

综合实践活动课程实施的场所多、空间广、涉及因素复杂,因此,教师要与多方面取得联系并协调好它们之间的关系,以求得多方面的支持与帮助。例如,协调好学校内部与外部的关系,创造良好的外部环境,使家庭和社会成为学校开展综合实践活动的最有力的支持者和配合者。

5. 指导学生做好原始资料的积累工作

在综合实践活动课程的实施过程中,有许多原始资料,如调查问卷、实验数据、活动日记等,真实地记录着学生的活动过程,它们是进行活动总结和交流的重要依据,也是学生成长记录袋的重要素材。教师要指导学生学会做原始资料的记录,如活动主题、时间、地点、指导教师、分工、活动经过及活动结果等。

6. 及时发现生成性课题

由于综合实践活动具有非预设性的特点,因此,在活动过程中,随时都有可能出现让人意想不到的情况。教师要引发学生思考,生成新的课题,发现新的问题。如"消费绿色食品,享受健康人生"主题活动进行了系列活动的规划与实施,在教师讲解绿色食品的营养、绿色食品与健康的关系时,有一位学生问老师:"绿色食品这么好,那我们每天怎样才能吃到绿色食品?"还有学生问:"饮料是绿色食品吗?"显然,这就是活动过程中生成出来的问题,而这一问题恰恰反映出大多数城市中学生对绿色食品缺乏了解。只要教师积极引导学生从认识、经济、观念等方面进行探究,该活动的开展就会收到很好的效果。

总之,综合实践活动课程方案实施的过程就是将课程规划、方案落实到具体的活动中,通过教师、学生的积极参与,充分开发与利用课程资源,实现课程目标的过程。方案实施的过程是对方案制订的科学性、合理性、可行性的检验,是教师与学生活动能力得以展现并在活动中得到提高的过程。实施过程是最复杂的,有的时候是根据方案的计划来执行;有的时候是由于方案设计时考虑不全面,需要教师对方案进行完善;有的时候是条件发生了变化,需要教师对方案灵活调整,以确保活动效果的实效性。

(四) 总结交流

总结交流主要是指对学生在综合实践活动课程实施过程中的表现、成果的检查,但它同时也为师生之间、学生之间共同学习、共享成果提供了机会。在交流与总结中,学生增加了知识,开阔了眼界,拓宽了思路,学会了其他同学观察、思考、分析问题的方法,发现了自我,欣赏了别人。在总结交流时,一般需要注意以下几点:

1. 交流的形式可多样化

交流的形式可以是静态的,也可以是动态的。静态的,如一篇论文、调查报告、日记、作品等;动态的,如一次演讲、报告、制作比赛、心得交流。交流不仅有校内、班内的交流,还有校外的、与社会进行的交流,如将学生合理化的建议、要求及时提交到相关部门,将学生的成果向社会展示等。

2. 成果展示要自然真实

综合实践活动的成果展示重在学习,即让学生在展示、交流中感悟、体验,而不是为了展示而展示。因此,教师要引导学生把自己的活动经验、体会、发现、作品展示出来,使学生意识到展示不是为了获奖,而是一种真实感情的自然流露。

3. 启发提升,拓展主题

总结交流的目的最终还是要落实到学生的情感体验、创新精神和实践能力的培养上,即培养学生关注社会、自然、自我的责任感,加强学生与社会、生活的联系,改变学生的学习方式,形成学生对个体及社会生活方式的思考力和判断力。因此,在活动总结与交流中,教师要善于抓住时机,进行主题的拓展与升华。

(五) 活动反思

活动反思以探究与解决课程设计、开发、实施的手段与技术为出发点,伴随着教师与学生的共同发展,学生将在反思中“学会学习”,教师将在反思中“学会教学”。活动反思帮助教师以理性的方式审视自己的教学行为,提高效率,创造性地实施课程,同时,为今后的课程实施积累经验。综合实践活动课程实施中的活动反思可分为主题活动实施前的反思、实施中的反思和实施后的反思。

1. 主题活动实施前的反思

要求教师对学生的需求、基础,教师的教学能力、特点,教学目标,教学策略等进行反思。教师可以从以下问题入手进行实施前的反思:

主题活动的目标是否明确?活动主题的来源是否考虑到学生的兴趣与需求?主题活动的内容对学生哪些方面的发展有利?学生参与活动的程度会如何?学生对本次主题活动的哪个方面可能会最感兴趣?自主活动中,学生在哪些方面需要得到教师的指导?上次主题活动实施中最失败的地方在哪儿?本次主题活动中有没有改进,是否有相对完善的主题活动方案?方案是否具有可操作性?与活动主题相关的知识与能力是否具备?本次主题活动还需要得到哪些方面的支持?通过哪些途径获得这种支持?如何做好学生活动情况的记录?收集学生信息的手段准备得如何?

2. 主题活动实施中的反思

在综合实践活动课程实施过程中,不可预测的情况时有发生,这就需要教师在实施过程中不断进行反思。如果在指定活动方案时对教学活动环节、学生的情况、实施的条件以及可能出现的问题作了很全面的考虑,主题活动的目标就会比较清晰,遇到生成性问题时,活动目标将会得到及时的修正、补充,从而提高综合实践活动课程实施的效率。对生成性问题进行反思,有助于培养教师的规划意识及应变能力,避免当生成性问题出现时,教师手足无措、陷入僵局。

比如,开展以"水"为主题的活动,目的是为了唤醒同学们的水资源意识,懂得珍惜每一滴水的重要意义,树立保护自然、保护环境、珍爱生命的生活态度。这本是一项以人文教育为主题的活动,但活动结束后,又遇到生成性问题。刘同学起草了一份《生活节水小常识》,提议小组的几位同学组织起来向全校师生进行一次宣传。其他两位同学又提出了探究计划。经过老师和同学们的讨论命名为《冲洗马桶节水的研究》,完成了一次由人文题目向科学探究方向的延伸。

3. 主题活动实施后的反思

顾名思义,这一反思发生在教学过程之后,它需要教师对主题活动确定的教学目标及教学策略做出评价和判断。在反思过程中,教师可以追问自己:主题活动是怎样进行的;活动中达成了规划中目标的哪些方面;实施中改变了方案的哪些内容;哪个环节中学生收获最大,是哪个方面的收获;我参与了主题活动的哪些环节,是否存在包办行为;我对学生进行了哪些学习方法上的指导;学生所获得的学习经验会对哪些学科的学习有帮助;是否还有其他的教学策略能使主题活动更有利于学生的发展;是否需要尝试新的教学策略……通过这些问题,教师可以清醒地意识到自己教学行为的价值,判断自己是否成功地完成了教学目标,并在增强成就感的同时明确存在的问题,这样的反思能有效地提高教师的教学能力,使今后的教学工作更具理性色彩。

特别需要提出的是,当前教师反思的焦点一般集中在综合实践活动实施过程中具体的操作策略上,即偏重对教学过程中具体教学指导技术与技能方面的自我反思与评价,对隐藏在教学行为背后的教学理念、教学伦理及教学背景的反思较少,然而,这些因素对教师的教学行为也起着直接或间接的作用,因此,也应受到重视。

针对上述内容,教师可以运用反思策略进行反思,逐步养成自觉反思的习惯,形成反思意识,时刻提醒自己保持对教学应有的警觉。长期、自觉的反思,对教师的专业成长及主体性与创造性的发挥起着重要作用。主题活动的反思日记和主题活动的过程观察是目前教师进行活动实施后的反思的常用方法。

主题活动的反思日记可以是教师对教育问题解决过程的直接记录,也可以是教师对某个教育事件的思考和疑问。如:教学中发生的主要事件是什么;活动中最自豪的是什么,为什么;最让我感到焦虑和沮丧的细节是什么,为什么会这样;如果再有一次机会,我会怎么处理;主题活动的进程与方案出入大吗;我与学生联系紧密吗;我做过哪些方面的指导;在参与学生的活动中,我有哪些收获;我的知识与能力在哪方面要做调整,等等。

主题活动的过程观察可采用录像观察法与同伴观察法。所谓录像观察法，就是教师先将自己教学活动的某一过程用录像的方式记录下来，然后，站在旁观者的立场，较为客观地审视自己的教学行为，从容地对细节做出质性与量化的评价。例如，在活动中学生活动的时间累计，自己的教学是否精炼，对学生的指导策略是否考虑到学生主体性的发挥，自己在教学中如何对待学生的不同观点与意见，等等。由于教学目标、工作环境、教学对象的相似性，同事对教学工作也有较深刻的理解。因此，还可以采用同伴观察法，即邀请同事观察自己指导的某个主题活动，让他们指出自己教学中存在的问题，便于自己提出进一步改进教学的策略。在实施这种反思策略时，首先，要挑选对主题活动非常熟悉，对自己的教学历程有一定了解的同事；其次，在同伴参与观察前，应该简要地说明你的问题，即需要他着重观察哪些方面，需要他向你反馈哪些方面的信息；最后，在观察结束后，请他为你做一个口头的或书面的观察报告。

阅读材料

案例：以"水"为主题活动

活动背景：保定市十七中学举行一次"为西部农村捐一口水窖"的募捐，同学们捐款十分踊跃。受这次活动的启发，张老师、王老师两位课题指导老师和本校的王老师以及高一综合实践活动小组的同学们确定了以"水"为主题的一项活动，其题目是"水之美与水之痛"，包括"水与人类"、"水与环境"、"保定水资源状况"、"生活中浪费水资源调查"等分课题。目的是为了唤醒同学们的水资源意识，懂得珍惜每一滴水的重要意义，树立保护自然、保护环境、珍爱生命的生活态度。这本是一项以人文教育为主题的活动，主要是培养同学们的一种态度，树立一种意识，但课题结束后，刘同学又起草了一份《生活节水小常识》，提议小组的几位同学组织起来向全校师生进行一次宣传，其他两位同学在积极响应的同时，又提出了全班同学一起参与的探究计划，经过老师和同学们的讨论命名为《冲洗马桶节水的研究》，完成了一次由人文题目向科学探究方向的延伸。

冲洗马桶节水常识：随着城市建设的发展，家家户户的居住环境有了很大的变化。居室卫生间里的马桶，使用了自动冲水的方式，只要按下按钮，冲洗工作就完成了，方便了人们的生活。从销售的角度来看，设计制作抽水马桶的厂商会考虑到产品的外观、功能的可接受性，而家庭在选择马桶时也主要注意的是产品的一般特征。对于马桶的使用来说，水量大效果就自然好，供货商一般都会将冲水量调节得较大，因此购买者不会对马桶好不好用产生疑问，人们会忽略马桶冲洗工作到底需要多少水。当然，产品设计中也有调节冲水量的装置，可这是使用者难以注意到的,一般家庭都是装好了抽水马桶,只要效果可以,就不会再去调节冲水量。如今进入楼房居住的人愈来愈多,家家都用抽水马桶,大量的自来水被用冲流失了,怎样合理地使用抽水马桶,用适量的水完成冲洗工作,既有如何节约用水的问题,也有经济核算的问题。冲洗马桶节水的问题虽然不大,但涉及了诸多方面,需要调查了解、检测实验、设计思考、尝试解决、效果检验等。希望活动能使学生去关注自己的生活,从环境资源角度观察与思考抽水马桶的用水量,提出节约用水这个有研究价值的问题,并且提出研究的方法、程序,然后进行实际研究,尝试解决力所能及的问题。

抽水马桶是生活中必备的用具,各家各户使用了不同品种的抽水马桶,每种马桶的外观、内部结构都有所区别,质量效果也不尽相同,平时人们只注意使用,而很少注意与它相关的结构、功能,以及储水、用水等因素。要解决节水的问题首先要掌握马桶的基本设计,提出节水的设想需要针对各种类型的马桶,所以对马桶进行市场调查是解决问题的必要步骤。

活动一:马桶种类的市场调查

活动准备:班级同学5～6人分为一组,分组时注意使每组中根据思考问题、表达能力、体力强弱等进行人员搭配,选一人作组长。小组集体商议行动计划,什么时间去,去哪里,怎样去,交通工具怎样解决,如何搜集有关信息资料,携带哪些器材工具等。小组同学进行分工,明确每个人要做的工作。计划不能只体现在口头上,需要落实下来,形成完整的书面计划。各组间交流计划,集体研究计划的可行性,重点研究如何与厂商进行交流,怎样询问与表达。请教老师,请老师对行动计划提出意见和建议。根据计划中设计要去的地点,分头进行踩点,了解基本情况。回来碰头后调整计划中不可行的内容。估计整个活动所需要的时间,可能出现的问题及解决方法等。

活动过程:根据计划中预先选择的商家,各组分赴各自地点,与供货商进行交流。记录小组所到的商家地点,并记录生产马桶的厂家、品种、外观、价格、功能、特点等。

如马桶市场调查小组成员(王同学、李同学、刘同学)的调查情况见表9-2:

表9-2 马桶种类的市场调查表

编号	品牌	价格(元)	特点	备注
1	法恩莎	1 050	有选择开关(4.5 L/2.5 L)、节水	有自洁表面
2	箭牌	1 000	有选择开关(5 L/3 L)、节水	有自洁表面
3	唐陶	780	无选择开关(5 L)、较浪费	无自洁表面
4	阿波罗	950	有选择开关(5.5 L/3.5 L)、较节水	有自洁表面
5	佳美	850	无选择开关(5 L)、较浪费	无自洁表面

活动中要注意：出行中一定要注意交通安全，注意集体活动。小组同学要互相提醒，路上尽量减少交谈，预定好互相之间的联络方法，万一失散时进行联络，组长要切实负起组织带领的责任。活动中小组同学要按照事前的分工做事，也需要合作。与供货商交流时，要依次述说，互相补充，表达清楚、完整。负责记录的同学要认真仔细观察，记录各种信息资料。每与一个厂商接触后，小组同学应交流情况，简单总结经验后再进行下一项内容。遇到困难时小组同学要共同研究、商量，不能互相埋怨。特殊情况可求助民警、商场保安或负责人，或与老师联系。

活动小结：小组同学应回顾整个活动过程，畅谈活动中有意义、有价值、能够成为经验的内容。同学之间谈自己对活动的个人感想与收获。整理活动中获取的信息资料，填写统计表格。

活动二：马桶冲水量的测量

对事物的认识要由表面到实质，全面深入地了解抽水马桶水箱的构造，工作的状况，冲放水的特点，才能发现所存在的问题。抽水马桶的水箱里储存了多少水，水箱是不规则的形状，需要思考其储水量的测量方法。在按下按钮后水管排出多少水，即水箱的冲水量是多少，也需要测量。马桶在完成冲洗工作时需要的最少冲水量是多少，更需要进行观察和测试。只有得到这些资料才能对马桶进行分析和研究。

活动准备：此活动可由学生自己独立完成，如果有的学生家中没有条件，可结成小组共同进行。活动应由观察开始，每一种抽水马桶都会有不同的水箱，打开水箱需要了解水箱的基本结构，活动前需要阅读有关说明书。

注意事项：要注意安全，一是注意开盖、测量时不要碰伤自己；二是水箱盖是陶瓷质地的，碰、摔都易损坏。测量是一个过程，要避免以一次结果定结论，应多次测量（至少 2 次），比较综合后再得出结论。测量冲水过程时也需要注意节水。

活动过程：

1. 观察和思考如何测量

打开水箱盖子，观察水箱的内部构造，将水箱内水面高度作出标记，思考如何测量水箱容积与水箱实际储水量的方法。然后进行实际测量，记录测量的方法和测量的结果。多次进行测量，如果能够用不同方法进行测量则更好。

2. 测量水箱每次的冲水量

冲水量的测定有一定的难度，因为冲水是一个动态的过程，到底使用了多少水进行工作，是直接测量还是间接测量，需要确定好测量的方法。同样在测量后应记录相关的数据。

3. 测量水箱工作所需要的最少冲水量

水箱工作所需要的最少冲水量的数据是关系到认识水箱节水的重要依据。这个数据的获取应该与实际联系,从研究节水的意义出发,最好是确定好方法,在家人每次使用马桶以后,进行一次测量,再把几次测量的结果记录下来。

4. 测量结果的分析与研究

把几种情况下记录的数据集中起来,比较分析能得出什么结论,能引发什么思考。估算一下每个月里马桶冲水,消耗掉多少水量,经济核算一下,需要多少水费。如果按实际需要的水量又需要多少水费。

活动小结:小组交流、评价每个人研究的过程与结论。把每个人记录的研究结果集中在统一的表格里,再次进行综合分析,加深对浪费与节约问题的认识。

活动三:马桶节水方法的研究

了解到水箱的储水量和实际需要的冲水量,可以对比出每次冲水过程中浪费的水量。从节约用水的角度,需要改变马桶水箱的冲水量,这就要知道水箱冲水装置的构造,思考如何调节水箱的冲水量,用何种方式解决冲水适量的问题。

活动准备:需要认真阅读与认识说明书中有关水箱冲水装置的结构图。准备一些工具、材料,尝试自己的解决方案。

注意事项:改进是基于原有的结构,不是完全的改变,要注意尽量不破坏水箱冲水结构。如果改进的效果不佳,仍然可以复原。改进不能以牺牲原有冲水的效果为代价,既省水,又有效。改进的方法应该简单实用,不应花费过多的费用,最好不花钱也办事。

活动过程:

1. 思考解决方案

根据观察、分析自己使用的马桶水箱的具体状况,思考解决问题的方案,可以多思考几种并画出草图,然后研究方案是否可行。

2. 实验记录

实施自己的试验方案,检验实际效果,做出记录。

3. 不同方案比较

对比几种方案,思考哪个方案的效益比较高。

4. 方案汇报与交流

向集体汇报自己的方案。了解其他同学的做法,与同学一起交流、比较各解决问题的方案。

活动小结:公布每个人的研究思路,以及实验的结果,大家对各种方案进行评价,选出班级中的最佳方案。

活动延伸:将有效的方案写出研究报告,提给环保部门作为参考。也可提给曾经提供信息的供货商,作为回报,提出在说明书中应加入有关节水数据的看法。

学生访谈:刘同学观点——自从我们全班同学一起研究了冲水马桶的节水问题,同学们都知道了节水的意义。现在大家在节水、节能方面特别自觉,常流水、常明灯的现象在学校见不到了,在家我们也是节水、节能的研究者和倡导者了。我们班又在计划搞一个家庭节水系统,将废水回收、沉淀后重新利用。这个装置挺复杂,但我们班有设计专家和技术能手,大家一起来,肯定能成功。我们班的同学们都在向亲戚朋友推荐我们的节水系统呢。

教师访谈:

变化1:过去高中学生对音乐、体育、美术等课程不太重视,虽有这方面的爱好,但是由于其他课程的压力,也只好先置于一边,背着升学的思想包袱的音、体、美等课程一般效果不好。随着综合实践活动和学习成绩的稳定提高,同学们不再把学习当作负担,而是一种乐趣,随之就是主动地投入到音、体、美等课程中去,接受美的熏陶和力量的洗礼。体质的增强和身心的放松,更加有利于同学们集中精力投入到学科学习当中去。这样,音、体、美的课程越来越受到同学们的欢迎,课外活动也有越来越多的人参加,科学教育和人文教育形成了一种良性的互动。

变化2:偏科的现象减少了,理科的同学害怕文科,尤其是作文,随着作文题目的多样性和内容的高度综合,同学原来总感觉没话可说,而且思路狭窄,在综合实践活动中,同学们有意识地延伸主题、进行讨论,都在潜移默化中训练了他们的发散性思维、语言表达和组织能力、联想能力等等。越来越多的同学表现得思路开阔、才思敏捷,作文水平明显提高。语文老师喜笑颜开,再也不报怨活动占了她的作文时间了。

活动反思:

总结学生这些变化,可以使我们感觉到,对于学生个体而言,科学素质是其人文品质提高的基础,人文品质的提高反过来又促进其科学素质的进一步提高,两者相互促进,才促成了学生个体的全面发展。综合实践活动中科学教育与人文教育的融合,不仅丰富了综合实践活动的内容,而且有利于学生正确的情感态度价值观的形成;学生正确的情感态度价值观的形成,又大大激发了他们的学习兴趣和参与综合实践活动的热情。不仅在综合实践活动中,实际上在各种教育过程中都应注意科学教育与人文教育协调融合,这也许是教育摆脱困境的出路。

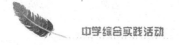

第三节　中学综合实践活动实施的问题与策略

课程实施是将课程计划付诸实施的过程，"新的课程计划通常蕴涵着对原有课程的一种变革，课程实施就是力图在实践中实现这种变革，或者说，是将变革引入实践"。因此，在新课程的实施过程中，必定存在这样或那样的问题。同样，综合实践活动课程作为一门新的课程形态，在实施过程中也会出现不少问题。发现问题，对问题进行分析和归类，是有效解决问题的关键。

一、中学综合实践活动实施中存在的问题

（一）管理层面的问题

1. 师资队伍不理想

综合实践活动课程与学科课程有着较大的区别，对教师素质也有着特别的要求，然而，不少学校缺乏专业的师资队伍。在师资问题上，各学校大致有如下处理方式：一是根据学校的规模，选定一位或几位教师作为综合实践活动任课教师，除按要求委派其参加上级部门开展的培训外，学校对任课教师没有相关要求，也不太过问其课程实施的过程与效果；二是部分基础较好的学校根据综合实践活动的内容，将全校教师进行组合，组建成一支综合实践活动指导教师团队；三是部分学校将班主任或学科教师作为各班综合实践活动的指导教师。师资队伍得不到保障，从根本上制约了综合实践活动的实施。根据综合实践活动的课程性质，我们提倡学校将教师们组建成指导教师团队。

除了人员问题外，教师的理念也存在滞后现象。部分教师对综合实践活动课程认识肤浅，流于表面形式，不能真正理解课程的内在精神；部分教师虽能理解综合实践活动课程，但是受学科教学思维定势的影响，习惯于用"教"的方式去实施综合实践活动，不能采取有效方式将活动方案付诸实践。

2. 课程管理不到位

课程管理不到位主要表现在课程计划、方案制订不周全，课时量得不到保证，学校监管评价机制不健全。很多学校没有成立综合实践活动课程的领导小组，综合实践活动的开展处于一种无人管理的散乱状态。

3. 安全、经费问题得不到落实

综合实践活动的课程性质决定了其实施空间的开放性、实施场景的社会性、

活动过程的动态性、涉及人员的复杂性,使得学生活动的风险比学科课程大得多,安全是课程实施中凸显的一个重要问题。部分学校出于安全考虑,形成了"少活动,只在学校活动,甚至不活动"的局面。综合实践活动的实施不及学科课程那样经济、高效,其活动时间长,活动场所多,往往需要一些经费作为保障,而且其活动结果不是立竿见影,因此部分学校顾及安全、经费问题而消极观望。

(二)落实层面的问题

1. 教师的指导方式要么放任自流,要么包办代替

部分教师对综合实践活动课程的理解偏颇,加上没有现成的课程教材,在具体的实施过程中,认为凡事都放手让学生去自主进行就是综合实践活动,而忽视了对学生各个活动环节的指导,缺乏具体的指导方案,出现"指导宽泛随意,对主题的内在价值缺少提炼,致使活动实施只偏重形式,而漠视内容;仅注重进度,而轻视深度"。这使综合实践活动成为学生盲目的行为与活动,和真正的综合实践活动相去甚远。

部分教师受学科教学思维的影响,在综合实践活动实施过程中凡事都要包办替代。其中,表现最为突出的是,教师自己决定活动主题,活动过程中忽视学生的独特价值,给予学生的活动空间狭小。

2. 学科化倾向较为明显

在实施过程中,综合实践活动的学科化倾向比较明显。这主要表现在:一是综合实践活动课程经常被简单地等同为某某学科的综合实践活动,二是在活动过程中教师"教"综合实践活动的现象比较普遍,使得实施过于保守,基本上承袭了学科教学的模式。

3. 活动过程过于表面化

不少教师不能够认真研究、分析本地区、本校和学生的实际情况,不能够认真地钻研和设计活动方案,简单模仿别人的做法,活动浮于表面,为活动而活动,结果出现的只是表面热热闹闹而缺少内在提升的浅层次实践。学生在活动中难以产生深刻的情感体验,无法提高实践创新能力。

导致活动过程表面化,还有学生因素的影响。长期以来,学生受应试教育的影响,固守于接受、静思的学习习惯,自主学习、合作学习、探究学习的能力比较薄弱,导致调查访问的目的无法实现,实验研究注重表面现象,参观体验走走过场;或者浅尝辄止,在实践活动中稍有收获和体会就非常满足。很显然,这种表面化的综合实践活动不能达到开设本课程的目标和价值追求。

二、解决问题的对策

(一) 更新教育观念

观念是行动的先导，要顺利开展综合实践活动，当务之急是从观念着手，更新各类人员的教育观念，解决认识问题。只有认识到综合实践活动开展的重要意义，才有开展活动的根本动力。

首先，学校要认识到综合实践活动课程对学生发展的重大意义。综合实践活动的开展并不是可有可无的事，全体教育教学人员不能仅仅追求眼前的分数，而要从学生的长远发展和终身发展来考虑。

其次，学校要深入把握综合实践活动课程的基本理念和内在精髓，将之有效地内化，为科学合理地开展活动奠定扎实的思想基础。为此，各级教育部门与学校可以通过开展集中培训、校本培训、个人自学等方式来更新教师的教育观念，提高教师的课程实施能力。

(二) 健全管理机制

首先，各省市教育部门要制订综合实践活动课程的相关文件。各省市可以结合当地实际，制订《综合实践活动课程实施指导意见》，建立相应的政策支持系统。要确立长远的教育规划、管理制度、评价制度、研讨制度、师资安排、激励机制(包括教师职称评定的方式和程序)。各基层学校要根据国家与省市教育部门制订的规划文件，结合学校实际情况，制订适切的学校综合实践活动课程的实施计划。该计划应包括课程实施方案、责任分工、经费发放、与社区和家长的沟通工作等。需要注意的是，学校制订的各类计划要征求大多数教师的意见，要确保计划的可行性，否则计划可能流于形式。

其次，学校除了制订本校综合实践活动课程计划外，更重要的一项管理职能就是具体、细致地关注每一项具体实践活动的开展，对活动方案的制订、活动场所、活动经费、活动安全的保障进行必要的管理、统筹。学校还要经常总结本校综合实践活动实施的经验与不足，表扬激励活动开展效果好的师生，不断提高综合实践活动的实施层次。

(三) 组建教师团队

拥有一支理念新、能力强的教师团队是综合实践活动有效开展的基础和前提。如上所述，目前缺乏有力的师资保障是影响综合实践活动实施的重要因素。因此，各校要大力建成综合实践活动的指导团队，并设立专门的指导小组。

学校可以以教务处为组织机构，以年级为单位，设立专门负责管理综合实践活动课程实施的指导小组。指导小组的职责主要是组建本校综合实践活动课程师资团队，并对之进行统筹分工，对活动中的各类关系进行协调，对活动的开展进行指导、监督,对活动的效果进行评价。

组建教师团队是指导小组的重要职能。指导小组结合本校综合实践活动的具体内容,充分考虑各教师的专长,组建一支能力结构合理、有一定人数的教师团队。教师团队可以根据教师的学科专长,将参与的教师分为三类:指导教师、协管教师和学术顾问。指导教师主要由学校综合实践活动课程指导小组根据学生需求选任,指导教师与班主任一起共同负责综合实践活动的指导、实施、评价等工作。协管教师主要由学校后勤人员组成,他们主要为学生的综合实践活动提供配合性服务,比如学校的图书馆、语音室、计算机室、实验室等场所的管理。学术顾问由学生根据活动需要自由聘请,负责为学生提供专业知识指导,关注并指导学生的课题研究。学术顾问主要是社会各类机构,尤其是科研机构中的研究人员。由这三类人员组建成的教师团队具有一定的稳定性,能为学生开展活动提供有力的保障。

当然,具体到每一个实际活动,学生可以根据所开展活动的性质选择本活动的指导教师和学术顾问,这样可以保证最优的教师指导学生开展活动,优化了师资配备。由于综合实践活动具有高度的综合性,可能涉及多种学科知识,因此在具体活动过程中,教师团队的协作非常重要,每一位指导教师都应明确自己的职责,同时又要拥有较好的大局意识,精诚合作,确保每一项活动能高效地开展,使学生的情感、知识、能力在活动中综合化、最大化地发展。如某校根据本校的科普特色,开展了对蝴蝶的研究活动。科学教师组织学生管理暖房、饲养蝴蝶;语文教师指导学生写观察文章、研究报告;美术教师则在学生制作蝴蝶画时提供必要的帮助。

因此,学校指导小组还要通过多种形式,大力加强各学科教师的交流与沟通,以弥补专任教师单一学科知识的不足,发挥各学科教师的专业特长,从而促进学生综合素养的发展与提高。

本章小结

综合实践活动课程实施过程中学生探究世界的方式有两种:一是学生在教师引导下"科学地"探究世界。二是学生在成人引领下进入社会,走进大自然,以中学生自身的眼光观看、倾听他人,欣赏、观察现象,进而反思并描述所看到的世界。中学综合实践活动课程实施的目的是培养积极而负责的生活态度,发展主动获取知识和信息的能力,养成自主解决未知问题的态度与习惯。

思考·探究·实践

1. 结合当前我国中学教育中存在的实际问题,谈谈中学综合实践活动实施的意义。

  2. 如何理解综合实践活动课程实施中各主体的任务？

  3. 如何正确处理综合实践活动课程实施过程中教师有效指导与学生自主发展之间的关系？

拓展阅读：

  1. 郭元祥. 综合实践活动课程的实施[M]. 北京：高等教育出版社，2003.

  2. 钟启泉，崔允漷. 新课程的理念与创新：师范生读本[M]. 北京：高等教育出版社，2003.

  3. 郭元祥. 综合实践活动课程：设计与实施[M]. 北京：首都师范大学出版社，2001.

  4. 肖成全. 综合实践活动课程教学实施指南[M]. 武汉：华中师范大学出版社，2003.

  5. 廖先亮. 综合实践活动课程的理论与方法[M]. 武汉：武汉大学出版社，2003.

  6. 李臣之. 综合实践活动课程开发[M]. 北京：人民教育出版社，2003.

  7. 张华等. 综合实践活动课程研究[M]. 上海：上海科技教育出版社，2007.

  8. 辛继湘. 综合实践活动课程的目标取向与实施策略[J]. 课程·教材·教法，2001(11).

  9. 李晓勇. 论综合实践活动课程及其实施[J]. 教育理论与实践，2002(4).

  10. 熊梅. 浅谈综合实践活动课程实施的样态特征[J]. 中国教育学刊，2001(3).

第十章 中学综合实践活动课程实施中的指导教师

学习目标

1. 认识专业化背景下中学综合实践活动课程实施中指导教师应具备的素养

2. 正确理解和把握中学综合实践活动课程实施过程中教师与学生的关系

3. 掌握中学综合实践活动课程实施过程中教师的指导策略

4. 初步具备指导中学生实施综合实践活动课程的能力

案例:"半路出家"的老师

在江苏无锡举行的一次综合实践活动课程教师培训活动中,一位湖南籍中学教师在谈培训体会时,坦陈自己原来教生物学科,因学校缺综合实践活动课程老师,才临时请他担任指导教师的。他最大的苦恼是上综合实践活动课时不知道自己该做什么,加上中学升学压力又大,眼看着学生的活动流于形式、水分很大,而他却无可奈何。

应该说,这位老师的苦恼具有相当的普遍性。

浙江教育厅教研室一位老师在总结综合实践活动课程实施过程中的问题时就说道:"就专任教师而言,很少有学校配备,一般只是通过年级集中讲座来完成理论和方法辅导,许多中学一学期的理论和方法的指导不足4课时,情况较好的学校则是由几个工作量砍掉一半的学科教师担任'专任教师'。以省内一所样本学校为例,它的'专任教师'都是兼职的。"

由此可见,中学综合实践活动课程的指导教师基本上都是"半路出家",他们大多经过几次短暂的培训就上岗了。由于缺乏必要的知识、能力,不能从根本上把握课程的特质,许多老师感到无从下手,感觉综合实践活动离自己的学科很远,离自己的经验很远,茫然不知所措,加上很多地方没有出台关系到综合实践活动课程教师切身利益的相应配套政策,于是,上综合实践活动课程就成了一个"摸着石头过河"的"良心活"。

综合实践活动课程是国家规定的基础教育阶段的必修课程,具有开放性、实践性和生成性等特点。所有这些特点,使综合实践活动课程的实施显得异常复杂,也使教师在课程实施中的作用更加突出,无论是活动方案的设计,还是活动过程的指导、活动结果的评价,都需要教师创造性的工作。由此,教师的专业素养就成为综合实践活动课程实施中最为关键的因素。那么,中学综合实践活动课程的教师应具备什么样的专业素养呢?这个问题,在目前专任教师缺乏、学校里每一学科教师都有可能"半路出家"成为综合实践活动课程指导教师的情况下,尤其需要明晰。而在大力倡导教师专业化的今天,关于中学综合实践活动课程教师的专业素养或许应放到专业化大背景中进行考察更为合适。

第一节 专业化背景下中学综合实践活动指导教师的素养

教师专业化,从动态的角度来说,主要是指教师在严格的专业训练和自身不断主动学习的基础上,逐渐成长为一名专业人员的发展过程;从静态的角度来讲,则是指教师职业真正成为一种专业,教师成为专业人员得到社会承认这一发展结果。简言之,教师专业化包括两个方面:一是教师的专业发展,二是教师职业专业地位的获得。无论是教师的专业发展,还是教师职业专业地位的获得,都对教师的专业素质提出了新要求。

一、专业化背景下的教师的素质

教师专业化对教师的素质提出了什么样的要求,这可从"教师专业标准"中窥知。2012年2月,教育部研究、制定并颁布了《幼儿园教师专业标准(试行)》、《小学教师专业标准(试行)》和《中学教师专业标准(试行)》,在所有这些"专业标准"中,明确规定了教师必须具备的素质。

(一)高尚的师德修养

在教师的素质结构中,德是灵魂,因此,无论是《幼儿园教师专业标准(试行)》、《小学教师专业标准(试行)》,还是《中学教师专业标准(试行)》,都把师德放在首位,明确提出"师德为先",并对"师德"提出了具体要求。如《中学教师专业标准(试行)》中的"师德"要求是"热爱中学教育事业,具有职业理想,践行社会主义核心价值体系,履行教师职业道德规范。关爱中学生,尊重中学生人格,富有爱心、责任心、耐心和细心;为人师表,教书育人,自尊自律,以人格魅力和学识魅力教育感染中学生,做中学生健康成长的指导者和引路人"。

(二) 先进的教育理念

教育理念是影响教师教育行为的内在因素,不同的教育理念,将有不同的教育结果产生。那么,教师应该具有什么样的教育理念呢?《幼儿园教师专业标准(试行)》、《小学教师专业标准(试行)》和《中学教师专业标准(试行)》中都鲜明地提出了"学生(幼儿)为本"的教育理念,要求教师关爱学生(幼儿),重视学生(幼儿)的全面发展。如《中学教师专业标准(试行)》中要求教师要"尊重中学生权益,以中学生为主体,充分调动和发挥中学生的主动性;遵循中学生身心发展特点和教育教学规律,提供适合的教育,促进中学生生动活泼学习、健康快乐成长,全面而有个性地发展"。显然,教育作为一种培养人的活动,"学生为本"的教育理念应该是真正合乎教育本质、体现时代精神的先进的教育理念。

(三) 合理的知识结构

教师素以"传道、授业、解惑"为基本职责,故传统的教师知识要求为"学科知识+教育知识"。然而,教师专业化背景之下,如此的知识构成显然不合要求。在《小学教师专业标准(试行)》、《中学教师专业标准(试行)》中,清晰地呈现了当代教师的知识结构:教育知识+学科知识+学科教学知识+通识性知识。这就是说,专业化背景之下,中小学教师不仅要具有学科知识、教育知识,而且应具备学科教学知识——掌握所教学科课程标准和课程资源开发的主要方法与策略、针对具体学科内容进行教学和研究性学习的方法与策略,同时,还应具备通识性知识——相应的自然科学和人文社会科学知识、国情知识、艺术欣赏与表现知识以及适应教育内容、教学手段和方法现代化的信息技术知识。除此,还要求教师具有终身学习理念,不断优化知识结构,提高文化素养。

(四) 全面的能力素养

教师是履行教育教学工作职责的专业人员,不仅需要丰富的知识,而且需要较强的能力。因此,在《幼儿园教师专业标准(试行)》、《小学教师专业标准(试行)》和《中学教师专业标准(试行)》中都强调"能力为重",并较为详细地列出了教师必须具备的能力。如《中学教师专业标准(试行)》中,要求教师要具有教学设计、教学实施、班级管理与教育活动、教育教学评价、沟通与合作、反思与发展等多方面的能力。而在这些能力要求中,"沟通与合作"、"反思与发展"显得尤为瞩目。在"沟通与合作"上,要求教师不仅要"了解中学生,平等地与中学生进行沟通交流",而且要"与同事合作交流,分享经验和资源,共同发展"、"与家长进行有效沟通合作,共同促进中学生发展"并"协助中学与社区建立合作互助的良好关系";而在"反思与发展"上,则要求教师要"主动收集分析相关信息,不断进行反思,改进教育教学工作"、"针对教育教学工作中的现实需要与问题,进行探索和研究"、"制定专业发展规划,积极参加专业培训,不断提高自身专业素质"。

二、中学综合实践活动课程教师的素质

教师专业化对教师素质的要求可谓面面俱到,然现实中学教育中,对承担不同教育教学任务的教师的素质要求是有所侧重的。与在课堂内以书本知识教学为主的学科课程教师相比,综合实践活动课程指导教师的素质要求显得更高一些,具体表现在知识结构、能力素养和情感态度三个方面:

(一) 知识结构

在中学课程体系中,综合实践活动课程是一门新生课程,也是一门特殊的课程,它面向学生的"生活世界",旨在发展学生的创新能力和实践能力。如此课程,要求教师须具备以下四个方面的知识:

1. 综合的学科知识

综合实践活动课程是一门综合性课程,需要体现对知识的综合运用。如此,作为中学综合实践活动课程的指导教师,仅拥有单一的学科知识显然不合要求。为保证中学综合实践活动课程有效实施,指导教师在具备某一学科知识的同时,应积极进行跨学科学习,文科老师学习一些自然科学知识,理科老师补充一些人文社会科学知识,在"文理渗透"中实现教师知识的综合化。当然,就教师个体而言,要具备综合的学科知识绝非易事。要知道,无论多么优秀的教师也不可能穷尽各学科知识,更何况综合实践活动课程本身也具有很强的生成性,因此,在综合的学科知识的获取上,更需强调的是教师要有开放、主动的心态,不断吸纳新知,扩大和拓宽既有的知识领域。

2. 系统的教育科学知识

课程是教育的基本要素,一方面受制于教育目的,另一方面又深刻影响着教育目的的实现。因此,要理解课程并把握课程的实质,需要以系统的教育理论知识作为基础。综合实践活动课程是一门有着全新理念、目标、内容、价值追求和实施方略的课程,而这些理念、目标、内容、价值追求和实施方略,无一不是出自于对教育本质的反复思考。因此,中学综合实践活动课程教师要深刻理解这些理念、目标、内容和价值追求,就必须系统地学习现代教育理论,如教育哲学、教育心理学、课程论、教学论等。唯如此,方能"既知教之所由兴,又知教之所由废",在中学综合实践活动课程的实施中"有的放矢",从而实现中学综合实践活动课程的应有价值。

3. 基本的科学研究方法论知识

中学综合实践活动课程教师除了应具有综合的学科知识和系统的教育理论知识之外,还应掌握科学研究的基本方法,具有开展科学研究的方法论知识。因

为,综合实践活动课程的内容之一是"研究性学习",而"研究性学习"是围绕"研究"而展开的学习活动,旨在让学生体验科学研究过程,培养学生发现和探究问题的兴趣和能力。如此,作为指导老师就必须熟悉科学研究的一般程序,掌握科学研究的基本要领。综合实践活动课程实施中指导教师应具备包括文献法、观察法、实验法、调查法、个案研究法等基本的科学研究方法,以及研究性学习实施不同阶段(如选题阶段、开题阶段、结题展示阶段等)的程序性方法,还应包括社区服务、社会实践活动的基本方法。

4. 特定的地域性知识

综合实践活动课程是一门实践性课程,它的内容不像学科课程那样由国家统一规定,而是来源于学生的现实生活和社会实践,是由教师和学生自主决定的。显然,学生的现实生活和社会实践存在一定地域性差异,因而,综合实践活动课程课程的实施会因地方和学校实际情况的差异而各具特色。由此,作为课程开发和实施主体,综合实践活动课程的指导教师要想指导学生的问题探究、社会调查、文化体验等活动,就必须首先对地方和社区的发展状况,对其特有的地域性知识(地方和社区的自然状况、社会历史与现实状况、民族文化与风俗习惯等)有较全面的了解。此外,还要对学校的历史和特有的文化传统、学生的家庭经济文化背景与生活方式和习惯等有基本的了解。只有这样,综合实践活动课程的教师才有可能与学生一起充分开发和合理利用本地本校的课程资源,确保综合实践活动课程目标的实现。

(二) 能力素养

与数学、语文等学科课程不同,综合实践活动课程极具开放性——既无现成教材也无固定实施空间,而这种开放性使综合实践活动课程的实施显得异常复杂,相应地,对综合实践活动课程指导教师的能力也提出了特殊要求,要求教师不仅要具有课程资源的开发与利用能力、主题活动的选择与设计能力,而且要具备学生研究过程的指导能力和学生活动的组织管理能力。

1. 课程资源的开发与利用能力

综合实践活动课程的开放性和实践性必然需要丰富的课程资源作为载体和支撑。没有课程资源的开发和利用,综合实践活动课程的实施就无从谈起。由此,课程资源的开发与利用能力成为综合实践活动课程教师最显要的能力。作为中学综合实践活动课程的指导教师,不仅要对课程资源的类别和开发利用方法有明确的认识,而且要善于转化课程"缺资源、无条件、少支持"的劣势,充分调动人力、物力、财力等各方资源为课程所用;不仅要能够深入挖掘学校内部资源、合理开发校园周边资源,而且要善于利用各种社会教育资源,为学生创设更多的实践机会,丰富他们的直接体验,提高综合实践活动课程实施的效果。

2. 活动规划与设计能力

综合实践活动课程以"活动"作为其课程内容的主要呈现方式。由此,活动规划和设计能力对于综合实践活动课程教师来说显得十分重要。综合实践活动课程为学生提供了自由的活动空间和广阔的活动背景,作为指导教师要能够在这种广域的课程环境中,善于根据学生的生活经验、已有的知识基础和特定的背景和条件,引导学生自主、灵活地选择活动主题或课题,设计活动过程。然而,要做到这一点,教师必须有足够的活动整体规划和具体活动设计的能力,唯如此,才能在学生活动主题或课题选择和活动过程设计的指导中做到"游刃有余"。

3. 学生研究过程的指导能力

综合实践活动重在学生"做",社区服务与社会实践如此,研究性学习及其他亦如此。但重学生"做",并不意味着教师可以"袖手旁观"。毕竟,综合实践活动对中学生来说还有一定难度,需要教师给予各方面的指导和帮助。尤其是研究性学习,对普通中学生来说是一种不寻常的学习方式,倘若没有教师的指导和帮助,学生很可能没展开就陷入茫然不知所措的境地。当然,指导中学生开展研究性学习,教师须具备研究过程的指导能力,以有效地指导中学生体验科学研究的过程、掌握科学研究的基本程序和方法,以此激发中学生观察生活、发现问题与探究问题的兴趣,提高发现、探究问题的能力,养成实事求是的科学精神。

4. 学生实践活动的组织与管理能力

中学综合实践活动课程的实施,常常需要突破课堂、校园的限制,走向社会,开展实地的调查、访问、观摩、考察、体验、服务等多种活动。这种长周期、大主题、跨空间的学生实践活动,对教师的组织与管理能力的要求要远远高于教师组织常规课堂教学的能力。教师需要具有良好的活动组织与管理能力,确保活动安全、有序、顺利地进行。这种能力要求表现在适时组织学生的研讨、交流与评价,协调好学生小组之间、学生与教师之间、学生与家长之间、学生与校外机构之间以及与指导教师之间的关系,帮助学生获得活动必备的资源与条件,随时监控和掌握学生的活动过程等方面。

(三) 情感态度

中学综合实践活动课程教师除了应具备实施综合实践课程所必需的知识和能力之外,还应该对综合实践活动课程价值具有高度的认同感,对综合实践活动课程的实施及其效果拥有强烈的责任感和足够的自信心。

1. 对课程价值的高度认同感

中学课程中,综合实践活动课程是一门独特的课程,作为指导教师,首先应明了综合实践活动课程独立于学科课程单独设置的原因,认可它作为一门实践性课程开设对学生发展的巨大价值,对其中理念有着高度的认识并且坚信课程的发展前景。只有对课程价值具有高度的认同感,教师才会愿意为之付出努力,才会具有责任感和自信心。

2. 对课程实施有强烈的责任感

综合实践活动课程是一门实践性课程,其内容具有不确定性,实施过程又极具开放性,作为指导教师需要花费大量时间来查阅资料、考察学校及周边环境的资源、了解学生的兴趣爱好和特长,除此,还需要组织指导学生展开活动、进行必要的人际沟通等。而这不仅要求教师应具有奉献精神,而且还须有强烈的责任感。否则,综合实践活动课程有可能陷入虚空化,其实施效果就很难得到保证。

3. 对课程发展有足够的自信心

综合实践活动课程在中学不属于"主科",常常得不到应有的重视,给人以"边缘化"的感觉。由此,作为综合实践活动课程的指导教师,就必须充分认识课程的价值,并对课程发展有足够的自信心,只有这样,才能在遭遇学生课题研究失利、缺乏必要的外部支持、自己的指导能力明显不足之时,有坚定不移的立场和坚持到底的勇气,使综合实践活动课程实施保持常态化,从而保证中学生身心的健康发展。

第二节　中学综合实践活动实施中的师生关系

阅读材料

小男孩的故事

从前有个小男孩要去上学了。他的年纪这么小,学校看起来却是那么大。小男孩发现进了校门口,便是他的教室时,他觉得高兴。因为这样学校看起来,不再那么巨大。

一天早上,老师开始上课,她说:"今天我们来学画画"。那小男孩心想:好啊!他喜欢画画。他会画许多东西,如:狮子和老虎,小鸡或奶牛,火车以及船儿——他开始兴奋地拿出油画棒,径自画了起来。

但是,老师说:"等等,现在还不能开始"。老师停了下来,直到全班都专心看着她。老师又说:"现在,我们来学画花"。那男孩心里高兴,他喜欢画花儿,他开始用粉红色、橙色、蓝色油画棒,勾勒出他自己的花朵。但此时,老师又打断大家:"等等,我要教你们怎么画。"于是她在黑板上画了一朵花。花是红色的,茎是绿色的。

小男孩看着老师画得花，又再看看自己画的，他比较喜欢自己的花儿，但是他不能说出来，只能把老师的花画在纸的背面，那是一朵红色的花，带着绿色的茎。

......

一天，男孩全家要搬到其他城市，而小男孩只得转学到其他学校。这所学校甚至更大，教室也不在校门口边，现在，他要爬楼梯，沿着长廊走，才能到达教室。

第一天上课，老师说："今天我们来画画。"男孩想：真好。他等着老师教他怎么做，但老师什么也不说，只是沿着教室走。

老师来到男孩身边，她问："你不想画吗？""我很喜欢啊，今天我们要画什么？""我不知道，让你们自由发挥。""那，我应该怎样画画呢？""随你喜欢。"老师回答。"可以用任何颜色吗？"老师对着他说："如果每个人都画相同的图案，用一样的颜色，我怎么分辨是谁画的呢？"于是，小男孩开始用粉红色、橙色、蓝色，画出自己的小花。

小男孩喜欢这个新学校，即使教室不在校门口边。

（http://www.zhly.cn/education/content/index/id/3313）

《学记》中有"君子之教，喻也。道而弗牵，强而弗抑，开而弗达。道而弗牵则和，强而弗抑则易，开而弗达则思。和易以思，可谓善喻矣。"意思就是教师施教不能强行、强制、替代、包办，而要善于诱导、劝勉和点拨，只有这样，师生关系才能融洽，学生才能感到学习容易并进行独立思考。对《学记》中的这一观点，"小男孩的故事"作了很好的注解。其实，"师生关系融洽"、"学生学习容易并主动思考"，也是当今教育竭力追求的境界，而设置综合实践活动课程，就是为了让学生更自由愉快地学习并更好地培养学生独立思考的习惯和主动探索的精神。如此，中学综合实践活动课程实施中教师所发挥的作用，应当是"引导"、"点拨"和"帮助"，而这样的作用，决定了中学综合实践活动课程实施过程中师生的角色定位和师生关系的特点。

一、中学综合实践活动课程实施中师生的角色定位

综合实践活动课程以学生活动为中心，强调学生整体观念、探究方法和综合能力的培养。因此，无论是教师还是学生，都体现了与传统全然不同的角色定位。

（一）教师的角色定位

综合实践活动课程不同于学科课程的目标追求，因此，教师在综合实践活动课程实施过程中的角色，也有别于学科课程。在综合实践活动课程实施过程中，

教师不是把现成的知识直接传递给学生,而更多的是组织、指导、协调和帮助学生开展综合实践活动,即教师在综合实践活动课程实施中主要的角色是活动的组织者、指导者、协调者和课程资源的开发者、利用者。

1. 活动的组织者、指导者、协调者

综合实践活动课程强调学生的自主选择、主动探究,但由于中学生身心还不够成熟,因此,完全让学生自觉自主显然是不现实的,其间需要教师的组织、指导和协调。综合实践活动中教师的指导主要是创设学生发现问题的情境,引导学生从问题情境中选择适合自己的探究课题,帮助学生找到合适的学习方式和探究方法,提供学生必要的资源材料,推动学生积极开展活动并进行成果分享与交流。而综合实践活动中教师的组织和协调,包括校内和校外两个方面。就校内来讲,主要是要做好学生活动小组的组织协调和相关教师的组织协调,就校外来说,主要是相关部门、人员和家长的组织协调。中学综合实践活动课程实施过程中,学生外出活动较多,因此,教师必须组织协调好学生活动中与外界的交往,通过与相关部门、人员的沟通,安排好活动时间、地点,办好必要的手续,必要时准备好工具和材料,为学生开展活动创造良好条件。同时,教师还须与家长沟通,争取家长的理解和支持。只有做好这些组织、指导、协调工作,综合实践活动课程才能得到有序、有效的实施。

2. 课程资源的开发者和利用者

传统课程观认为,教师是课程执行者,课程实施的好坏取决于教师对课程的理解,教师被要求准确无误地理解课程设计者的思想,并无条件地执行。但综合实践活动课程不同,它是非预设课程,学生的学习内容不是预先设计好的体系化了的知识,而是紧密联系社会实际和学生生活的课题和项目。因此,综合实践活动课程的实施要求教师结合具体课题和项目需要,根据学校和社区实际,开发和利用相应的课程资源。《综合实践活动指导纲要·总则》提出:"学校要因地制宜、因时制宜,充分开发利用各种教育资源(包括校内资源、社区资源和学生家庭中的教育资源),落实课程计划的要求。要积极创造条件开发信息化课程资源,拓展综合实践活动的实施空间。"可见,开发和利用相关课程资源,是综合实践活动课程指导教师的基本职责。

(二)学生的角色定位

综合实践活动是学生的实践活动。学生在生活中实践,在实践中学习,在学习中发现,在发现中成长。因此,学生是综合实践活动的主体,既是学习者,也是探究者,还是课程的开发者。

1. 学习者

综合实践活动课程实施过程中,学生的主要任务是学习,即通过一系列的实践活动,获得对自然、社会和自我之内在联系的整体认识与体验、发展创新实践能力、形成良好的个性品质。可以说,学习者是学生在综合实践活动课程实施中的基本角色,但这个学习者必须是主动的学习者:在活动准备阶段,主动观察与思考,提出有价值的主题并形成合理可行的活动方案;在活动进行过程中,积极参与活动,履行小组成员的义务,并根据情境变化主动调整自己的行为;在活动行将结束之时,主动整理资料,反思活动过程,并与同学一起分享活动成果。

2. 探究者

综合实践活动课程旨在实现知识的综合运用、培养学生的创新能力和实践能力,为达成这一目标,确定了"研究性学习"、"社区服务与社会实践"、"劳动与技术教育"、"信息技术教育"四大领域的内容范围。其中,研究性学习是指学生基于自身兴趣,在教师指导下,从自然、社会和学生自身生活中选择和确定研究专题,主动地获取知识、应用知识、解决问题的学习活动。从本质上看,研究性学习是一种探究性学习活动,它强调学生通过探索实践,增强探究和创新意识,学习科学研究的方法,发展综合运用知识的能力。由此,研究性学习过程中的学生,既是学习者,又是探索者,是在探索中学习、在学习中探索、在探索学习中的成长者。

3. 课程的开发者

综合实践活动课程把学习的主动权完整地给予了学生,要求学生在教师的指导下自己选择活动主题、自己设计活动方案、自主完成活动任务。由此,学生不仅需要考虑"怎样学",更重要的还须考虑"学什么"。这就是说,综合实践活动课程实施中,学生不仅是课程的实施对象,而且是课程开发的主体,即在综合实践活动课程中,学生将和教师一起,共同开发课程。作为课程的开发者,学生的生活经验、兴趣需要、思维特征、知识基础、能力水平及其学习风格等将极大地影响综合实践活动课程,成为制约综合实践课程极其重要的因素。

二、中学综合实践活动课程实施中师生关系的特点

综合实践活动课程实践性、开放性和生成性的特点和中学生身心发展的特点,决定了中学综合实践活动课程实施中师生关系民主、平等、合作、共享的特点。

1. 民主

综合实践活动课程从设计、开发、实施到评估和反思都是师生共同努力、共同参与的结果。师生之间的民主协商是综合实践活动课程取得成效的关键。可以设想,在一个专制、权威盛行的环境下,在学生没有问题、课程实施过程中学生噤若寒蝉的背景下,会有学生的自主探究和创造发现? 因此,民主的师生关系不

仅是社会关系在学校的反映,更是开展课程教学所必需的。教师应转变传统的教育观念,在综合实践活动课程的实施过程中,充分发挥引导者、帮助者和促进者的作用,使学生自主探究,主动发现,在获得学习乐趣的同时体验生活的情趣。

2. 平等

民主平等的师生关系,不仅是社会进步的必然结果,也是教育现代化的必然要求,是应当、也可以上升到学校教育根本目的和价值的高度诠释的。平等的师生关系是综合实践活动实施的基本条件之一,没有师生之间的平等,就不会有师生的共同参与,再好的教育理念最后都将流于文字和口号,学生在学习中还将回到对教师的从属依附甚至控制决定关系中去。只有平等,教师才会充分尊重学生自主探究的权利,才会尊重学生主动探究的兴趣和热情。

3. 合作

师生民主平等的关系在综合实践活动课程实施过程中主要体现为合作。如共同设计课程计划、制订课程实施方案等。师生之间的合作与分工是对立的统一,合作中的分工是根据各自在课程实施中扮演角色不同来区分的,如教师更多的是实施情境的创设、实施过程的指导和帮助等,学生是活动过程中方法的选择、过程的体验等。

4. 共享

综合实践活动课程如同新课程体系中的其他课程一样,清晰地把教师作为学习者的角色放到了重要位置上。从教师也是学习的主体、也需要丰富经验的角度来看,师生民主平等关系更多表现在共享上。教师作为学习者,他和学生之间的经验共享是十分重要的。教师只有抱着经验共享的理念去指导学生的实践,才有可能使自己成为一个彻底的学习者,才能充分尊重并肯定学生的自主探究意识、行为和结果。必须明确的是,强调师生在课程实施过程中的民主平等关系,决不意味着否认教师的主导作用。在师生关系的建设中,作为成人的教师显然占据着主动和决定的方面,也就是说,尽管师生双方追求的是平等,而平等能否实现却更需要教师一方的努力。因此,教师应充分认识到自己在师生关系中的地位与作用,采取多样的形式促进师生民主平等关系的形成,在与学生的合作、分享中,实现师生的共同成长。

总之,综合实践活动课程的实施过程,是教师和学生不断创生新的教育经验的过程,是学生的知识、技能、情感、态度、价值观在活动中不断更新的过程。综合实践活动课程的指导教师唯有不断学习,提高自身素质,才能真正把握综合实践活动课程的实质,在课程实施过程中正确定位、处理好与学生的关系,在与学生的合作分享中实现综合实践活动课程的目标。

第三节 中学综合实践活动实施中教师的指导策略

"老师，我做不下去了"

这段时间，学生都在留心观察生活，寻找生活、学习中不便之处，并寻找解决方案，进行发明创造。从学生交上来的方案设计及日常谈话看来，他们兴趣高涨，思路开阔，发现了很多问题，也想出了很多不错的解决方法。小潘、小陈、小夏等同学还根据方案设计制作出了小发明作品。然而，也有些学生碰到了难题。

小刘同学离学校最远，她受下雨天淋湿裤子之苦也最深，她想发明一种简单且易于携带的防雨裤套，方案都有了，但在把尼龙搭扣缝到防雨布上时，却怎么也缝不好，针脚歪歪斜斜不说，在缝制过程中，线还老被搭扣上的毛粘住，每缝一针都极为艰难，手被扎出血就更是常事了。小王同学在制作可吸尘黑板擦时，小风扇都买了两三个，还是没做成功。几次失败后，她们都气馁了，一个劲儿地说："老师，我们做不下去了！"还有一些学生，好不容易画出设计方案甚至做出作品，结果发现以前早有了；有的学生在生活中发现了问题，但找不到解决方案；还有的甚至连问题都找不到。

主题活动进入艰难时期。逃避不是解决问题的方法，而此时教师的适度引导，不但能解决眼前所遇到的难题，还有可能把活动引向更深更广泛的层次，最终把学生引上创新之路，从而让学生成为创造和发明者。于是，在这一阶段，我们又开展了一系列的活动。一、组织学生收集并阅读一些发明创造的故事；二、请上海科协副主任、上海科协少儿委主任、《动手做》杂志主编于老师来我校讲座，介绍如何进行发明创造、发明创造常用技法及国内外中小学生的小发明作品；三、组织学生参观本校科技陈列室，和本校发明协会的同学座谈，激发学生的自豪感和责任心。通过这一系列活动，再加上适度的个别辅导，那些先前想退缩的同学又鼓足了干劲。

（姜平.综合实践活动教学设计与特色案例评析[M].北京：首都师范大学出版社，2012）

综合实践活动课程的实施，注重突出学生主体，强调学生主动参与、乐于探究、勤于动手，但这并不意味着教师可以置身事外，相反，教师的指导有着极其重要的意义。可以说，综合实践活动课程实施的效果，在很大程度上取决于教师指导的有效性。因此，要保证中学综合实践活动课程实施的效果，就必须研究中学综合实践活动课程教师的指导策略。

一、确定主题的指导策略

确定主题是综合实践活动课程开展的第一步，也是最为关键和重要的一步。一个富有创意的主题凝聚着师生的体验和智慧，凸显着活动的意义和价值。作为指导者，教师可通过日常对话、问卷调查、创设情境等方式引导学生提出问题，然后再将问题转变为一个具有探究价值的活动主题。

确定主题时应遵循的基本原则：

（一）尊重学生兴趣

"兴趣是最好的老师"，只有学生感兴趣的问题，学生才会有积极参与、不断探究的内在动力，才会有强烈的责任感和渴望成功的心理欲求。因此，主题的确定应充分尊重学生的兴趣，满足学生的心理需求。

（二）密切联系生活

综合实践活动课程须基于学生的直接经验，故其活动主题应该来源于学生身边或周围所发生的事情，而不是远离他们生活的一些消息或事件。同时，所确立的活动主题应是那些对学生自身、家庭、学校以及所在地区具有实际意义的课题。这样的课题更具有探究价值，更容易激发学生服务社会的意识，培养学生对社会负责的态度。

（三）具有可行性

综合实践活动课程在确定活动主题时应考虑学校和学生的实际情况，只有那些学校条件允许且中学生运用已有的知识、经验、能力能够完成的，才能成为活动主题。由于中学生知识经验还不够丰富，因此很难估计问题的难度、可行性，这时就需要教师通过适当的提问、质疑使学生意识到修改问题的必要性，或者让学生在尝试中体会到课题的操作困难，然后引导他们确立合适的主题。

二、活动组织的指导策略

综合实践活动课程的实施需要一定的组织形式，考虑到中学生的年龄特征和学生团队合作精神的培养，中学综合实践活动课程实施应以小组活动为主要的组织形式。而在构建小组的过程中，教师应依据下列原则加以协调：

（一）学生自愿

小组构建应由学生自己协商后确定，以自愿结合为主，适当进行调配，教师不宜过多介入学生的选择，即便其中有必须教师介入才能解决的问题，教师也应与学生协商,不能强制命令。

(二)限制规模

一方面,由于师资等条件的限制,各个班级活动小组的数量还要适当限制,许多有价值、学生乐于参加的活动可以在当前活动结束后再开展;另一方面,还要适当控制小组成员的人数,人数过多容易造成活动中责任的相互推诿。

(三)适度开放

鼓励打破班级界限,各班之间、不同年级甚至不同学校、不同地域之间的学生可以合作开展活动,积极发挥各自的资源优势,拓展综合实践活动课程的实施空间。

三、活动方案制订的指导策略

在确定活动主题和活动组织形式后,教师还要指导小组成员共同讨论、制订详细的活动方案,为学生开展活动提供具体的、可操作的步骤及方式。教师在指导学生制订活动方案的过程中应注意以下几点:

(1)有效性,即活动方案的设计要始终围绕主题,指向活动目标的实现。

(2)具体化,即活动方案的设计要力求具体,时间、地点、活动内容、活动形式等都应——细化,这样,实施起来才会有的放矢。与此同时,教师还应注意,方案的具体并不意味着学生要按部就班地完全依据方案来实施。随着具体活动情境的变动,方案可以不断修正。教师切不可生搬硬套,更不可因为学生没有遵循方案而放弃活动。

(3)多样化,即要依据活动主题努力设计多样化的活动,为学生提供多元自主的学习机会,满足学生发展个人兴趣及专长的需要。

(4)可行性,即指导教师要从人力、财力、物力、时间等方面审视学生制订的活动方案的可行性,避免由于缺乏操作性而无法达成活动目的的情况出现。

需要强调的是,活动方案的制订应充分发扬民主,坚持教师指导与学生自主设计相结合。拟订方案要统筹兼顾活动资源分布与学生爱好特长之间的关系,要关注小组成员的特点,根据他们的优势、特长协调任务。

四、活动实施的指导策略

综合实践活动课程的展开,其中心环节就在实施阶段。因此,作为指导教师,应在学生自主选择和主动探究的前提下,根据活动的具体情况,适时、适度地介入,有针对性地进行指导、点拨和督促,组织阶段性研讨和交流,以促进活动持续、有效和深入地开展。

在综合实践活动实施阶段,教师的指导策略主要包括以下几个方面:

（一）采用督促手段，落实活动方案

教师要注意创设良好氛围，利用各种机会，主动与学生交流，激发他们的活动兴趣。同时，要充分发挥组长的监督作用，不定期地展示阶段成果，促使学生持久不懈地专注于自己的课题。

（二）运用教育机智，引导深度探究

教师要善于抓住时机，引导学生细心观察、深入思考，激发学生深度探究的欲望，发现更多问题，拓展活动主题。

（三）关注兴趣变化，重视随机生成

教师要注意观察学生的活动动态，及时发现学生兴趣的变化，明确学生兴趣变化的原因，在全面、准确评估学生新兴趣点的基础上，与学生共同协商、论证，澄清新的主题，并根据情境和条件及时作出调整，或增加，或替代，以保证综合实践活动课程的实施效果。

（四）注意资料保存，鼓励学生建立个人资料库

在活动开展过程中，教师应注意引导学生收集并认真整理活动中的过程性资料，鼓励学生建立个人资料库，以帮助师生进行总结、反思，在今后的活动中提高效率，生发出新的课程资源。

五、总结交流的指导策略

活动实施阶段之后，综合实践活动课程便进入总结反思和成果展示交流阶段。在此阶段，教师应指导学生对活动过程中收集的资料进行筛选、整理和分析，形成结论，撰写活动总结报告，并以多样的方式进行展示和交流。

根据中学生的特点，在总结反思和成果展示交流中，教师应注意以下几点：

（一）总结要与反思结合

反思是人自我教育、自我生长、自我完善的重要机制。在指导学生进行综合实践活动的总结时，应注意与反思结合起来，通过学生对过程与结果关系的分析来反思"活动过程"，通过让学生回忆活动中自己的表现、填写反思日记等方式来反思自己的"活动行为"，通过对活动方案的再评价、再优化来反思"活动方案的设计和组织"。通过"反思式"总结，发展学生精益求精的科学态度和不断实践、不断创新的综合能力。

（二）交流形式力求恰当

活动主题不同，活动过程和方法也会有所差别，同一活动不同的探究者也会有不同的体验、发现。因此，交流的形式应该多样，做到既符合活动的主题，又能反映学生的独特体验和收获。同时，交流应注意有动有静，动静结合。

（三）展示内容多样真实

综合实践活动的评价重在学习过程,重在亲身参与探索性实践活动获得的感悟和体验,因此,活动成果的展示应由学生自己决定呈现方式,应该是学生内心对活动的感受的一种真实反映,是一种真情实感的自然流露,教师切记不能把成人的想法强加给学生,不能在展示中向学生施加"某种"要求,否则,学生将只是一味地追求"教师想要的",而不是思考"自己想要的"。同时,要注意引导学生通过多种多样的方式展示活动成果,必要时可即时展示——发现学生的闪光点或者每当学生取得小小的成功时,教师及时提供展示机会,满足学生的展示欲望。需要指出的是成果展示并非最终目的,教师要注意避免功利化倾向,防止出现"为展示而展示"的情况。

阅读材料

综合实践活动课程实施过程中教师的有效指导策略问题

1. 设计学生活动主题的具体指导方案,明确教师指导的具体任务,落实教师指导行为,增强学生活动的有效性。指导教师在要求学生设计和制订活动主题的实施方案的同时,应针对学生活动主题的展开过程及其需要,设计教师指导方案。教师指导方案应包括:学生活动主题具体目标的设计、学生活动的具体方法及其实施、学生活动主题必要的资料和工具准备、活动的具体实施过程指导、学生评价方案等。

2. 处理好认识与实践的关系,在综合实践活动实施全过程中渗透必要的专题讲座,为学生活动奠定必要的认识基础和方法论基础。

3. 建立综合实践活动教师指导的基本行为规范或常规。综合实践活动课程的教师指导要有基本的规范和常规,这些常规包括:活动准备阶段教师指导行为、活动实施阶段教师指导行为、总结交流阶段教师指导行为;认知基础与方法论指导;校内室内活动指导行为、校外活动指导行为等。

4. 构成方法论指导系列。在问题解决的基本方法论指导方面,要从小学三年级开始到初中三年级初步构成一个比较宽泛而不失系统的系列。方法论的指导要把专题讲座和方法实践结合起来,方法论的指导不能陷入知识的系统讲授的局限。

（http://jxjy.com.cn:88/Article_Show.asp? ArticleID=3453）

第四节　中学综合实践活动的实施与指导教师的专业成长

综合实践活动课程关注学生的生活经验,倡导一种合作对话的课程文化,从根本上转变了学生的学习方式,促进了学生全面、主动地发展。同时,综合实践活动课程对于转变教师课程观念、提升课程开发能力、改变教学方式等方面都起到了较大促进作用。更重要的是,综合实践活动课程促使教师自主管理、主动反思,在反思中获得成长。

阅读材料

让我们共同成长

作为本次课改的一大亮点———综合实践活动课程具有独特的教育功能和价值,最初接触它时,我被那富有实践性、挑战性的教学内容所吸引。于是我想一定要在综合实践活动教学中引领学生走出一条实践、探索之路,一定能使学生在活泼、热烈的气氛中不断发展能力,培养创新意识。但实际教学却毫不留情地给我泼了一盆冷水。至今还清楚地记得我精心准备的第一次综合实践活动。我热切地期盼着学生争先恐后,积极汇报的场面。但事与愿违,活动中学生毫无激情,完全是例行公事,完成任务,而且大多数学生根本没有参与进来。为什么会这样呢? 期待与现实形成的巨大反差使我陷入了深思。看来我对这门课程的憧憬还有一定的盲目性,对学生的现实情况还缺乏深入的了解,对活动实施中可能面临的困难思想上准备还不足。

通过不断地反思,我对如何开展综合实践活动又有了新的认识。首先,我认为在确定主题方面教师不能越俎代庖,要充分听取学生的意见,考虑现实情况与能力。比如:"对嫩江水污染的调查研究"和"关于小食品的调查"两个主题比较,学生就更喜欢"关于小食品的调查",而且这一主题学生也比较容易参与进来。其次,在活动中不能生搬教材,要按实际情况对教材内容有所取舍;同时教师要对学生的实践过程给予必要的指导,包括对活动过程的设计,对调查资料的收集、整理,对调查结果的处理等方面都要有恰当指导。有时甚至要亲自带领学生走向社会,走到现实生活中去,在实践过程中给予及时的点拨,在学生形成一定能力后教师再适当放手。

在不断地学习、不断地实践中,我又逐渐地把注意力从"关注学生知识的获得"转变到"关注学生的实践、体验和感悟"上。通过调查研究我发现,有些学生缺乏最起码的与人交往的能力,他甚至都没和陌生人说过话,他怎么能走出去调查呢?有的学生家长平时都不让孩子出门,又何谈参加社会实践活动呢?还有我们这个地区学生生活、学习条件还很一般,有些学生家里甚至连一本教科书以外的书籍都没有,他又怎么去查找资料呢?面对学生的种种问题,又迫使我不得不放低要求,再次重新审视自己的教学,重新设计活动环节,尽量做到让每名学生都能得到基于现实程度的发展。

伴随着综合实践活动课程的实施,我一路踏着荆棘走过。这一路上既有"独上高楼,寻寻觅觅"的困惑与苦恼,也有"独辟蹊径,开拓创新"的兴奋与喜悦。到现在我要说:我快乐!因为我是一名专职的综合实践活动课程教师,我在实践中体会了与课程共同成长的喜悦。

(黄嘉嘉.与综合实践活动课程共同成长——教师反思日记[J].黑龙江教育,2005(10))

一、中学综合实践活动课程与教师的专业成长

中学综合实践活动课程的实施对教师提出了较高的要求,但同时也为教师提供了宽广、自由的成长空间。中学综合实践活动课程的实施对教师专业成长的作用主要表现在以下几个方面:

(一) 促进教师更新观念、转变角色

综合实践活动课程强调以学习者的经验、社会需要和生活问题为核心进行课程的整合,培养和发展学生解决问题的能力和综合实践能力;转变学生的学习方式和生活方式,强调利用信息技术等主动解决问题;强调多样化的实践性学习;强调学习活动的时间和空间的开放,突破课堂时空的局限,向社会生活领域和自然环境延伸。

综合实践活动课程的这些理念,一方面要求教师必须更新观念,实现由"科学世界"向"生活世界"的转变、由"知识本位"向"人本位"的转变。另一方面要求教师必须转变角色,由单一的知识传授者转变为问题解决的合作者,由活动的主宰者转变为活动的组织者、指导者和促进者,由知识的权威转变为"平等中的首席",由课程的"执行者"、"消费者"转变为课程的"开发者"、"研究者"。

(二) 增强教师的课程意识

课程意识是指教师对课程系统的基本认识,包括教师对课程本质、课程结构与功能、课程性质与价值、课程目标、课程内容、课程的学习活动方式、课程评价、课程设计与实施等方面的基本看法、核心理念以及在课程实施中的指导思想。

课程意识是课程设计与实施的基本反映,它支配着教师的教育理念、教育行为方式和角色。这里的课程意识主要包括:主体意识、生成意识、资源意识。

综合实践活动课程要求教师转变长期以来"学科本位"的课程观,形成实践的课程观,正确认识综合实践活动课程的性质。同时,综合实践活动课程要求教师确立主体意识、发挥学生的主体性,尊重学生的生活经验和发展需要,关注学生的兴趣、爱好,作为活动的组织者、引导者、参与者,与学生在活动中一起发展。此外,综合实践活动课程还要求教师具有生成意识和资源意识,一方面要求教师要注意引导学生从生活中生成主题,在活动中发展。另一方面要注意引导学生关注生活、关注现实,从现实生活中发现问题,提出活动主题,合理开发和有效利用广泛存在的课程资源。

（三）养成教师反思的习惯

综合实践活动课程是一门开放性课程,它需要教师在课程开发与实施过程中不断分析和反思自身的理念和行为,及时调整指导策略,以保证课程的合理开发和有效实施。

综合实践活动课程教师的反思以探究解决课程开发与实施的手段和技术为出发点,可进行主题活动实施前的反思、实施过程中的反思和实施后的反思。通过内省式的主题活动的反思日记和交流式的主题活动的过程观察反思,教师可以清醒地意识到自己行为的价值,自己是否成功完成了实践活动目标,在增强责任感的同时明晰存在的问题,这样的反思有效地提高了教师的课程实施能力。在一次次的反思中,指导教师总结活动经验,吸取活动教训,产生新的问题、课题,并逐步形成反思的习惯,成为反思型教师。

（四）提高教师多方面能力

1. 提高教师的活动规划、实施能力

综合实践活动课程以"活动"为基础,它要求教师具有较强的活动规划、设计与实施能力,能够根据学生的生活经验、已有的知识基础和特定的背景条件,引导学生选择或自主提出活动项目、确定活动主题、制订活动方案并展开活动过程,以保证综合实践活动课程得以顺利有效地实施。综合实践活动课程对教师的这个要求,促使教师有意识地进行学习和锻炼,从而在活动规划、设计与实施的能力得以提高。

2. 增强教师的人际交往能力

综合实践活动课程实施涉及的因素很多,它要求教师具有较强的人际沟通与协调能力,以协调好多方关系,保证综合实践活动课程的顺利实施。综合实践活动课程教师需要协调的关系主要有以下几个方面,一是学生小组成员之间关系,二是学生与学校相关教师、领导之间的关系,三是学生与活动中所涉及的校外相关部门和人员的关系。在综合实践活动课程的实施过程中，指导教师多方沟通、协调，人际交往能力会自然而然得到提高。

3. 发展教师的信息收集和处理能力

在综合实践活动中，学生面对纷繁复杂的资料或信息，常常会不知所措，这时就需要教师的指导和帮助。而教师要指导帮助学生，自己首先必须具备相应的收集、处理信息的能力。作为指导教师，不仅要明确获取信息的途径和渠道，学会运用调查、考察、文献检索、测量、实验等不同的方法来收集资料，而且要掌握统计、整理、分析资料的方法。只有这样，才能有效地指导学生如何收集和处理信息。可以说，综合实践活动课程既对教师的信息素养提出了要求，同时也促进了教师收集和处理信息能力的发展。

4. 提升教师的探究精神和研究能力

综合实践活动课程的范围很广，包含各个学科各个领域，很多时候学生感兴趣的主题可能不是教师的强项，甚至可能是教师从来没有涉猎过的，这就需要教师不断地学习、研究和探索。一方面，教师要挣脱学科束缚，更多地学习和吸收学科之外的知识；另一方面，要注意学习教育学、心理学、管理学等知识，形成信息获取、分类、分析、评估、解释等方面的能力，并在教育实践活动中发现问题，思考和研究问题，提高教育科研能力。同时，教师还要不断关注周边事物，探究新问题，设计新方案，并在此基础上进行再创造。综合实践活动课程为教师提供了在课程设计、实施和总结过程中对课程进行"再创造"的"空间"，如课程目标的具体化、课程内容的选择、学习方式的创造性设计、通过反思和批判重建课程等。又如，结合特定的教育情景，联系学生经验和社会实际，动态地生成课程价值。可以说，综合实践活动课程的实施过程，就是教师学习、探究、创造的过程。

二、中学综合实践活动课程指导教师专业发展的基本策略

综合实践活动课程提供了很多教师专业发展的机会，拓宽了教师发展的渠道。但要真正促进教师的专业发展，还要采用以下一些基本策略：

（一）依托基于教学情境的校本教研活动，促进教师实现专业发展

实践证明，基于教学情境的校本教研能够极大地促进教师实践性知识的生成和增长。在校本研究中，教师要抓住教学中的难点问题，如主题活动的设计与选择、对学生研究性学习的过程与成果的评价以及对学生实践活动的组织与管理等方面的难点，按照"专家引领、同伴互助、实践反思"的理念，依托教研组开展基于课例的交流与研讨活动，把理论性知识最大化地内化到教师的知识结构中，并通过教师的行动研究外显出来，切实提高教师指导学生综合实践活动的能力。

（二）开展理论与实践相结合的各级研修培训活动，推动教师专业发展

从综合实践活动的特点与需要出发，选择教师实施课程的难点问题，采用课堂观察与评议、参与式培训、主题式培训、课例研究等多种方式，促进教师的专业发展。在教师研修培训中，值得一提的是课程行动研究。

课程行动研究是教师为了解决课程问题、提高实践质量而进行的研究，主要采取计划、实施、观察、再思考这一自省式的循环方式。课程行动研究对于教师提高自身的教育科研能力和反思性实践能力尤其重要。它促使教师由传统的讲授者转变为研究者，更加注重具体的教育情境，从而弥合了教育理论与实践的隔离，促进了教师的专业发展。

（三）教师自身加强学习，以丰富专业知识、完善专业能力、增强专业情感，从而获得专业发展

一方面，教师要通过专业学习丰富自己的课程原理知识、课程的方法论知识和课程的内容知识，另一方面要通过"做中学"，抓住综合实践活动的活动设计、实地指导、活动总结与评价等主要环节，开展行动研究、叙事研究、案例研究，不断观察、尝试、积累、总结、交流、反思，以生成富有价值、行之有效的实践性智慧，完善专业能力。同时，教师要通过理论学习、实际参与、切身体验，不断深化对综合实践活动课程价值的认识，培植责任感，提高专业自信心，进一步增强专业情感。

当然，中学综合实践活动课程教师的专业发展，除了上述这些策略之外，还需要一定的制度保障。各级教育行政部门和各中学应制定与综合实践活动课程发展相匹配的规章制度，如增设综合实践活动教师职称系列，设置综合实践活动岗位，完善教师的培训制度、工作量的认定制度、激励与评价制度等。惟其如此，才能免除综合实践活动教师的"后顾之忧"，更好地激发教师投入综合实践活动的热情，增强其专业情感，促进其专业发展。

本章小结

综合实践活动课程的综合性、开放性、实践性和生成性特点，决定了中学综合实践活动课程指导教师不仅要具备有别于学科课程教师的综合素养，而且在课程实施过程中要注意角色定位，与学生建立民主、平等、合作、共享的关系，并在课程实施的各个环节为学生提供有效的指导策略，以保证综合实践活动课程实施的效果。同时，综合实践活动课程的这些特点，要求教师转变课程观念、提升课程开发和自主管理能力、养成反思习惯，由此也推动了教师的专业成长。

思考·探究·实践

1. 综合实践活动课程的实施对教师提出了哪些素质要求？它对教师的专业成长有什么促进作用？

2. 在综合实践活动课程实施过程中，教师和学生应该有什么样的角色定位？

3. 如何理解和把握综合实践活动课程实施中的师生关系？

4. "老师，我做不下去了！"这一案例中教师是如何对学生进行指导的？你对这样的指导有什么看法？

拓展阅读：

1. 李群. 综合实践活动课教师的智能素质研究[J]. 江西教育科研，2003 (10).

2. 何茜，杜志强. 综合实践课程实施中师生的角色定位及相互关系[J]. 教育科学，2008(3).

3. 蔡慧琴. 论综合实践活动课程实施中的师生关系[J]. 江西教育科研，2006(6).

4. 肖龙海，宋华伟. 综合实践活动课程实施中的问题及反思——以"温州精神"教育的综合实践活动课程实施为例[J]. 教育科学研究，2009(9).

5. 朱芳江. 综合实践活动中教师的有效指导[J]. 教育科研论坛，2008(10).

6. http://jxjy.com.cn:88/ 综合实践活动网

7. http://www.chinazhsj.com/ 中国综合实践活动网

8. http://zhsjhd.jssjys.com/ 江苏省中小学教学研究室·综合实践活动

第十一章　中学综合实践活动课程资源的开发与利用

学习目标

1. 了解课程资源的内涵，认识课程资源的价值
2. 掌握中学综合实践活动课程资源开发与利用的方法
3. 初步具备开发与利用中学综合实践活动课程资源的能力

案例：以地域文化和社区资源为依托，开发综合实践活动课程资源

　　我校是一所农村初中，100％的学生从小生活在农村，对家乡的一草一木有较深厚的感情；从地理位置看，我校位于无锡、苏州的交界处，处在鸿山镇鸿声地域，地貌集山（鸿山）、湖（漕湖）、河（泰伯渎）、田（生态农田）于一体；从环境资源看，境内资源丰富，区域内有灵秀的鸿山，江南始祖泰伯墓位于鸿山西麓；有科技文化名人6位钱姓院士之一的钱穆故居——素书堂；有继长江三角洲最早的新石器时代的文化遗址——彭祖墩遗址发掘后，又再次发现的入选2004年中国十大考古新发现之一的越国贵族墓群，以及根据国家文物局局长批示，正在积极申报的国家大遗址工程；有现代特色农业示范园——鸿声葡萄（已注册商标）种植区、奶牛场……细细想来，这些得天独厚的地域文化和社区资源，何愁不是我校开发综合实践活动课程可供利用的丰富多彩的课程资源？凭借有山有水的自然优势，清新淳朴的民俗民风，加上吴越历史文化名胜保护区的开发，为我们研究和实施综合实践活动课程提供了一个更广阔的平台。因而我校提出了以地域文化和社区资源为依托，开发综合实践活动课程资源，学校提出了《综合实践活动课程的课程资源开发研究》课题，被列为江苏省中小学教学教研室教学研究课题（第六期）的立项课题。

（http：//www. szteacher. net/？F＝view. html＆Rid＝6734）

　　综合实践活动以"活动"为主要开展形式，以"实践学习"为主要特征。因此，课程资源的开发与利用对综合实践活动课程的实施有着特殊的意义和价值。毫

不夸张地说,学校若没有相关的课程资源,综合实践活动课程根本就无法启动,更谈不上有效实施。而综合实践活动课程资源开发与利用的范围和水平,关键取决于教师的课程意识以及开发与利用课程资源的能力。

第一节　中学综合实践活动课程资源

综合实践活动课程以淡化学科界限、加强知识统整为特征,强调课程与生活、学生与社会的有机联系,重视在实施过程中不断生成的各种教育经验,因而,综合实践活动的开展不能局限于静态封闭的文本材料,必须借助丰富的课程资源的支持。

一、课程资源的涵义

课程资源是指课程要素来源以及实施课程的必要而直接的条件。课程资源是教育资源的重要组成部分,在课程存在及其实施中具有重要的地位和作用。课程资源是课程内部的构成要素和运作条件,为课程及课程实施提供着源源不断的必需的物质、能量和信息,是课程及其实施的坚实基础和重要保障。从某种意义上说,没有课程资源就没有课程存在,课程资源是潜在形态的课程。课程实施的范围和水平,不但取决于课程资源的丰富程度和拓展广度,更取决于课程资源的开发水平和利用效率。没有宽阔而开放的课程资源根基,就没有动态生成的现代课程。需要强调的是,课程资源本身也是不断变化和动态生成的。

二、课程资源的类型

课程资源十分广泛,为便于清楚认识,人们按不同的标准进行了分类:

(一) 按照功能特点,课程资源可分为素材性资源和条件性资源

素材性资源的特点是作用于课程并且能够成为课程的素材或来源。比如,知识、技能、经验、活动方式与方法、情感态度和价值观以及培养目标等方面的因素,就属于素材性课程资源。条件性资源的特点则是作用于课程却并不是形成课程本身的直接来源,但它在很大程度上决定着课程的实施范围和水平。比如,直接决定课程实施范围和水平的人力、物力和财力,还有时间、场地、媒介、设备、设施和环境,以及对于课程的认识状况等因素,就属于条件性课程资源。但素材性课程资源与条件性课程资源之间并没有绝对的界线,现实中的许多课程资源如图书馆、博物馆、实验室、教师等既具有素材性课程资源的性质，又具有条件性课程资源的性质。

（二）按照性质，课程资源可分为自然课程资源和社会课程资源

自然课程资源，简单理解就是来自大自然的真真切切的事物，比如动植物、微生物、食物链、生物圈，这些可以用于生物学课程教学；地形、地貌和地势等这些可以用于地理课程的教学；再比如气候、天气预报、四季节季相、二十四节气等，则可以作为气象学的资源。学生在与大自然接触的过程中了解大自然，懂得维护生态平衡、保护大自然的重要性等知识。社会课程资源包括公共设施和公共场所、人类的交际活动与社会交往过程中所建立的人际关系、群体的行为规范、同辈团体的影响、个人的人格特征、合作原则和礼貌原则、价值观、信仰、宗教伦理、风俗习惯等，这些社会资源都会直接或者间接地成为课程资源，引领和影响学生群体的发展。

（三）按载体形态，课程资源可分为以人为载体的资源、以物为载体的资源和以活动为载体的资源

"以人为载体的资源"又称为"内生性"资源，它包括具有较高的思想道德素质、丰富的生活经验和广博的专业知识的各类人员，其最大特点是他们可以直接参与课程实施，并对其他资源进行深度加工。"以物为载体的资源"是指以历史、现实和将来存在的物为载体的资源，即物化形态的资源。这类资源较多，只要是附载信息的物，都有可能成为此类课程资源，关键是要根据需要而灵活选用。"以活动为载体的资源"是指所有活动或特定的情景所蕴含的丰富资源，表现为特定的机会或情景。这类资源有着艺术化的功效，具有动态性、随机性、即时性等特点，只是在特定的时空条件下存在，是不能完全复制的情景性资源。

除此，根据空间分布的不同，课程资源可以分为校内资源和校外资源；按照物理形态或呈现方式的不同，可以将课程资源分为文字资源、实物资源、活动资源和信息化资源；按照存在方式的不同，可以将课程资源分为显性资源和隐性资源。在《基础教育课程改革纲要（试行）》中，课程资源分为校内课程资源、校外课程资源和信息化课程资源三类。其中明确指出："积极开发并合理利用校内外各种课程资源，学校应充分发挥图书馆、实验室、专门教室及各类教学设施和实践基地的作用；广泛利用校外的图书馆、博物馆、展览馆、科技馆、工厂、农村、部队和科研院所等各种社会资源以及丰富的自然资源；积极利用并开发信息化课程资源。"

阅读材料

从"体验性知识的获得"和"课程内容的选择组织"这两个角度来考虑,可将综合实践活动课程资源分为自然资源、社会资源和人本资源。

自然资源主要包括五类:① 水资源,以此开展常见课题研究如"水污染研究"、"水土流失"、"水与人类的关系"等;② 植被资源,以此开展常见课题研究如"珍惜森林资源"、"学校生物链研究"等;③ 能源资源,以此开展常见课题研究如"废旧电池的回收与处理"、"沼气池应用"等;④ 环境资源,以此开展常见课题研究如"社区垃圾的回收与处理"、"农田土壤污染调查"等;⑤ 生命科学资源,以此开展常见课题研究如"基因产品的利弊"等。

社会资源主要包括五类:① 社会政治资源,以此开展常见课题研究如"社区选举"、"中美关系探究"等;② 社会经济资源,以此开展常见课题研究如"就业与失业问题研究";③ 社会文化资源,以此开展常见课题研究如"本地民居与建筑";④ 媒体资源,以此开展常见课题研究如"神奇的网络世界";⑤ 乡土资源,以此开展常见课题研究如"社区历史遗产"、"我的家族史"等。

人本资源主要包括四类:① 安全常识资源,以此开展常见课题研究如"火灾预防与逃生";② 健康常识资源,以此开展常见课题研究如"食物中的学问";③ 心理健康资源,以此开展常见课题研究如"学校常见的心理疾病及预防";④ 人际交往资源,以此开展常见课题研究如"怎样与同学和谐相处"。

当然,除了以上这些,教师、学生和社区人士的知识、经验以及教学过程中生成的内容等,都可成为综合实践活动课程资源。

(王俊.综合实践活动课程资源的分类及其开发策略[J].福建教育,2007(12))

三、课程资源的特点

课程资源是课程系统物质、能量和信息等结构元素的源泉,是课程实施中富含课程潜能的内容系统和活动支持系统。课程资源有如下几个特点:

1. 潜在性

课程资源同其他一切功能性资源一样,无论其存在形态、结构,还是其功能和价值,都具有潜在性,即它不是现实的课程要素和条件,必须经过课程实施主体自觉能动地加以赋值、开发与利用,才能转化成现实的课程成分和相关条件,发挥课程作用和教育价值。相对于现实课程和课程实施条件来说,课程资源是一种"自然"因素,必须经过主观赋予意义之后才能进一步开发与利用。需要指出的是,课程资源的待开发性是以含有课程潜能为前提的,即课程资源要有开发的价值和效益,是"可以开发的"。在开发与利用实践中,人们往往选择具有较大价值且易于开发的资源。

2. 不确定性

课程资源与自然资源不同,它是客观资源经主体意义筛选后兼具主观与客观特点的资源,其涉及范围广,不但有物质层面,而且有制度层面和精神层面。课程资源根据主体需要而人为命定,这就决定了它的不确定性。首先,是其存在形态的不确定性。课程资源的外延不可能绝对地划分清楚,但它却始终是一个内涵清楚但外延不明晰的概念。不同的主体对课程资源的理解不同,其规定和划分也不同,即课程资源的形态是游移的,随主体的意义选择而定。其次,是其归属的不确定性。课程资源与其他社会资源往往相互整合,或者本身就是同一物,很难分清"我"与"他"的界限。正是由于课程资源的丰富性,一种课程资源的体现形式和分布可能呈现错综复杂的情况,很难用统一的标准划分其质量归属、形态边缘和规模数量。同时,由于教育产品是一种准公共物品,因而创生教育产品的课程资源绝大部分必然为社会或公众所共有。这表明了课程资源与社会资源的同构性和全面性,进而也决定了课程资源在绝对量上的稀缺性与相对量上的丰富性。从某种意义上说,人为命定是课程资源进入课程领域的关键,取决于主体的课程观和课程意识,是主体意义筛选课程资源的过程。也只有主体对课程意义有高度的敏感性和自觉性,才能开发利用丰富的课程资源。

3. 多样性

课程资源涉及范围非常广泛,而其表现形式也极其多样。首先,课程资源的"客观状态"具有多样性。不同地域、不同时代,可供开发与利用的课程资源不同,其构成形式和表现形态也各异;其次,课程资源人为命定的结果是多样的。不同的主体,各自存在不同的人生经历、学识水平及教育观、课程观等,势必导致对课程资源筛选和评价的不同,从而形成课程资源开发利用形态的多样性。再次,课程资源的功能具有多样性。由于课程资源是为实现广泛的课程目标服务的,因而课程资源实现的课程目标也是多样的;又由于课程资源与社会资源的同构性,课程资源作为社会资源也有社会效益,即课程资源具有的功能并非在课程领域独有。正因为课程资源的丰富性和相互作用的复杂性,要明确规定课程资源的作用是非常困难的。

4. 动态性

课程资源是多样的,而且是动态的。其一,一个地区的课程资源在一定时间内总有一定的限度,但这个限度又具有很大的伸缩性,即人为命定的不确定性。区域的区位条件、自然环境、经济水平、民族文化和社会条件等,都影响着课程资源的客观存在和动态发展。其二,在不同的历史阶段,课程资源的内涵、外延及内容不同,其本身有一个与时俱进的发展过程。其三,课程资源是一个与社会资源系统、人的主观价值系统和开发条件等动态适应的子系统,因而不同主体在不同情境下面对的和可能开发利用的课程资源是不同的。课程资源是动态的,也是开放的,同时又具有较强的情境性,因而必须针对具体的时空条件和情境进行开发与利用。

四、中学综合实践活动课程资源

课程资源是丰富的、多样的,但并非所有资源都能成为中学综合实践活动课程资源。作为中学综合实践活动课程资源,必须符合以下条件:

1. 具有教育价值

在教育领域,对课程有着多样的理解和解释,但不管怎么理解和解释,有一点是不可否认的,即课程是为实现教育目的服务的。因此,在众多客观存在的事物中,只有那些能够为教育服务并有利于教育目的实现的事物,才能定为课程资源,或直接转化为学校课程,或为课程的实施提供良好的条件。也就是说,具有教育价值是作为课程资源的第一条件,对中学综合实践活动课程也不例外。

2. 符合课程目标

课程资源指向于课程目标的实现。综合实践活动课程的目标是改变学生的学习方式,提高学生的实践能力和综合素质,发展学生的个性特长,完善学生的健康人格。因此,教师必须在可能的课程资源范围内,精选那些对学生的终身发展具有决定意义的课程资源,使之优先得到运用。如,教师要帮助学生掌握建设性地参与社会生活的各种本领,就必须全面了解学生有效参与社会生活所应具备的知识、技能和素质以及社会为个人施展才能所提供的各种机会,筛选出重点并优先运用于课程实施。凡是和课程目标联系不紧密或有所偏离的课程资源,都不能进入综合实践活动课程资源的范畴。

3. 适合中学生身心特点

人的身心发展具有顺序性和阶段性,不同年龄、不同学段的学生具有不同的身心发展特点。与小学生相比较,中学生无论在知识技能、生活阅历、思维方式上,还是在情感体验、意志品质上,都显现出一定的成熟度,故在活动参与、制作、表达、总结等方面与小学生存在明显差异。这就要求学校和教师在确定综合实践活动课程资源时必须考虑到中学生的身心特点和发展需求,注重适应性。即便是和小学生使用同样的资源,在运用方法、活动组织等方面也应体现出不同年龄的差异性。只有这样,中学综合实践活动课程的实施才能达到其应有的效果。

4. 安全性能高

综合实践活动课程实施的最终目的是为了促进学生身心各方面的发展,而促进学生身心的发展是以保证学生人身安全为前提的。2006 年修订的《中华人民共和国未成年人保护法》第 22、24 条就规定了学校设施和举办活动时对学生安全的保障义务。作为综合实践活动活动的组织者,学校和教师有责任和义务采取措施保障学生的人身安全,因而,任何对学生的身体、心理有伤害、消极影响的资源都不能成为综合实践活动的课程资源。学校和教师在开发与利用资源时,必须考虑中学生的身心发展水平和课程资源的特点,把安全作为重要的指标,认真对待,逐一检查,不能有任何疏漏。

上述四个方面是中学综合实践活动课程资源选用的基本条件,除此,中学综合实践活动课程资源的选用,还应注意成本和使用效率,尽可能利用现有的课程资源,即便是一定要使用新的设备器材,也要本着节约的原则,在同样功能的设备器材中,尽可能选择和购买价格低廉、成本低、消耗少的。同时,由于目前教育经费仍比较紧张,各地区、各学校发展不平衡,所以,课程资源应考虑多次使用、重复使用,否则,将会浪费有限的教育经费。

与学科课程相比,综合实践活动的课程资源不一定是规范的、系统的、专门化的,关键在于教师是否具有敏感的资源意识,是否善于开发与利用现有资源。另外,综合实践活动课程资源的利用特别强调综合,因此,我们应从多学科、多维度、多价值的角度去分析。

第二节 中学综合实践活动课程资源开发与利用的方法和途径

一、中学综合实践活动课程资源开发与利用的意义

综合实践活动课程内容的综合性、过程的动态开放性和目标的生活体验性,使得其课程资源的开发与利用显得格外重要。综合实践活动课程资源的开发与利用既是综合实践活动课程自身的特殊要求,也是转变学生学习方式、培养健康人格的要求,又是提高教师素质、促进教师专业化的重要手段。

(一) 有助于转变学生的学习方式、培养学生健全的人格

综合实践活动课程资源的涵盖面极广,从空间分布来看,有校内课程资源和校外课程资源。这些空间分布广阔的课程资源若得到有效开发与利用,将为学生在学校、社区、家庭中展开学习活动提供充分的条件,使学生的学习活动不再局限于书本,学习方式不再只是接受、记忆和重复训练。学生可以按照自己擅长

和感兴趣的方式进行调查、访问、观察、操作、演示、实验、表演等,由此,基于广泛课程资源之上的直接经验和间接经验相结合的学习要求有了与之相适应的学习方式,学生在探索发现、大胆质疑、调查研究、实验论证、合作交流、社会参与等新的学习方式中获得多样化的、全面的发展。

当然,综合实践活动课程更深层次的价值追求是使教育在理论和实践的层次上回归儿童的本性、建构学生的健全人格。而得到有效开发与利用的丰富多样的综合实践活动课程资源,可以激发学生参与课程建设的兴趣,调动学生多种感官参与课程实施,使学生身临其境,在这过程中增长知识、陶冶情操,形成正确的价值观和人生观。可以说,综合实践活动课程资源的开发与利用同学生的身心发展、人格健全有着不可分割的联系。

(二)有助于提升教师的课程意识

课程意识是教师对课程系统的基本认识,是对课程设计与实施的基本反映。综合实践活动课程资源的开发与利用对提升教师的课程意识具有重要意义。

首先,综合实践活动课程资源的开发与利用有利于教师确立"实践的课程观"。综合实践活动课程资源的开发与利用打破了学校、社区以及家庭之间的堡垒,这就要求教师必须改变"学科本位"的课程观,在更为广阔的空间里实施课程,使学生走出课堂、融入生活,在广泛的课程资源中,指导学生进行活动、探究与体验。

其次,综合实践活动课程资源的开发与利用有利于教师确立"主体意识"。综合实践活动是一门实践性课程,其课程资源的开发与利用需要充分考虑学生的生活经验、发展需要、兴趣爱好,以便让学生以自己喜欢的方式积极主动地参与活动。同时,在课程实施过程中,学生必须是自主的,教师不能代替学生活动,而只能为学生提供建议,解决疑难。因此,教师是作为活动的组织者、引导者、参与者与学生一起在活动中发展。

再次,综合实践活动课程资源的开发与利用有利于教师确立"生成意识"。综合实践活动是一门开放性的课程,其课程内容在许多情况下不是给定的、预设的,这就要求教师要具有"生成意识"和"生成能力",自觉主动地根据综合实践活动课程的目标要求,合理开发和有效利用课程资源,指导学生生成活动主题,设计活动方案并精心组织活动过程,以实现综合实践活动课程的目标。

(三)有利于加强学校、家庭、社会的联系

综合实践活动课程有着广阔的课程资源,其实施已不再局限于学校这个小圈子。学生除了学校内的活动外,更多的要走入生活、走向社会。基于此,学校和教师必须建立并保持与社会的联系,如设立校外实践基地,与校外组织和机构联合举办各种活动,将校外学者、专家、技术工人、专业人员请到校内为学生开讲座等。通过与社会经常性、多角度的联系,实现综合实践活动课程实施的常态化。同时,综合实践活动课程资源的开发与利用,需要加强与家长的沟通和联系,取得家长的理解和支持,不仅在家庭资源的开发与利用上给予一定的支持,而且在社会资源的开发进而利用上提供适当的帮助,只有这样,综合实践活动课程的实施才能在最广泛支持的基础上获得较为满意的结果。

二、中学综合实践活动课程资源开发与利用的方法

(一) 现有资源的直接开发与利用

综合实践活动课程资源中,有一些是完全符合条件、不需进行加工改造即可直接运用的,对这一类资源可以采取直接开发与利用的方法。现实生活中,这类资源很多,我们可以通过查阅课程资源管理数据库,直接进行资源的开发与利用。当然,开发与利用这类资源之前,需要进行比较,判断哪种资源价值大、效果好、耗费少。如"牛奶"可作为课程资源进行直接开发与利用:参观奶牛场,了解奶牛的饲养过程;参观乳品场,了解牛奶的加工工艺;从健康的角度,认识牛奶的营养价值;探讨为什么多数城市孩子喝牛奶而农村孩子很少喝牛奶,可从经济、文化、价值观、教育等方面进行分析。当然,对现有资源的直接开发与利用,应本着"深度探究"的原则,深挖资源的价值,以促进学生知识和技能、过程和方法、情感态度价值观的发展。

(二) 现有资源的加工改造

综合实践活动课程资源中,也有一些因存在着或潜伏着不利于学生身心健康发展的因素而不能直接进入课程实施过程中的课程资源,对这些课程资源,必须采取先加工改造,将可能的不利因素完全消除或控制在最低状态,然后进行开发与利用以充分发挥资源的积极作用。如,网络是一种课程资源,但是,网络也存在着一些负面影响。因此,教师首先要采取措施对相关内容进行控制,然后才能把它作为正式的课程资源。又如,矿产资源也可以作为综合实践活动的课程资源,但是,有些矿产(如镭、铀、汞、铅等)具有放射性或毒性。当学生参观、实验、制作相关产品时,就有可能对学生的身心产生危害,教师必须谨慎对待,小心处理,以保证学生身心健康。

(三) 新资源的培育建设

综合实践活动课程实施中,除了通过现有资源或直接的、或加工改造后的开发与利用外,还有学校根据活动的需要,自行培育建设新的课程资源。当然,通过这种方法开发与利用课程资源,需要一定的条件,包括一定的经费支持。例如,有学校在综合楼的平台上建了一个"蔬菜大棚",引进国外的蔬菜种子进行培育,定期带领学生去参观,了解它们的生长过程、营养成分。同时,由学生实地管

理,最后,再由学生制订销售方案并进行销售,效果很好。一片荒地、一块滩涂,经过一定的改造以后,都可能成为综合实践活动的课程资源。

阅读材料

东台市弶港中学发挥毗邻黄海得天独厚的优势,发动社会、家长、学生等力量,建起"弶港中学海洋生物标本馆",现存各类海产品1200多种,定期带领学生去参观,并先后确立了"近海贝壳类生物的捕捞与深加工"、"海洋捕捞的渔具发展"、"泥螺的生物特征及经济价值研究"、"渔港青少年对渔业知识了解情况的调查"等为主题的富有地方特色的综合实践活动。由此可见,一些本来对学生好像没有多大教育、发展价值的资源,经过培育以后,使之成为综合实践活动的课程资源。综合实践活动就要整合一切可被利用的社会资源,给学生提供个性发展的广阔时空。

(http://zhsjhd.jssjys.com/Html/Article/1108/)

三、中学综合实践活动课程资源开发与利用的途径

综合实践活动课程资源开发与利用一般有以下几种途径:

(一) 根据学生的需要兴趣

综合实践活动课程的目标是发展学生的创新能力、实践能力以及良好的个性品质,因此,其课程资源的开发利用首先应该从学生实际出发,面向学生的个性发展,满足学生的需要兴趣,充分发挥学生的自主性。可以说,学生的需要兴趣,是综合实践活动课程资源开发与利用的出发点。为此,教师需要采用日常观察、课堂讨论和问卷调查等方法,获取学生信息,了解学生的需要兴趣,并以此为根据,与学生一起确定活动主题,研讨制订活动方案。以学生需要兴趣为出发点开发与利用课程资源,其最大的优势在于能真正唤起学生自主探究的欲望,积极主动参与活动过程。

(二) 结合学校的办学特色

受历史传统、文化背景等因素的影响,不同的学校有着不同的办学理念和办学风格,并因此形成了不同的办学特色。学校的办学特色,是学校的无形资产,是综合实践活动的课程资源。作为综合实践活动课程教师,应注意从学校的具体情境出发,立足于学生发展要求,结合学校的办学特色,有效开发利用学校内部的课程资源,创造性地开展综合实践活动。其实,对于任何一所学校来说,综合实践活动课程也是其学校文化的有机构成,是学校办学理念和办学特色的具体体现。从这个意义上说,学校的办学特色既是综合实践活动课程资源开发与

利用的途径,也是综合实践活动课程实施成果的体现。

(三)挖掘本土自然和社会资源

综合实践活动课程是基于学生直接经验、密切联系学生自身生活和社会实际、体现对知识的综合应用的实践性课程。因此,综合实践活动课程资源的开发与利用原则上不远离本土资源与经验,根据本地区的自然环境、社会面貌、文化基础等确定综合实践活动课程的主题。事实上,学生生活的周围有着丰富的课程资源,既有自然资源,又有社会资源,还有文化资源,有效开发与利用这些资源是综合实践活动课程实施所要研究的一个重要课题。

阅读材料

浙江杭州市萧山区综合实践活动课程资源本土化开发的经验

主题一:走近北塘河。"走近北塘河",这一综合实践活动,通过实地拍摄、采访,意在了解北塘河的历史沿革,面临的污染危机及治理对策,增强爱家乡和建设家乡的责任感。研究中,资料收集组:通过访问钱塘江灌区河道管理所、萧山档案馆收集北塘河的相关资料。实地采访组:对北塘河全程实地拍摄,对河水作水质化验,以获取直接证据。治污策划组:通过对相关镇村负责人的采访,了解职能部门的治理方案,通过资料收集,提出自己的合理化建议。

主题二:萧山霉干菜科学加工过程调查。东片沙地区的农民几乎家家都要加工霉干菜。在本活动中学生访谈调查自己的父母、邻居,以及因加工霉干菜致富的农民和因加工霉干菜亏本的农民。了解霉干菜畅销的原因,霉干菜正确加工技术和哪些加工环节处理不当容易使霉干菜不好吃。学生分成3个组,第一组调查霉干菜畅销原因,第二组调查霉干菜科学加工技术,第三组调查哪些环节处理不当易使霉干菜不好吃。

主题三:寻访任伯年的足迹。本次活动目的是寻找任伯年在瓜沥的故居,去了解任伯年的书画作品。使学生真实、感性地走进名人,感受名人的创新、与时俱进的精神,锻炼学生综合实践活动能力。具体包括:寻访任伯年故居、了解任伯年生平、采访校长、采访芭蕉砚社区主任、走访任伯年的近亲——任抱一先生、调查"任伯年文化墙"绘制情况、调查"任伯年名人馆"建造情况、鉴赏任伯年书画作品等。

(http://jxjy.com.cn:88/Article_Show.asp? ArticleID=4519)

(四)整合学科及其他相关内容

综合实践活动课程并非完全独立于学科课程和学生现实课堂,故综合实践活动课程资源的开发与利用,当考虑与学科内容及学生现实课堂生活整合,选取有利于实现综合实践活动课程目标的内容加以重组、综合和拓展,结合学生的需要兴趣,确定活动主题,设计活动方案,并组织学生开展小组合作学习和探究学习,综合地运用各学科知识于实践活动中,从而实现各学科知识的整合、学科知识与实践经验的整合,以便使学生形成对周围世界的完整认识和全面体验。

综合实践活动课程具有综合性特点,这一特点决定了其四大领域的划分是相对的。事实上,综合实践活动课程在实施过程中,四大领域内容确实难以清晰划分,甚至综合实践活动课程与学科课程也不能决然分立。这就要求综合实践活动课程资源的开发与利用要注意从整体出发,做到"主题"目标与相关学科知识的学习及应用有机结合。例如综合实践活动课程与数学学科整合,可以确定"数据的分类与分析";与品德学科整合,可以确定"怎样和陌生人交流";与非指定领域整合,可以确定"怎样做大扫除"等活动专题。当然,在整合学科及其他相关内容进行综合实践活动课程资源的开发利用上,要注意避免"学科化"倾向,保证活动主题的综合性、实用性、开放性和可持续性。

阅读材料

阆中中学是四川省的重点中学,应对课程改革,学校确立了新的"协同—综合"办学理念和模式,在已有劳技教育成果基础上,开拓性地进行"农业科技劳动教育",将劳技教育同研究性学习有机结合,把农业科技劳动教育做强做精,并直接进入科技兴农和经济运作的社会体系中,创出"农校结合"的新品牌,最终培养出大批农业生产所需的创新型农村科技人才。学校在确定基本模式和课程设计思路后,着力利用地方特色资源,建构特色的校本教材,为西部农村市级中学提供可以共享的资源,建立和开发动态发展的校本课程资源库。

学校开发农业科技教育资源有以下特色:

1. 构建网络式的基地。他们拓展农业科技空间,主建了七个实验基地,如花卉、反季节果木创新基地,珍稀林果、特色农作物培育基地,繁殖、推广农作物新品种、苗木培育基地,城市绿化美化苗木培育基地,以及其他三个学生农业科技劳动实践基地,让学生有机会提出科学假设,获取第一手资料,为劳技教材的研究开发提供理想的实验场所。

2. 创造了六个协同教育模式:(1)与相关村社协同,解决学生劳动实践、实验和新品种推广等问题;(2)与农业科技部门协同,共同探索当地农村产业结构调整和新品种引种等问题;(3)与科协协同,获取国内外最新科技信息;(4)与教育科研部门协同,申报参与国家和地方课题研究与实验;(5)劳技课内与课外研究小组协同,使理论知识与课外实践相结合;(6)学校、家庭、社会协同,全面培养学生的劳动观念和技能。

3. 学校围绕开辟特色项目,包括"特色农作物种植栽培技术"、"果树嫁接技术"、"园林花卉盆景艺术"、"新品种繁育技术"四大系列,形成以"专家领衔、劳技教师辅导、学生参与的'三位一体'的教学新格局"。强化劳动技术教育的管理,建立有序高效的管理运行机制和一整套评价体系。

4. 开发了系列乡土教材和校本教材,如《特色农植物种植》、《果树栽培》、《繁育技术》、《庭院经济》、《立体农业》、《阆中旅游资源开发与利用》以及其他系列教材等。

在学校开发具有特色的校本劳动技术教育课程资源中,学生在农业科技方面的研究性学习上获得了大量收获,撰写了一些科技论文,其中《阆中市野生动植物资源调查》、《种子发芽需要光吗?》、《沼液浸种对水稻发芽势、发芽率的对比实验》、《植物光合作用对于各种单色光有选择性吗?》等获奖论文受到广泛好评;学校还培养了一批当地需要的农业技术能手,直接创造了经济价值。

(张廷凯. 校本课程资源开发的整合策略和案例分析[J]. 教育科学研究,2007)

(五)利用网络资源

互联网在学校教育中的运用,大大拓宽了学生的学习空间,改善了学生的学习条件。网络上丰富的信息量、快捷的信息获得方式、智能化的交互手段,使学生的学习显得更为方便有趣。与此同时,网络的这些特点,也给综合实践活动课程资源的开发与利用提供了更为广阔的空间和更为多样的手段。基于此,学校和教师应充分利用网络资源,引导学生从世界上最大的知识库、资料库中搜集相关的文本、图形、图像、声音、动画等信息,通过个体化学习和小组讨论,在教师指导下,确定活动主题,制订活动方案,并展开活动过程。在活动过程中,若遇到问题,可借助网络进行交流沟通,以求得问题的解决。需要指出的是,利用网络资源开发与利用综合实践活动课程资源,须防止对网络的过度依赖,使得综合实践活动课程失去其固有功能。

第三节　中学综合实践活动课程资源开发与利用的基本要求

综合实践活动的课程资源是指富有教育价值并能转化为综合实践课程或服务于综合实践活动课程的各种条件的总称,它的构成非常多样,也十分复杂,就学校内部课程资源来说,就包括图书馆、运动场、实验室、网络中心、广播站、校园环境等各种教育场所,书报杂志、录音录像、网络、板报等各种教育材料及学校传统、师生关系、学习风气等各种教育因素。而就校外的课程资源来说,则包含了自然环境、社区生活环境及各种物质设施、文化设施、风俗习惯等在内的众多因素。因此,要保证综合实践活动课程资源开发与利用的有效性,就必须有一些基本要求,并处理好其中若干关系。

一、中学综合实践活动课程资源开发与利用的基本要求

(一)紧扣目标,学以致用

课程目标是教师开发综合实践活动课程资源的出发点和归宿。偏离了目标,课程资源的开发与利用就会表现出盲目性、随意性和零散性。因此,紧紧围绕课程目标,有针对性地开发与利用综合实践活动的课程资源是十分重要的。

紧扣活动目标开发与利用课程资源,可以从"选择"和"创设"两个方面来把握。

首先是"选择"。在综合实践活动课程实施过程中,每个主题活动都有一定的目标,而对于同样的目标,有时可能会有许多资源可以开发利用,这时就需要进行筛选,以提高活动的针对性、增强内容的典型性。显然,这种筛选一定是以目标为中心的,故必须选择那些学生感兴趣、符合学生身心发展特点、课程成本低、对学生终身发展具有重要意义的课程资源。另外,课程资源具有多质性,一种课程资源可能具有多方面的价值,这时也需要依据目标进行选择。例如,组织一次环境污染方面的调查活动,可能就会涉及多个方面的内容,学生可以从工业污染、农业污染、生活垃圾污染等多个角度切入。但是,考虑到学生的年龄特点和时间安排等问题,只能选择某一个方面,进行较长时间的调查研究。

其次是"创设"。综合实践活动课程的实施,有些时候只需从课程资源中寻找一个适当的"工作平台"(场所、情境),如相关的风景名胜、科技馆所、文化设施等,以激发学生的兴趣,使学生在身临其境的实践活动中,积极参与,从而使得活动的效果得到保证。但课程资源的开发与利用绝非只是教育场所的变换转移,更多的应该是富有生机与内涵的现实条件的创设,其中应该包含具有教育与发展价值的问题或任务,隐藏着引起学生开展实践活动的契机和促使学生经验增长的有利因素。因此,紧扣目标进行的综合实践活动课程资源的开发与利用,不仅是从课程资源中寻找合适的"工作平台",更重要的是有意识地利用现有条件创设出更为理想的"工作平台",以保证学生在自主实践、不断探索的过程中,得到更充分的锻炼,有更多的收获。例如,组织某个主题之下的研究性学习,要求学生利用图书馆和网络查阅有关资料,为了保证学生在有限的时间内获得有

用的资料,而不至于耗费过多的时间,教师可以事先了解有关情况,学校或有关部门可以事先购置相关图书资料、开通有关网站或者在必要时对网上的不健康内容进行过滤,以保证研究性学习的顺利开展。

综合实践活动课程资源开发与利用,除了必须紧扣目标外,还必须注意打破理论脱离实际的局面,充分利用社区资源,为学生提供亲近自然、深入社会的时间和空间,让学生感知生活、体验生活,增强学生的使命感、责任感。这样也可以使学生积极地为家乡的发展提出建设性意见,为家乡的发展作出一定的贡献。

阅读材料

关于农家餐饮业现状的调查

浙江嘉兴市秀洲区塘汇实验学校八(1)班学生通过对农家餐饮业现状的调查,分别对政府和农民经营者提出了建议:

(一)对政府的建议

(1)加强领导,政策扶持。(2)抓好培训,提高农家乐服务质量和水平。(3)塑造大环境,为农家乐发展提供基础保证。搞好农村的卫生,多种树、种好树,既改善了生态环境,又为农家乐发展提供了便利。(4)统一规划,创造特色。

(二)对农民经营者的建议

(1)重视学习,提升自己的经营水平。(2)注重卫生环境。作为经营者,要想办法搞好农家餐馆的卫生与环境,要改造简陋的厕所和下水道,放置残汤剩饭的地方要隐蔽,要做好灭蝇和防蝇工作,各类工具要放置整齐。(3)创设自己的特色。首先应是菜肴的特色,如大荒田以野味河鲜为主打菜;其次注意环境的特色,如桃花邨的特色;最后还可以把农家餐馆布置成一个传统的中国古典农居,增加一些中国传统的农具也是一个不错的主意。(4)加强自我的宣传。如赞助一些活动,在交通要道树立广告牌,利用电视报纸等媒体把自己的特色广而告之等等,一定要舍得投资进行宣传。

(http://jxjy.com.cn:88/Article_Show.asp? ArticleID=3068)

(二)讲求"适度",注重整合

综合实践活动的课程资源是十分丰富的,教师可以根据需要进行开发与利用。但教师在开发与利用综合实践活动课程资源时,还存在着广度与深度的问题,即需要考虑从综合实践活动课程资源中选择什么样的对象、提取什么样的内容以及内容所涉及的范围和呈现方式等问题。一般而言,针对不同的目标,综合实践活动课程资源开发与利用的策略应有所不同。

若要从综合实践活动课程资源中提取尽可能多的同类事物,那么提取的内容要有较大范围的覆盖面。这样一来,学生可以开阔视野、启迪思维、了解更多的内容;同时,借助适当的呈现方式(如对比呈现、实地观察与录像呈现相结合等)或教师必要的提示,学生能够发现同类事物中的一般规律,理解和掌握带有规律性的知识,实现由具体到抽象的升华。

若要从综合实践活动课程资源中挖掘与某一内容相关的更深刻的内涵,那么对有关资源的开发就应该向纵深方向发展,透过表层内容去揭示更深刻的内涵,实现由表及里的迁移,达到对知识的深入理解和领会。例如,通过"文化古迹"这一现象,我们可以在领略文化古迹风貌的同时了解其中富有教育意义的历史故事、名人轶事、文化渊源等丰富内容,从而使学生受到历史文化、民俗传统等多方面的教育。

综合性是综合实践活动课程的基本特性。学生的生活世界由学生个体、社会关系及生活环境等基本要素构成,综合实践活动必须立足于学生生活世界,有利于每个学生的全面发展。因此,综合实践活动课程资源的开发与利用只有遵循整合性原则,将校内资源和校外资源、文本资源和非文本资源、人力资源和物力资源整合起来,给学生一个完整的实践天地,才能使综合实践活动取得理想的效果。如浙江苍南中学开展《畲乡传统民俗及其旅游开发研究》为题的综合实践活动,采用查阅资料、实地调查、访谈专家等研究方法,把各种资源整合起来,搜集并分析了该县昌禅乡独特的民俗及自然风景,对发展畲乡旅游提出了建设性意见,此次活动给学生提供了一个比较完整的综合的实践之地。

(三)因地制宜,体现特色

综合实践活动课程强调面向学生"生活世界"、密切联系社会实际,故其课程资源的开发与利用中,要注意因地制宜,体现地方特色。然而,就目前来看,在本土课程资源的开发与利用中存在着诸多问题,其中比较突出的,一是视野比较狭窄,大多只局限在介绍本地区物产资源、革命传统教育资源等方面;二是对本地课程资源的开发不够充分,思路比较单一,错误地认为综合实践活动课程资源的开发就是补充乡土教材,很少考虑把本地资源作为综合实践活动课程实施的必要条件,或者把课程资源与学校课程有机地融为一体。这些问题的存在,导致了综合实践活动课程实施在形式上的单一、呆板,直接影响了综合实践活动课程实施的效果。因此,如何因地制宜实现综合实践活动课程资源的有效开发与利用,是我们当前需要研究的一个课题。

综合实践活动课程资源开发与利用的"因地制宜",其实就是从本地区、本学校的实际情况出发,开发利用相关资源,以实现综合实践活动课程目标。其中,需要考虑综合实践活动课程与其他教育内容的协调配合,同时注意时间、空间、人力、物力上的现实可行性。如果在综合实践活动课程资源的开发与利用上耗费过多的时间、精力及物质条件,不仅不经济,而且也不现实,在现有的师资和条件下难以做到。当前,一些地区根据现实需要建立专门的教育基地,实现学校之间、地区之间教育资源的共享,是一个行之有效的办法,这样可以在现有条件下通过力量的整合,为综合实践活动的开展创造有利条件。另外,一些中小学生利用节假日或将时间相对集中在一起来开展综合实践活动,也是一种方便易行的办法。所有这些基于现实条件的综合实践活动课程资源的开发方式,无疑都是"因地制宜"的表现,为综合实践活动课程的实施提供了良好的思路。

（四）优化配置,形成体系

综合实践活动课程实施中,将涉及时间、场地、条件、资金、人员等多方面因素,因此,在综合实践活动课程资源的开发与利用中,应综合考虑这些因素并对之进行合理使用和优化配置,做到既保证每一个因素的效益,又发挥统一使用和管理的优势,最大限度地发挥综合实践活动课程课程资源的作用。这样,不仅可以缓解教育资源的短缺,而且可以大大提高社区资源的利用效率,同时,还将提高教师的综合能力,促进学校办学特色的形成。就具体学校来说,一方面要善于挖掘校内、社区及兄弟学校的资源;另一方面也要积极地将校内资源辐射到社区和其他学校,建立起校内外课程资源的转化机制,推动课程资源效益的最大化。

综合实践活动课程资源的开发与利用,在优化配置的基础上,应进一步将之序列化,以形成课程资源体系,如地方或社区文化传统序列、地方或社区地理序列、地方或社区历史序列、地方或社区科技序列等。即使是同一主题,也有初级、中级、高级之分。这样一来,既注意到阶段性,又注意到序列性和衔接性。这种体系化的课程资源开发,可使不同阶段的学生的发展形成序列,从而促进学生的长期、可持续发展。例如,在临海地区,可以"海洋"为对象,提出下面这个课程资源开发的序列:

- 海洋的形成与变化
- 海洋中的生物
- 海上交通
- 海上体育运动
- 海边的生活
- 海洋艺术创作
- 海洋资源的开发
- 海洋保护

二、综合实践活动课程资源开发与利用要处理好的几对关系

综合实践活动课程资源的开发与利用是一个较为复杂的过程,其中涉及文

本资源和非文本资源、校内资源和校外资源、开发与利用等多种关系,如何处理好这些关系是合理开发和有效利用课程资源必须思考和解决的问题。

(一) 处理好文本资源和非文本资源的关系

所谓文本资源,就是以文本为载体的资源。凡与课程相关的报纸、图书、期刊等都是文本资源。非文本资源的范围则广泛得多,凡不是以文本为载体的资源均属非文本资源。综合实践活动课程的实施往往需要有文本资源做支撑,但仅仅开发与利用文本资源是远远不够的,因为单纯的文本资源很难达到综合实践活动的目的,无法体现综合实践活动实践性、体验性的课程特点,不利于学生全面综合地发展。而非文本资源恰恰具有文本资源无法替代的作用。因此,综合实践活动课程实施应将两种资源有机地结合起来。首先,学校和教师要在思想上明确以教材为代表的文本资源不是唯一的课程资源,仅仅开发与利用文本资源,易使综合实践活动课程的实施因缺乏必要的资源而发生扭曲变形甚至中断,由此而来的就是学生回到旧有学习模式中——脱离生活实际、缺乏感性认识和实际体验,身心发展受到严重影响。其次,在文本资源与非文本资源的关系的处理上,学校和教师应以综合实践活动课程目标为出发点,根据文本资源和非文本资源的不同特点,结合学校及周边环境的具体情况确定开发与利用这两种资源的侧重点。

(二) 处理好校内资源和校外资源的关系

综合实践活动课程资源按空间分布可分为校内资源和校外资源。就开发与利用资源的便捷性和经常性而言,校内课程资源明显占据优势,但从综合实践活动课程的目标和内容来看,更多地需要校外资源的支持。因此,综合实践活动课程资源开发与利用中,既要关注校外资源,也要重视校内资源。特别需要防止的两种情况,一是完全依赖校内资源而忽视校外资源的开发与利用,二是不顾校内资源而盲目追求校外资源的开发与利用。具体到一所学校来说,首先应从实际出发,充分挖掘校内资源,发挥学校内图书馆、资料室、实验室等现有设施的作用,加快校园网络、运动场馆等的建设,以保证综合实践活动课程的正常实施。与此同时,要注意加强与社会的联系,尽自己所能,开发与利用校外丰富的课程资源,以提高综合实践活动课程的实施效果。此外,为了推动综合实践活动课程实施的常态化,学校应与具有校外资源的单位建立协调转换机制,使学校的资源向校外辐射,又使社会的资源为学校所利用,实现资源共享,从而在有限的条件下,通过资源的整合为综合实践活动的开展创造有利的条件。

(三) 处理好本土资源和非本土资源的关系

综合实践活动课程的性质决定了其实施过程更多地以本土资源为主。但强调以本土资源为主并不意味着对非本土资源的排斥。我国是一个地域辽阔的多民族国家,不同地域、不同民族的文化有着不同的特点,与此相应的课程资源也就有了各自的独特性。在一个倡导多元文化并存的时代,课程资源的开发与利用也应该有其相应的宽容度。由此,在综合实践活动课程资源的开发与利用中,既要重视本土文化,让学生感受本土文化独特魅力,体验本土文化深刻内涵,必要时也应该引入外来文化,使学生认识和理解外来文化,并在此基础上学会从不同文化中吸取营养,达成不同文化之间的沟通和理解。综合实践活动课程资源开发与利用中,特别需要防止两种极端的倾向,一是以综合实践活动课程要"联系学生生活"为由,排斥甚至抵制非本土资源,二是以综合实践活动课程"开放性"、"生成性"为由,远离本土资源。综合实践活动课程资源的开发,必须以课程目标为指针来处理本土资源和非本土资源的关系,使各种资源能在综合实践活动课程实施中发挥良好作用,从而保证综合实践活动课程实施的效果。

阅读材料

　　兴化市板桥初中自2002年开设综合实践活动课程以来,已整整走过了八年历程。作为国家规定、学校实施的课程,由于没有现成的教科书,课程资源就必须依靠学校自主开发。教师是课程资源开发的主要力量,几年来,学校充分依靠广大教师有目的、有计划、有步骤地大力实施综合实践活动课程资源开发策略,使课程资源似源水般不断涌出。

　　一、利用本土优势,开发课程资源

　　兴化拥有丰厚的地域文化和环境资源优势。兴化古称昭阳,又名楚水,春秋、战国时期为吴楚之地,周慎靓王时为楚将昭阳食邑,五代杨吴武义二年(公元920年)划海陵县北设招远场,不久改招远场为兴化县,故有"昭阳古邑"、"海陵旧址"之称。在这片神奇的土地上先后涌现出《水浒传》作者施耐庵、被誉为"东方黑格尔"的文学理论家刘熙载、"后七子"之一宗臣、扬州八怪的杰出代表、诗书画三绝奇才郑板桥等一大批古今文化名人。历史名胜众多,有郑板桥故居、四牌楼、刘熙载故居、"昭阳十二景"和明代古城墙等。有江苏最大的水上森林公园和享誉海内外的千岛菜花风景区、大纵湖风光、上方寺、八字桥广场……独特的历史文化和自然资源为综合实践活动课程资源的开发提供了丰富的素材。我们组织教师通过调查研究、走访名人、实地考察、查阅史料等方式,先后开发出一大批极有价值的课程资源,在此基础上,和学生一起设计并实施了一大批相关的综合实践活动课题。

　　二、立足学生生活,开发课程资源

　　综合实践活动是一门基于学生的直接经验、密切联系学生自身生活和社会生活的经验性课程。据此,我校在开发课程资源时,强调一定要立足学生生活实际,从生活中收集素材。作为全国著名的"鱼米之乡",水文化,代表的不仅是当地的特色,而且反映了兴化社会经济的发展,同时也包含着现代科技的运用,如城区四周的防洪墙、刚刚改造的"引江河工程"、鱼虾蟹等淡水养殖、农副产品的生产加工等都进入了我们综合实践活动课程的资源库。相继开发并实施了源自学生生活又服务于学生生活的活动主题,如"守望家乡水资源"、"鱼圆的制作"、"垛田香葱飘四海"、"走进海池社区,欢度新春佳节"等。

三、关注社会热点,开发课程资源

以社会热点问题作为课程资源来开发,可以改变学生"两耳不闻窗外事"的现象,有利于增强学生的责任感。2008 年 3 月 16 日晚 6 时许,在兴化城"快乐老家"网吧发生了一起凶杀案。一名 16 岁某校学生持刀猛砍另一学校 17 岁学生,致使这名中学生出血过多死亡,一度成为整个兴化街头巷尾议论的热点。为了进一步了解事件的全过程以及兴化青少年犯罪的现实情况,学校综合实践活动教研组专门深入兴化市人民法院、兴化市公安局和兴化市看守所进行调查,自 2001 年 12 月至 2007 年 6 月,兴化市人民法院少年法庭共审结未成年人犯罪案件高达 328 件,判处未成年人罪犯 454 人,这一结果令人触目惊心。学校与兴化市关工委、兴化市人民法院、兴化市看守所和海池社区,并邀请了一批学生家长开展了"探访高墙深处,接受法制教育"、"走进少年法庭,增强法制观念"两个综合实践活动。通过调查兴化青少年犯罪的现状、参加青少年庭审现场、走访青少年罪犯家庭、与青少年罪犯零距离面对面交流、参观青少年罪犯失去自由生活的环境等一系列活动,同学们心灵得到了洗礼,家长们也接受了深刻的教育。

四、整合学科知识,开发课程资源

各学科教师全面参与,将学科知识与实践活动巧妙整合,使得我校的综合实践活动课程资源"百花齐放春满园",充满着生机与活力。如语文教研组将课本中相关内容进行了梳理,将七个学科实践活动整合成"为中华崛起而读书"和"热爱祖国、热爱家乡,从保护鸟类做起"两个综合实践活动主题。地理教研组将书本知识与兴化乡土地理有机整合,开发出若干个课题,最终形成了由光明日报出版社出版发行的综合实践活动成果《兴化地理》。

通过以上策略的实施,收到了显著效果。几年来的实践摸索,学校开发积累的课程资源已经较为丰厚,并形成了可供教师、学生参考利用的资源包。面对综合实践活动课程实施园地的盎然生机、满园春色,2011 年我校将更加奋发努力,在开发综合实践活动课程资源方面有所作为。

(http://zhsjhd.jssjys.com/Html/Article/1079/)

本章小结

　　综合实践活动课程内容的综合性、过程的动态开放性和目标的生活体验性，使得其课程资源的开发与利用显得格外重要。为此，学校和教师必须充分认识中学综合实践活动课程资源的特点及其开发与利用的意义，遵循紧扣目标、讲求"适度"、因地制宜等基本原则，采用现有资源的直接开发与利用、新资源的培育建设等方法，通过挖掘本土自然社会资源、借助网络资源等多种途径，有效开发与利用校内外课程资源，以保证综合实践活动课程实施取得理想的效果。

思考·探究·实践

　　1. 什么是课程资源？它有哪些类型？

　　2. 如何认识中学综合实践活动课程资源开发与利用的意义？

　　3. 综合实践活动课程资源开发与利用的方法主要有哪些？试举例说明。

　　4. 中学综合实践活动课程资源开发与利用有哪些基本要求？

　　5. 根据你所在社区的地域性资源的特点，为社区周围某所中学设计一个综合实践活动课程资源开发与利用的方案。

拓展阅读：

　　1. 黄晓玲. 课程资源：界定 特点 状态 类型[J]. 中国教育学刊,2004(4).

　　2. 张建平. 论综合实践活动课程资源开发的主体、程序及策略[J]. 教育理论与实践,2005(12).

　　3. 王俊. 综合实践活动课程资源的分类及其开发策略[J]. 福建教育 2007(12).

　　4. 张廷凯. 校本课程资源开发的整合策略和案例分析[J]. 教育科学研究,2007(1).

　　5. 罗树范. 综合实践活动课程资源的开发与利用[J]. 教学月刊(中学版),2006(8).

　　6. 朱华. 农村综合实践活动乡土课程资源的开发与利用[J]. 当代教育理论与实践,2009(10).

　　7. 冯新瑞,王薇. 我国综合实践活动课程实施现状调研报告[J]. 课程·教材·教法,2009(1).

　　8. http://jxjy.com.cn:88/综合实践活动网

　　9. http://www.chinazhsj.com/中国综合实践活动网

　　10. http://zhsjhd.jssjys.com/江苏省中小学教学研究室·综合实践活动

第十二章　中学综合实践活动课程的评价

学习目标

1. 理解中学综合实践活动课程评价的基本理念
2. 明确中学综合实践活动课程评价的基本内容
3. 掌握中学综合实践活动课程评价的基本方法
4. 具备初步评价中学综合实践活动课程的能力

案例：学生成长的案例

　　一个星期的综合实践过去了，从中我获益匪浅，收获很大，这些活动既锻炼了我们的动手能力，又给我们的紧张生活插入了一段优美的乐曲。在剪纸与编结的过程中，我们又重做了一次历史悠久的剪纸作品，剪出了一幅幅栩栩如生的作品，在我们认真、仔细的工作中，互相帮助。在做金工的过程中，我们虽然很累，腰酸背痛，但是，我们至少用心去做，已经尽力了，所以我们问心无愧。在做木工的过程中，我们看到了各种新颖的工具，欣赏了同学们优秀的作品。经过这个星期的活动，我觉得结果并不重要，重要的是锻炼了我们的动手能力。这次我真正地体会到"强中自有强中手"，我们要不断地学习，不断地更新！

　　　　　　　　（http://www.ykedu.net/data/2006/1222/article_1533.htm）

　　中学综合实践活动课程的实施究竟对中学生起了什么作用？使教师得到了怎样的提高？使学校发生了怎样的变化？简而言之，综合实践活动课程的活动效果如何，这是综合实践活动课程的评价需要解决的问题，也是综合实践活动课程实施中人们最关心的问题。

　　评价是综合实践活动课程实施的重要组成部分，是实现综合实践活动课程目标的有效手段和方法，它贯穿综合实践活动课程实施的全过程。事实上，对活动价值（效果）进行判断的过程，就是评价的过程。本章对人们较为关注的问题，如综合实践活动课程的评价应确立怎样的新理念，综合实践活动课程的评价应包括哪些内容,怎样的评价指标才比较科学、合理,采取哪些方法来进行评价等进行了逐一回答。

第一节 中学综合实践活动课程评价的基本理念及原则

综合实践活动课程的评价,是指运用现代教育评价的理论和方法,根据综合实践活动课程的特点、目标,拟订科学的评价标准,对综合实践活动课程进行价值判断的过程。它既是活动的相对终结,也是活动的持续起点,更是活动的循环过程。综合实践活动课程的评价,有利于转变教育观念、促进学生的全面发展,同时,也有助于挖掘教师的潜能、促进教师素质的全面提高。

一、中学综合实践活动课程评价的基本理念

中学综合实践活动课程评价的理念是指人们对中学综合实践活动课程进行评价时所持有的基本观念和认识,它对整个综合实践活动课程的评价起指导作用。中学综合实践活动课程评价的基本理念主要有以下几个方面:

(一)重视发展,淡化甄别与选拔

评价是一个教育的过程,是师生协商共建、充满着民主与平等的过程,是最终落实到"一切为了学生发展"的过程。《基础教育课程改革指导纲要(试行)》明确规定,"建立促进学生全面发展的评价体系。评价不仅要关注学生的学业成绩,而且要发现和发展学生多方面的潜能,了解学生在发展中的需求,帮助学生认识自我,发挥评价的教育功能,促进学生在原有水平上的发展","改变课程评价过分强调甄别与选拔的功能,发挥课程评价促进学生发展、教师提高和改进教学实践的功能"。

中学综合实践活动课程的评价将学生看作是有主见、有尊严、有感情的独立自主的人,每个人都有独特的精神世界和心灵体验。评价不是为了选拔和甄别,不是"选拔适合教育的儿童",而是通过学生成长与进步的状况,帮助我们"创造适合儿童的教育"。评价是为了学生的发展服务,而不是学生的发展为评价的需要服务。评价不只是检查学生知识、技能的掌握情况,而是判断学生掌握知识、技能的过程与方法,以及与之相伴随的情感、态度与价值观的形成。

中学综合实践活动课程评价不仅关注学生的学业成就,而且关注学生作为人的全面成长。当前,学校中实施的课程评价更多地从功利主义的升学目的出

发，将评价窄化为学科考试，学科考试内容紧紧围绕升学考试目标；而作为学生发展的更为重要的情感、道德、价值观等却被丢在一旁，很少给予评价。结果是造就出一批只有知识没有信仰的社会工具或者知识丰富但却道德低下、心灵畸形的个性残缺者。综合实践活动课程的评价强调抛弃功利主义的评价目的，从促进人的全面发展的目的出发，关注学生的心灵，关注学生在情感、动机、信念、人生观、价值观、意志品质、生活态度等方面的发展。

（二）强调质性评价，定性与定量结合

定量评价与质性评价是评价的基本方法。定量评价适用于评价学生认知方面的发展，特别是测量学生对知识的记忆和理解；质性评价则适用于评价学生情感、态度、价值观等方面的发展。定量评价要求有较高的信度和效度，如果不能保证信度和效度，那么定量方法的使用就是失败的。质性评价表面上没有评分、计算等诸多"麻烦"，实际却更需要教师具有高超的教育智慧和博大的教育精神。质性评价不追求固定的形式和严格的程序，它的运用贯穿在教师与学生交往的整个过程中，教师为学生写的评语、与学生的谈话是质性评价，教师对学生的一颦一笑、一个眼神、一个动作也是质性评价。可以说，学生每时每刻都在接受着教师对自己的质性评价。

中学综合实践活动课程的评价内容具有全面性、综合性，如果单纯以量化的方式予以描述和评定，则容易出现僵化、简单、表面化的倾向。由于学生发展的丰富性、学生个性的差异性以及活动过程的多样性，综合实践活动课程的评价重视质性评价，即不是单纯看结果，而是重视了解学生解决问题的过程以及学生在活动过程中的表现。即使依照计划来看最后的结果是"失败"的，抑或是学生没有得出"科学"的结论，但是，只要学生经历了学习过程，对自然、社会和自我形成了一定的认识，获得了实际的体验和经验，那么，教师就应该给予积极的评价。

（三）鼓励参与，实现评价主体的多元化

中学综合实践活动课程评价重新审视了评价者与学生之间的关系，重新思考了学生在评价活动中的角色和地位。中学综合实践活动课程评价要求尊重学生的主体性，提高学生在评价过程中的参与程度。通过参与评价标准的确定、评价内容的选择以及评价结果的解释，学生能够更深入地认识自己与评价标准之间的差异。通过与评价者的交流，学生将更真切地了解自己，对评价结果持一种更加开放、积极的心态。当学生参与到评价过程中时，当学生与评价者平等地相互倾听和对话时，评价过程也就成为学生一个宝贵的学习机会。自我评价对学生个性的发展、创造能力的培养、自我教育等品质的形成，具有积极的意义。

中学综合实践活动课程评价倡导评价主体的多元化。在人们惯常的思维方式中，评价主体只能是一个领域的权威、一个群体的领导或师长。但是，如果把评价当作为学生提供反馈、建议、促进其发展的途径，那么，多元的评价主体将更利于提供多角度、多层面的评价信息，更有利于被评价者的进步。对于学生评价来说，多元的评价主体包括教师、同学、家长以及学生本人，这些不同的评价主体从各自的角度出发进行的评价对学生的发展有着独特作用。教师的评价体现了教育目标和课程标准对学生发展的要求；家长的评价反映了家庭、社会对下一代成长的期待；同学之间的互评可加深学生对评价标准的理解，使学生通过评价他人反省、提高自己；自我评价可以使学生养成自我反思的习惯、提高自我评价的能力。综合实践活动课程评价强调除了学生本人和教师外，家长、学生群体和个体以及学校内外的其他有关人员也都可以成为评价主体。建立学生、教师、家长、管理者、社区和专家等共同参与的评价机制，通过多种渠道反馈信息，将更有利于促进学生的发展。

（四）注重过程，体现差异

中学综合实践活动课程评价致力于对学生的理解而不是对学生的控制。无论是对学生的评价还是对教师的评价，被评价者都是人，都是不断成长、不断发展的生命。因此，评价不应作为控制被评价者精神和行为的手段，而应作为探察被评价者在发展过程中所产生的困惑、疑问、欣喜、满足等生命体验的途径，评价的过程就是一个充满人性关怀、充满同情与理解的过程。通过评价，评价者理解被评价者的成功与失败、兴奋与焦虑，二者共同为实现教育目标而努力。

综合实践活动课程评价倡导动态的、过程的评价，即关注被评价者为达到目的所采用的方法和途径，关注被评价者在达到目的的过程中获得了哪些经历和体验，关注被评价者在获得结果的过程中发生了怎样的变化。不仅要评价学生记住、理解了多少知识，更要评价学生如何获得知识和应用知识，包括学生在学习知识的过程中使用了什么学习方法、采取了何种思维策略、在头脑中发生了怎样的思考过程，对意义和用途有怎样的理解，等等。

每个学生都有自己独特的兴趣、爱好，有不同于他人的素质条件和生活环境，有自己的优势和不足。学生之间的差异，不仅表现为学业成就方面的差异，还包括在生理和心理特征、兴趣爱好、行为方式等诸多方面表现出来的差异。综合实践活动课程评价关注学生的个体差异，尊重学生的个性化价值取向，强调根据每个学生的特点，运用不同的评价标准和方法，判断学生的发展潜力。"评价标准既注意对学生、教师和学校的统一要求，也关注个体差异以及对发展的不同需要，为学生、教师和学校有个性、有特色的发展提供了一定的空间"。综合实践活动课程评价尊重被评价者的差异，通过建立有弹性的评价标准使被评价者有不同的发展方向和发展速度。

二、综合实践活动课程评价的主要原则

综合实践活动课程的评价改革在观念上发生了根本变化,体现以人为本、尊重人的主体性和能动性的人文精神,强调评价促进人的发展。同时,在一定程度上允许个性化、多元化,这是与以往课程改革最大的不同。依据综合实践活动课程评价的基本理念,我们在评价过程中还应该遵循以下几个主要原则。

1. 主体性原则

主体性原则是指综合实践活动课程评价应明确被评价者在评价中的地位和作用。强调自我评价,发挥被评价者的主体性、使其处于主动的地位并产生积极参与的意识,这既能充分调动被评价者参与评价的主动性、积极性、自觉性,使评价产生更加积极的效果,又能使评价的过程真正成为被评价者自我认识、自我分析、自我改进、自我完善和自我教育的过程,使评价工作达到预期的目的,而这也正是主体性原则的具体体现。

2. 过程性原则

综合实践活动课程的评价要重视对学生活动过程的评价,揭示学生在活动过程中的表现以及他们是如何解决问题的。即使按计划来说最后的结果是失败的,评价者也应从被评价者获得了宝贵经验的角度考虑,肯定其活动的价值,营造其体验成功的情境。此外,在评价过程中,还要注重"学生自我参照标准",即以学生在综合实践活动过程中的实际体验和发展程度,而非科学发展的水平或者成人的认识水平为评价标准。

3. 激励性原则

综合实践活动课程评价重在发现和肯定学生身上所蕴藏的潜能、所表现出的闪光点,鼓励学生进行进一步的想象、创造和实践,激励和维持学生在活动过程中的积极性、主动性和创造性;同时,通过评价,使学生找到积极的参照点,学会调整自己的学习行为,提高综合实践活动的水平。

4. 多元性原则

这里的多元性包括评价标准的多元性和评价主体的多元性。综合实践活动的评价强调多元价值取向和多元标准,肯定学生与世界交往的多元方式。不仅允许对问题的解决有不同的方案,而且还允许表现自己学习的形式是丰富多样的。评价者要尽量避免将评价简化为分数或等级。多元智能理论为我们提供了一种个人发展的模式,它能够帮助教育工作者改进教学方法、拓宽活动范围、发展学生被忽视的智能、完善学生已发展的智能。综合实践活动的评价主体是多元的,教师、学生、校外指导教师、学生家长、学生同伴都可以作为评价者。此外,在综合实践活动的评价过程中,还应重视学生的自我反思性评价,鼓励学生通过

自我反思性评价,提高辨别是非的能力和自我教育的能力。

5. 发展性原则

综合实践活动评价重视学生是否能把学到的知识、技能和方法应用到实际问题的提出和解决中去,是否能够联系生活实际,是否能够在提出问题和解决问题的过程中主动获取知识、应用知识;关注学生在探究过程中亲自参与探索性活动、开展人际交往以及解决实际问题所获得的感悟和体验,为今后进一步的实践活动奠定良好的基础。

阅读材料

这次去实践基地开展实践活动,项目有六样:① 金工;② 木工;③ 陶艺;④ 食品雕刻与拼盘;⑤ 餐巾折花与布艺;⑥ 剪纸与编结。这些项目我都很喜欢,但由于时间关系,我最拿手的剪纸与编结没有参加,但我并没有任何遗憾,因为参与了其他的五样活动,同样使我学到了很多的知识。

从金工中,我学会了锯木条。锯割时要保持垂直,一歪就很容易使锯条割断,这是一个注意点;从木工中,我学会了切割木条。切割木条时,注意力要集中,手要垂直按牢木板,否则产生偏歪,很容易使锯条割断,而且要保持手的转动,并不是锯条转动;从陶艺中,我学会了3种最简单的制作方法:① 手捏法;② 搓成长条法;③ 泥板法。从食品雕刻中我明白了即使奇形怪状的白萝卜,也一样能雕刻出精美的图案;从餐巾折花中,我学会了餐巾折花的基本手法:叠、折、卷、拉、捏、翻、穿。所以这次的实践活动,我有很大的收获。

(http://www.ykedu.net/data/2006/1222/article_1533.htm)

第二节 中学综合实践活动课程评价的内容

一、学生评价

综合实践活动课程的出发点是满足学生发展的内在需要,其根本价值是促进学生的全面发展,因此,学生的发展水平是衡量综合实践活动课程实施效果的一个重要指标。也正由于此,学生评价成为综合实践活动课程评价的一个重要组成部分。

阅读材料

表 12－1　龙山中学中学生综合实践活动评价表

项目	权重	评价要点	应得分	实得分	备注
（一）活动准备	15分	1. 选题恰当，主题突出，符合本校或本地区实际。	4		
		2. 活动目的明确，定位恰当。	3		
		3. 分组恰当，组长和成员任务分工明确。	4		
		4. 对活动进行分析和预计。如对活动方案、安全、必要的知识与技能、所需的工具和材料等进行分析和预计，做好思想和物质准备。	4		
		小计	15		
（二）活动过程	65分	5. 拟订活动方案（包括主题、目的、内容、成员分工、准备、时间、步骤、分析、活动方式、成果预计、交流等）。要求条理清楚、内容具体、可行性强。	10		活动方案随时都可以调整
		6. 活动准备充分。例如，提前了解与活动相关的信息，做好相关的联系工作，准备好工具、食品、药品、衣物等物品，掌握必要的知识与技能。	5		
		7. 积极主动利用多种途径和方法（体验、探究、实验、设计、创作、想象、制作等）参与活动。	10		
		8. 紧扣主题广泛搜集资料（文字、图表、音像、标本、信息等），分析、取舍和归纳资料。	10		
		9. 确定成果呈现方式（如口头报告、书面研究报告、演讲、小册子、音像、模型等），总结活动成果与体会。	15		
		10. 展示交流活动成果。	10		
		11. 开展活动评价（自评、互评或专家评）。	5		
		小计	65		

（续表）

项目	权重	评价要点	应得分	实得分	备注
（三）活动效果	20分	12. 学生在活动中积极主动，兴趣高昂。全体学生都参与活动，得到锻炼，学有所获。	4		
		13. 学生的探究精神、合作精神、创新精神得到充分发挥，实践能力有所提高。	4		
		14. 活动有始有终，成果突出。	5		
		15. 及时总结、交流和评价。	5		
		16. 在活动中遵守校规校纪。	2		
		小计	20		
合计得分			100		

注：1. 此表用于评价中学生综合实践活动的研究性学习效果，信息技术、社区服务与社会实践、劳动与技术教育活动评价可参照执行。2. 总分 90 分以上为"A"等；总分 80 分以上，不足 90 分为"B"等；60 分以上，不足 80 分为"C"等；不足 60 分为"D"等。

（http://blog.sina.com.cn/s/blog_623168b80100gd1n.html）

上述案例对我们进行中学生评价有着很大的启示，表明对学生的评价不仅要关注学生知识和技能的获得情况，更要关注学生在活动中的过程、方法，以及与之相适应的情感、态度和价值观等的发展。中学综合实践活动课程的学生评价的内容主要体现在以下四个方面。

（一）学生参加综合实践活动课程的态度

如是否主动积极参加每一次课题活动，努力完成自己所承担的任务，做好资料积累和分析处理工作，主动提出活动设想、建议，在学习中不怕困难和辛苦；又如活动中是否具有合作精神，即在小组及班级活动中是否具有合作的态度及相应的行为表现；再如是否乐于帮助同学、主动和同学配合、认真倾听同学的观点和意见并对班级和小组的活动作出积极的贡献等。

（二）学生感性经验和精神生活的获得

综合实践活动课程的独特价值集中体现在学生对经验和体验的获得上，这具体表现为学生对自然、对社会、对他人及自我的整体认识、感受和体验的获得。

如果说学科课程是建立在系统的科学知识体系基础之上，从而来使学生获得认识自然、认识社会、认识他人及自我的基本知识和能力的话，那么，综合实践活动课程则是在开放的生活空间中引导学生形成对自然、对社会、对他人及自我的整体认识。在这种整体认识的过程中，学生将自己融入开放的情境之中，并在认识过程中时刻伴随着他们自己鲜活的体验和感悟。

由于综合实践活动课程是一种以学生的现实生活为背景、以学生在现实生活中所遇到的问题为主题、以亲身体验和自主实践的方式使学生主动地接触自然、了解社会、反思自我的活动,因而,在综合实践活动课程中学生所形成的对自然、对社会、对他人及自我的整体认识不同于在学科中所获得的认识,它对学生的影响更直接、更深刻、更持久,因而也更具有生成力。综合实践活动的独特价值就在于通过综合实践活动中的各种实际体验,使学生获得对自然、对社会、对他人及对自我的丰富经验。

(三) 学生的生活方式

美国著名的教育家、哲学家杜威曾经说过,我们选择了一种什么样的教育,就选择了一种什么样的生活方式。以学科知识的获得为主要目的的课堂教学赋予学生的生活方式以理性生活为主要特征,是一种"科学世界"或"书本世界"的生活,由此,学生也将过上一种理性的生活。因此,它难以有效地关照学生的"生活世界"。

综合实践活动课程面向学生的生活世界。通过走近自然、走入社会、自我反思、与社会有关部门和社会人员打交道,通过学生之间的合作,学生学会交往;通过从事研究、服务、设计以及制作等活动,学生学会做事。可以说,综合实践活动课程为学生打开了一个超越系统的学科知识体系的开放的空间,为学生提供了一种自主实践的有效生活途径。在这个开放的空间里,学生通过与自然、与社会、与他人、与自我的接触和反思,不断形成自己的生活态度和生活方式。因此,综合实践活动课程学生评价的主要内容还应包括学生掌握和运用查阅资料、实地观察记录、调查研究、整理材料、处理数据、操作工具、交往与表达等方面的技能、方法的水平。

(四) 学生的创新精神和实践能力

从问题或活动主题的提出到实践过程,整个综合实践活动课程的实施过程都充满着问题意识、探究能力和创新精神。实践表明,在从生活的细微之处发现问题、明确活动主题的过程中,学生学会了对周围事物的关注、敏感、怀疑、探究、反思和批评,培养了自己的问题意识;在具体的实践活动中,学生面对着各种自然情境、社会情境,学会了如何去思考与研究这些问题、如何收集资料和发布信息、如何制订解决问题的方案、如何与他人交往、如何与社会有关部门进行联系、如何运用已有的知识基础去解决各种实际问题、如何运用有关技术设计产品等;与此同时,学生逐步形成了良好的情感、态度和价值观,培养了自己的创新精神及创新人格。因此,对学生创新精神和实践能力的评价也是综合实践活动课程的学生评价中不可忽视的一项重要内容。

对学生创新精神和实践能力的评价应主要对学生在发现问题、提出问题、分析问题和解决问题的过程中所表现出来的探究精神和实际操作能力进行评价，同时，对学生在学习过程和结果中的实际表现也要予以全面和客观的评价。

在进行学生评价时，可从参与度、感受度、提高度三个方面来设计评价项目，并对每一个项目提出更为具体的区分内容。如参与度：不参加、被动应付、积极主动、出谋划策；感受度：无感受、有所感受、感受深刻；提高度：无收获、有所发现、有所发展、有所创造和突破、能力有提高，如表 12－2 所示。

表 12－2 综合实践活动课程学生评价表

评价维度	评价指标	评价结果
参与度	不参加	
	被动应付	
	积极主动	
	出谋划策	
感受度	无感受	
	有所感受	
	感受深刻	
提高度	无收获	
	有所发现	
	有所发展	
	有所创造和突破	
	能力有提高	

另外，也可从显性与隐性两个方面来设计评价指标。显性指标主要反映学生行为的变化。如：

（1）活动主题或活动项目的选择和确定的状况。

（2）活动方案的制订状况，如制订活动方案的能力、活动方案本身的合理性程度、活动方案的具体化程度等。

（3）活动过程的具体行为方式，这主要是指学生在活动过程中的具体行为。如行为的合理性，行为方式的多样性，具体的操作方式，参与实际情境的深度，文献资料、具体事实材料的搜集情况等。

（4）活动的总结情况，如学生的活动报告、成果或产品等。

隐性指标主要反映学生态度、情感、价值观的发展。如：

（1）学生参与活动的主动性、积极性和创造性。

（2）学生在活动中的合作精神。

（3）学生思想意识的发展，如环境保护意识、服务意识、安全意识、效率意识、社会责任感，等等。

二、教师评价

完善、公正的教师评价能给教师以正确的课程导向，激发教师从事综合实践活动的热情，促进教师不断反思自己的教学行为。所以，教师评价至关重要。加之教师评价和教师的专业发展、职务晋升等方面密切相关，因此，教师评价也是综合实践活动课程评价中一个备受关注的话题。

所谓教师评价，是指对教师实施综合实践活动课程所具备的素质及实施过程情况的鉴别。其目的不是给教师排队，把教师分成优、良、合格、差的等级并以此为基础进行奖惩；而是给教师提供信息反馈和咨询服务，帮助教师总结和反思教学的优劣，分析产生问题的根源，从而改进教学，提高教师的专业发展水平。

综合实践活动课程的教师评价指标的设置要依据每一个主题活动而定，其具体评价见表 12－3。一般情况下，教师评价的指标应包括以下六个方面。

表 12－3　综合实践活动课程教师评价表

评价内容	具体要素	学校评价
情感与态度	主动参与 深入探究 合作意识	
组织与管理	制订实施方案 完成预定目标 合理组织 协调矛盾 安全措施	
指导与实效	指导得力 问题处理 提供环境 学生发展	
学习与提高	理论学习 校内外教研 发表观点	

（一）课程实施的基本素质

教师的教育思想观念决定着课程改革的指向和深度，教师的专业精神是课程改革的内在动力。综合实践活动课程要求教师既要承担课程实施的责任,更要担负课程开发的使命,而这些都需要教师投入巨大的热情和创造力。因此,综合实践活动课程的指导教师要有与时俱进的精神,以严谨的态度研究综合实践活动课程,着眼于学生的未来发展,有强烈的责任感和使命感。

(二)合理开放的知识结构

综合实践活动课程的实施,对原来从事分科教学的教师来说是一个挑战。它要求指导教师不仅要具备通用性的文化知识、本体性的学科知识,还应具备"是什么"及"为什么"的条件性知识和适用于变幻情景的实践性知识。另外,综合实践活动课程内容的发展性也要求指导教师不断学习新知识,保持对新知识信息的敏感,善于获得并懂得处理新知识。

(三)良好的沟通与协调能力

综合实践活动打破了原来一门学科、一个活动由一个教师任教的局面,一个主题活动往往是教师团队合作的结果。综合实践活动课程的指导教师不仅要面对学生,还要面对学校的领导和同事、校外的学生家长以及社会人士。这就要求综合实践活动课程的指导教师要具有良好的协调能力和沟通能力,能有效地协调人际关系、与他人沟通,具备与领导、同事、学生、家长合作的能力。

(四)活动主题的设计与规划能力

活动主题的设计与规划能力主要包括:

活动主题内容的选择能力,即如何从许多问题中提炼出与校内外学习资源相符合、有利于实现目标的主题,这是综合实践活动课程的指导教师必须具备的基本能力。

制订教学目标的能力。活动的每一个步骤、环节的设计要有明确的知识与技能、过程与方法、情感态度与价值观上的目标定位。因此,综合实践活动课程的指导教师必须具备制订教学目标这一基本能力。

制订活动方案的能力。一个好的活动方案能够保证教学活动的有序进行、确保教学目标的有效实现,因此,综合实践活动课程的指导教师还应在充分考虑到学校内外各种资源的基础上制订具有较强的操作性的活动方案。

预测活动情境变化的能力。综合实践活动中有许多生成性问题,如果教师没有一定的预测能力,当活动过程与方案不吻合时,师生就不能积极应对。但是,倘若教师的预测能力较强,能制订出相应的对策,那么,综合实践活动课程的效率就会大大提高。

(五)组织与指导能力

组织与指导能力主要是指教师对主题活动中的各种要素进行控制、使主题活动得以顺利进行的能力。它集中表现为教师组织学生依据方案有序地开展活动的能力,如调动学生的兴趣、创造问题意识、调控活动进程、处理活动中生成性问题、协调学生小组成员的分歧、敏感地发现学生在活动中出现的问题及需要指导的内容,并在适当的时间以适当的方式实施指导。

（六）活动结果的评价能力

对活动结果进行测量与评价是教师的经常性工作。综合实践活动的教师要具备对活动结果进行评价的能力,即能对学生提出问题进行评价、能对学生的活动设计方案进行评价、能对学生在活动过程中的表现进行评价以及能对学生进行综合评价等。

三、学校评价

学校评价是指对学校实施综合实践活动课程的一系列配套措施、保障机制及课程实施效果的综合性评估。综合实践活动课程的实施不仅对促进课程创生与完善、转变学生的生活方式、解决学校的实际问题具有不可估量的作用,而且也给学校带来了生机和活力。另一方面,综合实践活动的顺利实施在很大程度上也要依托学校对课程的管理和规划。《综合实践活动指导纲要》指出:"对各小学落实综合实践活动情况的评价主要集中于学校具体保障措施的实行,包括对教师的安排、课时的安排、场地的安排、设施的配备以及相关的管理制度的制定等。"因此,综合实践活动课程学校评价的内容应主要包括以下几个方面:

（一）课程设置

包括是否按国家课程设置的要求设置了课程;课程设置是否合理;各领域的整合情况如何等。

（二）制订方案和计划

包括是否制订了学期综合实践活动课程计划;是否制订出分年级的计划;计划的制订是否有长远规划;是否体现学校特色;是否有切实可行的操作性措施等。

（三）建立组织机构

包括学校是否成立了课题研究工作小组,结构是否合理。一般情况下,课题研究工作小组由教科室负责,一名校级领导主抓,少先队辅导员、班主任为课题组成员,学科教师、学生家长、社会有关人士为指导教师。

（四）校本培训

包括学校是否进行了校本培训;其内容、形式及效果如何。

（五）管理制度

包括学校是否建立了相应的管理制度以保障课程的有效实施;是否将综合

实践活动课程的开发工作纳入学校教学计划;教务处是否定期指导、检查、评估;相关方面的协调工作如何;是否科学合理地计算了综合实践活动课程指导教师的工作量;对实施综合实践活动课程成绩突出的教师的奖励措施如何等。

(六)资源的开发利用

包括地区的优势资源、社区的特色资源的开发、家庭的资源利用、学校人才资源的利用、信息技术资源的开发利用状况等。

阅读材料

　　厦门第一中学充分利用学校现有的物质条件和师资条件,努力发掘校内资源,初步形成了鼓励探究、创新的校园文化氛围。我校有各种不同知识背景、特长、爱好的教师和职工300余人,有比较先进的图书馆、实验室、计算机房、校园等设施、设备和场地。学校是一所百年名校,有许多反映学校深厚文化底蕴的有形、无形的资源。这些都是开展综合实践活动所必需的、独特的校内资源。我校在校内建立了学生综合实践活动基地,如生物与环境基地、创造发明基地、机器人工作室等。我们还充分利用学校地处厦门市经济、文化中心区的优势,充分利用学校办学百年的校友优势,努力开发和利用当地的社区资源和人才资源。与我校建立了良好合作关系的社区单位对我校学生参加综合实践活动提供了强有力的支持和帮助。如我校与社区居委会挂钩,开展"走出校园,共建社区"专题活动;与市敬老院、学校离退协挂钩,开展"暖心工程"活动;与公交公司、火车站、绿化基地、厦门马拉松组委会挂钩,开展成人预备志愿服务活动,等等。

(http://www.ptjy.com/html/view/2007/5/view - 2116.html)

(七)学校文化氛围

主要评价是否通过综合实践活动的实施营造良好的校园文化氛围,如观念文化、制度文化、物质文化、教育行为文化等。

(八)教师的工作量计算

教师工作量的计算直接关系到教师工作的积极性,体现着学校对综合实践活动的重视程度。因此,这也是综合实践活动课程学校评价中一个不可忽视的内容。

表 12 - 4　综合实践活动课程学校评价表

一级指标	二级指标	等第
学校课程建设思想	明确的育人目标 活动整体规划 构建整体框架	
学校课程管理	设置课程 健全组织 开展校本培训 制定管理制度	
课程资源开发与利用	校内资源 校外资源	
学校课程建设	开发课程内容 课程的实施 课程的评价	
课程实施效果	促进课程的创生与完善 有利于学校文化的重建 促进学校与社区的互动 促进师生活动方式的转变	

综上所述,综合实践活动课程的评价包括学生评价、教师评价和学校评价三个方面。其中,学生评价是最主要的。

第三节　中学综合实践活动课程评价的方法

一、综合实践活动课程学生评价的方法

评价的功能是促进发展,同时,要使评价的过程成为学生发展和提高的过程。综合实践活动课程的学生评价强调过程性评价和结果性评价。

(一) 过程性评价

过程性评价是指在学生学习综合实践课程的过程之中进行的,为了考查学生在活动中的长处、缺陷及发展程度等方面而进行的评价。过程性评价的目的是为了完善过程,提出改进建议。

目前,在过程性评价中,档案袋评定、协商研讨式评定、表现性评价被认为是

非常有效的评价方法。

1. 档案袋评定

档案袋评定是从国外引进的一种新的评价方法,它主要是通过收集学生从任务开始到任务结束期内的典型作品,以这些典型作品为依据对学生的学习表现进行评价。档案袋评定把学生的发展看作是一个持续的过程,关注学生学习与发展的过程,尊重学生的个体发展差异,注重学生对自己的进步做出判断,提供学生发表意见与反省的机会。档案袋评定可促使学生对自己的学习进行反思和自我评价,促进学生在原有水平上持续发展;促使学生对自己的发展负责,从而更好地发挥评价的自我教育的作用。

在档案袋评定中,学生是评价的主人,因此,学生是提交作品的质量和价值的主要决定者。教师可以通过与学生共同讨论、协商,寻找所需的材料装入档案袋中,但一定要为学生留下自己选择的余地。学生作品的收集是有目的、有计划的,而不是随机的。档案袋的内容主要包括:

(1)反映活动的基本过程。这是寻求学生发展过程的证据,是学生对自己劳动成果进行检查的重要材料。例如:有关课题研究及相关活动的规划和修改稿(最基本的是课题的研究方案或开题报告、各阶段计划等),研究工作(活动)记录(包括个人独立工作项目和集体合作项目的记录),调查问卷,反映过程的照片资料,研究大事记,等等。

(2)反映活动的基本成果。这是反映学生发展水平的证据,从中我们可以看出学生对所研究的问题及研究过程产生的一些新的观点或见解。例如:对课题解决具有重要价值的参考资料或实验数据,最有收获的案例,研究过程中遇到的问题(或困难)及其解决方案(包括原始资料),某些关键问题解决的思维过程(思路)及策略,阶段性总结,个人心得体验等,这些材料足以证明学生在学习过程中所取得的进步和收获。

(3)反映活动的最佳成果。这是反映学生优势、特长表现的证据。例如:小组或个人研究的成果,如文学作品、研究论文、结题报告等;小组或个人在研究过程中发现的最佳问题的解答方案,最好的实验记录,小组中写得最好的计划或总结材料等。

"袋"可由学生自制,大小形状如同普通档案袋。每一个学生为自己的记录袋取一个名字,如"成长的脚印"、"我能行"等,并把它写在封面上,另外,还要写上学校、班级及姓名。封面由学生自主设计,要求突出主题、美观、活泼、有新意。所收集的材料要做好记录,注明选择材料的日期、内容、入选理由、满意度等。材料可与教师或家长共同商定,按时间顺序记录,构成一个有个性的成长记录袋。

档案袋评价的优点

通过档案袋的设计及一年多的实践,能较全面真实地反映出学生在高中综合实践活动课程中的发展状况,并显现出较多的优点:

(1)关注评价的发展性。

综合实践活动呈现"指导—体验—实践—评价—再实践"这一循环过程,有助于学生不断成长。通过档案袋来评价更重视学生态度的转变,学习过程的体验,方法、技能的掌握,学生间的交流与合作,学生的实践能力和解决问题的能力等。

(2)关注个体的差异性。

综合实践活动课程过程中,教师针对学生的不同特点及其发展潜力,在活动中为其提出适合发展的具体的指导性意见。通过档案袋评价,从而体现发展学生的个性,使每个学生都能做到全面发展、个性发展和终身发展相统一。如在活动中,有的学生擅长口语表达、交际能力强,小组分工时,他就主要负责采访;有的同学擅长文字表达,就主要负责将其他同学所搜集的资料写成文章;有的同学是电脑高手,就主要负责制作有创意的课件等,都能在档案袋评价中得到体现。

(3)关注学习的自主性。

学习的自主性在以往的评价中都难以体现,而通过档案袋评价,让学生通过自己的体验学习得到知识及提高能力,并对自己进行相应的评价,如学生自己查阅文献、自己进行实验、自己学习采访技巧与方法等。

(4)注重学生间的合作性。

综合实践活动过程中,让学生通过合作完成活动任务,体会团队合作精神。以往的评价都无法体现这一点,而档案袋评价就可以明确体现出来。如以学习小组的形式进行交流学习、采访小组分工合作等,小组之间展开互评,以促进共同学习和共同提高。

(5)注重学生的参与性。

活动过程中给学生合理分工,让所有小组学生都能参与,不是只让活跃的学生参与,比较内向的学生无所事事。那怎么才能让学生主动地参与,就必须通过评价才能约束,而以往的评价又无法体现,通过档案袋评价可以更好地约束。如:开展研究性学习活动成果交流,让学生有更多交流和展示的空间,让每一位学生都能得到发展。在活动过程中,关注每一位学生的表现。

(6)注重评价的多元性。

① 档案袋评价内容多元化。调查活动、采访活动、实验活动、总结等各环节

都列出评价细目,还评价学生的合作态度、过程表现等。

② 档案袋评价主体多元化。评价的主体有老师、家长、同学、自己等,将自评与他评有机地结合起来。他评的主体主要有教师、家长、同学等。多主体评价能够从不同角度为学生提供有关自己的学习、发展的信息,从而有助于学生更加全面地认识自我,提高自我。

③ 档案袋评价方法多元化。综合使用多种方法,注重量化评价与质性评价相结合。质性评价即确定其主流是否积极,方向是否正确,而对某些细节和小的利弊得失采取模糊评价的方法。新课程标准指出:质性评价和量化评价作为两种评价方式各有其存在的价值,质性评价揭示了被评估者最生动、最全面的一面,能使评估者发现教育中最有意义、最根本的内容。而量化评价具有客观、精确化、标准化、易操作等特点,是传统评价采用的重要方法。

(7) 注重评价的反思性。

评价中和评价后的反思对于发挥评价的激励和促进功能有着重要的作用,通过反思,学生能够了解自己目前的学习状态,结合教师、同学、家长等对自己学习所提出的建议,更好地改进自己,这才是发展的最终目的。采用"档案袋评价"的核心就是主张"自我参照",引导学生对自己在综合实践活动中的各种表现进行自我反思性评价。

(http://www.yxtvg.com/show/177993.html)

2. 协商研讨式评价

协商研讨式评价是近年来兴起、应用日趋广泛的一种评价方法。它是指围绕目标,根据学生所处的年级以及不同主题的特点,由教师、学生、学校、学生家长及社会有关人士等共同协商进行的评价。其评价主体是多元的,评价内容是多方面的,评价方式是研讨式的,评价的过程是民主、开放的。

协商研讨式评价是一种以学生发展为核心的激励性评价,它注重过程评价和结果评价相结合,以过程评价为主;自评和互评相结合,以自评为主;定性和定量相结合,以定性为主。

学生自评、小组评价和指导老师评价是协商研讨式评价的三种评价方法,最终由指导老师根据学生自我评价与小组评价的结果,分年级给出每个学生的学分与等级。协商研讨式评价的实施适用于对综合实践活动过程、成果及活动方案设计等的评价。

3. 表现性评价

表现性评价是通过让学生运用已有的知识和技能完成一些综合性的、真实的任务来对学生进行的评价。表现性评价引导学生通过多种方式来展现自己对问题的理解和解答,既可以评定学生在完成任务过程中所表现的行为与心理过程,也可以评定任务过程中所涉及的内容和完成任务的结果。

学生表现的形式可以多种多样,如口头报告与讨论、项目调查、表演、论文、学习日记、实验、艺术作品等。口头报告与讨论是让学生在全班或小组内对某一问题进行陈述,然后大家进行讨论,教师从学生的陈述与讨论中了解学生的理解程度;项目调查是研究性学习常用的方式,它适用于比较复杂、综合性的社会问题,具有较强的开发性,通常涉及多学科的知识,要求学生运用多种技能,如提出问题、设计调查方案、收集资料、分析资料、合作讨论、写调查报告、口头陈述等;表演主要是以这种方式反映活动的收获;论文是针对某个问题,经过收集资料、调查分析、资料整理、研究分析而写成论文或调查报告;学习日记是学生用文字的形式记录学习的主题、感受、认识、成功与失败等;实验是学生为了改变某种情况而设计方案、进行试验,并将成果进行展示;艺术作品是将活动的过程或感受、体验通过艺术的形式如美术、音乐、诗歌等体现出来。

(二)结果性评价

结果性评价是指在综合实践活动课程结束之后进行的评价,其目的是考察学生的目标达成度、总结这次活动的经验和教训、为今后的活动开展提供依据。

1. 目标本位评价与目标游离评价

目标本位评价是指以综合实践活动计划的预定目标为依据而进行的评价,它是以目标为基础来判断目标实现的程度。目标本位评价有一个明确的评价标准,这个标准就是综合实践活动课程目标。这种评价就是对评价过程中得到的信息材料进行分析,并与最初的课程目标进行比较,看看课程实施在多大程度上实现了既定的课程目标。目标本位评价的优点是评价标准清晰明确,易于把握;缺陷是只注重目标,对课程目标之外的因素不予考虑。教育是一种复杂的现象,很多教育目标和结果是不能预先制定的。因此,仅仅考察既定的课程目标往往会使得评价范围过于狭窄,以至于不能发现一些有意义的教育结果。

目标游离评价则是脱离预定目标,以课程计划或活动的全部实际结果为评价对象,尽可能全面、客观地显示这些结果。目标游离评价抛开课程目标的约束,根据课程本身应具有的教育价值对课程进行评价,通过对课程计划全面、深入的评价来考察课程计划和实施是否具有教育价值,是否能够满足学生的发展需求。由于课程实施所产生的影响是复杂多样的,与目标相关的现象只是其中的一部分,因此,对课程实施的全部结果进行评价难免会影响评价的结果。

2. 成果展示评价

成果展示评价是综合实践活动课程学生评价较为突出的和经常运用的方法之一。成果展示评价就是将学生的制作、发明、科技论文、调查报告、设计方案等公布于众,或以学生喜闻乐见的形式安排出来,让学生感受、体验。在不同的课题之间进行成果展示评价，可以开阔学生的眼界，扩大其知识面；即使是同一课题的成果展示评价，也可以让学生在比较中丰富学习方法，相互学习，取长补短。

由于总结性评价只注重在课程实施之后对实施的情况进行考察，容易忽视在实施过程中出现的问题，无法及时、有针对性地提出改进意见。而形成性评价则是在课程实施过程之中进行的，有很强的灵活性，能够及时发现问题，提出改进办法。因此，同时运用形成性评价与总结性评价将更好地发挥评价的功能。

最后，在进行学生评价时，还应注意以下几点：评价不能只看结果，要关注从制订方案到实践的全过程；评价方法的选择以观察法为主，做到真正把握实际情况；评价尽可能考虑多方面的结论，争取协商；评价的结果不要伤害学生的自尊和人格。

二、综合实践活动课程教师评价的方法

（一）综合实践活动课程教师评价的基本要求

1. 注重个别差异，强调评价的针对性

每位教师在人格、成长历程、思维方式、个性特长、教学风格等方面都存在着一定的差异。综合实践活动课程评价中的教师评价力求使每位教师在课程设计与实施过程中展示自己的个性特色。因此，在评价过程中，只提出粗线条的评价标准，至于究竟达到怎样的标准则要根据教师的个别差异来定。其目的在于发现教师在课程设计与实施中的进步与成长，增强教师的信心，激发教师的主动创新意识。

2. 注重教学实践，强调评价的过程性

综合实践活动课程评价中教师评价的根本目的在于改进教师的教学，提高教师设计与实施综合实践活动课程的能力。因此，在评价时，要注意收集具体的教育教学行为信息。与此同时，由于评价结果直接服务于教师的教学过程，因此，评价手段应具有较强的可操作性，评价结果应及时反馈给教师，以便于教师在综合实践活动课程的设计与实施过程中不断调整自己的教育教学行为。

3. 注重自我反思，强调评价的主动性

教师对自己在综合实践活动设计与实施中的优势与困难、成长与进步最为关注。因此，充分发挥教师本人在教师评价中的主体作用，突出教师本人在教师评价中的主体地位是非常重要的。而教师对自身教学行为的经常性反思也正是教师进行自我评价的必经阶段。因此，在教师评价的过程中，应重视教师本人的积极参与，这将有利于信息的准确收集；有利于教师发现问题并主动进行改进；有利于消除教师与评价人员的对立情绪，从而使教师自觉接受和理解评价结论。

阅读材料

综合实践活动的内容选择、开发及实施应围绕基本内容领域来展开,注重整合班团队活动、校传统活动(科技节、体育节、艺术节等)、学生的心理健康活动、环境教育、反毒品教育等内容,构成内容丰富、形式多样的综合实践活动。综合实践活动的具体内容是学生活动主题,因而具体内容应由学校根据学生需要来确定。

1. 要尊重每一个学生的兴趣、爱好与特长。综合实践活动的内容不是教师或课程编制者预先具体设计的,而是学生自己提出的感兴趣的问题或主题。综合实践活动实施的准备阶段、开展的过程、总结与交流等环节都应该尊重学生的实际,关注他们的兴趣、爱好和需要。

2. 要体现学校和社区的特色。学校不仅是综合实践活动课程的开发者和实施者,也是综合实践活动课程实施的重要基地。每所学校所处的地理环境不同、社区背景各异,学校发展的理念和学校传统也不尽相同。因地制宜,关注学生发展的需要是学校确定综合实践活动具体内容的基本要求。

3. 要从学生生活中提出问题并确定具体活动内容。综合实践活动是面向学生生活领域的课程,其课程内容不应来源于书本,而应来源于学生的生活,来源于学生在生活中发现的问题。

4. 要避免综合实践活动课程内容学科化倾向。不要将综合实践活动变成学科拓展活动;不要以学科教学方式实施综合实践活动课程。如,在教室"教"综合实践活动课程的现象普遍存在;不要课程内容教材化,教师对"预设性教材"的依赖性太强,有许多教师与学生围绕"资源包"在教室里"讲"或"教"综合实践活动课程。

(http://www.jxteacher.com/dengszh/column30934/90b60519-efb0-4323-9ef8-32067a6369d0.html)

(二)中学综合实践活动课程中教师评价的方法

1. 自我评价

自我评价是指教师根据一定的评价指标,对自身素质以及课程实施进行的评价(见表12-5)。由于教师对自己的情况最了解,因此,只要教师态度端正,这种建立在信任基础上的评价会有较高的准确性。同时,该评价也比较容易开展,可以经常进行。自我评价使教师自觉、主动地接受评价,便于教师及时进行自我反馈与调节;同时,还有利于激发教师的自信心和自尊心,增强教师的自我评价意识和评价能力。但是,由于自我评价缺乏外界参照体系,不便于进行横向比较;而且,主观性大,容易出现偏差,有时甚至会出现"报喜不报忧"的现象。

表 12－5　教师周期性的自我评价

评价维度	评价指标	优势	不足
课程实施	课程目标确定		
	课程方案设计		
	活动环境管理		
	活动指导		
	活动效果		
自身素质	职业道德		
	文化素养		
	地域性知识		
	课程实施能力		
	合作能力		
	活动反思		

阅读材料

表 12－6　广州市培正中学综合实践活动课程教师自评表

教师姓名：　　　　　　填写时间：

评价项目	评价要点	评价标准	等级评定
目标内容	1. 目标明确	符合情感态度、实践能力、综合知识,学习策略的培养目标	
	2. 内容综合	贴近学生的社会实践活动	
		内容综合、宽泛、新异,符合学生身心发展的规律,促进个性发展	
		丰富学生的体验,培养兴趣爱好	
		引入多种信息	
		围绕主题,运用多门学科知识	
	3. 实践性强	次主题分量适当,有操作性	
		难易适当,实践性突出	

（续表）

评价项目	评价要点	评价标准	等级评定
活动过程	1. 组织形式	走入社会，面向大自然	
		组织形式多样	
	2. 学生活动	方法得当，体现探究式学习方式。如交流活动感悟、存在现象及原因分析、新问题的后续研究等。	
		自主活动，主体性得到充分发展	
	3. 教师指导	教师是活动合作者、参与者、指导者	
		指导方法形式得当	
	4. 活动步骤	活动导入贴切、自然	
		学生亲自实践，动手、动脑、动口	
综合评定			
自我反思（教师填写）			

注：等级评定（优、良、及格、不及格）

签名：

2. 外部评价

所谓外部评价是指教师之外的他人评价，这包括教育行政领导的视导评价、督学系统的督导评价、专家的评价、同行的评价以及社会评价等。外部评价一般比较严格、慎重，也比较客观，可信度较大。但是，组织起来较为繁、难，耗费的人力和时间也较多。

建立校长、教师、学生、家长共同参与的评价制度，目的在于帮助教师从多个渠道获取信息，以促进教师的专业发展。学校领导和同行是外部评价中的重要力量，他们对活动的目标、实施情况比较了解、对教师的状况比较熟悉、对评价标准理解得较深刻、对活动实施的难度也比较清楚，因此，相对于其他外部人士来说，他们对教师的评价比较全面、准确。此外，学生和家长也是外部评价中不可忽视的两大群体。学生是教学活动的直接参与者，也是最终受益者，因此，学生也最有发言权，应重视并给予学生评价教师的权利（见表 12 - 7）。家长关心孩子受到什么样的教育以及孩子在学校的发展情况，因此，评价教师也是家长应有的权利，同时这也是促使家长了解学校和教师、形成教育合力的有效途径。

表 12 - 7　教师外部评价表

指导者姓名：	日期：	
评价主体	评价内容	评价结果
学生评价	1. 你的指导教师是否很热情地指导你们的活动	
	2. 你的指导教师是否主动询问过你们的活动	
	3. 在活动过程中,你的指导教师在哪些方面帮助过你	
	4. 你想对你的指导教师说些什么	
行政评价	1. 参与课程实践的态度	
	2. 课程内涵的领悟能力	
	3. 社区资源的开发能力	
	4. 与家长的沟通能力	
	5. 与其他教师的协作能力	
	6. 指导学生活动的能力	

三、综合实践活动课程学校评价的方法

学校评价侧重于对学校落实综合实践活动课程的状况,包括综合实践活动的课时安排、师资安排、课程资源的开发与利用、学校对综合实践活动课程实施的管理等方面的评价。常用的学校评价的方法有:

（一）校校互评

组织学校进行自我展示是引导学校进行表现性评价的重要举措。经常开展校际间的经验交流与成果展示活动,可使学校在活动的过程中不断发展,提高知名度。

（二）校内自评

学校自评小组可由校长、教导处、教师代表、学生、家长等组成,通过查阅资料、问卷、座谈等,有计划地开展自我评价活动;撰写自评报告,包括自评过程、学校开展本课程的基本情况、学生的发展、家长的反映、社会的反响、存在的问题以及改进措施、建议或要求等。

（三）跨校评价

建立互评小组,由各片组长、学校分管领导、骨干教师组成;通过听汇报、座谈、实地观察等,有计划地开展工作;根据资料对评价学校进行全面、综合评价;提出建议或意见。

通过建立定期的互评、不定期的展示性评价与经常性的自我评价相结合的学校评价机制,可以充分调动学校领导和教师参与综合实践活动的积极性。另外,还可采用召开表彰大会,表彰先进集体和个人;把综合实践活动的成绩和教师个人的发展直接挂钩;采取一定的物质奖励等方法进行学校评价。

总之,综合实践活动课程的评价包括学生评价、教师评价和学校评价三方面,每一方面的评价都要注重过程性评价和结果性评价,并力争做到过程性评价和结果性评价的统一。

本章小结

评价是综合实践活动课程实施的重要组成部分,如何树立正确的评价理念,积极开展综合实践活动课程评价的研究越来越受到重视。综合实践活动课程与学科课程不同,在课程开发和活动的开展方面具有很大的开放性和丰富性。这些特点决定了其评价不可能遵循原有学科课程评价模式,它要求采用整体观、多元化、过程性等新的评价理念,这些理念要求在评价中要把课程、教学和评价进行统合,使它们融合为一个有机整体,贯彻到活动中去。评价主体应由领导或专家评价走向专家、教师、家长、社区与学生自评相结合,旨在提高教师对综合实践活动课程的开发能力与水平,推进中学综合实践活动课程的顺利施行。

思考·探究·实践

1. 如何理解综合实践活动课程评价的基本理念?
2. 谈谈综合实践活动课程评价中的教师评价对教师成长与发展的作用。
3. 你认为综合实践活动课程评价中的学校评价还可以从哪些方面进行?
4. 山东省胶南市胶河经济区中心中学是一所乡镇级全日制初级中学。下面是胶河经济区中心中学实施综合实践活动的情况,请你对该校实施综合实践活动的情况进行评价。

综合实践活动课程是《基础课程改革纲要(施行)》规定的中学生的一门必修课程。综合实践活动课程为学生的发展开辟了面向生活、面向自然、面向社会的广阔空间。综合实践活动课程既应了世界课程改革的整体走势,又体现了我国课程改革的现实需要。综合实践活动课程是新一轮课程改革中最引人关注的一门新型课程,也是课程改革中一道最亮丽的风景线。为了确保我校综合实践活动课程的顺利实施,积极有效地推进素质教育,特制订如下实施计划:

一、指导思想

贯彻落实《基础教育课程改革实施纲要》的精神,以"实践、创新、发展"为主线,以"走向社会,走进生活,走进自然"为主题,把学生在校内的学习同校外的生活以及求知的需要和兴趣紧密结合,着眼于学生的经验和实践,注意有利于学生今后可持续发展能力的培养,让学生通过综合性、开放性的实践,获得积极的、全面的发展。改变结论性学习为过程性学习,构建自主、合作、探究的学习方式,全面提高学生主动地适应社会变化的素质,培养学生创新精神、实践能力和终身学习的能力。

二、组织机构

经研究,决定成立综合实践活动课程实施工作领导小组,由王兵(校长)任组长,刘仕忠、张清华(副校长)任副组长,成员为:王可波(办公室主任)、相世华(团委书记)、刘夕先(教导主任)、潘炳富(政教处主任)、邱茂江(副教导主任)、毕记勇(副教导主任)。工作小组组长王英,副组长徐文妍、衷辉。成员为初一、二、三的全体教师。学校领导中由副教导主任毕记勇直接分管该项工作。

三、目标任务

1. 准确把握综合实践活动课程理念,关注学生学习方式的改变,关注学生现实和未来需要,关注学生对活动过程的体验。

2. 研究探讨综合实践活动课程的规律,构建综合实践活动的课程体系。努力重塑学校文化,营造学校的创新文化氛围。

3. 将"综合实践活动"及"师资建设"整合起来进行研究,即以对综合实践活动课程的全方位关注为特点,坚持理论和实践相结合,以提高教师驾驭综合实践活动的能力和水平为切入点,整体推进综合实践活动的研究水平和课程建设。

4. 将综合实践活动和信息技术进行有机整合,积极探索如何通过活动提高学生信息素养,培养学生利用信息技术获得知识的意识和能力,并重点研究和开发以学生为主体的教学软件,加强综合实践活动资源库的建设。

四、活动实施的主要方式

1. 方案设计型:让学生自主选择课题,自主设计实施方案并与其他学生交流。

2. 实践活动型和自主探索型:让学生根据自我设计的方案通过实践活动的过程、经历、体验、感悟和探索方案的实施价值,在实践活动中,教师应始终处于指导地位。

3. 专题研讨型:引导并鼓励学生自己提出问题,在独立或合作研究的基础上,充分而民主地讨论。

4. 成果交流型:可以是图片成果展示交流,可以是课件展示交流,也可以是书面的成功过程经验或失败过程教训的交流。

五、"实施"研究的主攻方向

1. 选题方向指导的研究

研究如何指导选题，来实现以下目标：

（1）亲近与探索自然：

主要对家乡胶河的自然环境，开展一些对自然的体验、欣赏、学习、探索与行动等实践活动。这些活动旨在使学生发展探究的兴趣，了解人与自然相互依存的关系，养成对自然负责的态度和行为。

（2）体验与融入社会：

通过参观、访问、实际参与、探究等活动了解社会现象，体会自己与社会、与他人的关系，养成关注社会、服务社会的意识，发展服务社会的能力。

（3）认识与完善自我：

通过畅想、感悟、交流、体验、行动等活动，了解自己的能力、兴趣、情绪、价值观等个性品质，养成合作、分享、积极进取等良好的个性品质。

2. 活动过程设计的研究

研究如何设计活动过程，来实现以下目标：

（1）培养学生的问题意识和解决问题的能力。

（2）培养学生收集、分析和利用信息的能力。

（3）培养学生的创新意识和创造能力。

（4）培养学生的合作意识和能力。

（5）培养学生对社会的责任心和使命感。

（6）帮助教师树立现代课程意识，充分发挥课程的育人功能。

六、活动的主要内容

1. 课时集中安排与分散安排相结合的策略

科学合理地设置综合实践活动的课时，以弹性课时为原则，集中、分散相结合，校内、校外相结合，使学生在开放时空中生动、活泼地发展，增长对社会、自然、自我的实际体验，发展综合的实践能力。

2. 总体规划与分步实施相结合的策略

结合本校实际，制订学生综合实践活动的总体规划和目标要求，同时也根据我校生源实际情况和初中学生年龄特点和认知规律，制订分阶段教学目标、教学内容，设计不同年级的综合实践活动方案，做到分类指导，分步实施。

3. 信息技术与综合实践活动的内容和实施过程有机整合的策略

信息技术领域是综合实践活动的重要探究内容，要做到信息技术内容与综合实践活动内容的有机整合。在综合实践活动过程中充分运用网络技术等信息技术手段，拓展综合实践活动的时空范围，提升综合实践活动的实施水平。

4. 校内课程与校外课程整合的策略

结合实践活动打破学校、教室的框束,把积极鼓励学生利用双休日、节假日、寒暑假等到校外社会活动基地开展综合实践活动。

七、课题研究的实施步骤

第一阶段:2009 年 9 月份(准备阶段)

制订学校综合实践活动方案及学校、年级、班级综合实践活动计划,明确目标任务和工作步骤,建立学校课题组领导小组和综合实践活动课题组,全面负责学校综合实践活动课程的领导管理、研究策划、操作实施。

第二阶段:2009 年 9 月(培训阶段)

1. 骨干培训:学校及综合实践指导小组中心成员组织学习、培训和考察学习。

2. 教师培训:在综合实践中,教师不是单一的知识传授者,而是学生活动的组织者、参与者、领导者、协调者和评价者。因此,教师培训,① 着力于促进教师教育观念的转变,让教师充分认识综合实践活动课程,认识综合实践活动课程对于培养学生创新精神和实践能力的重要意义;② 提高教师自身的科研素养,帮助教师了解并掌握一些指导学生开展研究学习的具体方法,包括课程设计、组织与协调、研究方法指导和评价等多方面;③ 为了提高培训工作的实效性,可以通过多种途径来进行,组织教师观看专家讲座、案例录像、外出听课,让教师从中获得多方面的启示。

3. 学生培训:为全体初中学生开展《综合实践活动》专题讲座。

① 校领导动员报告。

② 课题组作综合实践活动课程讲座,使学生知道为什么要开设这门课程,了解这一课程的特点。

③ 课题组成员作综合实践活动基本方法的讲座。

第三阶段:2009 年 9 月～2009 年 12 月(实施阶段)

1. 综合实践活动课题组人员根据自身优势,采用个人承担、多人合作等方式,以班级为单位,确定课程研究内容。

2. 组建一支综合实践活动课程的骨干教师队伍。由于学生的综合实践活动空间的广阔性和时间的延续性,需要大量的教师或其他有关人员参与,所以,学校初中的所有教师和学校管理者都应当成为学生的指导教师。

3. 根据学生的年龄特点,采用纵向发展与横向发展相结合的方式,各班确定综合实践活动的研究课题,按课题班级内成立人数为 7—10 人的合作研究小组,制订方案,通过调查、文献资料搜集、上网查询等手段,收集大量的研究资料,对课题展开研究,解决问题,并撰写成研究小论文。

4. 利用暑期,配合德育处组织学生参加社会实践活动,丰富学生的生活积累和经验,增强实践能力。

第四阶段：2010 年 1 月（中期工作小结）

进行初中综合实践活动阶段性成果展示活动。

1. 着手征集综合实践活动案例及论文。

2. 汇编"校综合实践活动优秀设计方案"。

第五阶段：2010 年 2 月～2010 年 5 月（转入常态研究）

1. 再组织全校公开教学观摩课。

2. 调整课程结构，实现以综合课程为主的课程结构。改革评价机制，探索发展性评价，为终身学习打好基础。

3. 建立完善与综合实践活动新课程相适应的实施与管理制度。改革教师评价机制，培养一支高学历、高水平、高素质、多能型的现代教师队伍，把我校的办学水平和办学效益推向新的高度。

第六阶段：2010 年 6 月～2010 年 7 月（活动总结）

1. 选送优秀综合实践活动课程，参加上级综合实践活动交流。

2. 做好综合实践活动课程组各项资料的整理、归档。

3. 总结学校综合实践活动课程开展经验，广泛开展我校综合实践活动，形成我校新一轮课程改革的特色。

（http://training. teacher. com. cn/information/center/StudyGuide/chuzhong/zonghe/33ZZ11061603. html）

拓展阅读：

1. 丁朝蓬. 新课程评价的理念与方法[M]. 北京：人民教育出版社，2003.

2. 顾建军，张建平等. 综合实践活动课程指导法[M]. 北京：开明出版社，2003.

3. 郭元祥. 综合实践活动课程的管理与评价[M]. 北京：高等教育出版社，2003.

4. 郭元祥. 综合实践活动课程：设计与实施[M]. 北京：首都师范大学出版社，2001.

5. 廖先亮. 综合实践活动课程的理论与方法[M]. 武汉：武汉大学出版社，2003.

6. 刘振东，赵国义. 新课程怎样评[M]. 北京：开明出版社，2003.

7. 肖成全. 综合实践活动课程教学实施指南[M]. 武汉：华中师范大学出版社，2003.

8. 钟启泉，崔允漷. 新课程的理念与创新——师范生读本[M]. 北京：高等教育出版社，2003.

参考文献

[1] 陈旭远.中小学教师视野中的基础教育课程改革[M].长春:东北师范大学出版社,2002.

[2] 冯新瑞,梁烜.在综合实践活动中开展课例研究的探索[J].教育科学研究,2009(11).

[3] 郭元祥,姜平.当前综合实践活动课程的现状与问题[J].基础教育课程,2006.

[4] 李莎,李芒.对我国综合实践活动课程实施现状的反思[J].课程·教材·教法,2004(9).

[5] 史建荣.以整合为策略有效实施综合实践活动课程[J].人民教育,2010(7).

[6] 苏洁梅.广西边境地区综合实践活动课程实施的存在问题分析[J].广西教育,2008(26).

[7] 王秀玲.综合实践活动课程实施存在的主要问题分析[J].当代教育科学,2011(10).

[8] 张华.综合实践活动课程的问题与意义[J].教育发展研究,2005(1).

[9] 钟启泉等.〈基础教育课程改革纲要(试行)〉解读[M].上海:华东师范大学出版社,2001.

[10] 朱慕菊.走进新课程——与课程实施者对话[M].北京:北京师范大学出版社,2002.

[11] 崔允漷,王中男.研究性学习活动课程:意义与性质、问题及澄清[J].教育理论与实践,2009(12).

[12] 霍益萍.研究性学习:实验与探索[M].桂林:广西教育出版社,2001.

[13] 高剑森.研究性学习活动的设计与实施[J].学科教育,2001(2).

[14] 顾明远,孟繁华.国际教育新理念[M].海口:海南出版社,2001.

[15] 刘树仁.研究性学习的定位及其实施要领[J].教育实践与研究,2001(8).

[16] 钱旭升.我国研究性学习的研究综述[J].教育探索,2003(8).

[17] 叶澜等.教师角色与教师发展新探[M].北京:教育科学出版社,2001.

[18] 曾祥翊. 研究性学习活动的教学设计模式研究[J]. 电化教育研究, 2011 (3).

[19] 郑友训. 第三条路径: 教师专业成长的新视点[J]. 高等师范教育研究, 2003 (4).

[20] 邹尚智. 研究性学习指南[M]. 北京: 中国人事出版社, 2002.

[21] 徐晓东. 信息技术教育的理论与方法[M]. 北京: 高等教育出版社, 2004.

[22] 解月光, 张立新. 信息技术教育研究进展[M]. 北京: 教育科学出版社, 2011.

[23] 刘美凤. 信息技术在中小学教育中应用的有效性研究[M]. 北京: 教育科学出版社, 2010.

[24] 桑新民. 学习科学与技术——信息时代大学生学习能力培养[M]. 北京: 高等教育出版社, 2006.

[25] 张剑平. 现代教育技术——理论与应用[M]. 北京: 高等教育出版社, 2006.

[26] 王旭卿. 信息技术教育应用技能[M]. 上海: 上海教育出版社, 2011.

[27] 郭元祥. 综合实践活动课程的实施[M]. 北京: 高等教育出版社, 2003.

[28] 钟启泉, 崔允漷. 新课程的理念与创新: 师范生读本[M]. 北京: 高等教育出版社, 2003.

[29] 郭元祥. 综合实践活动课程: 设计与实施[M]. 北京: 首都师范大学出版社, 2001.

[30] 肖成全. 综合实践活动课程教学实施指南[M]. 武汉: 华中师范大学出版社, 2003.

[31] 廖先亮. 综合实践活动课程的理论与方法[M]. 武汉: 武汉大学出版社, 2003.

[32] 李臣之. 综合实践活动课程开发[M]. 北京: 人民教育出版社, 2003.

[33] 张华等. 综合实践活动课程研究[M]. 上海: 上海科技教育出版社, 2007.

[34] 辛继湘. 综合实践活动课程的目标取向与实施策略[J]. 课程·教材·教法, 2001(11).

[35] 李晓勇. 论综合实践活动课程及其实施[J]. 教育理论与实践, 2002(4).

[36] 熊梅. 浅谈综合实践活动课程实施的样态特征[J]. 中国教育学刊, 2001 (3).

[37] 郭元祥, 伍香平. 综合实践活动课程的理念[M]. 北京: 高等教育出版社, 2003.

[38] 顾建军, 张建平等. 综合实践活动课程指导法[M]. 北京: 开明出版社, 2003.

［39］陈时见.综合实践活动课程理念与实施［M］.桂林:广西师范大学出版社,2003.

［40］潘洪建.中学综合实践活动指导［M］.北京:高等教育出版社,2011.

［41］姜平.综合实践活动教学设计与特色案例评析［M］.北京:首都师范大学出版社,2012.

［42］郭元祥,姜平.初中综合实践活动［M］.上海:华东师范大学出版社,2008.

［43］姜平.综合实践活动课程实施策略［M］.北京:首都师范大学出版社,2004.

［44］王伟.中学综合实践活动设计与指导［M］.兰州:甘肃人民出版社,2013.

［45］周庆林.普通高中综合实践活动课程分析与实施策略［M］.北京:北京师范大学出版社,2010.

［46］张立东.综合实践活动的研究与实践［M］.济南:山东教育出版社,2005.

［47］范冬雨.中学生综合实践活动校本课程［M］.广州:广东高等教育出版社,2010.

图书在版编目(CIP)数据

中学综合实践活动 / 张建平主编. —— 南京：南京
大学出版社，2014.11

高等学校"十二五"教师教育专业规划教材
ISBN 978 - 7 - 305 - 14192 - 8

Ⅰ.①中… Ⅱ.①张… Ⅲ.①中学—活动课程—教学
研究—高等学校—教材 Ⅳ.①G632.3

中国版本图书馆 CIP 数据核字(2014)第 258718 号

出版发行　南京大学出版社
社　　址　南京市汉口路 22 号　　　邮　编　210093
出 版 人　金鑫荣

丛 书 名　高等学校"十二五"教师教育专业规划教材
书　　名　中学综合实践活动
主　　编　张建平
责任编辑　王抗战　钱梦菊　　　　编辑热线　025 - 83596997

照　　排　南京南琳图文制作有限公司
印　　刷　南京京新印刷厂
开　　本　787×960　1/16　印张 20.75　字数 384 千
版　　次　2014 年 11 月第 1 版　　2014 年 11 月第 1 次印刷
ISBN 978 - 7 - 305 - 14192 - 8
定　　价　42.00 元

网址：http://www.njupco.com
官方微博：http://weibo.com/njupco
官方微信号：njupress
销售咨询热线：(025) 83594756